CW01499437

LOUIS NAPOLÉON
LE GRAND

Du même auteur

RÉUSSIR L'ALTERNANCE
Robert Laffont, Paris, 1986.

LA FORCE DE CONVAINCRE
Entretien avec Pierre Servent
Payot, Paris, 1990.

PHILIPPE SÉGUIN

LOUIS NAPOLÉON
LE GRAND

BERNARD GRASSET

PARIS

Tous droits de traduction, de reproduction et d'adaptation
réservés pour tous pays.

© *Éditions Grasset & Fasquelle, 1990.*

A ma femme

« Votre Hugo est fou avec son Napoléon le Petit. Napoléon le Petit, c'est celui de la colonne. »

Victor COUSIN.

Préambule

Le second Empire et Napoléon III n'occupent pas une place très enviable dans notre conscience collective.

L'époque suscite en général des jugements dépourvus de compréhension et d'indulgence. Nous croyons savoir qu'on y fit la fête, qu'on y fit la guerre, qu'on y fit de l'argent. Ferdinand Bac l'a peinte comme une « parade militaire traversant un bal masqué »; il eût d'ailleurs pu ajouter que certains des danseurs se comportaient, le jour, en redoutables agioteurs.

Deux décennies d'une histoire complexe et passionnante se trouvent ainsi réduites à peu de chose, et placées sous le signe de la légèreté: légèreté des préoccupations, légèreté des comportements, légèreté des goûts, autant que légèreté des décisions politiques conduisant au désastre final. Car si l'on parle avec tant d'insistance de la fête impériale, n'est-ce pas pour souligner que des réalités mal comprises viendraient bientôt signifier à celui qui refusait de les admettre que la fête était finie?

Napoléon III, en tout cas, n'a pas eu un Abel Gance pour réaliser un chef-d'œuvre à sa gloire. Les rares cinéastes à se souvenir de son existence l'ont traité comme un simple faire-valoir dans des bandes à la guimauve ou des films de boulevard dont les premiers rôles reviennent à des mijaurées, des grues ou des aventurières. Du côté de Hollywood, son image, comme celle de tous les Français impliqués dans l'aventure mexicaine, relève du grotesque. Et quand Sacha Guitry s'intéresse à lui, ce n'est pas pour porter son destin à l'écran, c'est pour le présenter sur les planches, au début de cette charmante comédie musicale qu'est

11

Mariette, comme un galant timide dans un climat convenu de complot, de frivolité et d'insouciance.

A en croire les uns et les autres, l'homme qui incarna toute cette époque se situerait, sur la distance qui sépare la gloire du ridicule, quelque part entre Napoléon Ier et Jean Bédel Bokassa. Les carrosses dans les rues de Bangui, c'était certes risible, mais ne pourrait-on en dire presque autant de cette mauvaise et pâle imitation du premier Empire que serait le second? Et la photographie, dans ses balbutiements, ne fait qu'aggraver les choses: bien loin de rapprocher de nous ses personnages, elle accentue leur cocasserie et vient ajouter à la déformation caricaturale dont ils sont les victimes. Plus encore que les autres, cette déformation atteint l'empereur dont on va retenir d'autant plus aisément qu'il accéda au pouvoir par un coup d'État et ne sut se servir de ce pouvoir confisqué que pour nous conduire à l'effondrement de Sedan.

S'il fallait justifier le projet d'où procède ce livre, avec les risques qu'il comporte, on pourrait invoquer l'excuse qu'il s'agit d'écrire non sur Napoléon III mais sur Louis Napoléon Bonaparte, et d'analyser ainsi l'évolution d'un homme et d'une destinée plutôt que celle d'un monarque et d'un règne.

Une telle justification aurait tout d'une échappatoire, même si ce ne serait pas la première fois qu'on aurait choisi de dissocier l'homme tout court — auquel seraient attribuées quelques vertus, quand ce n'est pas un véritable génie prémonitoire — et le chef d'État, présenté comme un médiocre despote, auteur malencontreux d'un certain nombre de balourdises.

Adrien Dansette résume cette façon de voir: « Napoléon III est l'homme de son temps qui a le mieux prévu l'avenir et le plus mal dirigé le présent. D'une intelligence supérieure à la plupart des hommes politiques contemporains, il fut l'un des seuls à avoir la prescience de la civilisation moderne. Il prévit la constitution de nouvelles unités nationales et la transformation de la vie urbaine; il se montra favorable à l'instruction obligatoire, au service militaire universel, aux retraites ouvrières. Mais dénué d'esprit de décision et du sens des possibilités, il ne sut ni mesurer ses projets à ses moyens, ni hausser ses moyens au niveau de ses projets... »

Ainsi, réduisant le personnage à ses idées et ses sentiments personnels, pourrait-on se permettre de passer rapidement sur son incapacité, réelle ou prétendue, à traduire dans les faits une vision dont on aurait reconnu au préalable l'originalité et la modernité.

Tel n'est pas le chemin qu'on entend suivre. Il est d'autant moins question d'occulter le bilan de Napoléon III homme public qu'on a la faiblesse de penser qu'il est considérable.

Pourtant c'est bien l'homme qui, d'abord, captive. Un homme dont la vie est mieux qu'exceptionnelle : singulière, incroyable, stupéfiante. Vie d'aventures, extraordinairement riche et mouvementée. A première vue, il n'existe que très peu de points communs entre l'adolescent exilé, le conspirateur parfois ridicule, le politicien habile et le souverain tout-puissant, sans parler de l'officier de l'armée suisse, du rebelle de Forli, du prisonnier du fort de Ham et du constable des beaux quartiers de Londres. Et pourtant, il s'agit bien du même homme, de la même vie. Vie qui se transforme en destin par la force de la volonté.

Quand Louis Napoléon Bonaparte sort de l'adolescence, qui pourrait raisonnablement parier sur ses chances de parvenir au pouvoir suprême ? Or, à quarante ans, il est le premier président de la République de notre histoire ; à quarante-quatre ans, il est notre deuxième et dernier empereur ; et il régnera plus longtemps que le premier ; comme lui, il marquera durablement le pays, sans avoir pu disposer, pourtant, d'un héritage aussi substantiel. Car Napoléon Ier n'a pas qu'à inventer : il organise également une succession, et fait le tri dans le legs révolutionnaire. Louis Napoléon, lui, imprime au gouvernement du pays des idées qui sont les siennes, qu'il a méditées, mûries, et qu'il va imposer à un entourage rétif et une opinion versatile, sans jamais céder à la tentation du confort et du conformisme.

Ce qui fait de Louis Napoléon un homme à la fois attachant et respectable, ce n'est pas seulement son œuvre, aussi impressionnante que mal comprise, pas seulement son habileté et la force de caractère dont il a fait montre pour passer de l'exil au pouvoir, c'est aussi et surtout sa fidélité à ses convictions. Tout homme public, à la faveur de mille petites lâchetés successives et subreptices, n'ayant chacune que peu de portée apparente, est exposé au risque d'oublier les raisons et les idéaux qui ont justifié son engagement. Rien de tel chez Louis Napoléon Bonaparte. Et, lorsque parfois, du fait des circonstances, il semble s'écarter de la ligne qu'il s'était fixée, le voilà bientôt qui procède à des corrections plus ou moins brutales, en sorte que l'heure où l'on croit qu'il s'est égaré n'est autre que celle des retrouvailles.

D'où vient, dès lors, que peu d'hommes auront été si mal traités par l'histoire, et si maltraités par les historiens ?

13

Bien sûr, tout n'est pas exemplaire dans le règne de Napoléon III. Les erreurs, les insuffisances n'y manquent pas. L'homme a ses défauts, ses faiblesses. Et puis, Sedan est là.

Pour autant, le Sedan de 1940 ne semble pas avoir suffi à emporter condamnation de toute la IIIe République. Le désastre de Waterloo a-t-il lui-même entamé la gloire du premier Empire et terni la légende de Napoléon Ier ?

Jean-Pierre Rioux, dans *les Bonaparte*, s'est attaché à définir ce que pouvaient avoir en commun les deux hommes, l'oncle et le neveu.

« Napoléon, jusqu'à Sainte-Hélène, se définit comme un fils de la Révolution et certains ont pu voir en lui le dernier "despote éclairé" du XVIIIe siècle ; Napoléon III veut rester le "carbonaro", le "socialiste" et le "saint-simonien" de sa jeunesse. Parce qu'ils sont hommes de progrès, les Bonaparte savent capter et réaliser les désirs d'une société française et européenne en mue. Ils rendent possible cette volonté de changement en lui donnant l'ordre politique, la paix sociale et la prospérité économique qu'elle souhaite, en forgeant un cadre étatique nouveau dans lequel les souhaits deviennent réalité. »

La thèse, on en conviendra, est brillante. Elle est généralement acceptée pour le premier empereur, beaucoup plus contestée pour le second. Et pourtant, c'est sans doute bien à celui-ci qu'elle s'applique le mieux.

Quels qu'aient été les objectifs poursuivis par Napoléon Ier, les moyens qu'il a mis en œuvre semblent avoir progressivement pris le pas sur eux et imposé leur propre logique. Au départ, le recours aux armes, la gloire militaire, la puissance politique ont sans doute été mis au service d'une certaine conception de la France et de l'Europe. Mais à la longue, tout cela en est arrivé à se suffire à lui-même et à tenir lieu de finalité.

Rien de tel du côté de Louis Napoléon. Il a toujours gardé le cap et en est arrivé même à se dépouiller volontairement de nombre des moyens qu'il s'était forgés, parce que c'était à ses yeux le prix à payer pour tenter d'atteindre le port.

Après coup, dans le calme de Sainte-Hélène, Napoléon Ier a essayé de replacer toute son action dans une perspective de fidélité à ses origines. Mais en lisant le *Mémorial,* on a parfois quelque peine à le croire, et son plaidoyer est loin d'entraîner toujours la conviction.

Louis Napoléon, quant à lui, n'éprouva aucun besoin de justification, se bornant à attendre le jugement de la postérité. Alors d'où vient que ce jugement — équitable — tarde tant à venir? Pour répondre à la question, il faut comprendre qu'une réputation posthume n'est pas toujours celle qu'on a méritée, mais souvent celle qu'on vous fabrique pour les besoins de la cause.

S'agissant de Napoléon Ier, a joué en sa faveur l'ambiguïté de ses rapports avec la Révolution: pour la plupart des commentateurs, le premier empereur la continue, la stabilise et en consolide les conquêtes.

Ambiguïté savamment entretenue. Certes, Pierre Larousse, l'auteur du dictionnaire, présenta Bonaparte comme « un général de la République... mort à Saint-Cloud, le 18 brumaire an VIII »; mais, loin de le suivre, les républicains dans leur ensemble, parce que cela servait leurs intérêts, s'accordèrent pour soutenir que Bonaparte survivait en Napoléon.

Le 18 Brumaire eût-il été perpétré contre Robespierre, on aurait parlé de liberticide, mais son auteur eut la chance de n'interrompre que la comédie du Directoire. Et puis le premier Empire doit beaucoup de sa renommée à la médiocrité des temps qui lui succèdent. Louis XVIII, Charles X forgent et entretiennent, à leur corps défendant, une légende que Louis-Philippe, bon gré mal gré, se garde bien de battre en brèche et va même officiellement consacrer.

Et cette légende est telle que Victor Hugo n'hésitera pas à utiliser l'oncle pour mieux abattre le neveu.

Car, pour son malheur, Louis Napoléon, lui, s'intercale entre deux républiques: l'une qu'il est censé avoir renversée, l'autre qui s'édifie sur les décombres présumés de son règne.

Qu'importe si, le 2 Décembre, la République est déjà morte et bien morte. La prétendue république que Louis Napoléon va brutaliser n'a rien, strictement rien à voir avec la république du printemps 1848. Cavaignac, aux applaudissements de l'immense majorité du personnel politique de l'époque, et avec l'assentiment de Victor Hugo lui-même, a fait tirer sur la foule en juin, et les conservateurs de tous bords ont parachevé son travail, allant jusqu'à remettre en cause le suffrage universel.

Et pourtant, contre toute raison, on feint de croire que c'est Louis Napoléon qui a tué l'espoir populaire. Crime d'autant plus abominable que cette république de février est assurément l'un des moments les plus vivants, les plus riches, les plus beaux, les plus exaltants de notre histoire, un moment fugitif où l'imagination est au pouvoir, où la liberté prend un sens, où la fraternité est une réalité vécue ; un moment où l'on se parle, où l'on se respecte, où l'on recherche, ensemble, de nouvelles frontières ; un moment d'espérance où rien ne paraît impossible. S'en prendre à ceux qui ont mis un terme à tout cela est parfaitement admissible. Mais il faudrait se souvenir que Louis Napoléon n'y est pour rien, absolument pour rien.

Qu'importe encore si le régime qui succède à l'Empire, régime qui ne dit pas son nom, république de hasard et de résignation, se présente dans ses premières années, par rapport à l'Empire finissant, comme en net recul dans presque tous les domaines, en particulier au regard des critères de la vraie démocratie. Qu'importe enfin la boucherie organisée par l'excellent Monsieur Thiers pour mettre un terme à la Commune. Le fait est que de nombreux protagonistes de l'époque sont des vaincus du 2 Décembre ; ils ne se contentent pas de détester Louis Napoléon, ils redoutent son retour, et tout ce qui pourrait exalter son souvenir.

Alors ils vont en faire une cible.

Deux grandes plumes leur ont fourni de quoi nourrir le tir. Deux hommes que beaucoup considèrent comme les deux géants du XIXᵉ siècle. Étonnante conjonction, au demeurant, mais terrible et efficace conjuration, qui rassemble dans un même combat, avec des arguments différents sinon contradictoires, Victor Hugo et Karl Marx...

C'est peu dire de Hugo qu'il a poursuivi Louis Napoléon d'une haine inexpiable. Après le 2 Décembre, presque plus rien ne va compter à ses yeux que l'expression de son exécration. S'agrippant aux basques de son souffre-douleur, il jappe, aboie, hurle et ne le lâchera jamais plus. Il a lui-même conscience de l'outrance et de la démesure de son propos. Mais il s'en absout, sans complexe : « Malheur, dit-il, à qui resterait impartial devant les plaies sanglantes de la Liberté. »

Allant plus loin pour expliquer sa hargne, il déclare qu'il n'exprime ni plus ni moins que la parole de Dieu ! « Ma parole dans l'exil n'est pas ma parole ; ce n'est pas autre chose que l'éternelle vibration sonore de la vérité et de la justice dans l'infini. Quand la conscience parle, c'est Dieu qui sort de l'homme. Il est la lumière, je ne suis que la lanterne. »

Du recours à Dieu, Hugo use et abuse, ne reculant devant aucun excès : « Dieu marchait et allait devant lui. Louis Bonaparte, panache en tête, s'est mis en travers et a dit à Dieu : "Tu n'iras pas plus loin !" Dieu s'est arrêté. »

Alors, dans son *Histoire d'un crime*, ouvrage entamé dès après le coup d'État et qui ne paraîtra qu'en 1877, comme dans *Napoléon le Petit*, écrit entre juin 1852 et octobre 1853, ou comme dans *les Châtiments*, c'est une logorrhée torrentielle emplie d'attaques directes ou fielleuses, de sarcasmes, d'imprécations. Aucun mot n'est trop gros, trop fort, trop odieux pour « prendre corps à corps le Bonaparte », pour « le retourner sur le gril » :

« Ah ! le malheureux ! il prend tout, il use tout, il salit tout, il déshonore tout [...] Louis Bonaparte, entouré de valets et de filles, accommode pour les besoins de sa table et de son alcôve le couronnement, le sacre, la Légion d'honneur, le camp de Boulogne, la colonne Vendôme, Lodi, Arcole, Saint-Jean-d'Acre, Eylau, Friedland, Champauvert... Ah ! Français ! regardez le pourceau couvert de fange qui se vautre sur cette peau de lion. »

Sans doute la version hugolienne n'eut-elle qu'assez peu d'influence du vivant de Louis Napoléon. Mais après avoir trouvé un premier écho vers la fin du règne, elle devint, dès le rétablissement de la république, la vérité officielle. En prose comme en vers, les insultes de Victor Hugo n'auraient eu que peu d'importance si l'auteur des *Châtiments* n'avait été considéré, contre tout bon sens, comme le premier des historiens du second Empire et si bien des Français ne voyaient encore Louis Napoléon qu'à travers ses yeux injectés de mépris.

Pour outrancières qu'elles fussent, les invectives du père Hugo ne parurent pas excessives à Karl Marx, qui lui reprocha seulement de ne voir dans le coup d'État « que l'acte de violence d'un individu isolé » : « Hugo, dit-il, ne remarque pas qu'il grandit ainsi le personnage au lieu de le diminuer, en lui attribuant une force d'initiative personnelle sans exemple dans l'histoire universelle. »

Marx fit d'ailleurs le même reproche à Proudhon, dont il releva que l'analyse « de la construction historique du coup d'État se change inconsciemment chez lui en une apologie historique du coup d'État. »

Pour sa part, il entendit montrer que la « lutte des classes en France a créé des circonstances et des situations telles qu'elles ont permis à un personnage médiocre et grotesque de jouer un rôle héroïque ». Et c'est dans son *18 Brumaire de Louis Bonaparte* qu'on trouve cette phrase cruelle que retiendra la postérité : « Hegel remarque quelque part que tous les grands événements, toutes les grandes figures historiques se produisent pour ainsi dire deux fois. Il a oublié d'ajouter : la première fois, c'est une tragédie, la seconde fois c'est une farce. »

Après ces deux formidables imprécateurs, les premiers historiens — la quasi-unanimité d'entre eux — s'en prendront à leur tour à Louis Napoléon. Ils vont en faire, au mépris de toute vérité, le symbole de l'absolutisme et de la tyrannie.

Certains — comme Ernest Lavisse — accompliront cette besogne avec d'autant plus d'ardeur qu'ils ont à se faire pardonner une complaisance passée pour le régime honni. Après eux, ce sont tous les manuels d'histoire, par exemple — dans la foulée d'un Seignobos — celui de Malet et Isaac, qui dresseront l'acte d'accusation du second Empire et de son chef.

Tous les moyens seront bons. Et lorsque, d'aventure, il sera décidément impossible de dissimuler tel ou tel aspect positif du bilan, on se réfugiera dans la prétérition ou la contestation de paternité.

Ce n'est pas Bazaine qui capitule honteusement à Metz, c'est Louis Napoléon. A l'inverse, ce n'est pas Louis Napoléon qui refait Paris, c'est le baron Haussmann ; ce n'est pas lui qui conduit notre expansion coloniale, ce sont quelques officiers entreprenants et esseulés ; ce n'est pas lui qui lance le libre-échange, c'est Michel Chevalier ; c'est Lesseps seul qui triomphe à Suez de toutes les difficultés ; et c'est aux frères Pereire que revient le mérite d'avoir mené à bien la réforme financière.

On pourrait ainsi accumuler les exemples en ajoutant que si, pour telle ou telle affaire réussie, on ne trouve personne à substituer à Louis Napoléon, le mérite en est attribué à la force des choses ou au concours des circonstances.

En mettant à part les contributions de certains témoins de l'époque — contributions dont la subjectivité n'exclut pas la valeur, tel l'admirable *Empire libéral* d'Émile Ollivier — il faudra les travaux de plusieurs auteurs anglais, séduits par le côté aventurier du personnage, pour que l'historiographie de Louis Napoléon en vienne à évoluer dans un sens moins systématiquement défavorable. Justice commencera même à lui être rendue, lorsque se développera l'intérêt pour l'histoire économique et sociale, notamment pour celle de l'urbanisme, intérêt conduisant à étudier de plus près l'œuvre accomplie et donc à en mesurer plus exactement les mérites.

C'est dire qu'on ne saurait prétendre ouvrir ici un procès en réhabilitation, lequel est déjà largement engagé. Mais pour convaincants et largement étayés qu'ils soient, les arguments de la défense n'ont guère circulé au-delà de milieux plutôt restreints et, dans les tréfonds de l'âme nationale, Louis Napoléon reste un homme plus que contesté : condamné. Il n'est donc pas inutile d'essayer de servir à la fois sa mémoire et la vérité.

C'est le but de ce livre, qui s'efforcera cependant d'éviter les excès. Le sentiment d'injustice qui saisit souvent l'observateur impartial de ce destin si mal compris conduit parfois... à des excès réparateurs. Louis Girard l'a fort bien dit : « Comme toute réaction, celle-ci a eu et a encore ses ultras. » Nul besoin donc d'en rajouter !

Pourtant ce livre sera sans conteste un livre de parti pris. Car il prend bel et bien le parti d'exprimer les raisons qui existent de ne pas laisser Louis Napoléon Bonaparte croupir dans un recoin obscur et honteux de notre mémoire collective.

Un portrait, une biographie font toujours place, il est vrai, à la subjectivité. Selon la cause qu'on veut défendre, un même trait de caractère — illustré par des manifestations extérieures identiques —, une même action peuvent donner lieu à des présentations et des interprétations différentes, voire contradictoires. Au point, dit-on, qu'à lire un portrait on en apprend parfois au moins autant sur l'auteur que sur le modèle.

L'auteur, ici, ne fait donc pas mystère de ses sentiments. Du moins ses préférences ont-elles leurs raisons. Il a cherché à comprendre les ressorts de son modèle, ce qui l'anima, ou pour utiliser une expression quelque peu triviale « ce à quoi il marcha ». Et il a cru à sa sincérité.

Il lui a semblé qu'on avait fait assez de mal à cet homme qui a voulu sincèrement, honnêtement, courageusement, servir la France, qui s'y prépara, et qui accomplit sa tâche avec une force personnelle, morale, digne de respect, sinon d'admiration.

Est-il admissible que sa dépouille soit encore considérée comme celle d'un pestiféré et repose en terre étrangère ? Il aura fallu attendre janvier 1988 pour que, pour la première fois depuis

1870, un gouvernement français, discrètement, se fasse représenter à une cérémonie organisée à sa mémoire. Il aura fallu attendre 1990 pour que la Ville de Paris décide de donner son nom à l'une de ses places.

Beaucoup reste à faire pour le reconnaître tel qu'il fut.

I

L'HOMME

Un imbécile, un minable, un crétin. Un illuminé. Un homme écrasé, dépassé par son destin. Un velléitaire, incapable de traduire en actes ses idées. Un ambitieux, dépourvu, de surcroît, de tout scrupule. Ainsi Louis Napoléon est-il le plus fréquemment présenté par ses adversaires qui furent légion et ses contempteurs qui tiennent toujours le haut du pavé. Charge féroce, traits contradictoires : il est vrai qu'il leur faut, à la fois, passer sous silence la valeur et la générosité de son inspiration, le priver du crédit de tout ce qui a été fait de grand sur son initiative et expliquer — tout de même — comment un tel individu a pu parvenir au pouvoir suprême en surmontant ou en contournant tous les obstacles — parcours d'autant plus méritoire que sa position de départ était plus que précaire.

Rien, du coup, vraiment rien ne lui aura été épargné. Et comme s'il ne suffisait pas de lui reprocher encore l'origine de son pouvoir et les conditions de sa chute, il fallut qu'on lui cherchât aussi querelle sur la légitimité de sa naissance, querelle qui n'est pas encore complètement éteinte.

Officiellement, Charles-Louis Napoléon Bonaparte est le troisième enfant, né à Paris, au 17 de la rue Laffitte, alors rue Cerutti, dans la nuit du 20 au 21 avril 1808, de Louis, roi de Hollande, frère cadet de Napoléon, et d'Hortense de Beauharnais, fille de l'impératrice Joséphine.

L'enfant fut baptisé le 5 novembre 1810 au palais de Fontainebleau. L'empereur était son parrain et l'impératrice Marie-Louise sa marraine. Le père était absent à la cérémonie. Il y avait là de

21

quoi alimenter les ragots. C'était plus que probablement le but recherché.

Louis, qui régna de 1805 à 1810, avait trente ans à la naissance de son troisième fils. Il avait tous les défauts des Bonaparte sans avoir beaucoup de leurs qualités. Mal remis des séquelles d'une maladie galante, souffrant d'une très grave affection de la moelle épinière, il était quasi impotent. Son caractère, franchement neurasthénique, s'en trouvait encore altéré, à tel point que ses proches le décrivent jaloux, soupçonneux, emporté. Sa scandaleuse abstention au baptême de son fils était donc bien dans sa manière.

Pourtant, Louis Bonaparte, tout compliqué et imprévisible qu'il fut, mérite probablement mieux que l'indifférence ou l'opprobre qu'il suscita. Il fut une double victime : victime de la maladie, qui empoisonna sa vie, et victime d'une destinée démesurée. Il chercha inconsciemment à se venger d'un sort injuste en s'ingéniant à rendre ceux qui le côtoyaient aussi malheureux qu'il l'était lui-même. Et se croyant persécuté, il persécuta, rabrouant les quelques poussées d'affection qu'il pouvait susciter. Car il savait être attachant et n'était pas dépourvu de talents, de sensibilité, et même de bon sens. Sa correspondance avec Louis Napoléon, parvenu à l'âge d'homme, en témoigne. Il sut parfois le conseiller et lui éviter des erreurs, même s'il prenait surtout plaisir à le morigéner.

La haine qu'il voua à son épouse, et dont il s'acharna à lui donner constamment des preuves, ne parvint pas à dissimuler l'admiration, l'envie et peut-être même l'amour qu'elle lui inspira. Quant à Louis Napoléon, si le roi de Hollande parut si souvent — et dès les premiers jours — le considérer comme le fils d'un autre, il se comporta à son égard, tout compte fait, en père relativement attentionné. Louis Napoléon n'eut certes pas pour lui l'adulation qu'il devait vouer à sa mère. Mais on se tromperait lourdement en pensant qu'il n'a pas subi, d'une certaine manière, son influence.

Mariage mal assorti, il faut bien le dire, que celui de Louis Bonaparte et d'Hortense, âgée d'à peine dix-neuf ans au moment des noces. Mariage voulu par l'empereur et inspiré, dit-on, par Joséphine, dont le peu d'espoir d'être mère d'un héritier au trône commençait à menacer la situation. Hortense et Louis se résignèrent à l'union, mais ne parvinrent jamais à en faire un ménage. A en croire Louis lui-même, depuis le 4 janvier 1802 — jour de leur mariage — jusqu'au mois de septembre 1807, ils ne demeurèrent ensemble « qu'un espace d'à peine quatre mois, à trois époques séparées par de longs intervalles ».

Plus le temps passe, en tout cas, plus les relations entre les deux époux se tendent ; à un point tel que Napoléon lui-même s'en inquiète. Dans une lettre du 4 avril 1807, l'empereur reproche à son frère d'agir à contre-emploi aussi bien dans son ménage qu'à la tête de son royaume : « Vos querelles avec la Reine percent aussi dans le public. Ayez dans l'intérieur ce caractère paternel et efféminé que vous montrez dans le Gouvernement et ayez dans les affaires ce rigorisme que vous montrez dans votre ménage. Vous traitez une jeune femme comme on mènerait un régiment. »

Il faudra un drame qui les touche également pour qu'un rapprochement provisoire ait lieu. Peu après la mort de leur premier fils, qui les laisse dans un même état de prostration, les deux époux tentent, brièvement, de reprendre une vie commune. Ils se retrouvent à Toulouse en juillet 1807 : c'est là, selon toute vraisemblance, qu'aurait été conçu Louis Napoléon. Mais l'enfant naîtra malencontreusement quinze jours avant le terme des neuf mois qui suivent la rencontre. Et comme Hortense, au cours des semaines précédant celle-ci, avait cherché à s'étourdir, allant de promenades en excursions dans les Pyrénées, les spéculations sont allées bon train. Pourtant, tout indique que l'enfant fut effectivement un prématuré : ne fallut-il pas un bain de vin chaud et des frictions énergiques pour le sauver ?

On recense néanmoins — sans omettre Napoléon Ier lui-même — une bonne dizaine de pères putatifs ; chacun d'eux a ses partisans farouches, qui depuis dix-huit décennies font reposer sur des arguments incertains l'identification du géniteur : Charles Adam de Bylandt-Palterslet, écuyer de la reine, Flahaut, son futur amant, Villeneuve, son chambellan, Decazes, alors préfet, le peintre Thiénon, l'amiral-ambassadeur hollandais Verhuel...

Ce débat, somme toute aussi vain que sordide, ne mérite pas qu'on s'y arrête. Dansette l'a clos lui-même d'une manière quasi clinique : « On se trouve dans l'impossibilité d'attribuer la paternité à un tiers quelconque, et le roi Louis est le seul homme dont on soit certain qu'il ait partagé le lit de la reine Hortense à l'époque de la conception. » Il n'empêche que l'époux lui-même ne fut pas le dernier à entretenir le doute par quelques paroles malheureuses, par exemple celle-ci : « J'ai épousé une Messaline qui accouche. » Le cardinal Fesch, pourtant membre de la famille, ne fut guère plus charitable, raillant Hortense qui, lorsqu'il s'agit des pères de ses enfants, « s'embrouille toujours dans ses calculs ». La rumeur publique s'en mêla colportant ce bon mot, doublement cruel : « Hortense fait des faux Louis... »

Cela ne saurait pourtant excuser les grandes plumes et les grands noms qui ont utilisé ces doutes comme une arme, une arme terrible, contre Louis Napoléon. Victor Hugo se laissa ainsi aller à dénoncer en lui « l'enfant du hasard [...] dont le nom est un vol et la naissance un faux ». Est-il nécessaire de relever au passage que notre plus grand poète (hélas! disait André Gide) pouvait, à l'occasion, se montrer odieux et même abject?

Controverses, hésitations, il y en eut donc, mais l'important est d'en mesurer les conséquences.

Sur Louis Napoléon, d'abord. Il semble que lui-même n'ait guère douté de sa filiation. « J'ai fait mes calculs », assurait-il parfois. Pour autant, cette polémique, qui l'a vraisemblablement meurtri, paraît n'avoir jamais influé sur son comportement. Si, s'agissant de Maxime Weygand, certains historiens placent dans un doute sur ses origines l'une des raisons qu'il aurait pu avoir de ne pas franchir en 1940 le Rubicon de la lutte à outrance, aucune explication de cet ordre n'a pu être avancée concernant Louis Napoléon.

Autre conséquence : ses rapports avec ses parents. Louis Bonaparte — bien que le plus probable auteur de ses jours — restera pour Louis Napoléon une rencontre épisodique, un correspondant occasionnel mais jamais une vraie présence. Lorsque Louis et Hortense, reculant devant le divorce, organiseront leur séparation — sans pouvoir éviter un procès —, le père, devenu comte de Saint-Leu, et qui se fixe à Florence, exigera de conserver auprès de lui le frère aîné, mais abandonnera Louis Napoléon à sa mère. Décision d'importance capitale, car Hortense sera désormais à même d'exercer sur son fils une influence déterminante. C'est en lui, forcément, qu'elle mettra tous ses espoirs, alors qu'il a un frère qui, par ordre naturel, a priorité sur lui.

Femme exceptionnelle que la reine Hortense. Jolie, spirituelle, gaie. « Une blonde exquise aux yeux d'améthyste », nous dit le contemporain non identifié qui se dissimule sous le pseudonyme de « baron d'Ambès ». Et avec ça, la séduction, la distinction mêmes. Élevée dans la tradition de l'Ancien Régime, elle a hérité de sa mère une apparence d'indolence insulaire qui dissimule mal une redoutable volonté. Sensible, rêveuse, romantique, elle sait fort bien ce qu'elle veut. Sous ses allures d'adorable bibelot, elle a de la suite dans les idées. Elle pleure beaucoup, s'apitoie sur elle-même, mais sait faire preuve de réalisme quand il en est besoin. D'une immense générosité, elle n'hésite jamais à réclamer ce qui lui semble dû.

Il ne faut donc pas trop s'arrêter au jugement de Talleyrand, pour le moins incomplet · « Elle était, écrit-il, née pour l'exil. Si l'adversité dans laquelle son destin l'a mise n'en eût pas décidé ainsi pour son propre malheur, elle l'eût choisi de sa propre volonté, pour avoir un prétexte à aller de-ci de-là, à changer sans cesse, puis de s'en lamenter. »

Et pourtant, cette femme parfois si frivole, et qui aime tant qu'on la plaigne, sait galvaniser son énergie quand les circonstances l'exigent. Pour Louis Napoléon, elle sera mieux qu'une mère poule : une lionne qui sort ses griffes lorsque son petit est menacé. Pour le protéger, elle ne reculera devant rien. Aucun doute là-dessus : cette femme qui occupe une bonne partie de son temps à rechercher des trèfles à quatre feuilles, et qui n'est jamais si heureuse que lorsqu'elle reçoit force lettres, albums, dessins ou poèmes, est, à ses heures, quand il le faut, une maîtresse femme.

En 1814, au premier retour des Bourbons, en pleine débandade, nul ne paraît s'occuper de son sort. Alors, elle prend son destin en main : par le truchement de son frère Eugène, elle approche le tsar, qui va lui accorder sa protection. La voilà duchesse de Saint-Leu par la grâce de Louis XVIII, pourvue d'un revenu solide, et retrouvant sa place dans une vie mondaine renaissante.

On lui en fera beaucoup reproche ; surtout, plus tard, lors du retour de l'Aigle. Elle sera alors accusée de s'être « prostituée à Louis XVIII », d'être la maîtresse de son favori Decazes, l'un des prétendus « pères », et d'entretenir des relations équivoques avec Alexandre Ier...

Et, de fait, c'est un spectacle pour le moins étonnant que celui des funérailles de Joséphine de Beauharnais à laquelle les honneurs militaires sont rendus par un régiment de cosaques, ou encore des promenades d'Hortense et du vainqueur de Napoléon, des batifolages de Louis Napoléon avec l'empereur de toutes les Russies à qui il fait de petits cadeaux pour le remercier d'être si gentil avec sa maman...

On a souvent raconté la terrible scène qui mit aux prises l'infidèle et Napoléon, à peine celui-ci arrivé à Paris après son retour de l'île d'Elbe. Mais soit qu'elle ait les vertus de sa mère, experte dans l'art de retourner de telles situations, soit que l'empereur n'ait guère le choix, en raison de l'éloignement de Marie-Louise, la voilà qui rentre en grâce et, mieux encore, qui devient, de fait, la première dame de France et qui reçoit, aux côtés de l'empereur, une haute société appelée, pour la deuxième fois en quelques mois, à changer de style.

Au cours de ces folles semaines, ses deux fils retiennent d'ailleurs à nouveau une attention qui s'était quelque peu détournée d'eux après la naissance du roi de Rome. Mais l'héritier du trône n'est pas là et les temps qui s'annoncent sont incertains. Louis Napoléon est, avec son frère, aux côtés de son oncle, à la fenêtre des Tuileries, quand les troupes l'acclament. Il a sept ans. A cet âge, de tels événements ne peuvent manquer de laisser une impression durable, indélébile...

La veille du départ pour la dernière campagne, Louis Napoléon et son frère sont à nouveau introduits chez l'empereur. Louis Napoléon éclate en sanglots. Il a, expliquera-t-il des années plus tard, de terribles pressentiments.

« Pourquoi pleures-tu ? lui demande Napoléon.

— Parce que vous allez à la guerre. Ne partez pas. Les méchants alliés vous tueront. Ou bien emmenez-moi ! »

Et Napoléon, dit-on, de se tourner vers Soult :

« Embrassez-le, maréchal. Il a un bon cœur et une belle âme et sera peut-être l'espoir de ma race. »

L'espoir de la race verra une dernière fois son oncle au lendemain de Waterloo, à la Malmaison. Adieux furtifs. Dès lors plus dure sera la chute.

**
*

Désormais, il n'est plus question de solliciter la mansuétude des vainqueurs. Le tsar se dérobe, même si en sous-main il facilite les choses sur le plan financier. Louis XVIII, lui, reste inflexible. Et l'exil est inéluctable...

Hortense en prend la route le 19 juillet 1815, non sans qu'entre-temps il lui ait fallu mettre à exécution le jugement qui la prive de la garde de son aîné.

Le déchirement de cette séparation s'ajoute à la douleur du

départ et à la difficulté des conditions du voyage. Hortense, son fils cadet et sa suite ne doivent qu'à la protection autrichienne qu'on ne leur fasse un trop mauvais sort. Decazes, l'amant supposé, a une attitude dépourvue de complaisance, et même franchement méprisable.

Car à l'égard de ces deux proscrits, on fait décidément assaut de mauvaises manières. Pour mieux se faire valoir auprès du nouveau régime, c'est à qui se montrera le moins zélé et le moins accueillant pour les fugitifs. Dès qu'Hortense arrive quelque part, les maîtres des lieux n'ont de cesse de l'expédier ailleurs et au plus tôt, faisant d'elle une sorte de mistigri qu'on refile au voisin qui s'en débarrasse à son tour.

L'enfant est là, et il voit. Très jeune, il prend la mesure de ce que sont la couardise, l'infidélité, la versatilité humaines. Il lui en restera toujours quelque chose : une absence d'illusions sur les hommes qui se traduira, curieusement, par une indulgence désabusée.

Il est vrai que, dès son plus jeune âge, on trouve des témoignages nombreux et concordants sur sa gentillesse et sa délicatesse, qualités qui lui sont données au départ et que l'expérience ne fera que développer. Cet enfant a le cœur sur la main. On serait tenté d'écrire que tout laisse prévoir, très tôt, qu'il sera un brave type.

A la Malmaison, il jouait avec les grognards en service de garde, et ne s'échappait que pour aller leur chercher des biscuits. « Un jour, raconte le faux baron d'Ambès, il revint pieds nus, en manches de chemise, dans la neige et la boue. On commença par le gourmander. Mais il raconta, et le fait était exact, qu'ayant rencontré une famille pauvre et sans argent, il avait donné ses souliers à l'un des enfants et sa redingote à l'autre. »

Oui, comment ne pas croire son précepteur Le Bas quand il le décrit, quelques années plus tard, comme « un enfant charmant sous le rapport des qualités du cœur. Bonté, douceur, prévenance. Je ne sais encore si j'en ferai un savant, mais je n'en ferai jamais un ingrat ». C'est le même précepteur qui racontera : « Je lui disais lundi dernier : "c'est demain le 22 août ; j'étais bien heureux il y a un an : j'avais un fils !" et quelques larmes coulèrent de mes yeux en lui disant cela. "Consolez-vous monsieur, me dit-il ; vous n'avez plus de fils ; mais moi je peux en tenir lieu !" On peut tout attendre d'un enfant comme celui-là. »

C'était vrai, et, plus tard, le maître aura d'autres occasions de s'en rendre compte : « Il vient de me donner une preuve touchante de son attachement et de sa délicatesse. Nous jouons, depuis quelque temps, la comédie… Notre dernière représentation se composait de *Fanfan et Colas* et du *Prisonnier*. Dans la première pièce, le jeune prince remplissait le rôle de l'enfant gâté, et on m'avait destiné celui du précepteur ; mais quand mon cher Louis eut lu la pièce, il déclara qu'il ne pourrait pas jouer si je conservais ce rôle, parce qu'il devrait se montrer ingrat et insolent à mon égard et qu'il ne pourrait jamais l'être, même en jouant la comédie. Cela seul peut […] faire juger de son cœur. »

Du cœur, Louis Napoléon en aura jusqu'à l'excès, au risque de desservir ses propres intérêts. Il aspirera, pathétiquement, à être aimé, comme sans doute il l'eût mérité, et du coup sera souvent enclin aux générosités les plus folles, aux concessions les plus extrêmes. Mais cela n'explique pas tout. Nombre de ses gestes resteront discrets, sans espoir de contrepartie.

La liste des institutions charitables qu'il créera ou aidera est impressionnante, au point d'occulter son œuvre sociale qu'elle pourrait réduire à du paternalisme.

En fait il en aura tant vu, il aura assisté à tant de retournements de situations, il aura eu à souffrir de tant de revirements qu'il en viendra, paradoxalement, à ne jamais définitivement désespérer de personne. Il pratiquera ainsi le pardon des injures. Rien ne sera plus étranger à son comportement que l'exercice de la vengeance. Et pourtant, c'est peu dire qu'il sera rarement payé de retour… « Je sais bien qu'il m'appelle Badinguet ; ce n'en est pas moins un officier de valeur, et je désire qu'il soit rétabli sur le tableau », dira-t-il du commandant Lewal, qu'on avait écarté des listes d'avancement et qu'il y fait réinscrire.

Il donnera une ambassade à Prévost-Paradol qui avait déclaré qu'en se donnant à lui la France était tombée dans les bras d'un palefrenier…

Il n'aura jamais un mot contre Hugo, lequel, pourtant, ne le ménagera guère.

Cette bonté, admirable chez l'homme privé, s'avérera parfois une faiblesse chez l'homme public. Louis Napoléon déteste faire de la peine. Les devoirs de la fidélité personnelle prendront trop souvent le pas sur les devoirs de l'homme d'État : du coup, il répugnera, contre toute raison, à se séparer de personnalités encombrantes, qui ont fait leur temps.

La délicatesse de ses sentiments trouve toujours à s'exprimer. C'est le cas par exemple lorsque le 2 octobre 1853, en compagnie de l'impératrice Eugénie, il va conduire dans les appartements qu'il lui a réservés, aux Tuileries, Valérie Mazuyer, désignée comme dame d'honneur honoraire, parce qu'elle a servi Hortense et ne lui a jamais ménagé son dévouement. Mieux encore : à intervalles réguliers, il se mettra en frais pour la vieille demoiselle.

On imagine donc aisément le désarroi et la peine d'un tel enfant aux côtés de sa mère, bannie, qui erre sur les routes d'Europe sans pouvoir se fixer. Louis Napoléon s'en souviendra avec émotion : « Ma Mère, en ces jours de fuite, se montra vraiment admirable. Quant à moi, cette époque m'est restée comme un rêve étrange et papillotant. Je me souviens que lorsqu'on vint arracher mon frère des bras de ma mère, j'eus tant de chagrin que je tombai malade, j'eus même la jaunisse, pas gravement d'ailleurs... Aix, Berne, Bade, Zurich, Serawenfeld, étapes successives... Tout cela se succède devant mes yeux... »

Des étapes, des rebuffades, il y en eut bien d'autres qu'il semble alors avoir oubliées : Dijon, Genève, Prégny, Payerne, Constance...

Enfin, en 1817, et toujours grâce à son frère Eugène, Hortense peut acquérir un pied-à-terre à Augsbourg et un charmant petit domaine sur le lac de Constance, côté suisse, dans le canton de Thurgovie. On y fera quelques travaux d'embellissement et c'est là, à Arenenberg, que Louis Napoléon va passer la fin de son enfance et son adolescence.

Un pavillon plutôt qu'un château, notera Chateaubriand, qui nous en donne une description : « Arenenberg est situé sur une espèce de promontoire, dans une chaîne de collines escarpées [...]. On y jouit d'une vue étendue mais triste. Cette vue domine le lac inférieur de Constance, qui n'est qu'une expansion du Rhin sur des prairies noyées. De l'autre côté du lac, on aperçoit des bois sombres, restes de la Forêt-Noire, quelques oiseaux blancs voltigeant sous un ciel gris et poussés par un vent glacé. »

Ce sera la plus durable des résidences de Louis Napoléon, son seul véritable foyer. Aujourd'hui encore, on peut considérer Arenenberg comme sa maison de famille. La vie n'y aurait pas manqué d'agréments, n'eussent été l'éloignement de la patrie, la séparation d'avec son frère, et le souvenir d'une existence autrement plus brillante. La demeure est confortable et le train de vie fort convenable. La suite d'Hortense se compose d'une bonne dizaine de personnes, avec chapelain, précepteur, intendant. Plus tard, le jeune Louis Napoléon comptera jusqu'à une douzaine de pur-sang dans ses écuries.

Ces années-là, il les passe en tête à tête avec sa mère. Tête-à-tête seulement troublé par leur entourage, toujours présent, quoique de modeste influence. Tête-à-tête avec une mère qui, séparée de son mari, abandonnée de Flahaut — son amant depuis 1810 —, n'aura plus jamais de liaison durable et se retrouve seule avec un enfant dont les circonstances ont fait un fils unique qui devient le seul objet de sa tendresse et de son attention.

Naturellement il tient beaucoup d'elle. Comme Stéfane Pol l'écrit : « Sa mère s'était reflétée en lui tout entière. Il hérita de ses nombreux travers, comme de son grand cœur. » A-t-on assez dit — avec de lourds sous-entendus — qu'il n'avait pas grand-chose des Bonaparte. Rien de leurs manières, de leurs brusqueries, de leurs emportements...

D'ailleurs, plus tard, il n'aura pas, vis-à-vis de sa grande et encombrante famille, la même attitude que son oncle. Napoléon Ier pratiquait le népotisme avec une sorte de rage militante : trônes pour les frères, couches prestigieuses pour les sœurs, « placement » pour le reste de la parenté, et argent pour tout le monde. Louis Napoléon, lui, assumera comme il sied ses obligations, mais avec une sorte de résignation désabusée.

Napoléon Ier était au moins autant le parrain — sans illusions — d'une petite mafia que le chef de la France. Il semble prendre parfois autant de soin à gérer sa famille qu'à conduire le pays. Rien de tel avec Louis Napoléon, qui considérera le fait de bien traiter ses oncles et ses cousins comme procédant plutôt d'un devoir d'État que de liens de solidarité.

A l'inverse, les traits qui en font surtout un Beauharnais, même s'ils vont s'accentuer dans sa longue intimité avec sa mère, sont perceptibles dès ses premières années à la Malmaison.

Selon Mlle Cochelet, une des dames d'Hortense, « l'enfant était d'un caractère doux, timide et renfermé, il parlait peu ». Cela lui restera. Doux, il l'est. Gentil et sensible au-delà de l'émotivité et de la nervosité. S'il arrête les frais en Italie après Solferino, oubliant pour un temps les projets formés avec Cavour, c'est parce qu'il est bouleversé — comme l'a été Henri Dunant — par le spectacle des morts et des blessés de cette effroyable boucherie, et qu'il ne peut en supporter davantage.

Il n'était pourtant pas le poltron que, dans ses jeunes années, sa mère avait craint de découvrir. Tout petit, en effet, la nuit le mettait parfois dans des états convulsifs où se mêlaient insomnies et angoisses. Il paraissait littéralement terrorisé, et les crises de larmes qui l'affectaient alors, crises de rage aussi, étaient comme le pendant de sa frayeur. On y verra la trace de sa naissance difficile.

Mais il savait se maîtriser, faisant preuve en maintes occasions d'un courage physique qui, en effet, ne lui était sans doute pas naturel. Face aux terribles douleurs de la maladie de la pierre, ce courage atteignit parfois des sommets, notamment pendant la guerre contre la Prusse, qui marqua le paroxysme des souffrances que lui causait la maladie qui l'emporta. Des médecins l'ont dit : tout être normal à sa place serait descendu de cheval, aurait tout planté là, se serait réfugié dans un lit, en espérant trouver ne fût-ce que le début d'un soulagement de ce qui dépassait les limites du supportable.

En maintes autres occasions, moins dramatiques, il força sa nature, au prix de coûteux efforts de volonté. Comme il força sa nature pour ne rien laisser paraître, sauf en de rares occasions, de ses réactions spontanées, voisines de la sensiblerie.

A en croire les témoignages dépourvus de toute aménité de ses contemporains, il y réussit au-delà de toute espérance...

On fera grand cas, en effet, de sa capacité de dissimulation : il n'était pourtant rien moins que sournois. Son repli sur lui-même, son apparente complaisance pour le secret ne s'expliquent pas seulement par son expérience de conspirateur. Ils tiennent d'abord à la solitude, qui aura marqué sa vie : fils unique, c'est-à-dire si souvent livré à lui-même malgré toutes les prévenances de sa mère, il sera rejeté par sa famille, par la cousine même qu'on lui destinait comme fiancée, et devra affronter seul l'exil en Amérique, l'exil en Angleterre, l'emprisonnement. Ses idées, il sera seul à les assumer. Même au temps de sa splendeur, au milieu de son entourage pléthorique et avec une nation à ses pieds, il saura qu'il ne peut compter que sur lui-même, les projets qui lui tiennent le plus à cœur étant considérés par ceux qui ont lié leur carrière à la sienne comme autant de dangereuses lubies.

Pierre Guiral l'explique mieux que quiconque : « Le secret, c'est sa force, non par machiavélisme, mais parce qu'il sait seul où il veut aller. »

Peut-être aussi dissimule-t-il parce qu'il est conscient de ses propres limites. Doté d'une exceptionnelle faculté de séduction en tête à tête, il n'était pas toujours brillant en société, et moins encore devant une Assemblée. De là son horreur de la discussion. D'autant qu'il déteste froisser. Et il n'aime pas les phrases. N'a-t-il pas expliqué un jour à son entourage que ses pensées vont habituellement plus vite que ses paroles? Alors, à défaut de pouvoir ou savoir persuader, il garde l'argument pour lui, le conforte, l'améliore, et s'en convainc toujours davantage. Une grande pudeur, un risque permanent de maladresse, des manières héritées de l'exil et qui pouvaient étonner et détonner, la crainte de la faute, tout cela le fait rester sur une prudente réserve. Il lui faut vraiment se sentir en confiance pour se livrer et s'avérer le plus charmant des compagnons. Mais en confiance, quand le fut-il vraiment?

Ce n'est donc pas, à proprement parler, de timidité qu'il s'agit. En fait, il est tout à sa réflexion et à ses bouillonnements intérieurs. Ce qui lui donne des airs taciturnes... Cela ne veut pas dire qu'il n'observe pas ou n'entend pas. Il n'est pas indifférent. Pas absent. Et il donne des preuves, exubérantes parfois, qu'il est loin de ne prêter au monde qui l'entoure qu'une attention furtive. Car il lui arrive d'avoir de brusques accès d'expansivité. Alors plus tard, résigné devant les critiques que lui valait son impassibilité, il en fait un système; cela lui permet du moins de ne pas surprendre quand il en vient à cacher la spontanéité d'émotions qui sont à son honneur.

« Louis, tu penses à autre chose », lui disait souvent sa mère. Il lui répondra indirectement dans le cahier de réflexions et de maximes qu'il tenait, adolescent: « Vous ne dites pas ce que vous pensez, me dit-on. Veut-on dire par là que je sais me défendre? »

On l'a présenté encore comme un velléitaire — on l'a dit —, un rêveur, un utopiste. Peut-être, ou sans doute. Et le reproche lui est fait d'avoir poursuivi des chimères. Certaines chimères étant parfois de remarquables intuitions... Pourtant il est vrai qu'on observe souvent chez lui un décalage entre l'intention affichée et les moyens mis en œuvre.

Ce décalage ne sera pas toujours involontaire. Mieux que quiconque, il savait que la politique, c'est l'art de concilier le souhaitable et le possible. Et s'il était totalement maître de la vision, il était largement tributaire des autres pour en assurer l'exécution.

Pour autant, il sait ce qu'il veut. Et généralement, rien ne le détourne de son objectif, même s'il sait donner du temps au temps.

On a cru trouver une contradiction entre les surnoms dont l'affublait la reine Hortense qui parlait de lui, à la fois, comme d'un « doux entêté » et d'un grand dispensateur de « oui, oui ». En fait son « oui oui », c'est un « oui, parle toujours, tu m'intéresses »... mais il n'abandonne jamais son idée.

En réalité, c'est un tenace, un persévérant, ou même — en apparence — un besogneux, mais d'autant plus déterminé que rien ne paraît l'indiquer... C'est bien ainsi que le verra Renan : comme une « nature profonde, rêveuse, embarrassée, mais forte et obstinée, incapable d'être distraite de son idée fixe... Il avait la volonté inflexible du croyant, la gaucherie de l'obstiné renfermé à la manière d'un somnambule dans un monde fantastique, hanté dès lors de cette espèce d'hallucination du spectre napoléonien ».

En tout cas, entre le fils et la mère, quelle complicité ! Complicité à la mesure de la suspicion qui entourait la naissance de l'un, la conduite de l'autre, à la mesure des épreuves et des espérances partagées. Il l'adorait. Il la vénérait. Elle était tout pour lui. Il l'embrassait, la cajolait sans cesse. Jamais entre eux n'apparut le moindre nuage.

Plus d'un demi-siècle après la mort d'Hortense, l'impératrice Eugénie en concevra encore comme une sorte de jalousie inavouée : « L'Empereur a toujours manifesté à l'égard de sa mère une dévotion extraordinaire. Je ne sais pas si elle la méritait à ce point ».

Il est vrai qu'Eugénie n'eût probablement pas toujours apprécié la conversation et les idées de sa belle-mère. Politiquement, Hortense était assez éclectique, pour ne pas dire carrément syncrétiste. La France lui paraissait davantage compter que les régimes qui l'incarnaient. Et elle n'avait de prévention à l'égard de personne... C'est à elle sans doute que Louis Napoléon doit ce qualificatif d'« inclassable », qui déplaît tant, à travers les siècles, à tous les microcosmes politiques.

Spontanément, Hortense eût plutôt été légitimiste, de par son hérédité, de par sa formation, et parce que, tout compte fait, c'était dans ce milieu qu'elle trouvait le plus de ces gens bien élevés avec lesquels elle aimait vivre. Fille adoptive, en même temps que belle-sœur de Napoléon Ier, elle avait par la force des choses épousé la cause bonapartiste, qu'elle ne pouvait décemment pas renier.

Mais sentimentale comme elle l'était, elle éprouvait aussi de la sympathie pour les républicains, proscrits comme elle. Ce n'est pas le moindre de ses paradoxes, mais c'est ainsi. Elle, la fille d'un guillotiné, avait des faiblesses pour les régicides...

A Arenenberg, la liste des visiteurs est très révélatrice à cet égard, car peu à peu, une fois les passions apaisées, ce devint un lieu très fréquenté.

On visitait Hortense. On la visitait comme on fait d'un musée, la maison recelant de surcroît quelques intéressants souvenirs. Et on la visitait avec une curiosité d'autant plus grande que son fils, s'il n'était pas encore le prétendant, pouvait — sait-on jamais — jouer ultérieurement un rôle.

Auprès de l'ex-reine de Hollande se succédèrent ainsi les personnages les plus divers, dont les conversations ne purent qu'enrichir l'expérience et la culture du jeune prince : des bona-partistes, cela va sans dire, venus faire leurs dévotions. Mais des républicains aussi. Et des invités du meilleur monde légitimiste. Et puis des gens et des couples de toutes sortes, dont le mélange montre que les factions communiquaient assez bien entre elles : ainsi Chateaubriand et Mme Récamier firent-ils étape... De même la princesse de la Moskowa, la duchesse de Raguse, le comte Demidov, le baron Desportes, la comtesse Sermaise, Mme de Faverolles, le colonel Brade, Mme de Girardin, Casimir Delavigne, Alexandre Dumas, des peintres, des savants, des bannis...

Les rencontres auxquelles pouvait donner lieu cette si large hospitalité paraissent, après coup, d'une assez irrésistible drôlerie. « Les princes du sang et les fils de régicides sont assis sur le même canapé, unis le plus obligeamment du monde dans les politesses estivales. Ainsi le fils de Michel Le Peletier va retrouver le fils du suicidé Le Bas et ces messieurs, sous le regard attendri d'Hortense de Beauharnais, parlent des immortels principes de 89 tandis que la grande-duchesse de Bade, un tricot à la main, sourit à la réunion des charmants jeunes gens qui pénètrent l'esprit du futur empereur de teintes révolutionnaires. »

Dans ces lignes dues à Ferdinand Bac — qui évoque une scène de 1827 dont fut probablement le témoin son père Charles Henri — apparaît une nouvelle fois le nom de Philippe Le Bas qui, après Hortense, est probablement la personne qui aura le plus profondément marqué la formation de Louis Napoléon. C'était son précepteur depuis 1820. L'enfant bénéficiera ainsi de ses services de son douzième anniversaire jusqu'à sa vingtième année.

Choix inattendu s'il en est, et même stupéfiant. Et pourtant choix excellent, sinon franchement génial.

Tous les événements auxquels avait été mêlé le jeune prince, et ses pérégrinations, n'avaient pas eu, on s'en doute, les effets les plus heureux sur son éducation. Cette existence longtemps chaotique n'était guère propice à l'étude, d'autant qu'on avait d'abord donné à l'enfant, en guise de précepteur, un homme, charmant au demeurant, l'abbé Bertrand, dont l'absence d'autodiscipline n'était pas du meilleur augure ni du plus édifiant exemple. Le roi Louis, tout éloigné qu'il fût, eut vent du climat de dissipation dans lequel on laissait s'ébattre son rejeton. Il menaça de le reprendre. Du coup, on se mit à chercher en toute hâte un remplaçant. Le général Drouot — auquel on avait d'abord songé — ayant décliné l'offre, on se rabattit sur Le Bas.

Et avec Le Bas, effectivement, les choses allaient changer du tout au tout.

Mais quelle que fût l'ouverture d'esprit d'Hortense, il fallait quand même qu'il y eût urgence pour se satisfaire d'un éducateur doté d'un tel pedigree.

Philippe Le Bas, né en 1794, n'est rien de moins que le fils d'un ami de Robespierre, qui s'était suicidé quelques heures après le 9 Thermidor pour lui-même échapper à la guillotine. Et comme si cela ne suffisait pas, sa femme, qui l'accompagne auprès d'Hortense et de son fils, n'est autre que la fille du menuisier Duplay, lui aussi fidèle de l'Incorruptible, et qui l'hébergea. Elle-même fut enfermée avec son père, avant de vivre dans la misère. C'est, on peut le dire, un ménage de choc. Philippe Le Bas, inutile de le préciser, est un républicain farouche. Franc-maçon, c'est de surcroît un homme austère, ombrageux, appliqué, jaloux dans ses convictions.

Le Bas a vingt-cinq ans en 1820. Il s'est engagé en 1813, a pris son congé au lendemain de Waterloo et, après avoir enseigné à Sainte-Barbe, s'est retrouvé fonctionnaire à la préfecture de la Seine. Quel mobile a bien pu le pousser à accepter une telle mission, lui qui ne reniera jamais ses idées ? Il va se charger pourtant d'assurer la formation d'un prince exilé, sachant bien entendu qu'on nourrit pour son élève des ambitions de carrière fort peu compatibles avec ses propres espérances. Sans doute y a-t-il là une illustration de l'ambiguïté des rapports entre la République et le bonapartisme, qui, face à un ennemi commun, éprouvent toujours beaucoup de mal à s'exclure l'un l'autre. Les temps étant ce qu'ils étaient, Le Bas se trouvait devant un dilemme : servir un Bourbon ou servir un Bonaparte. Ainsi s'explique sans doute sa décision. Le Bas sera congédié par la reine en 1827, non point parce que ses idées avaient fini par déplaire, mais tout simplement parce que son ménage était devenu encombrant, à un moment où les va-et-vient avec l'Italie s'étaient faits plus nombreux.

Dans un âge où l'esprit se forme, où le comportement se dessine, où l'homme se bâtit, Louis Napoléon va être ainsi imprégné heure après heure, jour après jour, de l'idéal, de la philosophie, des thèses républicaines : jacobinisme, souveraineté du peuple, liberté, égalité, générosité, tels sont les principes qu'on lui inculque, sans parler d'une teinte d'athéisme. Il en sera profondément et durablement marqué.

Hortense savait mieux que quiconque ce que Le Bas introduisait dans l'esprit de son fils. Cela n'était pas pour la gêner ou l'effaroucher. Elle était le témoin d'autant plus complaisant des emballements de Louis Napoléon qu'elle y était elle-même sujette. Encore que ce ne fût point toujours au même degré ou dans les mêmes domaines. Elle était probablement, par exemple, moins encline que lui à considérer Schiller comme une sorte de dieu, ayant subi trop d'épreuves pour ne pas avoir acquis une solide dose de réalisme... Et quand Louis Napoléon rêvait tout haut de démocratie, se promettant de restituer le pouvoir au peuple, elle le mettait en garde ou, plus précisément, lui prédisait qu'il ne pourrait parvenir à ses fins.

En tout état de cause, cette rencontre insensée avec Le Bas est, à n'en pas douter, une des clés de la compréhension de cet esprit complexe qu'est Louis Napoléon.

Plus tard, l'ancien précepteur connaîtra une carrière exceptionnelle : professeur à l'École normale supérieure, il finira président de l'Institut. En dépit de l'amertume que lui avait causée son renvoi, il est patent qu'il continua de porter à son ancien élève un véritable amour paternel. Mais son engagement l'emporta sur ses sentiments. Il protesta publiquement contre le coup d'État et se mura dans une opposition résolue dont l'impératrice Eugénie lui fit davantage reproche que l'empereur lui-même. Le Bas devait paraître une dernière fois devant Louis Napoléon à une cérémonie de vœux où il conduisait une délégation des cinq Académies. Non seulement l'empereur lui fit bonne figure mais il parut bouleversé de ces retrouvailles. Il avait aimé Le Bas et il ne faut pas prendre au pied de la lettre la plainte qui, un jour, lui échappa : « Ce que cet homme a pu m'ennuyer, c'est inimaginable ! »

Le choix d'Hortense avait été un bon choix. Comme devait l'être quelques années plus tard celui d'Ernest Lavisse, retenu par le couple impérial pour enseigner l'histoire à leur enfant. Ce même Lavisse qui devait ultérieurement diriger une *Histoire de France*, où figurent des chapitres si cruels pour Louis Napoléon Bonaparte. Faut-il en conclure que la famille n'eut pas toujours de la chance avec ses précepteurs ? On peut tout aussi bien penser qu'elle avait plus d'ouverture d'esprit que certains d'entre eux n'avaient de reconnaissance et de fidélité.

Le Bas parti, la phase d'éducation de Louis Napoléon sera terminée. Mais sa formation restera à parfaire. Ce sont les circonstances qui y pourvoiront. Les événements, mais aussi leurs conséquences...

Toujours est-il que lorsqu'on se penche sur toutes ces années, on perçoit combien vaine est la querelle sur la naissance de Louis Napoléon. Il est à l'évidence le fils d'Hortense... et de Philippe Le Bas, tant il est clair que ce sont là les deux personnes qui ont le plus contribué à en faire ce qu'il est devenu.

Sous la direction de Le Bas, Louis Napoléon aura accompli des progrès manifestes. Admis au *Gymnasium* « humanistique » d'Augsbourg — ville où il résida, pendant la période scolaire, en compagnie du précepteur et de son épouse —, il ne cessera d'y améliorer son classement. Ce sont pour lui des années studieuses : l'adolescent s'éveille et s'accroche. Son professeur peut donner sa pleine mesure... Ses bons résultats scolaires ne sont pas sans mérite, car il les obtient dans une langue qui n'est pas la sienne. Et même quand son classement n'est pas encore très flatteur, ses maîtres reconnaissent en lui de grandes qualités. Son bulletin de 1822 est éloquent :

« N° 24 ; Prince Charles Louis Napoléon, fils de M. Le duc de Saint-Leu, né à Paris, appartenant à la religion catholique, âgé de 14 ans, cinq mois, doué de beaucoup de dispositions, au développement desquelles il a travaillé avec zèle, de manière qu'il a fait des progrès très bons dans la langue allemande, bons dans la langue latine et l'arithmétique, assez bons dans la langue grecque et l'histoire, en général, donc, de bons progrès. On doit louer beaucoup ses manières modestes vis-à-vis de ses condisciples, ainsi que le respect et la reconnaissance avec lesquels il a accepté des leçons désagréables ; il a le vingt-quatrième rang ; ce qui l'a empêché d'en obtenir un supérieur, ce sont les difficultés de la langue allemande dont il n'est pas encore maître. D'ailleurs, on le loue publiquement et il peut passer dans la classe supérieure. »

Ses efforts lui seront, ultérieurement, très profitables. Certes, on le raillera pour son accent. Mais l'exil aura laissé aussi d'autres traces ; Louis Napoléon parle quatre langues : le français, l'allemand, qu'il maîtrisera progressivement, l'italien qu'il pourra entretenir lors des voyages répétés qu'il fait, adolescent, dans la péninsule, l'anglais dont l'exil aux États-Unis et cinq séjours en Angleterre lui donneront la familiarité.

Le Bas aura fait de Louis Napoléon un esprit méthodique, organisé, lui ayant inoculé la passion de l'étude et de la recherche, et le goût de l'écriture. Selon William Smith, Louis Napoléon disposait d'une tournure d'esprit et d'un sens critique qui auraient pu en faire un des plus grands historiens de son temps. Disons qu'il a de solides connaissances scientifiques et techniques, servies par une bonne plume. Il est intelligent, cultivé, curieux, ouvert. Le Bas a de quoi être fier de son œuvre.

Quant à Hortense, Louis Napoléon lui doit tant — et en est si visiblement conscient — qu'on en arriverait à se demander si, tout au long de sa vie, il ne chercha pas moins à être fidèle à son oncle qu'à faire honneur à sa mère.

De son côté, semble-t-il, Hortense éleva Louis Napoléon moins dans le culte de l'Empire que dans la conviction, à la lumière de l'épopée impériale, qu'il avait une mission — personnelle — à assumer et accomplir. On veut dire par là qu'elle croyait sans doute moins à l'Empire, ou au bonapartisme, en tant que système politique, qu'elle n'avait foi dans le destin de son fils. Sa propre destinée avait été exceptionnelle ; il était normal qu'il en fût de même pour lui.

La promiscuité des Bonaparte, l'Empire en général, ne lui avaient pas laissé que de bons souvenirs : « J'ai été trop malheureuse. Leur jalousie [celle des Bonaparte en face des Beauharnais] me faisait mourir de chagrin… » De Napoléon Ier, Hortense avait su discerner les limites. Dans les Mémoires qu'elle entreprend dix ans après la naissance de Louis et qui sont autant un recueil de souvenirs qu'une liste de préceptes destinés à son fils, ou plus exactement à ses deux fils, elle a ces lignes cruelles : « Napoléon, l'auteur de notre célébrité, a sans doute écrasé des peuples sous le poids de son ambition, mais il a suscité de magnifiques espérances chez tous les pauvres et d'étonnantes admirations partout. Je l'ai connu dans sa force et dans ses faiblesses, et je ne vous le donne pas comme un modèle accompli. Souvent on eût pu le comparer à un roseau peint en fer.

« Il avait deux défauts : la faiblesse et l'indiscrétion ; comme il aimait trop à discuter, on lui faisait dire tous ses secrets. Un Prince doit savoir se taire ou parler pour ne rien dire.

« Trop de gens, par sa faute, eurent prise sur lui ; il se laissait souvent mener par d'anciens amis ou de nouveaux flatteurs. Evitez d'appartenir si exclusivement à personne que vous ne puissiez plus vous délier. Du reste, soyez fidèles à vos amis : c'est auprès des autres hommes une recommandation utile qui leur inspire vaguement le désir de s'attacher à vous. »

Les lignes qui suivent ne sont pas plus indulgentes. Elles démontrent qu'Hortense ne se fait guère d'illusions sur l'image que l'empereur s'attache à donner de lui du fond de son exil : « L'oisiveté de Sainte-Hélène lui a rendu une partie de sa lucidité d'intelligence. Comme il avait infiniment d'esprit, avec une entente complète du caractère des hommes, il a arrangé là-bas sa vie, sa défense et sa gloire, avec la coquetterie profonde d'un bon auteur de théâtre qui soigne son cinquième acte et surveille les dispositions de l'apothéose finale. »

Et cette image, pour artificielle qu'elle soit, il y a moyen de l'utiliser. Elle l'explique à ses fils : « Un nom connu est le premier acompte fourni par le destin à l'homme qu'il veut pousser en avant. »

On a bien lu : un nom connu, c'est un atout, un « plus ». Le bonapartisme, ça n'est pas une fin en soi. Et si l'on pense avoir mal compris, pourquoi ne pas continuer la lecture : « Dans notre disgrâce actuelle, incertains de ce que vous pouvez devenir, ne vous lassez pas d'espérer. Toujours l'œil aux aguets, surveillez les occasions propices. Si la France vous échappait définitivement, l'Italie, l'Allemagne, la Russie, l'Angleterre vous présenteraient encore des ressources d'avenir. Partout, il se produit des caprices d'imagination qui peuvent élever aux nues l'héritier d'un nom illustre. »

D'où ce mode d'emploi, mélange d'angélisme et de cynisme :
« Vous êtes princes, ne l'oubliez pas, mais sachez aussi sous quelle
loi. Vos titres sont de date récente : pour les faire respecter, il faut
vous montrer, avant tout, capables d'être utiles. » Ou encore : « Je
vous l'ai dit, surveillez toujours l'horizon. Il n'est comédie ou
drame qui, se déroulant sous vos yeux, ne puissent vous fournir
quelque motif d'y intervenir comme un dieu de théâtre. Soyez un
peu partout, toujours prudents, toujours libres, et ne vous montrez ouvertement qu'à l'heure opportune. »

Sensible à la leçon, Louis Napoléon croit donc sans doute
moins à la cause de l'Empire, à l'avenir de sa famille, à la nécessité
d'une sorte de restauration ou de revanche qu'il ne croit à sa
propre destinée et à la mission dont il serait personnellement
investi.

Et cette conviction, il l'a acquise dès ses plus jeunes années.

C'est là un point d'importance : car, à l'époque, sans même
évoquer les doutes qui entourent sa naissance et qui peuvent lui
retirer des appuis au sein de la tribu Bonaparte, il n'a aucune
légitimité particulière à faire valoir pour reprendre le flambeau.
Dans l'ordre de succession au titre de prétendant, il est déjà barré
par le duc de Reichstadt, par Joseph, par son père, et encore par
son propre frère, Napoléon Louis.

C'est dire que son ambition est d'une autre nature. En
Napoléon, il trouve davantage un exemple et une référence que la
source ou la raison d'être de sa mission.

Ce n'est peut-être pas parce qu'il est un Bonaparte qu'il veut
conduire la France. Mais il assumera d'autant plus aisément la
mission que la providence lui a assignée qu'il se trouve être un
Bonaparte.

D'ailleurs, le Napoléon qu'il vénère, c'est déjà davantage
celui du *Mémorial* que celui des Tuileries. C'est un Napoléon revu
et corrigé. Revu et corrigé pour les besoins de la cause, mais
surtout à la lumière de ses propres convictions.

Il n'est pas question pour lui de refaire l'histoire... mais
seulement de l'interpréter dans le sens le plus utile. Il ne s'agit pas
de voir les choses telles qu'on souhaiterait qu'elles aient été ; mais
plutôt de les remettre en perspective, en posant au départ que ce
qu'elles ont de négatif était imputable à la malveillance des autres,
et que l'œuvre n'est restée incomplète que parce qu'elle fut
interrompue. Ainsi la référence à l'Aigle peut-elle encore servir.

Et tout se passe comme si la famille avait flairé le caractère si individuel et singulier de sa démarche. Non seulement elle ne soutiendra pas ses initiatives qu'elle considérera comme autant d'incartades de nature à menacer la tranquillité de tous, non seulement elle n'acceptera jamais d'y croire vraiment, mais, qui plus est, une fois qu'il sera parvenu au faîte, elle continuera de le considérer comme une sorte d'intrus dont elle consentira à accepter avec avidité, sans vraie reconnaissance, mais comme avec condescendance, les prébendes.

Pour Louis Napoléon il s'agit donc moins de faire valoir un droit que d'accomplir une œuvre nécessaire.

Cette mission, en forme de vocation ou de prédestination, il l'accepte plus qu'il ne la vit ou s'en exalte. Il l'assume. Elle s'impose avec tant de force qu'on a l'impression que, parfois, il laisse aller, sûr que de toute manière, et même s'il se relâche, ce qui est écrit devra forcément s'accomplir.

Napoléon Ier, Charles de Gaulle sont des forces autonomes, créatrices, initiatrices. Ils veulent, ils créent, ils conduisent leur destin. Toute leur aventure naît de leur décision et de leur détermination. Louis Napoléon, lui, assume une obligation en quelque sorte exogène. On ne saurait dire qu'il la subit entièrement — car il sait décider, même si, sous la contrainte plus encore peut-être que par goût, il doit parfois emprunter les chemins les plus détournés pour obtenir ce qu'il a voulu. Mais, s'il n'est pas un simple instrument, il paraît obéir à une force qui le dépasse. Il est là par devoir, et n'a pas d'autre choix. Instrument du destin, il sait, il sent que, fatalement, les choses finiront par tourner dans le sens qu'il souhaite. Et il attend. Il attend son heure. Il attend l'heure.

Comment refuserait-il de croire à cette fatalité ? Alors qu'il n'est jamais que le quatrième à pouvoir faire valoir ses droits, que ses chances sont minimes, pour ne pas dire inexistantes, la mort ou les défections vont lui ouvrir le chemin. Tout pourrait donc le conduire à se persuader que si cela s'est ainsi accompli, c'est parce qu'il a accepté son destin : parce qu'il est le seul à l'avoir vraiment accepté...

Au reste, cette conviction ne va pas sans moments de doute, voire de désespoir.

On en a gardé quelques traces poignantes. A son père, en février 1834, il écrit : « Le soleil de la gloire a rayonné sur mon berceau. Hélas ! c'est tout... Je n'ai qu'un passé sans attrait et un

41

avenir sans espoir. » Et à Vieillard, qui fut le précepteur de son frère et deviendra son confident, toujours par lettre, il en dit encore un peu plus : « Je sais que je suis tout par mon nom, rien encore par moi-même ; aristocrate par naissance, démocrate par nature et par opinion ; devant tout à l'hérédité et réellement tout à l'élection, fêté par les uns pour mon nom, par les autres pour mon titre ; paré d'ambition personnelle dès que je fais un pas hors de ma serre accoutumée, paré d'apathie et d'indifférence si je reste tranquille dans mon coin... »

Mais ces instants d'incertitude sont vite passés, ces tentations d'abandon sont vite maîtrisées... Et s'il avait parfois besoin d'un dérivatif, Louis Napoléon le trouvait dans les voyages qu'il n'a pas tardé à multiplier. Et d'abord vers l'Italie.

Ce sont ces voyages qui ont été à l'origine du départ de Le Bas, lequel se plaignait de la fréquence et de la longueur des déplacements italiens décidés par Hortense, qui nuisaient de plus en plus à la qualité de son enseignement — et qu'une certaine dilection de Louis Napoléon pour l'archéologie ne pouvait suffire à justifier...

Il est vrai qu'au fil des années les escapades que toute la maisonnée entreprenait de conserve tendaient à se multiplier. Elles répondaient au souci d'Hortense de reprendre une vie mondaine et de rompre avec la relative austérité d'Arenenberg, de susciter quelques rencontres entre Louis Napoléon et son père, et de renouer avec toute la famille, en particulier, avant son décès, avec Madame Mère.

Et puis, l'Italie était restée sensible à l'emprise des Bonaparte, dont le souvenir demeurait partout présent. Comme, de surcroît, le Vatican avait, semble-t-il, oublié les quelques avanies qui lui avaient été infligées sous l'Empire, on y était plutôt bien reçu. Pourquoi n'en aurait-on pas profité ?

Louis Napoléon retrouve ainsi en Italie les traces d'une splendeur passée, l'occasion de rencontres qui pourront lui servir plus tard, et un dérivatif à la vie parfois lugubre que lui a imposée Le Bas ; mais il y découvre aussi un terrain propice à toutes les exaltations politiques et à toutes les aventures, car ce pays est, à l'époque, un véritable bouillon de culture.

C'est en Italie, précisément, au lendemain de la révolution

française de juillet, que se situe un épisode historique qui aurait pu n'être que tragi-comique, mais qui tourne à la tragédie du fait de la mort de son frère, Napoléon Louis, dans des circonstances jamais éclaircies.

La triste affaire de Forli, dont il s'agit, n'est pas généralement considérée comme la première des équipées de Louis Napoléon, dans la mesure où, à la différence de celles de Strasbourg et de Boulogne, il n'en est ni l'initiateur ni le bénéficiaire potentiel. En fait cette aventure est une sorte de consécration de ses expériences italiennes, de la commisération qu'il éprouve pour une nationalité opprimée, sentiment d'autant plus fort qu'il a pu, jour après jour, mesurer la distance entre sa splendeur passée et la situation politique présente. C'est là une page faite de mystère et de romantisme, qui laisse pendante une question: Louis Napoléon était-il affilié au carbonarisme, et ses liens avec ce mouvement, s'ils existent, n'expliquent-ils pas, entre autres, l'attentat d'Orsini et la réponse paradoxale qu'il provoque : l'intervention en Italie, que souhaitait justement son assassin?

Quoi qu'il en soit, Louis Napoléon se laisse entraîner aux côtés de son frère dans une opération mal conçue et mal conduite : il lui a suffi de constater qu'elle avait pour objectif la remise en cause indirecte des traités de 1815, voire — assez vaguement — de faire valoir les droits de l'ex-roi de Rome sur l'Italie.

On imagine sans peine la vigueur des réactions de Louis Bonaparte, qui ne ménagera aucun effort pour tenter de calmer ses deux enfants. Il y avait bien des raisons à son mécontentement : l'engagement des deux jeunes gens, en lui aliénant les autorités, était de nature à troubler une tranquillité à laquelle il tenait beaucoup ; les dangers que couraient ses deux fils n'avaient rien d'illusoire ; enfin, leur détermination et leur connivence constituaient un terrible camouflet personnel, pour lui qui s'était montré si sévère envers les méthodes d'éducation de son épouse : pendant des années, il avait critiqué son laxisme, l'accablant de reproches sur sa façon d'élever Louis Napoléon. L'ancien roi de Hollande n'avait alors jamais manqué, et pas toujours implicitement, de souligner la qualité et la rigueur de l'éducation dont bénéficiait Napoléon Louis. Celui-ci paraissait un jeune homme rangé : gendre de Joseph, il dirigeait alors une papeterie, qu'il avait lui-même fondée. Et voilà que les deux fils, dont le comportement aurait donc dû diverger, s'engageaient dans l'action, avec les mêmes sentiments et le même enthousiasme, unis par des liens de complicité dans une commune aventure.

Les deux frères se trouvaient en effet ensemble quand ils avaient appris la nouvelle de la révolution de Juillet. Louis Napoléon écrit alors à sa mère une lettre qui vibre d'enthousiasme : « Le drapeau tricolore flotte en France ! Heureux, ceux qui ont pu, les premiers, lui rendre son ancien éclat ! [...] J'espère qu'on nous permettra maintenant de jouir des droits des citoyens français. Que je serai heureux de voir des soldats avec la cocarde tricolore ! »

Dans l'immédiat, l'annonce de la révolution de Juillet a pour effet de déclencher un mouvement en Italie. Le 5 février 1831, l'insurrection éclate dans les Romagnes, contraignant les troupes pontificales à évacuer Bologne.

Les deux Bonaparte ont été fort bien accueillis, le prestige de leur nom n'y étant pas pour rien. On prend quelques villages, on s'exalte... Louis Napoléon raconte :

« C'était du délire. On nous accueillait partout comme des libérateurs. Le souffle patriotique de ces braves gens nous enveloppait, nous grisait. Pour moi, je n'avais jamais encore vécu avec cette intensité. C'est en de telles circonstances qu'on sent ce que peut une foi commune pour une belle cause ! »

Que se passe-t-il alors ? Les chefs rebelles craignent-ils de déplaire au gouvernement français dont ils espèrent l'intervention ?

Toujours est-il qu'ils décident de se séparer des deux jeunes gens. Et voici nos libérateurs contraints de déguerpir, pourchassés par les Autrichiens. C'est une fuite éperdue. Et le 17 mars, à Forli, Napoléon Louis meurt. D'une rougeole, selon toute vraisemblance, bien qu'on ait longtemps prétendu qu'il avait été assassiné. Louis Napoléon se retrouve seul, désespéré et aux abois.

C'est Hortense qui va le sauver. Hortense accourue, au mépris du danger, et qui va le sortir des griffes autrichiennes dans des circonstances rocambolesques. Emportés par leur élan, les deux fugitifs gagnent la France. La France, qu'Hortense fait découvrir à son fils, et où ils arrivent sans s'être fait annoncer, incertains de l'accueil qu'on va leur réserver.

Hortense obtient pourtant une entrevue avec Louis-Philippe. Visiblement, elle cherche à faire coup double : se prémunir contre des mesures de rétorsion éventuelles et, surtout, obtenir la permission de revenir en France.

La demande n'était pas exagérée. Après tout, Hortense, du temps de sa splendeur, avait eu des bontés pour la famille d'Orléans. D'autre part, au lendemain de la révolution de 1830, Louis-Philippe, par calcul autant que par conviction, s'était lancé dans une politique de réhabilitation du souvenir impérial. Le moment pouvait donc paraître propice.

Les circonstances vont en décider autrement. Car, si le roi des Français entend bien se servir de l'Aigle, il ne veut évidemment pas se laisser déborder par ses partisans. Or, quelques jours à peine après l'entrevue fort prometteuse, et alors que les deux fugitifs sont toujours à Paris, une manifestation est organisée par les bonapartistes autour de la colonne Vendôme à l'occasion du dixième anniversaire de la mort de l'empereur. Elle attire un grand concours de foule. Louis Napoléon qui l'observe, dit-on, de ses fenêtres, en est tout exalté et conforté dans ses ambitions. Une autre est annoncée par des rumeurs, qui aurait lieu — et pourrait s'avérer moins pacifique — le lendemain. Pour débonnaire qu'il soit, le roi Louis-Philippe ne souhaite pas tenter le diable. Alors il fait prier Hortense et son rejeton de bien vouloir vider les lieux sur l'heure.

Et les voilà partis pour l'Angleterre, où ils séjournent quelques semaines avant de reprendre en septembre 1831 le chemin d'Arenenberg. Les sentiments de Louis Napoléon pour les Orléans ne sortiront pas renforcés de cet épisode…

Dès lors, il s'agit pour lui de s'établir ou, plus précisément, de se trouver une raison sociale. Faute de quoi, ses perspectives se limiteraient à l'existence oisive d'un membre de la « jet-set » de l'époque.

L'alternance de mondanités et d'escapades amoureuses qui, depuis quelques années, résumait sa vie ne saurait, en effet, se prolonger sans dommage pour sa réputation et la poursuite de ses ambitions. Il faut cesser de perdre son temps, et arrêter de rêver. Tant d'événements sur une si courte période ont, il est vrai, un peu tourné la tête d'Hortense et de son fils. C'est l'époque de quelques songes insensés : on envisage une candidature à la couronne belge ; on feint de croire possible un renversement du gouvernement français à la tête d'une conjuration libérale ; on parle très sérieusement du trône de Pologne. Vient le moment de redescendre sur terre... Et de renoncer à des spéculations qui ne seraient qu'autant d'alibis pour la poursuite d'une vie de dandy romantique et cosmopolite.

Quelle meilleure carrière choisir que celle des armes ? Et plus précisément l'artillerie, qui présente pour Louis Napoléon un triple avantage : celui d'être, à l'époque, l'arme moderne par excellence ; celui de permettre à son esprit inventif de donner sa pleine mesure ; celui enfin d'avoir été l'arme où, à ses débuts, s'est illustré son oncle.

La difficulté, c'est qu'il ne peut être question pour lui de s'engager dans l'armée française. A sa proposition d'y servir comme simple soldat, Louis-Philippe a opposé une fin de non-recevoir. Du moins la proposition aura-t-elle été faite.

Finalement, Louis Napoléon a renoncé à son intention de rejoindre quelque phalange organisée pour une belle et juste cause : il avait pensé à venir épauler les Grecs, ou même à s'enrôler dans l'armée russe pour combattre les Turcs. On frémit à l'idée de ce qui se serait passé si son père, décidément parfois bien inspiré, ne l'en avait dissuadé avec un argument sans appel : « On ne doit faire la guerre que pour son pays ! »

Alors, faute de mieux sans doute, il se rabat sur l'armée suisse. C'est le pays qui l'a accueilli, et dont la neutralité enlève à son choix tout caractère compromettant. Fin 1831, il entre à l'école militaire de Thoune, commandée par Dufour, ancien colonel du génie sous l'Empire. Il y avait suivi au cours des années précédentes quelques sessions de préparation militaire, sa mère l'ayant poussé à acquérir une compétence dans le domaine technique. Militaire, il va connaître la vie austère des camps et profiter largement de l'enseignement dispensé, au point de publier un *Manuel d'artillerie* à l'usage des officiers de l'armée helvétique, manuel qui connaîtra un certain retentissement au-delà même des frontières de la Confédération.

Le voilà reconnu comme auteur, dans un pays qui veut bien prêter également attention à ses *Considérations politiques et militaires sur la Suisse*. C'est dire qu'il s'intègre de mieux en mieux à son environnement. Il devient citoyen du canton de Thurgovie. En 1834, il est nommé capitaine dans le régiment d'artillerie de Berne. On songe même pour lui à un mandat politique, la Suisse n'étant pas trop regardante, à l'époque, sur la nationalité de ses dirigeants...

« Je me suis fait Suisse, écrit-il à l'abbé Bertrand. Je suis aimé dans ce pays. Les habitants m'en donnent quotidiennement des preuves... »

Et Ferdinand Bac, qui dispose du témoignage de première main de son père, de surenchérir : « L'influence suisse n'est pas la moindre parmi toutes celles qui formèrent l'esprit du fils d'Hortense. Elle est d'ailleurs saine, probe, faite parfois de cette raison un peu fruste qui sent la prairie et qui donne à ce peuple sa force et son équilibre. »

C'est vrai qu'il ressemble par bien des traits à ces Suisses alémaniques dont le contact prolongé laissera sur lui des traces pérennes. D'autant que cette culture germanique dans laquelle il a baigné fait bon ménage avec cette caractéristique du vrai bonapartisme qu'est l'« européanité ». Entre Schiller, qu'il a découvert au *gymnasium* d'Augsbourg, et l'internationalisme des ambitions napoléoniennes, que de convergences !

Paradoxe parmi beaucoup d'autres : Louis Napoléon qui est doublement insulaire — corse par son père, martiniquais par sa mère — finirait par devenir un Suisse plus vrai que nature. Il en a la robuste simplicité, la rusticité de manières, voire une certaine imperméabilité au ridicule. Jusqu'à cet accent allemand, dont il aura grand-peine à se défaire : il est vraiment un Français de l'étranger, par force certes, mais non sans y mettre du sien. Et cela s'entend. Cela se voit aussi : regardons-le chevaucher à travers champs, courir kermesses et concours de tir, multiplier les bordées amoureuses, laissons-nous prendre au charme de cette scène si connue où, avec Charles Henri, il s'arrête au seuil d'une auberge pour conter fleurette à la fille de salle qui a attiré leurs regards. Ferdinand Bac nous l'a décrite :

« Son visage rond et frais, tourné vers un clair de lune, et le buste hors de la fenêtre, comme si elle voulait s'y absorber, elle se noyait littéralement dans cette phosphorescence. Et elle chantait à tue tête : *Ol ! Mondenschein ! Ol ! Mondenschein ! vi bist du doch zo schön !* ("Oh ! clair de lune, que tu es beau !"). Baignée de toute cette poésie, elle lavait la vaisselle. L'auberge était pleine. Des piles d'assiettes d'étain s'écroulaient autour d'elle. Le prince, très amusé de cette cendrillon, invita mon père à s'asseoir sur un banc près d'elle et tous se mirent à chanter en chœur... » Puis, tout à coup, la servante s'arrête net, leur tend des assiettes, et leur lance : « Assez soupiré ! A présent, essuyez ! ». Ils s'exécutent.

Le moment n'est-il pas venu de souligner l'importance de la place que les femmes allaient occuper dans sa vie? Elles répondaient, chez lui, à un besoin irrépressible. Besoin physique, exigeant, lancinant et inextinguible de leur corps, mais aussi besoin moral de leur présence et de leur commerce. Elles seront innombrables à peupler son existence. Et de tous les genres. Il fallait qu'elles soient là pour lui donner le sentiment d'exister. C'est dans leurs yeux, comme hier dans ceux de sa mère, qu'il pouvait se prouver à lui-même qu'il avait un avenir, et vérifier qu'il savait séduire, intéresser, susciter de l'attachement.

Il est volage, certes, mais pas à proprement parler infidèle. Sa tendresse est toujours sincère. En fait, il a des fidélités successives. C'est la conquête qui l'intéresse. Et la petite histoire prétend même que cet homme à femmes se fit piéger, au sens le plus littéral du terme, dès que l'une d'entre elles se refusa à lui. On a souvent prétendu, en effet, que si Eugénie de Guzman sut se faire épouser, à la surprise générale, ce n'est pas seulement parce qu'elle était proche et disponible, c'est aussi et surtout parce qu'elle lui avait clairement signifié qu'elle ne serait jamais à lui qu'une fois mariée, s'il s'y décidait enfin...

Sur ce terrain, la prudence est de mise: Louis Napoléon se connaissait assez pour savoir que le désir que lui inspirait Eugénie ne serait pas éternel... Tout indique que, s'il l'a choisie, c'est parce qu'il avait la conviction qu'elle ferait une digne impératrice. Il est d'ailleurs significatif que, se détachant d'un interminable catalogue qu'un nouveau Leporello s'épuiserait à détailler, les deux êtres qui auront vraiment compté à ses yeux, en dehors de sa mère et de son épouse, sont des femmes avec lesquelles il n'eut probablement pas de relations charnelles, sa cousine Mathilde et sa confidente et filleule, Hortense Cornu.

Il aima d'autant plus Mathilde que la perspective de leur union n'avait pas pour seul effet d'enchanter un cœur sincèrement amoureux: elle lui semblait à la dimension de l'Histoire, d'une Histoire qu'il se promettait de recommencer. Las! après que l'idylle, fin 1835, se fut promptement et joliment nouée entre les deux jeunes gens qui s'étaient vus à Lausanne, puis fréquentés à Rome, le roi Jérôme, au lendemain de l'équipée de Strasbourg ne voulut plus rien savoir. Et, circonstance aggravante, Mathilde ne songea pas un instant à s'élever contre l'interdit. Il en resta à Louis Napoléon une terrible blessure, dont il se guérit d'autant moins que la présence de Mathilde au retour des années glorieuses en empêcha la cicatrisation.

Ses relations avec Hortense Cornu furent, on le verra bientôt, d'une tout autre nature : une sincère affection, nouée dès l'enfance, assortie d'une admiration teintée de respect et même de soumission. Hortense Cornu, à la différence de tant de femmes qui voulurent lier leur sort au sien en misant sur sa réussite, se montra à son égard simplement exigeante et utile. Elle l'aida à travailler, à réfléchir, à tirer le meilleur de lui-même. Il sut vite qu'elle l'avait mieux compris que quiconque.

Cela dit, ses débordements amoureux, s'ils purent altérer sa santé, n'eurent guère d'influence sur ses choix politiques. Les femmes qui peuplèrent son existence jouèrent parfois un rôle relativement important : ce fut le cas pour Harriet Howard, qu'il connut en Angleterre et qui finança, pour partie, son retour et son élection à l'Élysée ; et pour d'autres encore, comme Eléonore Gordon, qui prit une part non négligeable à l'affaire de Strasbourg. Mais s'il leur concéda une certaine place, il n'accepta jamais de céder à leur influence : rien de moins fondé que la thèse d'une Castiglione pesant sur sa politique italienne. Même Eugénie ne parvint sans doute jamais à influer sur le cours de sa réflexion et, moins encore, jusqu'à la guerre de 1870, à dicter l'un de ses choix. Et s'il lui délégua des responsabilités, c'est parce qu'elle était la souveraine qu'il avait donnée à la France, et non parce qu'il s'était laissé convaincre...

En revanche, sur ses partenaires, quelle emprise fut la sienne ! Il a toujours attiré les femmes, et fait mieux que les séduire. Il les intrigue, les captive, les envoûte. Ce n'est pourtant pas le fait de sa beauté physique. Enfant, il avait un joli minois. Adolescent et jeune homme, ses traits ne manquaient pas de délicatesse et, à force d'exercice, il s'était musclé, endurci autant que faire se pouvait, se révélant bon cavalier et athlète émérite.

Mais la maturité l'a plutôt gâché. Au moment où commence sa vie publique, il paraît plutôt mal bâti, avec de petites jambes, un torse trop haut, des épaules larges et, surtout, un visage franchement disproportionné, marqué par un nez saillant.

Nos spécialistes actuels de la communication n'auraient pas considéré son « look » comme bien fameux.

D'autant que son regard est quasiment éteint, et même caché... C'est en prison, raconte Hortense Cornu, qu'il a pris,

49

définitivement, cette habitude : « A la fin, je m'aperçus qu'il s'était habitué à tenir ses paupières mi-closes et à mettre dans ses regards une expression de vide et de rêve. » Mais, quand les trop lourdes paupières s'entrouvrent, les yeux bleu clair se révèlent fort beaux, et l'éclat du sourire peut être magnifique.

Lorsqu'il se rendra à Arenenberg, en août 1832, Chateaubriand le décrira comme « un jeune homme instruit, plein d'honneur et naturellement grave ». Dans le petit pavillon écarté qu'habite Louis Napoléon et où il s'est laissé entraîner, Chateaubriand voit « des armes, des cartes topographiques et stratégiques qui faisaient, comme par hasard, penser au sang du conquérant sans le nommer [...] ».

Il est séduit. A vrai dire, Louis Napoléon, avec l'aide de sa mère et suivant fidèlement ses prescriptions, n'avait rien négligé pour ce faire. Auprès de Chateaubriand, et de tant d'autres, il a fait campagne, besogneusement. Comme un jeune homme qui veut se faire admettre dans le monde. Il correspond, félicite, commémore, console, courtise, flatte, envoie ses livres... Il recherche la considération, se crée et entretient des relations, se bâtit, jour après jour, une image.

Les lettres qu'il avait adressées au grand homme n'ont pas manqué de flatter celui-ci, qui ne s'en cache point en les reproduisant dans ses *Mémoires d'outre-tombe* : « Les Bourbons m'ont-ils jamais écrit des lettres pareilles à celles que je viens de produire ? Se sont-ils jamais douté que je m'élevais au-dessus de tel faiseur de vers ou de tel politique de feuilleton ? »

Alors, il se laisse aller à marquer quelque bienveillance pour ce jeune homme si déférent et au goût décidément si sûr. Déjà, le 19 mai 1832, il lui avait exprimé par écrit ses regrets d'avoir dû différer leur rencontre : « J'aurais été heureux de vous remercier de vive voix de votre obligeante lettre ; nous aurions parlé d'une grande gloire et de l'avenir de la France, deux choses, Monsieur le Comte, qui vous touchent de près... »

Après son passage à Arenenberg, il ira encore plus loin. D'abord, il ne lui donne plus du « Monsieur le Comte », mais l'appelle « Prince ». Et le voilà comme au bord de l'allégeance : « Vous savez, Prince, que mon jeune Roi est en Écosse, que tant qu'il vivra il ne peut y avoir d'autre Roi de France que lui ; mais si Dieu, dans ses impénétrables conseils, avait rejeté la race de Saint-Louis, si les mœurs de notre patrie ne lui rendaient pas l'état républicain possible, il n'y a pas de nom qui aille mieux à la gloire de la France que le vôtre. »

***

Entre 1832 et 1837, trois événements vont marquer la fin de la jeunesse de Louis Napoléon et le début de sa vie publique : la mort du duc de Reichstadt, sa rencontre avec Persigny, qui sera le plus actif, le plus sincère et probablement le plus fidèle de ses compagnons, et, enfin, le décès de sa mère.

Contre le cours de la chronologie, on évoquera d'abord la fin d'Hortense. La mère de Louis Napoléon s'éteint dans ses bras, à cinquante-quatre ans, le 5 octobre 1837, dans la maison d'Arenenberg. La cérémonie funèbre, poignante, a lieu au village : « Arenenberg, le délicieux Arenenberg qui, note Vieillard, n'est plus qu'un temple désert d'où la divinité s'est retirée. » Le corps d'Hortense sera ensuite transporté à Rueil où il sera inhumé auprès de la dépouille de Joséphine. Flahaut, son ancien amant et Morny, leur fils adultérin, assisteront au service funèbre, mais pas Louis Napoléon, qui demeure un interdit de séjour.

La disparition de sa mère est pour lui un terrible déchirement. Plus encore, c'est le tournant de sa vie. Il est désormais seul, vraiment seul, face à son destin. « Jamais je n'ai si bien compris l'adoration que le prince avait pour sa mère, écrira l'un de leurs familiers. Il fait peine à voir. Il l'a embrassée tendrement, violemment, comme une épouse, comme une maîtresse. »

Elle ne sera plus là pour l'éclairer, le guider, le consoler, pour marquer par sa seule présence la confiance qu'elle place en lui. Envers son fils, elle a fait plus que son devoir. Elle l'a convaincu de son destin, lui en donnant quelques clés et quelques moyens. Elle lui a assuré, de surcroît, une première partie d'existence aussi heureuse que possible. Une existence aisée, et presque cossue. Grâce à Hortense, qui n'avait de la cigale que les apparences, il n'a jamais vraiment manqué de rien. Mais, paradoxalement, c'est peu après son entrée en possession d'un héritage confortable — 120 000 francs de rente — que va commencer sa quête éperdue de l'argent, lequel paraîtra toujours le fuir...

Que n'a-t-on d'ailleurs raconté sur les rapports de Louis Napoléon avec l'argent ! On l'a présenté sinon comme une sorte de rapace, du moins comme un homme avide, en insistant à l'envi sur les demandes réitérées qu'il présenta à l'Assemblée au temps de sa présidence, ou sur le caractère plus que confortable de la liste civile qu'il s'octroya, au temps de l'Empire. On est même allé, sans la moindre preuve, et contre toute raison, jusqu'à l'accuser de s'être enfui... avec la caisse, comme un comptable indélicat, ou comme, un siècle plus tard, on ne sait quel dictateur sud-américain...

Rien n'est pourtant plus éloigné de la vérité que l'image d'un Louis Napoléon recherchant la fortune et profitant du pouvoir pour s'enrichir. Certes, il était du genre « panier percé ». Toute sa vie durant, il courut après un argent qui lui filait entre les doigts avec une rapidité stupéfiante. Ses besoins personnels n'avaient rien de démesuré, et le train de vie qu'il menait est toujours resté relativement modeste. Mais il voulait tenir son rang et, surtout, disposer de quoi financer les libéralités dont il était prodigue. De sa générosité il donna maintes illustrations, qui ne firent pas toujours l'objet de jugements objectifs et sereins : ne se trouva-t-il pas des gens pour critiquer, par exemple, la décision qu'il prit, avec Eugénie, d'utiliser à des fins charitables les 600 000 francs que la Ville de Paris destinait à l'achat d'un collier, à offrir à l'impératrice à l'occasion de son mariage ?

En fait, ce qu'on serait presque tenté d'écrire, c'est qu'il avait avec l'argent des rapports empreints de naïveté. Quand il n'en avait pas, il en demandait. Très simplement et très publiquement. Les choses se firent toujours dans la plus complète transparence. Et le simple fait qu'il quémanda si souvent des ressources suffit à démontrer qu'il ne songea jamais à en détourner.

On comprend mieux ses rapports avec l'argent à la lumière d'une affaire qui lui fut longtemps reprochée, celle de l'annulation — par ses soins — de la dotation que Louis-Philippe avait accordée à ses enfants. Les biens en cause furent saisis, et dévolus à des institutions de bienfaisance ou d'intérêt général. Louis Napoléon ne pouvait pas ne pas mesurer, d'avance, l'inconvénient politique de sa décision. S'il l'a prise, c'est par conviction. D'abord, parce qu'il n'attachait pas à l'idée de propriété une importance absolue. Et surtout, parce que, comme l'a fort justement écrit Paul Guériot, il « considérait que ce qu'un chef d'État reçoit de la nation doit faire retour à la nation, et ce fut un principe auquel il est toujours resté fidèle ».

D'ailleurs, l'usage qu'il fit de sa liste civile interdit de prétendre qu'il mit le pays en coupe réglée... Et c'est à bon droit qu'il pouvait, sur la route de l'exil, écrire à l'impératrice : « Je suis fier d'être tombé du trône sans avoir placé d'argent à l'étranger... »

Quand il mourut, sa fortune ne dépassait pas celle de bien des membres de la haute ou moyenne bourgeoisie et se composait d'ailleurs, pour une bonne part, de propriétés en Italie héritées de son père. Un décret du 7 septembre 1870 — on n'avait guère perdu de temps — instituera une commission chargée de réunir, classer et publier les papiers saisis aux Tuileries (plusieurs dizaines de fascicules furent ainsi diffusés). A partir de cette moisson, on n'aurait pas été fâché de pouvoir, fût-ce de manière informelle, mettre en accusation l'empereur déchu.

Il y a là une illustration de cette propension qu'ont les hommes des nouveaux pouvoirs, lorsqu'ils ont été trop longtemps à leur goût confinés dans l'opposition, à rechercher on ne sait quelles raisons criminelles ou délictueuses expliquant la désaffection dont ils ont été l'objet. Quoi qu'il en soit, cette commission Bloch-Lainé avant la lettre fit chou blanc. Elle ne trouva rien qui puisse donner lieu à scandale ou susciter l'indignation ou, a fortiori, provoquer une intervention de la justice.

On essaya bien de solliciter certains documents, mais les quelques « révélations » qu'on ne manqua pas de colporter furent rapidement démenties. C'est ainsi que, sur la base de « notes trouvées aux Tuileries », il fut affirmé qu'une banque anglaise, la compagnie Baring avait effectué pour le compte de l'empereur un placement d'une valeur de 28 millions de francs. Dès le 22 octobre 1870, ladite compagnie choisit la voie la plus solennelle à ses yeux — une lettre dans le *Times* — pour infirmer catégoriquement cette rumeur : « [...] A aucune époque, nous n'avons fait de placement pour le compte de l'Empereur, et [...] nous n'avons aucune valeur qui lui appartienne. »

Sans doute, on ne saurait dire que tous ceux qui entourèrent Louis Napoléon, après son arrivée au pouvoir, furent aussi désintéressés que lui. Il y en eut pourtant au moins un. C'est Persigny. Sa rencontre avec Louis Napoléon va compter dans leur vie à tous deux.

Il est difficile de dire s'ils se rencontrèrent par hasard ou par le truchement de Joseph, qui cherchait à se débarrasser de l'un et à s'éloigner de l'autre.

Ce qui est certain, c'est que Victor Fialin, dit de Persigny, faux comte, futur duc, est un vrai bonapartiste, un authentique militant. Il a la foi. Il est convaincu. Peut-être plus encore que le prince lui-même. Corps et âme, il va se mettre au service de Louis Napoléon, qui parfois le traitera sans ménagement, lui préférant d'autres proches, souvent plus brillants et plus utiles que lui, mais jamais aussi loyaux et sincères.

Persigny cherchait à servir. C'était d'ailleurs sa devise. Il unira sa destinée au seul des Bonaparte qui lui paraissait avoir le sens de sa mission. Persigny n'a alors que vingt-sept ans. C'est peu dire qu'il a eu une jeunesse agitée. Il s'est engagé à dix-sept ans, s'est retrouvé maréchal des logis à vingt-trois. On l'a vite jugé trop républicain pour devenir un bon officier de la monarchie de Juillet : limogé, il a commencé une carrière de journaliste, ou plus précisément de militant bonapartiste, mais n'avait jusque-là jamais entendu parler du prince.

Après leur rencontre, son choix est fait. Ce sera Louis Napoléon qu'il servira. Et il sera, selon ses propres termes, le « Loyola de l'Empire ». Devant son suzerain, il avait, selon ses propres dires, « une franchise brutale, dont il ne lui était pas toujours facile de contenir l'expression et qui lui avait été bien nuisible au cours de sa vie ».

Malgré ses manières brusques, son caractère difficile et son impulsivité, Persigny sera l'un des principaux compagnons de Louis Napoléon, peut-être le plus proche de tous, car il partagera son sort pour le meilleur et le pire : il sera à Strasbourg, le suivra en Angleterre, participera au coup de Boulogne et sera emprisonné. On le retrouvera près de lui lors de la campagne présidentielle, puis à l'Élysée, et, après le coup d'État, au Comité de rédaction de la Constitution. Ministre de l'Intérieur en février 1852, il préparera les élections et le deuxième plébiscite, mettant en place le personnel préfectoral et brusquant l'avènement de l'Empire. Ambassadeur à Londres, et de nouveau ministre, il sera sacrifié en 1863, victime de l'hostilité de l'impératrice. Mais dans sa disgrâce dorée, il continuera à servir l'empereur et à lui témoigner une fidélité qui aura été, littéralement, à toute épreuve.

Ce qui est sûr, c'est que c'est lui qui décidera Louis Napoléon à passer à l'acte. Mais pour ce faire, encore fallait-il que celui-ci soit reconnu. Ce ne fut pas chose aisée...

C'est en 1832 que s'était propagée la nouvelle de la mort du duc de Reichstadt, survenue le 22 juillet à Schönbrunn. Dans les milieux bonapartistes, cette mort causa une grande émotion, en même temps qu'elle inspira un certain soulagement... Si l'on ne craignait d'être cruel en rappelant le mot qui échappa à Claude Cheysson à l'annonce de l'attentat réussi contre le premier Égyptien Anouar el-Sadate, on serait tenté de dire que la mort du fils de Napoléon Ier « levait une hypothèque ». La cause bonapartiste avait besoin sinon d'un chef, du moins d'un prétendant. Or le duc de Reichstadt, c'était clair aux yeux de tous, ne pouvait être ni l'un ni l'autre. Mais il était non moins clair qu'aussi longtemps qu'il vivait nul ne pouvait l'être à sa place.

Reste désormais à savoir qui va le remplacer. On ne se presse guère pour reprendre le flambeau. « Ambès » a fort joliment résumé la situation : « Jérôme restait un pacifique tranquille, Louis Bonaparte, un arthritique littéraire, Joseph, revenu d'Amérique, un Montesquieu voyageur, Lucien un lettré débonnaire. Tous oubliaient les heures de gloire ancienne. Le prince, lui, se préparait par l'étude au grand rôle qu'il voulait tenir. »

Louis Napoléon s'en était ouvert à sa mère en 1834 : « Comment les Français se souviendraient-ils de nous, quand nous-mêmes, nous avons tâché pendant quinze ans de nous faire oublier ! Quand, pendant quinze ans, le seul mobile de tous les membres de ma famille a été la peur de se compromettre et qu'ils ont évité toute occasion de se montrer, tout moyen de se rappeler publiquement au souvenir du peuple. »

Du coup, lui-même s'est donné une tout autre règle : « Il me semble que notre but doit être toujours de nous associer en quelque sorte à ce qu'on fait en France, pour ne pas paraître étrangers à son sort. »

Donc, Joseph restant hors du jeu et n'ayant que deux filles, le roi Louis ne manifestant que des ambitions limitées, son frère aîné étant mort l'année précédente, Louis Napoléon est celui sur qui tout peut se concentrer.

Mais le problème n'est pas si simple. Car si les frères de Napoléon se satisfont de leur sort et sont déterminés à ne rien faire, ils ne veulent pas qu'on agisse à leur place. Après la mort de l'Aiglon, Joseph organisa à Londres une réunion de famille en vue de clarifier la situation dynastique. En l'absence du roi Louis, qui s'était gardé de se déranger, Louis Napoléon s'y invita ; et fut reçu comme un chien dans un jeu de quilles.

Normalement, en application du sénatus-consulte du 28 floréal an XII, c'étaient, dans l'ordre, Joseph puis Louis qui pouvaient prétendre à la dignité impériale. En cas de défection, le rôle de prétendant devait revenir à Louis Napoléon. Aucun des deux frères n'avait l'intention de s'embarquer dans cette aventure. Mais ils souhaitaient encore moins laisser la voie libre au turbulent jeune homme. Et le conclave se termina donc en eau de boudin. Un peu plus tard, saisi par une inspiration subite, Joseph publia un texte bizarre, qui devait présenter à ses yeux le double avantage de camoufler élégamment cette double dérobade et de couper la route à Louis Napoléon. Il proposait une sorte de référendum, à l'occasion duquel les Français auraient eu à choisir entre le rétablissement de l'Empire, le maintien des Orléans, ou une nouvelle restauration des Bourbons.

Cette initiative quelque peu ridicule marque à l'évidence un nouveau tournant dans le destin de Louis Napoléon. La famille n'encombrait plus le paysage. Il pouvait se manifester. Cela ne tenait plus qu'à lui.

Deux faits durent le conforter dans sa détermination. D'une part, depuis la mort de l'Aiglon, l'attitude d'Hortense à son égard avait changé du tout au tout : désormais, jusqu'à sa mort, elle allait le traiter en souverain. D'autre part, la Sainte-Alliance l'avait en quelque sorte elle-même désigné comme l'héritier légitime, en le faisant étroitement surveiller. C'était là un signe qui ne trompait pas.

Ainsi, au terme d'une jeunesse tour à tour houleuse et tranquille, l'homme était fait. Sa mission était claire. Il lui restait à affronter le temps des épreuves, qui serait pour lui l'occasion de mieux définir ce qu'il voulait pour la France.

II

L'IDÉOLOGUE

Il y a sans doute quelque paradoxe à présenter Louis Napoléon comme un idéologue, lui qui, plus et mieux que quiconque en son temps, a fait du pragmatisme une règle de conduite. Dès ses années de jeunesse, il a dans ses carnets souligné la nécessité absolue pour le chef ou l'homme public de toujours savoir s'adapter aux circonstances : « Comme il faut, au départ d'une expédition, laisser de la place dans ses coffres pour ce que l'on en rapportera au retour, il faut en engageant une action laisser une part à l'imprévu dans les plans les mieux préparés. C'est lui qui l'emportera peut-être sur ces plans. » Et, plus tard, dans son célèbre discours de Bordeaux, il expliquera que si la France adhère à sa personne c'est parce que, justement, elle a compris « qu' [il n'est] pas de la famille des idéologues ».

Mais Louis Napoléon n'en a pas moins des principes, une conception des problèmes de son temps, et des idées. Des idées très précises et résolument novatrices.

Ces idées, il n'en est pas seulement l'héritier ou le dépositaire. Il les a forgées, mûries, ciselées. C'est qu'il a beaucoup réfléchi, beaucoup travaillé, beaucoup écrit. Ayant voyagé plus souvent que la plupart des hommes de son temps, il a observé, comparé, et fait son choix.

En 1848, quand il se lance enfin dans la phase légale et victorieuse de son action publique, il disposera d'un substantiel corps de doctrine, complet et cohérent, qui sera sa référence constante.

Est-il trop tôt pour souligner qu'il en fut, pratiquement, le seul adepte? Un trait d'esprit, qui lui a été prêté au temps de l'Empire, illustre plaisamment la singularité de ses convictions : « L'impératrice est légitimiste ; le prince Napoléon est républicain ; Morny est orléaniste ; moi-même, je suis socialiste ; il n'y a que Persigny qui soit bonapartiste, et il est fou. »

De fait, sa grande originalité, qui le distingue de nombre de ses contemporains, c'est qu'il ne limite pas sa réflexion politique à la forme du gouvernement et aux conditions de son exercice. Il introduit dans sa pensée une dimension économique et sociale qui fait souvent défaut chez d'autres que lui.

S'il a sa conception de l'organisation politique souhaitable pour la France, il s'interroge aussi sur les buts qu'elle doit se proposer d'atteindre, alors que tant de ses partisans et adversaires considèrent le débat sur la nature du régime comme une sorte de fin en soi.

Les républicains, par la voix de Jules Favre, n'ont-ils pas expressément prétendu que la question sociale n'existait pas ? Il est vrai que lui-même ne la découvrira que progressivement, encore que, dès 1833, il ait écrit que le « bonheur commun » passait par la reconnaissance des droits de l'homme, auxquels il ajoutait déjà le droit à l'aide sociale et à la garantie du travail. L'important est qu'il en fera l'objectif central de toute son action.

Peut-être a-t-il été servi par les circonstances, même si celles-ci ont paru de prime abord lui avoir été contraires. L'aventurier qui se lance dans l'équipée de Strasbourg n'a pas encore de réponse cohérente à apporter aux problèmes du pays qu'il veut gouverner. Louis-Philippe, en l'obligeant à quitter le continent et à ouvrir les yeux sur d'autres réalités, puis en lui imposant après l'opération avortée de Boulogne de longues années d'emprisonnement — qu'il saura mettre à profit — lui rendra, sans le savoir, un fier coup de main. L'évadé de Ham est intellectuellement prêt au pouvoir ; il ne lui restera plus qu'à attendre l'occasion propice.

C'est dire que, pour Louis Napoléon, la genèse de sa doctrine se situe dans cette période d'intense agitation. Ces tentatives avortées, loin de l'avoir desservi, ont été autant d'occasions de former un homme politique et de préparer un empereur.

Tout ou presque, s'agissant de la pensée politique de Louis Napoléon, est contenu dans les *Rêveries politiques*, qu'il rédige en 1833, à l'âge de vingt-cinq ans.

C'est une œuvre de jeunesse, du type de celles qu'on traite souvent avec une sympathie condescendante, mais elle ne manque pas d'intérêt. L'âme y est à nu et, au-delà des maladresses d'expression, on y découvre des principes qui ne subiront plus de changement.

La publication, l'année suivante, de ses *Considérations politiques et militaires sur la Suisse* lui offre l'occasion d'approfondir certaines de ses thèses. Puis vient un autre ouvrage capital, *les Idées napoléoniennes*, où sa pensée se complète, s'éclaire et s'élargit : publié en 1839, ce livre sera réédité trois fois et traduit en six langues. S'il est souvent considéré comme l'œuvre politique maîtresse de Louis Napoléon, il ne contredit en rien les *Rêveries*, lesquelles gardent l'avantage de la fraîcheur et de la spontanéité.

On peut donc s'efforcer de comprendre la pensée politique de Louis Napoléon à partir d'un rapprochement de ces deux textes, en les reliant à d'autres fragments, en particulier ceux qu'on trouve dans maints passages de sa correspondance, où il se montre fort prolixe, et qui éclairent souvent ce qui a pu paraître ailleurs quelque peu obscur.

Louis Napoléon y conduit parallèlement l'étude du passé et la recherche de propositions : l'une et l'autre procèdent d'une même analyse et révèlent la continuité de sa pensée.

L'essentiel de sa conviction se résume en une adhésion, totale et viscérale, à deux principes indissolublement liés, à ses yeux : le suffrage universel et l'intérêt national.

Le suffrage universel implique que le peuple est le moyen et la fin : le peuple s'exprime et choisit ; et la politique ne peut avoir d'autre objet que de le servir avec la plus grande efficacité possible. De son côté, l'intérêt national implique le dépassement des partis et appelle un gouvernement d'autorité. L'expérience récente aurait-elle démontré qu'il y a un risque de conflit entre ces deux principes dont l'un conduit à la république, et l'autre à la monarchie ? Dans une lettre qu'il adresse depuis Arenenberg à Narcisse Vieillard, le 29 janvier 1836, Louis Napoléon ne reconnaît qu'implicitement cette contradiction. Le texte vaut d'être lu car sa densité s'allie à une sorte de charme bucolique.

« ... Je considère le peuple comme un propriétaire et les gouvernements quels qu'ils soient comme des fermiers. Si le fermier administre la terre avec habileté et probité, le propriétaire, heureux de voir les réserves s'augmenter de jour en jour, laissera le fermier gérer en paix durant toute sa vie le bien qu'il lui a confié.

« Après la mort du fermier, le propriétaire remettra à la même place les enfants de celui-ci qu'il aimait et qui lui a rendu service.

« Voilà pour la Monarchie.

« Mais si, au contraire, le fermier trompe la confiance du maître — dilapide ses revenus et ruine la terre — alors le propriétaire, avec raison, le renverra, fera ses affaires par lui-même et mettra à la gestion de ses domaines des hommes auxquels il laissera moins d'autorité et qu'il remplacera d'année en année afin qu'ils ne prennent point pour un droit irrévocable la place qu'il leur accorde.

« Voilà pour la République.

« Je ne vois donc pas dans ces deux administrations différentes de principes fondamentaux contraires ; l'une et l'autre, suivant les circonstances, peuvent amener de bons résultats. »

Cela étant dit, il faut bien choisir entre des principes si dissemblables. Ce choix, c'est l'histoire qui va l'éclairer :

« La nature de la République, écrit Louis Napoléon, fut d'établir le règne de l'égalité et de la liberté ; les passions qui la firent agir : l'amour de la Patrie et l'extermination de ses ennemis. La nature de l'Empire fut de consolider un trône sur les principes de la Révolution, de cicatriser toutes les plaies de la France, de régénérer les peuples ; ses passions : l'amour de la Patrie, de la gloire et de l'honneur. La nature de la Restauration fut une liberté octroyée pour faire oublier la gloire, et ses passions : le rétablissement des anciens privilèges et la tendance à l'arbitraire. La nature de la Royauté de 1830 fut la renaissance des gloires françaises, la souveraineté du peuple, le règne du mérite ; ses passions : la paix, l'égoïsme et la lâcheté. »

Entre ces quatre régimes, il est inutile de dire auquel vont ses préférences. Dès lors que le gouvernement doit reposer sur la volonté du peuple et que toute autorité doit émaner de lui, seul l'empire peut apporter la réponse voulue. Seul, en tout cas, l'empire a pu déjà assurer la réconciliation de la liberté et de l'autorité, de la monarchie et de la république.

Pour son neveu, Napoléon Ier est donc, en même temps, le continuateur de la Révolution — qu'il purifie de ses déviations les plus négatives — et le champion de la liberté...

Il n'empêche que les réponses pratiques à la contradiction flagrante entre le principe de l'hérédité et celui du suffrage universel sont pour le moins malhabiles et incertaines. Louis Napoléon explique bien que le lien entre le peuple et son souverain a un caractère mystique, mais il doit logiquement concéder que l'avènement de l'Empereur doit être sanctionné par le peuple réuni en assemblée primaire.

Système bancal s'il en est. Qu'importe! On verra bien. Pour l'heure ne lui suffit-il pas d'affirmer son ambition de rendre au peuple l'occasion d'exprimer sa volonté? Et de donner toute garantie, dès lors que le peuple souhaiterait dénoncer le « pacte », quant à la sincérité de sa résolution à redevenir un simple citoyen...

Évidemment, il n'échappait pas à Louis Napoléon que toute analyse sérieuse du fonctionnement du premier Empire conduisait à la conclusion que la liberté des citoyens n'en avait pas été la caractéristique la plus affirmée. Sa réponse était toute prête: ce sont les circonstances qui ont empêché l'empereur de libéraliser le régime: son seul malheur a été « d'avoir libéré la France sans avoir pu lui rendre la liberté ». Le despotisme impérial est ainsi justifié par l'état de désorganisation de la France de l'époque et par la menace extérieure. A défaut de liberté, d'ailleurs, l'ordre et la justice avaient été préservés. Et le premier Empire était rien moins qu'une dictature militaire.

Et puis, en tout état de cause, pour Louis Napoléon, comme pour son oncle, une constitution est l'œuvre du temps. Déclaration capitale, qui reviendra souvent dans sa bouche, et dont la signification est double: d'abord l'état des institutions dépend des circonstances; ensuite une constitution n'est pas immuable: elle est, au contraire, inéluctablement appelée à évoluer. Constat essentiel qui permet d'éclairer par avance ce qui déterminera la marche vers l'Empire libéral: la liberté est un état vers lequel il faut tendre et qui n'est que provisoirement inopportun.

D'ailleurs, la dictature du premier Empire aurait forcément et fatalement, à terme, conduit à la liberté « comme le soc de fer qui creuse le sillon, prépare la fertilité des campagnes ». Dans l'immédiat, c'est encore et pour longtemps d'un gouvernement fort qu'a besoin le pays.

Il lui faut « le génie d'un Napoléon ou la volonté d'une Convention [...], une main forte qui abatte le despotisme de la servitude avec le despotisme de la liberté ». Il lui faut « une Monarchie qui procure les avantages de la République sans ses inconvénients ». Il lui faut un régime « fort sans despotisme, libre sans anarchie, indépendant sans conquête ».

A ce stade, est-il nécessaire de souligner que, pour Louis Napoléon, la place centrale réservée au suffrage universel ne relève nullement de la tactique ou de la démagogie ?

Louis Napoléon y croit, de toute son âme. C'est la clé de voûte de son système de convictions.

Il est vrai que cet élément de référence va le servir et qu'il le mettra en avant chaque fois qu'il le faudra, et avec beaucoup d'opportunité. Ce sera le cas à l'occasion du coup d'État, dont il est la justification unique et ultime. Ce sera le cas, encore, lorsqu'il cherchera dans le plébiscite le moyen de laver les fautes qu'on lui impute.

On se méprendrait en refusant de croire à sa sincérité. A ses yeux, le suffrage universel est bien le critère absolu et unique de la légitimité. Légitimité qui confère autant de grands pouvoirs que de grands devoirs. Légitimité qui doit être entretenue et vérifiée : ce sera la fonction des plébiscites.

Mais dès lors que la légitimité est assurée, le pouvoir, s'il peut être discuté, ne saurait être contesté.

Le schéma institutionnel qu'il imagine en porte la marque : à l'empereur, tout le pouvoir exécutif ; à un corps législatif, le pouvoir délibératif ; au peuple — et au peuple seul — le pouvoir électif et le pouvoir de sanction. Ce qui n'exclut pas l'existence d'une opposition : « Le pays sera heureux tant qu'il y aura harmonie parmi ces trois pouvoirs, c'est-à-dire lorsque l'opposition, qui doit toujours exister dans un État libre, ne sera que comme les dissonances de la musique qui concourent à l'accord total ! »

Dans un tel schéma, l'intérêt national est on ne peut mieux pris en compte, et l'esprit de parti, qui n'y a pas sa place, doit être dénoncé comme une horreur absolue. Louis Napoléon écrit ainsi : « Toutes les intelligences n'ont été occupées qu'à lutter entre elles, qu'à discuter sur la route à suivre au lieu d'avancer. La discipline politique s'est rompue et au lieu de marcher droit à un but, en colonnes serrées, chacun a improvisé un ordre de marche particulier et s'est séparé du corps d'armée. »

Au plus près de la conjoncture, prenant la plume le 14 novembre 1836, peu après le coup de Strasbourg, pour se désigner

comme le seul coupable, Louis Napoléon décrira une France en
proie à ses yeux... au régime des partis : « Aucun parti existant
n'est assez fort pour [...] renverser [le Gouvernement]; aucun
assez puissant pour réunir tous les Français, si l'un d'eux parvenait
à s'emparer du pouvoir. Cette faiblesse du Gouvernement,
comme cette faiblesse des partis vient de ce que chacun ne
représente que les intérêts d'une seule classe de la société. Les uns
ne s'appuient que sur le clergé et la noblesse, les autres sur
l'aristocratie bourgeoise, d'autres enfin sur les prolétaires seuls. »

Ce qu'il faut, c'est « réunir autour de l'autel de la patrie les
Français de tous les partis en leur donnant pour mobile l'honneur
et la gloire ».

Ces principes, il faut commencer par les appliquer à soi-
même. C'est ainsi que dans une lettre à Armand Laity, par
laquelle il autorise celui-ci à publier sa *Relation historique des
événements du 30 octobre 1836*, Louis Napoléon écrit : « On vous
demandera [...] où est le parti napoléonien ? Répondez : le parti
est nulle part et la cause partout. Ce parti n'est nulle part parce
que mes amis ne sont pas enrégimentés, mais la cause a des
partisans partout, depuis l'atelier de l'ouvrier, jusque dans le
conseil du roi, depuis la caserne du soldat jusqu'au palais du
Maréchal de France. »

Cela revient à dire que la cause est nationale, et que la
création d'un parti est formellement interdite. Et si un jour un
groupe — un rassemblement ? — devait se constituer, il ne serait
en aucun cas un parti comme les autres. Comment donc ne pas
discerner, déjà, de multiples correspondances entre la pensée de
Louis Napoléon et celle de Charles de Gaulle ?

La théorie de la légitimité, les dangers du système des partis,
la nécessité de dépasser, au nom de l'intérêt national, leurs jeux et
oppositions factices, tout cela est d'une évidente similitude.

Pour l'un comme pour l'autre, il faut un chef d'État qui en soit
un, qui incarne l'autorité de l'État, et qui dispose de la maîtrise du
pouvoir exécutif. Afin de fonder cette autorité sur une base
démocratique, le chef de l'État doit être élu par le peuple et ne
peut être privé du droit de s'adresser à lui comme il l'entend. Se
crée alors un lien particulier, personnel, essentiel, entre le peuple
et celui qu'il a choisi pour le guider, lien qui s'appelle la légitimité.
Dans cet esprit, le plébiscite, pour l'un, le référendum, pour
l'autre, servent à renouveler l'investiture populaire du chef de

l'État: chaque fois que la confiance du suffrage universel semble ébranlée du fait des circonstances, ce renouvellement permet d'éviter une crise politique ou de prendre en compte le caractère exceptionnel de l'enjeu auquel le pays peut se trouver confronté.

Comme l'écrit Francis Choisel dans sa remarquable étude sur *Bonapartisme et Gaullisme*: « Le plébiscite bonapartiste et le référendum gaulliste sont par conséquent un tout, où la réponse à la stricte question posée intègre l'acte d'adhésion à l'homme qui la formule et au régime que ce dernier incarne, la ratification de son action passée et la confiance en ce qu'il fera demain. »

Pour Louis Napoléon comme pour de Gaulle, le peuple est le juge suprême et, plus encore, la source de tout pouvoir. C'est une idée que les deux hommes expriment avec les mêmes mots.

Louis Napoléon proclame dans le préambule de la Constitution de 1852 que « [...] le peuple reste toujours maître de sa destinée. Rien de fondamental ne se fait en dehors de sa volonté. » Et comme en écho de Gaulle répond: « C'est un principe de base de la Ve République et de ma propre doctrine que le peuple français doit trancher lui-même ce qui est essentiel à son destin. »

Et d'ajouter: « Il fallait que le peuple eût à s'associer directement, par voie de référendum, aux décisions capitales qui engageraient son destin. »

Cette voie, en tout cas, n'est pas si facile à emprunter et à suivre. Se dresse sur la route, on l'a vu, un obstacle majeur: les partis, avec les divisions qu'ils impliquent. Louis Napoléon et de Gaulle, là encore, trouvent les mêmes accents pour les dénoncer et les combattre, l'un dans ses *Rêveries politiques*, l'autre dans ses *Mémoires de guerre*:

« Au-dessus des convictions partielles, écrit Louis Napoléon, il y a un juge suprême qui est le peuple. C'est à lui de décider de son sort, c'est à lui de mettre d'accord tous les partis, à empêcher la guerre civile et à proclamer hautement et librement sa volonté suprême. Voilà le point où doivent se rencontrer tous les bons Français, de quelque parti qu'ils soient, tous ceux qui veulent le bonheur de la patrie, non le triomphe de leur doctrine. »

Évoquant les oppositions qu'il a rencontrées, de Gaulle ne dit pas autre chose: « La perspective d'un appel à la décision directe du pays paraissait à toutes les fractions politiques scandaleuse. Rien ne montrait plus clairement à quelles déformations du sens démocratique menait l'esprit des partis. Pour eux, la République devait être leur propriété, et le peuple n'existait, en tant que souverain, que pour déléguer ses droits et jusqu'à son libre arbitre aux hommes qu'ils lui désignaient. »

Rien d'étonnant donc à relever maintes analogies dans la pratique institutionnelle des deux hommes : même propension à reconnaître la supériorité du référendum, du plébiscite ou de l'élection présidentielle sur l'élection législative, même impatience devant les tentatives d'immixtion des Chambres dans la conduite des affaires, tentatives qui ne peuvent à leurs yeux qu'entraver l'action du gouvernement...

Et Francis Choisel peut ainsi conclure : « Il y a par conséquent entre le gaullisme et le bonapartisme une double identité en matière constitutionnelle : d'une part la communauté de sentiment quant aux grandes lignes des mécanismes d'exercice du pouvoir et que l'on peut qualifier de plébiscitaire [...] et bicaméral ; d'autre part, un accord sur la solution de compromis qu'il est nécessaire d'admettre face aux tenants inconditionnels du régime d'assemblée, à savoir un système semi-parlementaire tempérant les dispositions plébiscitaires [...]. La seule différence d'importance réside dans le fait que ce compromis fut un point d'arrivée, en partie contraint, pour Napoléon III et une base de départ, elle-même en partie subie, pour de Gaulle. »

Ces nombreuses similitudes, le général de Gaulle ne les a jamais formellement reconnues, pas plus qu'il n'a admis de considérer Louis Napoléon comme un précurseur. Certes, il s'agit plutôt d'une communauté d'inspiration que d'une filiation. Mais la prudence gaullienne est tout à fait compréhensible : la cote de Louis Napoléon étant au plus bas dans notre pays, la moindre référence au second Empire pouvait s'avérer assassine.

Conscient du danger que pouvait comporter pour lui l'évocation de pareil précédent, le Général alla même jusqu'à différer certaines réformes pour éviter des rapprochements, voire une assimilation, qui lui auraient été dommageables. Il s'en expliqua dans les *Mémoires d'espoir* : « J'ajoute que, sur le moment, afin de ne pas contrarier le mouvement presque unanime de l'adhésion nationale, je jugeais bon de tenir compte des préventions passionnées que, depuis Louis Napoléon, l'idée de "plébiscite" soulevait dans maints secteurs de l'opinion. Quand la pratique de la Constitution nouvelle aurait montré que l'échelon suprême y détenait l'autorité sans qu'il y eût dictature, il serait temps de proposer au peuple la réforme définitive. »

En agissant ainsi, il coupa l'herbe sous le pied des anti-gaullistes, lesquels avaient fort bien perçu l'intérêt politique qu'il y aurait à faire du Général un moderne Badinguet. Certains carica-turistes se lancèrent dans cette voie, mais, assez vite, l'image du Roi-Soleil l'emporta sur celle du second empereur. Quant aux politiciens qui s'aventurèrent sur ce terrain, leur argumentation ne pouvait que les conduire à une double impasse : l'assimilation du 13 Mai au coup d'État du 2 Décembre, assimilation qui se retournait contre ses auteurs, et la représentation devant le peuple des dangers de l'élection du président de la République au suffrage universel.

Cela dit, que furent les sentiments profonds de Charles de Gaulle à l'égard de Louis Napoléon ? A s'en tenir à ce qu'il a dit et écrit, on en est réduit à de simples suppositions.

Le Général, c'est certain, n'admettait pas pour la France la défaite, et il en voulait à Louis Napoléon de ne l'avoir pas empêchée à Sedan. Mais ses appréciations sur les responsabilités du second empereur ne furent pas toutes empreintes de sévérité. Et ce serait probablement faire injure à sa lucidité que de le croire insensible aux qualités de visionnaire de Louis Napoléon et hostile à l'idée que le message de celui-ci préfigurait en quelque sorte le sien.

De Gaulle n'évoquera Louis Napoléon qu'en de très rares occasions. Sur un point essentiel — les origines du désastre de 1870 —, il lui reconnut des circonstances atténuantes : « L'Empe-reur, il est vrai, eut le sentiment de ce déséquilibre. Après Sadowa [...], le Souverain et plusieurs de ses conseillers se préoccupèrent sérieusement d'accroître la puissance militaire du pays [...]. Une refonte complète des institutions s'imposait et l'Empereur le comprenait fort bien... »

A l'occasion de manifestations solennelles, de Gaulle rendit un hommage plus qu'implicite à certaines initiatives internatio-nales de Louis Napoléon.

Ainsi, le 24 mai 1963, au palais de Chaillot, à l'occasion de la célébration du centenaire de la Croix-Rouge internationale, il évoqua l'émotion suscitée par la triste carence des soins à donner aux soldats blessés en Italie, « notamment celle de l'empereur Napoléon III ».

Surtout, le 24 juin 1959, commémorant auprès du président italien Gronchi la victoire de Solferino, il salua la décision d'intervention qui « fut d'abord la réponse à de longues obligations ». Et il alla jusqu'à citer l'empereur, dans un domaine où ses références étaient toujours soigneusement et intentionnellement choisies : « Une armée est invincible quand une grande idée la précède et quand un grand peuple la suit. »

La liste des convergences ne se termine pas là. D'autres rapprochements existent, concernant notamment le rôle extérieur de la France...

Car, comme celle de Charles de Gaulle, la pensée de Louis Napoléon ne s'arrête pas aux limites de l'Hexagone. D'abord parce que les principes auxquels il croit ont pour lui valeur universelle, et qu'il n'existe aucune raison de priver les autres nations des avantages qu'ils impliquent. Et puis il s'agit d'expliquer et de justifier la politique étrangère de Napoléon Ier ; de démontrer que l'usage, apparemment immodéré, du sabre était un moyen et non une fin.

En le voyant s'y employer, on comprend tout le sens de la phrase de Frédéric Bluche, qui voit dans ce nouvel élan donné aux idées napoléoniennes, dans ce véritable néo-bonapartisme, une « doctrine remise à neuf ».

Là aussi, il est clair que le Napoléon Ier dont il se réclame est celui qui se présentait, depuis Sainte-Hélène, comme le « libérateur des peuples », et qui déclarait déjà dans l'Acte additionnel de 1815 : « J'avais pour but d'organiser un grand système fédéral européen que j'avais adopté comme conforme à l'esprit du siècle et favorable aux progrès de la civilisation. »

Las ! L'action de la France a été contrecarrée et finalement anéantie par une coalition contre-révolutionnaire qui la refusait absolument... Alors Louis Napoléon va reprendre à son compte l'ambition — réelle ou supposée — de son oncle. Cela passe évidemment par la remise en cause des traités de 1815, qui ont créé un ordre européen contre nature fondé sur la répression des aspirations des peuples.

Ainsi, Waterloo n'est plus une défaite, un mauvais souvenir à effacer ; c'est un point de départ, un symbole, un cri de ralliement.

Waterloo ! « Ici, écrit-il, toute voix française s'arrête et ne trouve plus que des larmes! Des larmes pour pleurer avec les vaincus, des larmes pour pleurer avec les vainqueurs qui regretteront tôt ou tard d'avoir renversé le seul homme qui s'était fait médiateur entre deux siècles ennemis. »

Cela signifie que Louis Napoléon se fixera à son tour un objectif de grande ampleur, celui de concentrer les « peuples géographiques » — autrement dit les nationalités — qui ont été écartelés par l'histoire. Pour les Français et les Espagnols, le but est atteint. Restent les Italiens et les Allemands. D'où l'idée d'une fédération italienne, d'une fédération germanique, peut-être même, un jour, d'une confédération européenne, avec des codes identiques, un système judiciaire unifié, une monnaie commune.

Il s'agit de donner aux peuples « leurs nationalités et les institutions qu'elles réclament [...]. Alors, tous les peuples seront frères et ils s'embrasseront à la face de la tyrannie détrônée, de la terre consolée et de l'Humanité satisfaite ».

La perspective est double : mettre un terme aux guerres civiles européennes et garantir une paix durable ; offrir à la France un rôle de médiateur européen dont on voit mal, dans un tel contexte, comment il pourrait lui échapper... On aurait tort de négliger la portée et l'audace d'un tel engagement, dont on mesurera bientôt les effets. Comme l'écrit Jacques Rougerie, « la question des nationalités, au XIXe siècle, c'est l'équivalent, à peu près, en charge explosive comme en poids sentimental et politique, de ce que sera, au XXe siècle, la décolonisation. Toutes les gauches européennes en défendent d'enthousiasme la cause, toutes les droites y font durement obstacle. C'est un Rubicon que passe là [Louis Napoléon] ».

Si la pensée est claire, la stratégie censée la servir n'est probablement pas à la hauteur des problèmes à résoudre. Elle est sommaire et se résume en deux verbes : apparaître et entraîner...

Une fois pour toutes, Louis Napoléon a décidé qu'il a une mission à accomplir : « Dans toutes mes aventures, explique-t-il, je suis dirigé par un principe. Je crois que, de temps en temps, des hommes sont créés, que j'appellerais volontiers providentiels, dans les mains desquels sont remises les destinées de leur pays. Je crois être moi-même l'un de ces hommes. Si je me trompe, je peux périr inutilement. Si j'ai raison, la Providence me mettra en état de remplir ma mission. »

Les circonstances de l'époque, celles de l'adolescence et de la jeunesse de Louis Napoléon expliquent cette approche romantique des choses. A pesé aussi l'exil, qui ouvre une chance et expose à un risque.

La chance, c'est l'amour sincère que vouent à leur sol natal tous ceux que le destin en a éloignés. Là où ils se trouvent, la patrie est le premier élément de leur identité ; leur caractéristique essentielle aux yeux des autres et à leurs propres yeux. L'éloignement permet aussi, paradoxalement, de mieux apprécier la place et le rôle de sa patrie en tant que puissance, donc de mieux la connaître.

Le risque, c'est évidemment de perdre le sens des réalités et d'entretenir des illusions sur la capacité d'écoute et de mobilisation du pays dont on est éloigné.

Lors de sa visite à Arenenberg, Alexandre Dumas avait très loyalement et très courageusement mis en garde la reine Hortense contre ce danger :

« Prenez garde de vous égarer, Madame, j'ai bien peur que vous ne viviez dans cette atmosphère trompeuse et enivrante qu'emportent avec eux les exilés. Le temps qui continue de marcher pour le reste du monde, semble s'arrêter pour les proscrits. Ils voient toujours les hommes et les choses comme ils les ont quittés et cependant les hommes changent de face et les choses d'aspect.

« La génération qui a vu passer Napoléon revenant de l'île d'Elbe s'éteint tous les jours, Madame, et cette marche miraculeuse n'est déjà plus un souvenir : c'est un fait historique. »

Sans doute Louis Napoléon s'illusionne-t-il quelque peu sur l'état réel de l'opinion. Marqué par le souvenir des manifestations bonapartistes autour de la colonne Vendôme, il peut aussi se laisser impressionner par ce qu'il sait du renouveau de ferveur qu'inspire alors en France la mémoire de l'empereur.

Mais entre le culte du martyr de Sainte-Hélène et l'adhésion éventuelle à la cause du neveu, il y a un abîme. Louis-Philippe le sait et, même s'il existe une part de sincérité dans les sentiments qu'il affiche, sa pensée consiste sans doute à admettre qu'il vaut toujours mieux organiser soi-même ce qu'on ne peut empêcher et que cette « napoléomania » est peut-être bien le meilleur des remparts contre les assauts des bonapartistes.

D'ailleurs, plus Napoléon — mort — sera grand, plus paraîtront petits les épigones.

La foule peut donc bien se presser dans les théâtres ou devant le diorama de 1831, s'arracher les médailles commémoratives, se précipiter sur les œuvres d'Edgar Quinet se pâmer à la lecture des poèmes de Béranger (« Il n'est pas mort, il n'est pas mort. De son sommeil le géant va sortir, plus grand à son réveil »), cela ne veut nullement dire qu'à la seule vue d'un prétendant — au demeurant inconnu — le peuple est prêt à se lever...

Quoi qu'il en soit, à la veille de la première tentative de Louis Napoléon pour arracher le flambeau des mains de l'usurpateur, les buts ont été clairement définis et la méthode, par avance, justifiée : dès lors que le suffrage universel n'est pas ou n'est plus pris en compte, tous les coups, sans exception, sont permis. Il y a alors dissociation entre la légalité et la légitimité : toute initiative est louable, sous la réserve absolue qu'elle ait pour objectif de rendre la parole au peuple et d'accepter par avance son verdict.

C'est un principe de base qu'il faut garder présent à l'esprit pour comprendre non seulement les coups de Strasbourg et de Boulogne, mais aussi le coup d'État lui-même. Toute considération — respect de la loi, respect de la parole donnée — doit céder devant cet axiome...

A l'inverse, si un autre régime que celui qu'on se propose d'établir accepte ou organise le suffrage universel, alors il faut se plier à ses règles et jouer le jeu — c'est ce que Louis Napoléon fera sous la IIe République, face à la décision des républicains de rendre la parole au peuple.

Le coup de Strasbourg est l'opération la plus raisonnée qu'ait tentée Louis Napoléon. Il avait été remarquablement préparé. Et, même s'il ne pouvait déboucher que sur un échec politique, en raison de l'état de l'opinion à l'époque, il aurait pu connaître de plus amples développements sans les fâcheux concours de circonstances auxquels il donna lieu.

Le choix de la capitale alsacienne n'était pas mauvais : il y avait de l'argent, des armes, des hommes. Le colonel de l'un des régiments était acquis à la cause ; on avait des fonds suffisants pour susciter et maintenir tout le temps nécessaire l'enthousiasme de la foule ; Louis Napoléon était venu lui-même reconnaître le terrain et prêcher la bonne parole à des officiers de la place. C'était du bon travail.

Évidemment, une fois Strasbourg acquise, il fallait se résoudre à l'improvisation. Mais, fort du glorieux précédent des Cent-Jours, on se disait qu'en gagnant Nancy puis en prenant la route de Paris, non seulement on ne rencontrerait guère de résistance, mais on pourrait faire des adeptes en chemin. Il n'en faudrait pas plus pour que le neveu de l'Aigle se retrouvât niché dans le clocher de Notre-Dame.

Inutile d'insister sur certains aspects de l'affaire, qui l'apparentent à un fort mauvais vaudeville. Persigny et Parquin, époux de l'ex-Mlle Cochelet, lectrice de la reine Hortense, sont pleins de bonne volonté, mais peu aptes à conduire une affaire qui demande beaucoup d'esprit de décision, mais davantage encore de subtilité. Quant à la manière dont a été circonvenu le colonel Vaudrey, qui commande le 4e régiment d'artillerie, elle n'a rien de bien glorieux. On lui a fait miroiter un avancement auquel il ne croyait plus guère et, pour faire bonne mesure, on s'est arrangé pour le prendre dans les filets d'une charmante veuve, actrice à ses heures, escrimeuse, fille du capitaine Brault de Colmar, Éléonore Gordon, qui est toute dévouée au prince.

Certes, il faut ce qu'il faut. Mais, peut-être aurait-on dû méditer davantage le refus d'Exelmans, approché pour la circonstance, qui tint à peu près ce discours : « Vous pourrez [...] dire [au prince] que, s'il croit avoir un parti en France, il se trompe... Nous avons en vénération la mémoire de l'Empereur, voilà tout, et ce serait folie que de songer à renverser le Gouvernement actuel. »

Pourtant, dès le 25 octobre 1836, Louis Napoléon quitte Arenenberg sous prétexte d'une partie de chasse. Le 29 il est à Strasbourg. Et le lendemain à 6 heures, le régiment de Vaudrey est rassemblé pour acclamer le prince qui va trouver les mots adaptés à la circonstance. Le ton de son appel est à la hauteur de l'événement : « Au siège de Toulon, le grand Napoléon était capitaine du 4e d'Artillerie. C'est encore le 4e qui lui a ouvert les portes de Grenoble, lors du retour de l'île d'Elbe... » On devine la suite du propos... Tout démarre donc très bien. Mais, à partir de ce moment précis, tout va tourner très mal.

Les mutins, qui ont arrêté le préfet, arrêtent aussi le général qui commande la place et qui, malgré arguments et menaces, a fait connaître qu'il remplirait son devoir. On croit l'avoir placé sous bonne garde... Mais il réussit à filer, à retrouver quelques officiers, et à reprendre la préfecture avec l'aide d'un régiment fidèle...

Et tout ce beau monde se retrouve à la caserne Finkmatt pour se disputer le 16ᵉ de ligne. L'échauffourée s'achève dans la bousculade et la confusion. Louis Napoléon et ses amis sont appréhendés.

Bizarrement, c'est au moment où tout est fini que Paris commence à s'inquiéter. Il est vrai que, si le déclenchement de l'affaire a été aussitôt annoncé par télégraphe, on met deux jours pour en faire connaître le dénouement. Après la frayeur, c'est l'embarras qui prévaut: que va-t-on bien pouvoir faire de Louis Napoléon et des autres insurgés?

Si l'on s'en tenait au droit et à la tradition, la sanction d'une mutinerie aussi caractérisée ne ferait guère de doute: on passerait tout le monde par les armes. Mais Louis-Philippe va en décider autrement, sans qu'il soit aisé ici de démêler ce qui relève de son indulgence naturelle et ce que lui inspire son sens politique. Il est probable qu'il ne se sent pas le cœur de châtier un homme dont il doit bien comprendre, d'expérience, l'état d'esprit. Il est non moins probable qu'il pense n'avoir aucun intérêt à faire de Louis Napoléon un martyr: ce serait un renfort inestimable à une cause dont tout lui indique qu'en agissant avec prudence il peut la maintenir sous le boisseau. Sa décision est prise. Il faut présenter tout cela comme une simple gaminerie. Outre le bénéfice moral, la mansuétude dont il fera preuve accroîtra le ridicule dans lequel il espère bien que le prince achèvera de sombrer. Et c'est un fait que Louis Napoléon est d'autant plus humilié qu'il est bien traité.

Après une semaine d'interrogatoires, on l'embarque pour l'Amérique. Un circuit de cinq mois, passant par Rio de Janeiro, le conduira jusqu'à New York. Il y restera — sans manifester d'enthousiasme pour le pays qui l'accueille — jusqu'à ce que la lettre de sa mère lui laissant pressentir sa fin le fasse rentrer en Europe, via l'Angleterre.

Quant à ses amis et à ses complices, on organise pour eux un procès devant la cour d'assises du Bas-Rhin, procès qui, comme pour mieux souligner encore l'incongruité de son initiative, se termine par un acquittement général.

Les mois qui vont suivre l'équipée de Strasbourg vont être durs, très durs.

C'est le moment que choisit sa cousine Mathilde, à laquelle il était fiancé, pour lui adresser sa lettre de rupture. La mélancolie, l'amertume qui habitent Louis Napoléon, l'isolement auquel il est contraint expliquent peut-être le peu d'aménité qui l'inspire lorsqu'il juge les États-Unis : « Ce pays-ci a une force matérielle immense, mais de force morale, il en manque totalement [...]. Parmi ce peuple de marchands, il n'y a pas un homme qui ne spécule... » Or, « notre nature est composée d'un être moral et d'un être matériel. Ici, il n'y a que le second de connu : gagner de l'argent, voilà le seul mobile. »

Il est d'ailleurs choqué de constater que sur cette terre de libertés, il y a des millions d'esclaves...

Dès le 10 juillet 1837, il est à Londres, d'où — muni d'un vrai faux passeport — il se précipite à Arenenberg pour assister aux derniers jours de sa mère.

Par quelle aberration le gouvernement de Louis-Philippe, qui, au lendemain de l'affaire de Strasbourg, avait joué le jeu fort intelligemment en se gardant de transformer Louis Napoléon en martyr, rompt-il avec cette attitude après la mort d'Hortense et offre-t-il au prince l'occasion de se payer, à ses dépens, la plus efficace des publicités ?

Toujours est-il qu'au lendemain du décès de sa mère la France demande très officiellement à la Suisse l'éloignement du prince. Et, comme la Suisse répugne à s'exécuter, voilà que Paris se donne le ridicule d'organiser une démonstration militaire à la frontière, où l'on dépêche rien de moins qu'un corps d'armée !

Double erreur.

Chercher noise à Louis Napoléon à l'heure où chacun comprend bien qu'il est plongé dans l'affliction, c'est provoquer l'opinion et s'aliéner les cœurs.

Donner à entendre que la simple présence en Suisse du prince peut être le prétexte à une guerre, c'est amplifier démesurément l'enjeu et démontrer à tous que Louis Napoléon constitue un danger autrement plus grand, donc une alternative autrement plus crédible, que ne le faisait croire la thèse officielle de l'apitoiement navré.

Louis Napoléon va aussitôt comprendre le parti qu'il peut tirer de cette malencontreuse foucade. Il adoptera l'attitude chevaleresque qui s'imposait, et qui servira sa réputation.

De leur côté, les Suisses se montrent fidèles à leurs traditions. La Diète fédérale de Berne a transmis le dossier au canton de Thurgovie, qui a fait valoir qu'à ses yeux Louis Napoléon était suisse — du fait du droit de bourgeoisie qu'il lui a accordé. Devant l'ampleur que prend l'affaire, il est pourtant décidé de consulter chacun des vingt-deux conseils cantonaux. Tout indique que prévaudra la même attitude négative.

C'est le moment, en septembre 1838, que choisit Louis Napoléon pour prendre les devants, en annonçant qu'il a décidé de s'éloigner. Si cela implique pour lui tous les désagréments d'un changement de résidence, du moins est-il assuré de tirer le bénéfice politique de l'affaire. Son message au conseil cantonal de Thurgovie ne manque d'ailleurs pas d'allure : « La Suisse a su faire son devoir comme Nation indépendante, je saurai faire le mien. En m'éloignant des lieux qui m'étaient devenus chers à tant de titres, j'espère prouver au peuple suisse que j'étais digne des marques d'estime et d'affection qu'il m'a prodiguées. »

Lorsque Louis Napoléon arrive à Londres le 25 octobre 1838, il en est à son quatrième séjour sur le sol des ennemis jurés de son oncle. Il y était venu avec Hortense, en 1831, après l'affaire de Forli, en 1833 avec son ami le comte Arese pour son entrevue avec les frères de l'empereur, et en juillet 1837 sur le chemin qui l'avait conduit des États-Unis à Arenenberg. Il y reviendra une cinquième fois, après son séjour en prison et son évasion. C'est en Angleterre qu'il apprendra la nouvelle de la révolution de Février, et que, dans les premiers mois qui suivront, il dirigera l'organisation de sa cause. C'est l'Angleterre, enfin, qu'il choisira comme terre d'asile, et c'est là que vivra l'exilé, jusqu'à son décès en 1873.

Louis Napoléon a été, de toute évidence, profondément marqué par ses expériences britanniques. L'Angleterre lui a permis de comprendre ce qu'était une grande nation moderne et de mesurer la complexité des phénomènes économiques et sociaux. Il a aimé sincèrement ce pays, qui lui a beaucoup apporté et qui l'aura toujours dignement reçu.

Cette fois encore, il est fort bien accueilli. D'autant mieux d'ailleurs que le gouvernement de Louis-Philippe a commis une nouvelle maladresse en tentant de dissuader Londres de lui accorder asile. Cela n'a guère été apprécié. Et la presse anglaise, goguenarde, de se demander si la France, du coup, pousserait jusqu'à la mobilisation...

Comme c'est généralement le cas au cours de ses voyages, Louis Napoléon va alors mener une vie mondaine très intense.

Bien qu'il lui soit interdit de paraître à la cour, la haute société anglaise lui fait fête. Il peut mener grand train, l'héritage d'Hortense lui permettant d'entretenir, sous la direction de Thélin, une équipe de dix-sept domestiques. Vaudrey, le docteur Conneau et Persigny le rejoignent. Il s'installe au numéro 1 de Carlton Gardens, dans un quartier dont, un siècle plus tard, un autre exilé célèbre, Charles de Gaulle, consacrera aux yeux des Français la notoriété. Il sort beaucoup: dîners, spectacles, réceptions font partie de son lot quotidien.

Il ne reste pas pour autant inactif. Une certaine discipline de vie lui permet de trouver le temps de travailler. Il a bientôt une place réservée au département des imprimés du British Museum. Plus tard, le club de l'Armée et le club de la Marine l'accueilleront comme membre honoraire. Il noue des contacts avec plusieurs personnalités scientifiques de renom, comme le physicien Faraday. On peut noter aussi les relations suivies qu'il entretient avec Disraeli, lequel apprécie « son calme si rare chez les étrangers et toujours si appréciable aux yeux d'un aristocrate anglais ». Il assiste aux séances du Parlement, visite l'école militaire de Woolwich, se documente sur un grand nombre de sujets.

Mais, ce qui compte surtout, c'est qu'il profite de ses déplacements pour observer et comprendre le développement de l'économie britannique.

Il se rend dans les régions industrielles, les arpente dans tous les sens, et court les usines... Déjà en 1833, il avait visité quelques fonderies, et pris le tout nouveau chemin de fer allant de Manchester à Liverpool. Il a décrit à Vieillard les moindres détails des machines à vapeur. Il aura bientôt tout loisir de théoriser.

De ses séjours en Angleterre, il va retirer deux enseignements principaux.

Le premier, c'est que notre voisin s'industrialise très rapidement et nous distance inexorablement. Il est urgent de prendre conscience de ce retard et de tout faire pour le combler, car, désormais, l'industrialisation est la vraie source de la puissance.

Le second, c'est qu'il faut éviter, dans le développement industriel, de commettre les mêmes erreurs que l'Angleterre. Un défaut d'attention aux conséquences sociales de la mutation économique est de nature à créer les conditions d'une situation inacceptable, comme l'illustre le cas, qui l'a extrêmement choqué, des enfants au travail.

Sans nul doute, c'est dans cette connaissance de l'économie britannique qu'il faut voir l'origine des idées que développe *l'Extinction du paupérisme*.

L'Angleterre confirme aussi à ses yeux la nécessité d'un gouvernement fort et durable, « moteur bienfaisant », qui transformera le progrès irrégulier déterminé par l'initiative privée en progrès permanent. Enfin, la chaleur de l'accueil qu'il a reçu et la gratitude qui est la sienne à l'égard de l'Angleterre ne seront pas sans conséquences : en 1847, à Forbes Campbell, qui lui adresse sa critique du livre de Thiers sur l'*Histoire du Consulat et de l'Empire*, il écrira ces lignes qui en font l'inventeur de « l'Entente cordiale » :

« Pourquoi ne suis-je pas né pour participer à la gloire de ces temps héroïques ? Mais, à la réflexion, c'est mieux ainsi !

« Quel spectacle attristant de voir les deux plus grandes nations civilisées du monde se détruire l'une l'autre — deux nations qui devraient, à mon avis, être amies et alliées, et seulement rivales dans les arts pacifiques.

« Espérons que le jour pourra venir où je mettrai à exécution les intentions de mon oncle et que j'unirai les intérêts et la politique de l'Angleterre et de la France — et cela dans une alliance indissoluble. Cet espoir me réjouit et m'encourage [...]. »

***

La décision de tenter une deuxième fois sa chance sur le sol français paraît avoir été prise par Louis Napoléon au début de l'année 1840.

Il pensa d'abord à organiser le coup à Lille, dont la place était commandée par le général Magnan, qui passait pour un sympathisant. Mais les travaux d'approche entrepris par un comparse furent plus que maladroits : invité, littéralement, à se vendre, le général eut un haut-le-corps, se récria, se récusa et il fallut chercher ailleurs...

On se rabattit sur Boulogne, qui présentait quelques avantages : l'isolement, relatif, de la ville permettait de gagner le temps nécessaire pour un investissement en bonne et due forme ; on disposait, au 42e de ligne, d'un correspondant, en la personne d'un lieutenant, un certain Aladenize ; enfin, pouvait passer pour symbolique le choix d'une ville où avait été érigée une colonne à la gloire de la Grande Armée. Le symbole, il est vrai, n'était pas du meilleur aloi, et le fait que Boulogne avait été le théâtre d'une grande tentative napoléonienne avortée aurait pu paraître de fort mauvais augure.

La stratégie retenue était la même qu'à Strasbourg. Et tout aussi simpliste : on entraînait d'abord la garnison, puis on se ruait vers Lille et, de là, on marchait sur Paris.

Les préparatifs allèrent bon train, plusieurs semaines durant. On acheta uniformes et fusils. Et l'on rédigea les indispensables proclamations, l'une destinée aux soldats qu'il s'agissait de soulever, l'autre aux habitants du Pas-de-Calais, la dernière à l'intention du peuple de France : « Je ne m'arrêterai, assurait le prince, que lorsque j'aurai repris l'épée d'Austerlitz, remis les aigles sur nos drapeaux et le peuple dans ses droits. »

Pour faire bonne mesure, un décret était prêt, qui abolissait la dynastie ; Thiers — qui n'en pouvait mais — était désigné comme président du Gouvernement provisoire, et la tenue prochaine d'un Congrès national était annoncée.

Une petite soixantaine d'hommes devait participer à l'expédition, dont certains étaient déjà des habitués : Parquin, Persigny, Lombard et Thélin, qui avaient été présents à Strasbourg. Parmi les nouveaux venus, on trouvait Montholon et Orsi, le premier faisant référence au passé impérial et l'autre représentant la récente équipe qui se constituait progressivement autour de Louis Napoléon.

Tout ce petit monde était-il bien averti de ce qu'il allait faire à Boulogne ? A dire vrai, on n'en sait trop rien, et bien des indices donnent à penser que non. A l'évidence il était de l'intérêt des conjurés, au cours de leurs interrogatoires ultérieurs, de feindre l'ignorance, mais il est bien possible que, par précaution, beaucoup d'entre eux n'aient pas été mis dans la confidence.

En juillet, à Londres, on loua un bateau, l'*Edinburgh-Castle*. A partir du 3 août, on entreprit d'embarquer les divers participants, de port en port, pour éviter d'éveiller l'attention. Et dès le 6 août, à l'aube, on débarqua.

Il fallut à peine trois heures pour que l'opération tourne au désastre. Non seulement la préparation avait été insuffisante et la chaleur de l'accueil surestimée, mais les bourdes se succédèrent en cascade: on laissa filer les douaniers qui avaient surpris le débarquement; on ne parvint pas à convaincre les premiers voltigeurs qu'on croisa sur la route; on ne fit rien, une fois à la caserne, pour dissiper l'impression de confusion.

Enfin tout le monde ou presque se retrouva sur la plage; une fusillade éclata et, pour comble d'infortune, le canot sur lequel on avait rembarqué chavira.

Un mort et quarante-sept prisonniers — dont le prince, trempé jusqu'aux os —, c'était vraiment un triste bilan.

Le lendemain, *le Moniteur* publiait un communiqué officiel qui résumait en termes cruels la dérisoire épopée: « Le territoire français a été violé par une bande d'aventuriers. Repoussés dans les flots qui venaient de les vomir, Louis Napoléon et tous ses adhérents ont été pris, tués ou noyés. »

C'est peu dire que parler d'un déchaînement de la presse, alors, contre Louis Napoléon.

Jamais sans doute, celui-ci n'éprouva aussi fort le sentiment d'atteindre le fond de l'abîme: « Jusqu'ici, lisait-on, il n'avait été qu'insensé, aujourd'hui, il est odieux... » « Il a déshonoré le nom qu'il porte... », « Il n'a pas plus d'esprit que de cœur... »

D'une gazette à l'autre, c'était à qui lui porterait les coups les plus rudes et les plus cruels.

Le Journal des Débats, pourtant modéré, paraissait exprimer le point de vue général en publiant ces lignes dépourvues de toute aménité: « Les aigles, les proclamations emphatiques, les prétentions impériales de M. Louis Bonaparte n'ont réussi qu'à le couvrir une seconde fois d'odieux et de ridicule [...]. En vérité, l'excès de folie que dénote une pareille entreprise confond [...]. Ceci passe la comédie; on ne tue pas les fous, on les enferme. »

De son côté, la presse anglaise — la presse de ce pays où il avait trouvé refuge et pensait avoir suscité bien des sympathies — l'accable elle aussi, se refusant à lui trouver la moindre circonstance atténuante.

Le *Sun* écrit: « Il serait de la dignité et de l'intérêt du Gouvernement français de l'enfermer dans un asile de fous. »

Le *Times* prétend, pour sa part, que « s'il avait reçu une balle, c'eût été après tout la meilleure fin d'un aussi mauvais imbécile ».

Le *Morning Post* le décrit comme un « maniaque ridicule ».

Jusqu'au roi Louis, son père qui, croyant sans doute bien faire, implore la clémence, en imputant tout cela à un simple « égarement » de son fils.

Et cependant, pour celui-ci, Boulogne ne sera pas à terme une si mauvaise affaire. Le gouvernement, en effet, va se mettre en tête de le juger. Et de le juger dans des formes qui, lui accordant beaucoup d'honneur, feront oublier tout ce qu'on avait pu dire au départ sur le caractère dérisoire de son initiative. On décide en effet que Louis Napoléon comparaîtra devant la Chambre des pairs, rien de moins !

Ce calcul erroné aura une double conséquence.

D'abord, Louis Napoléon va occuper le devant de la scène, en obtenant une chance de montrer qu'il vaut beaucoup mieux que l'image qu'on a donnée de lui. Et puis, il pourra faire mieux connaître ses idées, ayant pour la première fois l'occasion de s'exprimer devant le pays tout entier, depuis cette tribune inespérée qu'on lui offre si stupidement.

Paradoxalement, alors que chacun paraissait définitivement convaincu d'avoir affaire à un fou, le beau rôle sera pour lui. Car, d'abord, il est seul contre tous, et c'est le meilleur des atouts. Lorsque Robert Hersant, cent quarante-cinq ans plus tard, accepta de participer à une émission télévisée qui tenait du tribunal d'exception, il eut la bonne idée de venir sans escorte : il avait probablement gagné la partie avant même de l'avoir commencée.

Louis Napoléon, d'autre part, arrive avec toute sa résolution et sa conviction. Et qui trouve-t-il en face de lui : présidés par Pasquier, les pairs — dont beaucoup n'ont survécu à des régimes successifs qu'à force de reniements et de lâchetés. Louis Napoléon ne pouvait rêver meilleurs faire-valoir. Et les pairs s'en rendent compte qui paraissent bien plus embarrassés que lui.

Berryer, le grand avocat légitimiste, que le prince a eu l'habileté de choisir en même temps que le républicain Marie, ne se fait pas faute d'enfoncer le clou.

Il sait dire leur fait à tous ceux de ces hommes qui doivent leur carrière à Napoléon Ier, ou à la Restauration, quand ce n'est pas aux deux à la fois, et qui sont là aujourd'hui pour être le bras vengeur... de Louis-Philippe :

« On veut vous faire juges,

« On veut vous faire prononcer une peine contre le neveu de l'Empereur. Mais qui êtes-vous donc ? Comtes, Barons, vous qui fûtes Ministres, Généraux, Sénateurs, Maréchaux, à qui devez-vous vos titres, vos honneurs ? A votre capacité reconnue, sans doute, mais ce n'est pas moins aux munificences de l'Empire... Avant de juger, dites, le droit, les lois devant les yeux, la main sur la conscience : devant Dieu et devant mon pays, s'il eût réussi, s'il eût triomphé, j'aurais nié son droit, j'aurais refusé toute participation au pouvoir, je l'aurais méconnu, je l'aurais repoussé... Moi j'accepte cet arbitrage suprême ; celui qui, s'il avait réussi, aurait nié son droit, celui-là, je l'accepte comme juge... »

Louis Napoléon ne sera pas en reste, et saura tirer remarquablement son épingle du jeu. Il trouve les mots justes, qui font mouche. Non sans mérite. Car il n'aime guère les assemblées, et n'est pas un bon orateur. Mais, là, il trouve au fond de lui-même la force de dire ce qui convient et d'impressionner son auditoire.

« Je représente, prévient-il, un principe, une cause, une défaite. Le principe, c'est la souveraineté du peuple, la cause, celle de l'Empire, la défaite, Waterloo. Le principe, vous l'avez reconnu ; la cause, vous l'avez servie ; la défaite, vous voulez la venger. »

C'est du très bon, du très grand Louis Napoléon.

Évidemment, il conteste la compétence du tribunal :

« Représentant d'une cause politique, je ne puis accepter comme juge de mes volontés et de mes actes une juridiction politique [...].

« Si vous êtes les hommes du vainqueur, je n'ai pas de justice à attendre de vous et je ne veux pas de votre générosité... »

Après cela, le réquisitoire du procureur général Carré tombe quelque peu à plat. Berryer, en l'entendant, dut se dire que c'était pain bénit :

« L'épée d'Austerlitz ! Elle est trop lourde pour vos mains débiles. Cette épée, c'est l'épée de la France. Malheur à qui tenterait de la lui enlever [...].

« Qui donc êtes-vous pour vous ériger en représentant de la souveraineté du peuple sur cette terre où règne un prince que la Nation a choisi et auquel elle a remis elle-même le sceptre et l'épée ? Qui donc êtes-vous pour vous donner en France comme un représentant de l'Empire, époque de gloire et de génie, vous qui étalez tant de misère dans vos entreprises, qui donnez par vos actes tant de démentis au bon sens ? »

L'orientation de la contre-attaque de l'avocat était toute tracée. Pour lui, la tentative de 1840 était ni plus ni moins légitime que celle de Louis-Philippe en 1830. Le seul tort de Louis Napoléon c'est d'avoir échoué : « Le Prince Louis Napoléon est venu contester la souveraineté de la Maison d'Orléans ; il est venu en France réclamer pour sa propre famille les droits à la souveraineté. Il l'a fait au même titre et en vertu du même principe que celui sur lequel vous avez posé la royauté d'aujourd'hui. »

Tout était dit.

Cela ne pouvait évidemment servir à grand-chose. Louis Napoléon devait être condamné ; il le fut. Du moins eut-il la satisfaction de constater que près de la moitié des pairs s'était abstenue. Les autres s'étaient résolus à innover dans le domaine juridique, en inventant pour Louis Napoléon la peine de la détention perpétuelle en forteresse.

Le 7 octobre, le registre d'écrou du fort de Ham, dans l'Aisne, décrit un nouvel arrivant : « Agé de trente-deux ans. Taille d'un mètre soixante-six. Cheveux et sourcils châtains. Yeux gris et petits. Nez grand. Bouche moyenne. Barbe brune. Moustache blonde. Menton pointu. Visage ovale. Teint pâle. Tête enfoncée dans les épaules et épaules larges. Dos voûté. Lèvres épaisses. »

Louis Napoléon, dont il s'agit, entame une longue détention.

Les pairs et Louis-Philippe comprirent-ils jamais qu'ils avaient rendu à Louis Napoléon un signalé service ?

Ce n'est pas sûr. Il n'était d'ailleurs pas évident que Louis Napoléon aurait suffisamment de courage et de volonté pour ne sombrer ni dans la dépression ni dans l'indolence. Son grand mérite fut de prendre sur soi, en décidant de faire le meilleur usage des années d'isolement qu'on allait lui imposer.

Isolement tout relatif, il est vrai.

Pour n'être pas franchement libérales, les conditions de sa détention comportent quelques éléments de souplesse. Montholon et Conneau ont pu l'accompagner en captivité. Si le fort n'est guère confortable, Louis Napoléon y occupe un appartement relativement bien aménagé. Il y est entouré d'objets familiers et chers à son cœur, dont le choix est significatif : un portrait de sa mère, des bustes de Napoléon Ier et de Joséphine, des soldats de plomb de la Garde impériale.

Les visites n'étaient ni quotidiennes ni même hebdomadaires, mais suffisamment régulières pour le maintenir en contact avec le monde extérieur.

Louis Napoléon s'est d'autant plus aisément résigné à sa détention que, comme il l'écrit en 1841 à lady Blessington : « Je ne désire pas sortir de ces lieux où je suis, car ici je suis à ma place ; avec le nom que je porte, il me faut l'ombre d'un cachot ou la lumière du pouvoir. »

Cependant, il y a des moments difficiles, très difficiles. En particulier, lors du retour des cendres de Napoléon Ier et de leur dépôt aux Invalides. Loin de la cérémonie — et pour cause ! — il se sent évidemment seul, mais d'autant plus seul que ses ennemis paraissent avoir ainsi récupéré pour leur cause l'argument qui faisait sa force.

Cela lui inspire quelques belles pages, émouvantes, encore qu'on puisse les trouver un peu grandiloquentes :

« Sire, vous revenez dans votre capitale et le peuple en foule salue votre retour ; mais moi, du fond de mon cachot, je ne puis apercevoir qu'un rayon du soleil qui éclaire vos funérailles ! N'en veuillez pas à votre famille de ce qu'elle n'est pas là pour vous recevoir ; votre exil et vos malheurs ont cessé avec votre vie ; mais les nôtres durent toujours !

« [...] Sire, le 15 décembre est un grand jour pour la France et pour moi.

« Au milieu de votre somptueux cortège, dédaignant certains hommages, vous avez un instant jeté vos regards sur ma sombre demeure et, vous souvenant des caresses que vous prodiguiez à mon enfance, vous m'avez dit : Tu souffres pour moi, ami, je suis content de toi ! »

Mais, une fois de plus, il se ressaisit vite, décidé qu'il est à tirer parti des circonstances, aussi défavorables soient-elles. Privé d'autre choix, il va travailler, et travailler encore... Après tout, comme il le dit avec philosophie : « Plus le corps est étroitement resserré, plus l'esprit est disposé à se lancer dans les espaces imaginaires et à agiter la possibilité d'exécution de projets auxquels une existence plus active ne lui aurait peut-être pas laissé le loisir de songer ? »

Et, de fait, son esprit va se lancer, dans tous les azimuts. Avec un appétit qui tient de la voracité.

Discuter et correspondre, lire, écrire, voilà son triple programme.

Il reçoit. Et des gens fort divers : cela va de Louis Blanc à la duchesse d'Hamilton et à Mrs Crawford, de Chateaubriand et

Dumas à sir Robert Peel et lord Malmesbury, de son avocat Berryer à Éléonore Brault devenue Éléonore Gordon. Il entretient une correspondance fort abondante et de haut niveau. Tout pour lui est prétexte à élargir ses connaissances et approfondir son expérience.

Considérée avec quelque recul, la rencontre avec Louis Blanc, à la fin de 1840, ne manque pas de sel. Frappés par le cousinage de leurs théories, les deux hommes ont eu le même désir de se rencontrer, la même curiosité réciproque. Ils vont pouvoir mesurer ce qui les rapproche et ce qui les oppose, s'affrontant sans ménagement sur le principe héréditaire, mais ne pouvant que constater des convergences dans le domaine social. C'est Louis Napoléon qui conclut : « L'important, c'est que le gouvernement, quelle que soit sa forme, s'occupe du bonheur du peuple. »

Ham, pour reprendre sa propre expression, sera vraiment son université.

Un personnage va jouer un rôle décisif tout au long de cette période, et en quelque sorte la symboliser. Un personnage qui aura mis Louis Napoléon sur l'orbite de l'étude, de la recherche, et de la réflexion.

Il s'agit d'Hortense Cornu, née Lacroix, que nous avons déjà croisée, dont la mère était la femme de chambre de la reine Hortense, et qui avait été la camarade de jeux de Louis Napoléon à Arenenberg.

Elle fut une des rares personnes à lui rendre visite à la Conciergerie, quand il y avait été détenu, après Boulogne. Elle bénéficia en toutes circonstances de sa totale confiance… C'est chez elle que se rendra Éléonore Vergeot, dite Alexandrine, qui fit deux enfants au prince, pendant son emprisonnement à Ham.

Elle manifeste à Louis Napoléon une réelle affection et une vraie fidélité, disposant sur lui, en retour, d'une incontestable autorité. Leurs rapports semblent être restés toujours platoniques. D'ailleurs Hortense s'était mariée à un peintre, Sébastien Cornu. Dans une lettre qu'il lui adresse, le 29 août 1842, Louis Napoléon trouve ces mots pour décrire l'originalité de leurs liens :

« Je voudrais que vous fussiez un homme ! Vous comprenez si bien les choses et, sauf quelques détails, je pense comme vous. Cependant, je trouve que vous êtes très bien telle que vous êtes et ce serait dommage de changer ; nos relations y perdraient de leur charme, car le sentiment que j'ai pour vous vaut mieux que l'amour, il est plus durable ; il vaut mieux que l'amitié, il est plus tendre. »

Hortense Cornu et son époux vont à sept reprises séjourner au fort. Chacune de ces visites est un événement, car Hortense apporte au prince des livres qu'il lui a demandés et le résultat de diverses recherches qu'elle a entreprises à son instigation. C'est elle qui lui fera rencontrer Fouquier d'Hérouël, ce riche fabricant de sucre qui l'orienta dans la voie de l'économie politique et fut son commanditaire. C'est elle aussi qui l'encouragea à se replonger dans l'histoire. Elle est à la fois sa correspondante et sa collaboratrice, ne ménageant ni son temps ni sa santé, santé dont s'enquiert souvent Louis Napoléon avec une attention touchante.

Hortense Cornu lui rendit maints autres menus services, tels que la remise de messages à diverses personnalités ou la vente d'objets destinée à lui procurer de l'argent... Comme l'écrit Marcel Emerit dans l'étude qu'il lui a consacrée : « Il est rare de trouver dans l'histoire l'exemple d'un dévouement si absolu, si prolongé, si désintéressé. Le Prince en garda l'attendrissant souvenir toute sa vie. »

Pour autant, Hortense Cornu est un caractère... Élevée dans le giron bonapartiste, elle avait adhéré aux idées républicaines. Elle était une proche de Cavaignac et ne le cacha jamais à Louis Napoléon. Ses convictions la poussèrent à rompre avec le prince au lendemain du coup d'État qu'elle avait désapprouvé. Dans les années 60, cependant, elle renoua avec lui, au fur et à mesure que l'Empire se libéralisait. Elle fut, après la chute, de ses tout derniers fidèles et lui écrivit dans sa retraite de Chislehurst.

Il arrive qu'on rencontre parfois, au hasard d'une lecture, d'une recherche, d'un entretien, un personnage dont on pressent vite qu'il atteint aux limites de l'exception et du sublime. Hortense Cornu appartient à cette catégorie. La force de ses convictions, la pureté de son caractère, la fidélité de sa conduite, la noblesse de ses sentiments, tout la distingue... De telles personnalités irradient, illuminent une époque. Ce fut la chance de Louis Napoléon de la rencontrer ; ce fut son honneur de lui avoir inspiré un tel dévouement.

Avec un tel soutien, peu de domaines vont pouvoir échapper à la curiosité quasi infinie de Louis Napoléon, au point qu'on aurait parfois l'impression qu'il se disperse. Son éclectisme force l'admiration.

Après un poème lyrique dédié *Aux mânes de l'Empereur*, il rédige une note sur *les Amorces fulminantes et les Attelages* qui complète son *Manuel d'artillerie*; puis vient une brochure sur l'électricité, sujet dont il a une connaissance pratique car, à ses rares moments perdus, il s'adonne à la construction de machines électriques, ainsi d'ailleurs qu'à des expériences de chimie ou à des travaux d'ébénisterie...

En 1841, le voilà aux prises avec des *Fragments historiques*, où il exalte le rôle de Guillaume II d'Orange, roi d'Angleterre, auteur d'une Déclaration des droits qui, selon lui, plaçait ce souverain à la tête des idées de son siècle.

En 1846, il met en chantier un *Traité* portant sur l'opportunité et les modalités de la construction d'un canal au Nicaragua, qui assurerait la jonction des océans Atlantique et Pacifique.

Entre-temps, il aura pu mener à bien son mémoire sur *la Question des sucres*, ouvrage solidement charpenté, dans lequel il montre sa capacité à s'élever au-dessus de simples problèmes techniques: partant du constat de la situation de l'industrie du sucre, il conclut et démontre: « En France, il n'y a pas d'unité, de main qui dirige, pas de méthode. »

C'est là aussi que se situe une *Réponse à Monsieur de Lamartine*, Lamartine dont il avait peu apprécié certaines charges contre le Consulat et l'Empire. S'y ajoute un texte sur *le Clergé et l'État* qui révèle chez cet homme — dont la captivité a pourtant ranimé et affermi la foi — une profonde aversion pour un catholicisme politique auquel, tout au long de ses années de pouvoir, il sera néanmoins amené à faire bien des concessions: « Les ministres de la Religion en France sont, en général, opposés aux doctrines démocratiques; leur permettre d'élever sans contrôle des écoles, c'est leur permettre d'enseigner au peuple la haine de la révolution et de la liberté. »

On imagine, devant cet exposé de sa pensée, ce que durent être ses sentiments quand, plus tard, il lui fallut laisser voter la loi Falloux dont l'objet était si évidemment à l'opposé de ses intimes convictions.

Pour l'heure, l'activité de Louis Napoléon prend aussi la forme de multiples articles qu'il adresse au *Progrès du Pas-de-Calais*, au *Guetteur de Saint-Quentin*, au *Journal du Loiret*, au *Journal du Maine-et-Loire*. Aucune publication n'est trop modeste quand il s'agit de propager ses idées, dans le domaine militaire, par exemple. C'est par cette obscure voie qu'il fait connaître sa conception d'une armée d'un million et demi d'hommes, qui comprendrait un corps professionnel représentant le cinquième de l'effectif, et, en réserve, outre la garde nationale, un contingent constitué sur la base d'un service de quatre ans.

Mais les années de Ham, d'abord et surtout, lui ont fourni l'occasion de préciser et de fortifier ses idées économiques et sociales, et de définir en ces domaines une ligne de conduite dont il ne se départira jamais.

Cela fait longtemps qu'il a reconnu et célébré l'importance, voire le primat, de l'économie. Déjà, dans *les Idées napoléoniennes*, il annonce que « le temps des conquêtes est passé et ne peut revenir » et que « l'on entrevoit, à travers la gloire des armes, une gloire civile plus grande et plus durable ». Et quand il proclame fièrement que son oncle fut « César » et que lui veut être « Auguste », il ne dit pas autre chose.

Reste à déterminer les objectifs au service desquels doit être mis le développement économique.

C'est dans ce contexte que se situe, en 1844, la rédaction du livre qui est probablement son œuvre majeure, et qui, en tout cas, exprime le mieux sa pensée, *l'Extinction du paupérisme*.

L'intérêt manifeste de Louis Napoléon pour la classe ouvrière — intérêt original et même à proprement parler scandaleux dans le contexte de l'époque — trouve son origine aussi bien dans une inclination de caractère personnel et sentimental que dans une sorte d'intuition historique.

Son inclination, par certains côtés, s'apparente à de la commisération : il a été touché par les difficultés sans nombre qu'éprouve le monde du travail, et par ses conditions de vie qui lui paraissent intolérables. Mais, toute compassion mise à part, il éprouve aussi une évidente sympathie pour le petit peuple des ouvriers et artisans, dont il sait que, par deux fois — en 1814 et 1815 —, ils ont voulu défendre Paris, alors que tant de dignitaires et de bourgeois — sa mère la première — ne songeaient qu'à composer... Quant à son intuition, elle consiste à pressentir la force politique que va représenter un tel groupe, et la menace qu'il pourrait faire peser sur l'avenir national si l'on refusait de prendre en compte ses intérêts. Bref, Louis Napoléon est aussi sensible au rôle nouveau que va jouer la classe ouvrière qu'il est touché par la misère dans laquelle on la tient.

Encore faut-il aller plus loin, construire une théorie et définir une politique.

Pour cela, il a beaucoup lu : d'abord, et depuis longtemps, Saint-Simon, le comte et non le duc... C'est Narcisse Vieillard qui le lui a fait découvrir ; mieux encore, qui lui en a facilité l'accès et l'a initié à sa compréhension.

« Jusqu'à présent, lui écrit Louis Napoléon, toutes les fois que j'ai entrepris une discussion saint-simonienne, j'ai parlé de votre doctrine comme un aveugle de couleurs... »

Il n'est plus aveugle, Saint-Simon et son disciple lui ont dessillé les yeux.

Encore possède-t-il assez de sens critique pour ne retenir de la « révélation » que ce qui pourra éclairer son action future. Il élimine donc le superflu et reste étranger à tout ce qui fait du saint-simonisme une sorte de religion, l'ébauche d'un système totalitaire, un quasi-intégrisme.

Ce qu'il en retient, c'est un certain idéalisme humanitaire et l'affirmation que les préoccupations économiques et sociales doivent tenir désormais un rang prioritaire dans le gouvernement des hommes. Et cela répond bien à sa propre conviction : « La France est un vaste pays, puissant, plein de ressources et de richesses, mais sordidement géré. » Il y a là un défi qu'il est d'autant plus décidé à relever que, pense-t-il, l'influence de la France sera proportionnelle à son rôle économique et à sa capacité de préserver un équilibre social.

Saint-Simon a été le tout premier à évoquer « l'exploitation de l'homme par l'homme ». Louis Napoléon est persuadé, avec lui, que la façon la plus efficace de lutter contre le paupérisme, c'est l'industrialisation et l'équipement économique. Mais, comme lui, il ne croit tout de même pas possible d'obtenir l'amélioration de la condition ouvrière par le seul accroissement de la prospérité générale. Il faut davantage pour atteindre le « grand but de l'amélioration la plus rapide possible du sort de la classe la plus pauvre ».

Louis Napoléon estimera donc — et de plus en plus, au fur et à mesure qu'il sera confronté aux réalités — que des dispositions spécifiques s'imposent et que le progrès social ne saurait résulter seulement du progrès économique. Il creuse ainsi l'idée d'une association du capital et du travail, se plaçant du même coup dans la lignée de ce socialisme évolutif et national, parfois quelque peu anarchiste, des premiers théoriciens français.

Entre Marx et lui, le divorce est donc total. Comme l'a écrit excellemment le général Georges Spillmann, « dès le début, Marx tient pour dangereuses et radicalement fausses les vues de Louis Napoléon, qu'il qualifie d'enfantines, d'utopiques, de nuageuses. Ce prince qui prétendait réconcilier les abeilles prolétariennes et les frelons capitalistes ne lui disait rien qui vaille ».

Aversion largement partagée au demeurant.

« Louis Napoléon n'éprouve aucune sympathie pour Marx. L'antisémitisme outrancier de ce juif converti, petit-fils de rabbin, le choque profondément et il tient son *"Pamphlet sur la question juive"*, écrit et publié à Paris en 1844, pour une mauvaise action. Bref, il y a entre les deux hommes antinomie complète. Plus tard, Marx reprochera d'ailleurs à Napoléon III ses excellentes relations avec les grands capitalistes juifs, tels les Rothschild, les Pereire, les Fould. »

Au fort de Ham, Louis Napoléon n'a pas restreint le champ de ses lectures. Il a lu Adam Smith et Jean-Baptiste Say. Il a découvert *l'Organisation du travail* de Louis Blanc et consulté régulièrement les livraisons de *l'Atelier*, qui était alors l'organe de l'élite ouvrière. C'est dire, si l'on considère qu'il a étudié aussi Pierre Joseph Proudhon, le père Enfantin, Victor Considérant et Pierre Leroux, qu'il n'y a pas un auteur, pas une analyse, pas une proposition économique ou sociale de l'époque qui ait échappé à son attention et dont il n'ait pris la mesure.

Le résultat, ce sera donc *l'Extinction du paupérisme*. On a souvent dit que ce livre valait moins par son contenu que par son titre, en forme de slogan, et que l'important, c'est qu'il ait été écrit, non qu'il ait été lu.

Ce n'est sans doute pas tout à fait inexact.

Pourtant, l'ouvrage ne vaut pas que par l'intention et la détermination qu'il exprime. Si certaines de ses propositions peuvent prêter à discussion et sembler carrément irréalistes, beaucoup de ses analyses ne peuvent manquer d'impressionner encore par leur exactitude et leur modernité.

Réduit à l'essentiel, le projet du livre ressemble à une véritable proclamation: « La classe ouvrière n'est rien, il faut la rendre propriétaire. Elle n'a de richesse que ses bras, il faut donner à ces bras un emploi utile pour tous. Elle est comme un peuple d'ilotes au milieu d'un peuple de sybarites. Il faut lui donner une place dans la société et attacher ses intérêts à ceux du sol. Enfin, elle est sans organisation et sans liens, sans droits et sans avenir : il faut lui donner des droits et un avenir et la relever à ses propres yeux par l'association, l'éducation, la discipline. »

Comment s'étonner, dès lors, de ce que sera la politique sociale de Louis Napoléon ? Comment s'étonner aussi de l'attraction qu'un tel discours exercera, un jour ou l'autre, sur une partie non négligeable de la classe ouvrière ? Comment s'étonner enfin de l'ampleur des suffrages populaires qui se porteront sur lui, lors de sa candidature à la magistrature suprême ?

Pourtant il ne s'agit pas de simples rêveries ou d'un catalogue de bonnes intentions. Louis Napoléon, quoi qu'on en ait dit, sait être réaliste et ne se paye pas de mots. Qu'on en juge : « Les Caisses d'Épargne sont utiles sans doute pour la classe aisée des ouvriers, mais pour la classe la plus nombreuse, qui n'a aucun moyen de faire des économies, ce système est complètement insuffisant. Vouloir, en effet, soulager la misère des hommes qui n'ont pas de quoi vivre en leur proposant de mettre tous les ans de côté un quelque chose qu'ils n'ont pas est une dérision ou une absurdité... »

De même, il y a tout lieu d'être frappé par la qualité de son analyse de la question fiscale, à la faveur de laquelle, dans des lignes remarquablement écrites, il pose le principe d'une véritable politique des revenus.

« Le prélèvement de l'impôt peut se comparer à l'action du soleil qui absorbe les vapeurs de la terre pour les répartir ensuite, à l'état de pluie, sur tous les lieux qui ont besoin d'eau pour être fécondés et pour produire. Lorsque cette restitution s'opère régulièrement, la fertilité s'ensuit, mais lorsque le ciel, dans sa colère, déverse partiellement en orages, en trombes et en tempêtes, les vapeurs absorbées, les germes de production sont détruits et il en résulte la stérilité... C'est toujours la même quantité d'eau qui a été prise et rendue. La répartition seule fait donc la différence. Équitable et régulière, elle crée l'abondance ; prodigue et partielle, elle amène la disette.

« Il en est de même d'une bonne ou mauvaise administration. Si les sommes prélevées chaque année sur la généralité des habitants sont employées à des usages improductifs, comme à créer des places inutiles, à élever des monuments stériles, à entretenir au milieu d'une paix profonde, une armée plus dispendieuse que celle qui vainquit à Austerlitz, l'impôt, dans ce cas, devient un fardeau écrasant, il épuise le pays, il prend sans rendre... C'est dans le budget qu'il faut trouver le premier point d'appui de tout système, qui a pour but le soulagement de la classe ouvrière. »

Le point de savoir si Louis Napoléon se situe bien, comme nous l'avons dit, dans le lignage des premiers socialistes français, prête à discussion. Germain Bapst n'en doute pas, qui le considère comme un socialiste avant l'heure, un socialiste dont la source d'inspiration est d'ordre sentimental et philanthropique.

Adrien Dansette, tout en lui rendant justice, est beaucoup moins affirmatif. Dans la revue de l'Institut Napoléon, il a présenté sa façon de voir :

« Ce qui est intéressant pour nous dans ce projet, c'est moins les parcelles d'avenir qu'on peut y trouver (les colonies agricoles de l'*Extinction du paupérisme* n'apparaissent-elles pas comme une ébauche des kibboutz israéliens d'aujourd'hui, et leurs prud'-hommes comme les ancêtres de nos délégués d'entreprise ?) que ce qu'elles révèlent des tendances sociales du futur empereur.

« D'abord son projet n'est ni socialiste, ni révolutionnaire. Il n'est pas socialiste puisqu'il laisse subsister l'économie capitaliste, l'économie du profit, non seulement dans l'ensemble de la société, mais au sein même des colonies agricoles. Il n'est pas révolution-naire, puisqu'il n'est pas le fruit d'un bouleversement brutal, mais d'une réforme progressive. Il est démocratique puisqu'il fait appel au suffrage universel. Il est aussi étatiste et militaire par le caractère de l'organisation qu'il prévoit. »

Notons, une fois encore, que les analogies avec la pensée de Charles de Gaulle sont évidentes. Francis Choisel les a remar-quablement mises en relief : « Les principes économiques et les idées sociales du bonapartisme et du gaullisme ne leur sont guère propres. Empruntés au libéralisme ou au socialisme saint-simo-nien et au catholicisme social et libéral, ou les rejoignant, ils se combinent malgré tout en un ensemble original tel qu'il ne se confond avec aucun autre projet économique et social. Du libéra-lisme, ils se distinguent par leur souci de l'épanouissement de l'homme et du bien-être matériel des plus faibles ; du socialisme, ils rejettent l'omnipotence de l'État et l'irréalisme de bien des solutions ; du saint-simonisme, ils se séparent par la préoccupation nationale et le refus de voir en l'économie le seul objet d'un gouvernement ; du catholicisme social, ils retranchent la référence explicite à l'Évangile et le paternalisme charitable et clérical. »

On retrouve ainsi, à un siècle de distance, une même critique à l'égard de la société industrielle et du capitalisme libéral, et un même rejet du socialisme ; une commune mystique du rôle économique de l'État, qui n'exclut pas l'adhésion à l'idéal du libre-échange ; une même exigence de progrès social et une même volonté de mettre un terme à l'affrontement entre patrons et ouvriers.

Comment s'en étonner, dès lors que l'économie n'est pour les deux hommes qu'un moyen à mettre au service de la France ? Chacun d'eux, si séparés qu'ils soient dans le temps, exprime à ce sujet la même chose.

Que dit Charles de Gaulle à Michel Droit et aux téléspectateurs en 1968 ? « Il faut que le peuple français soit prospère. Il le faut parce que, s'il n'est pas prospère, la France [...] ne pourrait pas jouer son rôle dans le monde d'aujourd'hui. »

Et Louis Napoléon lui a donné son accord par avance, le 31 août 1849, lorsqu'il déclare au cours du banquet de clôture d'une exposition : « Aujourd'hui, c'est par le perfectionnement de l'industrie, par les conquêtes du commerce, qu'il faut lutter avec le monde entier. »

Et quand de Gaulle renchérit en soulignant que « le but de l'effort pour la prospérité n'est pas tant de rendre la vie commode à tels ou tels Français que de bâtir l'aisance, la puissance et la grandeur de la France », Louis Napoléon l'a anticipé en évoquant « le travailleur des villes qui, par l'industrie et le commerce, contribue à la gloire et à la prospérité du pays ».

L'économie, ils la conçoivent l'un et l'autre comme un système mixte, empruntant le meilleur du socialisme et du libéralisme, et dans lequel, par définition, le progrès économique et le progrès social sont des objectifs indissolublement liés. L'État est certes un animateur et un garant, mais il ne saurait pour autant se substituer aux entreprises. C'est Louis Napoléon qui, au cours de la campagne présidentielle de 1848, présente cette vision des choses dont l'actualité est évidente et la vérité sans doute démontrée.

Il faut, précise-t-il — et qui aujourd'hui lui donnerait tort ? —, « éviter cette tendance funeste qui entraîne l'État à exécuter lui-même ce que les particuliers peuvent faire aussi bien et mieux que lui ».

A partir de là, les deux hommes suivent un même chemin. Ils

91

parviennent à se dégager d'un certain nombre de tabous, tels que le droit de propriété, pour aborder hardiment le problème de la modification nécessaire des rapports sociaux. Et leur sentiment s'exprime dans des termes pratiquement identiques :

Louis Napoléon, dans *les Idées napoléoniennes*, souligne que « l'esprit de propriété est par lui-même envahissant et exclusif. La Révolution affranchit la terre. La propriété du sol avait eu ses vassaux et ses serfs. Mais la nouvelle propriété de l'industrie, s'agrandissant journellement, tendait à passer par les mêmes phases que la première et à avoir comme elle ses vassaux et ses serfs ».

Or que nous dit de Gaulle, en juin 1968?

« La propriété, la direction, le bénéfice des entreprises dans le système capitaliste n'appartiennent qu'au capital. Alors, ceux qui ne le possèdent pas se trouvent dans une sorte d'état d'aliénation, à l'intérieur même de l'activité à laquelle ils contribuent. Non, le capitalisme, du point de vue de l'homme, n'offre pas de solution satisfaisante. »

Dès lors, les voilà unis pour prôner la véritable révolution sociale que constituerait l'association capital-travail. Une fois de plus, leurs propos se rejoignent :

« La lutte entre le capital et le travail produit des effets déplorables pour tout le monde », déclare Louis Napoléon le 23 juillet 1867.

« Faudra-t-il donc que nous demeurions dans cet état de malaise ruineux et exaspérant où les hommes qui travaillent ensemble à la même tâche opposent organiquement leurs intérêts et leurs sentiments? » lui répond de Gaulle en 1947.

« On est donc, conclut Choisel, en présence d'un syncrétisme économique et social que l'on peut, pour en terminer, résumer ainsi : libéralisme à l'intérieur, libre-échangisme à l'extérieur, tempérés par une forte dose de dirigisme et de nationalisme économique ; anticapitalisme, sympathie pour l'autogestion dans les grands ensembles économiques et attachement à la propriété individuelle des moyens de production dans les petites unités ; humanisme corrigé d'une touche d'industrialisme. »

Tout cela est très neuf, et l'on conçoit que les idées économiques et sociales de Louis Napoléon aient étonné et détonné.

Marx en convenait, même s'il donnait de l'originalité du propos une explication réductrice : « Pressé par les exigences contradictoires de sa situation, se trouvant comme un escamoteur dans la nécessité de tenir fixés sur lui par une surprise continuelle les yeux des spectateurs pour leur faire croire qu'il était bien le remplaçant de Napoléon, obligé, par conséquent, de faire tous les jours un coup d'État "en miniature", Bonaparte met toute l'économie de la société bourgeoise sens dessus dessous, touche à tout ce qui avait semblé intangible à la révolution de 1848. Grâce à cela, il rend les uns résignés à une révolution, les autres désireux d'en faire une et crée l'anarchie au nom même de l'ordre... »

Louis Napoléon a donc su profiter de ses longues années de captivité. Mais à présent, il n'a plus rien à faire dans sa prison. Il va commencer à y perdre son temps. Il lui faut en sortir.

D'autant qu'il a reçu des nouvelles alarmantes sur l'état de son père, qu'il aurait souhaité revoir au moins une dernière fois. Malheureusement, les espoirs qu'il a placés dans une libération conditionnelle se sont vite évanouis. Dès lors, sa décision est prise : il doit s'évader.

Le 25 mai 1846, il se déguise en ouvrier, et sort, paisiblement, de la forteresse. Cela lui vaudra le surnom, dont il ne pourra jamais se défaire, de Badinguet, du nom et du sobriquet de l'ouvrier maçon Pinguet, dont il est censé avoir emprunté sinon les habits, du moins la dégaine.

Cette évasion, somme toute fort audacieuse, aussi bien préparée qu'exécutée, fut utilisée contre lui à des fins de dérision ou de persiflage. Chansonniers et caricaturistes rivalisèrent d'esprit, et de mauvaise foi, pour ridiculiser le fugitif, lequel, après avoir rasé barbe et moustache, avait franchi la porte du fort avec une planche sur l'épaule et une pipe à la bouche.

A quoi tiennent les images que conserve la postérité ? Dans des circonstances presque analogues, note Jacques Laurent Arnaud, la conduite de Garine dans *la Condition humaine* est considérée comme quasi héroïque, quand « muni d'un balai et d'un seau, il se donne l'apparence d'un matelot regagnant son bord pour échapper aux différentes polices qui le recherchent dans Shanghai en flammes... »

Qu'importe ! Louis Napoléon a réussi son coup : il est déjà en Belgique qu'on songe à peine à lancer un avis de recherche et à diffuser son signalement.

Sur lui, le fugitif porte deux billets qu'il a conservés au mépris de toute prudence : une lettre que lui avait adressée sa mère malade, une autre que celle-ci avait reçue de Napoléon Ier et où il est question de lui : « J'espère qu'il grandira pour se rendre digne des destinées qui l'attendent. »

III

Le politique

Un exilé qui connaît à peine la France et que les Français ne connaissent guère mieux ; un doux rêveur, un imprévisible hurluberlu qui s'est ridiculisé dans deux ou trois équipées dont on a surtout retenu les aspects dérisoires, même si elles ont pu lui valoir quelques rares sympathies ; un prétendant aux visées d'autant plus anachroniques qu'on est en plein triomphe de la République ; un homme seul, sans l'appui ne fût-ce que de l'ébauche d'un parti organisé ou du moindre comité de soutien, au point que le préfet de police qui, dans son rapport de synthèse sur les opposants et agitateurs de toutes obédiences, s'en voudrait d'oublier les plus marginaux, ne dit pourtant pas un mot des bonapartistes ; tel est l'homme qui va débarquer en France à la fin de février 1848, avec la folle et incroyable prétention de faire sa conquête.

Neuf mois et quelques jours plus tard, cet exilé, cet hurluberlu, ce prétendant anachronique, cet homme seul, sera le premier président de la République française.

On conviendra que l'exploit est prodigieux. Et que, pour le réussir, il ne suffit pas, comme certains ont pu longtemps le soutenir, d'arborer un grand nom : si cela était, l'affaire aurait été conclue depuis longtemps. Il y fallait de surcroît un sens politique, une intelligence, une habileté hors du commun.

Car ce combat insensé, Louis Napoléon va le remporter à la loyale, avec ses seules armes.

Au début de 1848, il n'est riche que de ses handicaps, dans

95

cette ville de Londres où il s'est installé depuis son évasion du fort de Ham. Évasion qu'il a tentée pour revoir une dernière fois son père ; même si beaucoup n'ont vu là qu'un prétexte, c'est un fait qu'il va essayer de rejoindre Florence.

Pour cela, il se montre doux comme un agneau devant l'ambassadeur de France à Londres, à qui il essaie d'expliquer son évasion : « Je n'ai cédé à aucun projet de renouveler contre le Gouvernement français les tentatives qui m'ont été si désastreuses. Je vous prie d'informer le Gouvernement de mes intentions pacifiques. »

Il est sans doute sincère et n'a pas l'intention de recommencer, au moins dans l'immédiat, les facéties qui lui ont valu ses longues années de prison. Il éprouve le besoin de reprendre son souffle, comprenant qu'il devra, demain, s'y prendre autrement pour parvenir à ses fins, en cherchant à profiter des circonstances plutôt qu'en s'échinant à les créer, à ses risques et périls.

Ses propos lénifiants ne serviront pourtant de rien. Il n'obtiendra de passeport ni de la France ni d'aucune puissance, et il sera interdit de séjour en Toscane. C'est en Angleterre qu'il apprendra la mort du roi Louis, survenue le 25 septembre 1846.

Son père fait de lui son légataire universel, ce qui va lui apporter une somme de 1 200 000 francs, qui est assurément la bienvenue, car, ici et là, il a des pensions à servir. Il a même acheté un cabinet pour le fidèle docteur Conneau.

Très vite, Louis Napoléon retrouve une place de choix dans la société anglaise, qui semble s'être départie des réactions sarcastiques qui avaient été les siennes après l'affaire de Boulogne.

Les années de prison ont ébranlé sa santé. Des rhumatismes, une arthrite, des hémorroïdes le font souffrir, et même boiter. Après une cure thermale à Bath, il se rend à Brighton, pour récupérer.

Bientôt, son cousin, Napoléon Jérôme, le rejoint et, quelques mois durant, va partager sa vie. Ils partagent aussi des maîtresses et, parmi elles, Rachel, qui joue à la fois Phèdre et les égéries. Las de vivre dans des hôtels londoniens, Louis Napoléon s'installe dans le quartier de Saint James, sur King Street. Sa vie mondaine reprend... Il appartient à plusieurs clubs, fréquente Dickens, renoue avec Disraeli, va au théâtre, chasse à courre. On le reçoit partout...

Mais voilà qu'il « se fixe » : chez lady Blessington, quelques mois après son retour, il a rencontré une jeune femme de toute beauté, spirituelle, raffinée, qui l'a vite fasciné : Elizabeth Ann Howard, connue plutôt sous son nom de scène d'Harriet Howard.

Le théâtre a donné à cette fille d'un bottier de Brighton une raison sociale ou, mieux, une couverture. En fait c'est une femme entretenue ; entretenue par un officier richissime. Elle a vingt-trois ans et va tomber éperdument amoureuse de Louis Napoléon au point de décider de lui consacrer sa vie. Elle reprend donc sa liberté, tout en conservant la fortune dont son protecteur l'avait dotée, et met l'une et l'autre à la disposition du prétendant dont elle épouse la cause avec le double zèle des néophytes et des amoureuses.

Désormais, Harriet partage tout avec lui. Et pour faire bonne mesure, elle recueille ses deux bâtards. Louis Napoléon ne semble guère gêné par cette situation équivoque : après tout, c'est pour la bonne cause... Il l'appelle « ma logeuse » ou « ma belle hôtesse », ce qui peut sembler sauver les apparences. En tout cas Harriet est une recrue de choix ; si elle n'occupe probablement pas toute la place qu'on a dit dans sa vie sentimentale, elle saura lui apporter une aide inestimable à un moment décisif.

Lui-même ne se laisse pas aller à l'oisiveté : fréquentant assidûment le British Museum et ses salles de travail, il a repris la rédaction de son *Histoire de l'artillerie* et celle de son étude sur le projet de canal au Nicaragua... Il se rend régulièrement au Carlton Club où il prend connaissance avec avidité de la presse française.

C'est là que, le 26 février 1848, il apprend que Paris est en révolution.

Nul besoin de rappeler le détail des événements, ni de disserter sur leur origine. Mais il faut comprendre que, pour divine qu'elle ait été, la surprise de Louis Napoléon n'en fut pas moins totale... Tout le monde a été surpris par la révolution. Ses auteurs comme les autres... Plus encore que les autres.

On sait comment elle est arrivée. On ne sait pas au juste pourquoi.

A l'ingéniosité de tant d'exégètes qui ont démontré savamment, après, que cette révolution était inéluctable, on préfère la sincérité d'un Albert de Broglie, pour qui elle reste inexplicable. Résumant bien l'état de désarroi de l'époque, il avoue : « Je ne comprends encore qu'imparfaitement, car l'événement me tomba sur la tête absolument comme la foudre, et l'imprévu, quoi qu'on fasse pour l'expliquer après coup, demeure toujours incompréhensible. »

La campagne des banquets et la réforme électorale qui l'inspirait ont visiblement joué le rôle d'un détonateur, mais ne suffisent pas à tout expliquer. La machine s'est emballée. Les maladresses du pouvoir ont d'abord transformé l'agitation en émeute ; et l'émeute tourne finalement à la révolution. Mais s'il en est ainsi, c'est probablement parce que, même si rien ne l'indique, le terrain s'y prête.

Le terrain est propice, car instable. Et pourtant, la situation n'est pas si mauvaise ; la France est tout sauf malheureuse. On comprend donc fort bien que le gouvernement soit désemparé et ne sache au juste comment rétablir le calme. Quand Louis-Philippe s'en va, on ne peut dire que c'est parce que le régime est battu ; c'est plutôt parce qu'il a baissé les bras, manifestant ainsi autant son incompréhension que son impuissance devant une situation décidément insaisissable.

En fait, l'industrialisation et l'évolution des transports ont déterminé une modification en profondeur des comportements économiques et sociaux. Face à cette nouvelle donne, la société s'interroge. Ses fondements sont sapés sans qu'elle sache au juste quel ordre nouveau leur substituer. Du coup, le pays balance ; il oscille entre la gauche et la droite sans parvenir à se fixer. Tout en aspirant à l'ordre, il a besoin que soient prises en compte ces nouvelles réalités... Personne n'apporte de réponse claire et crédible à son attente.

Plus encore, la France ne se sent pas bien dans sa peau. La France qui pense, qui aspire à décider, la France qui compte, la France éclairée. C'est-à-dire une partie seulement des Français. Et tout particulièrement ceux de cette capitale si vive, si nerveuse, centre de toutes les richesses et de tous les talents, si prompte à s'enflammer et à réaliser ce qui est le propre de tant de révolutions : la conjonction momentanée d'aspirations contradictoires.

Il s'est trouvé, en 1968, un Pierre Viansson-Ponté pour écrire que la France s'ennuyait. En 1848, c'est de cela, déjà, qu'il s'agit. Et Lamartine, en annonçant « la révolution du mépris », pose — littéralement — le même diagnostic : « Les générations qui montent derrière nous ne sont pas lasses [...]. La France s'ennuie. »

N'y a-t-il pas d'autres frappantes analogies entre 1848 et les événements — révolutionnaires — qui secouèrent Paris cent vingt ans plus tard?

1848 et 1968, c'est la même impréparation, le même étonnement, la même spontanéité, la même absence de projet ou de programme, la même extase, la même griserie née d'une totale et subite liberté de penser, d'inventer.

Comme on ne sait pas pourquoi au juste on a fait la révolution, on va passer son temps à se le demander, et à chercher à en débattre. A quoi tout cela pourrait-il bien servir? Qu'est-il permis d'espérer? Quel monde nouveau bâtir? Extraordinaire fermentation des esprits, dans les deux cas. Plus encore peut-être en 1848; parce qu'on n'a pas alors de rendez-vous quotidiens — et nocturnes — avec les forces de l'ordre et qu'on ne passe pas ses matinées à panser ses plaies et ses bosses et à prendre un peu de repos... Les journaux — les feuilles, devrait-on dire — se créent par centaines. Chacun y va de son opinion, de son analyse, de sa proposition. Il n'est pas jusqu'aux classes les plus frileuses, qui, au début tout au moins, ne se laissent entraîner par l'enthousiasme, le délire général. Le nouveau pouvoir lui-même se met à l'unisson. D'autant plus qu'il agit devant la rue, et sous sa pression.

On ne découvrira que plus tard — comme ce fut le cas en 1968 — le considérable décalage entre l'effervescence parisienne et la réserve perplexe d'une bonne partie de la province, laquelle a appris la nouvelle... par le télégraphe et peine à se retrouver dans le tourbillon des événements. Pour l'heure, à Paris, et dans les grandes villes, tout paraît possible; les échelles de valeurs volent en éclats. Marseille voit arriver à l'étonnement des uns, l'attente fébrile des autres, un préfet de vingt-trois ans, dont on reparlera: il s'appelle Émile Ollivier.

Car il faut bien assurer la continuité de l'État.

Lamartine et le Gouvernement provisoire, c'est certain, auraient souhaité prendre leur temps et laisser aux Français le soin de choisir un type de régime conforme à leurs vœux. Mais le peuple de Paris, qui a retrouvé le chemin de son Hôtel de Ville, gronde. Karl Marx expliquera plus tard que « la révolution de février était une surprise tentée avec succès contre l'ancienne société et le peuple fit de ce coup de main inespéré un événement historique qui devait ouvrir une ère nouvelle ».

Alors, Louis Blanc force la main des indécis: « Le Gouvernement veut la République »... Le gouvernement ne voulait rien du tout... Et pourtant il la proclame, contraint et forcé.

Singulier gouvernement. Adrien Dansette nous explique qu'à ce règne de l'illusion, il fallait un gouvernement de la parole : et il est vrai qu'en fait d'exécutif on avait plutôt une « société de pensée et de propagande ».

*
**

De la complexité de la situation, Louis Napoléon n'a pas une exacte idée quand il prend connaissance des événements. Pas plus que les autres, il ne les a vus venir. Mais pour inespérée qu'elle soit, une occasion se présente. Alors, il n'hésite pas un seul instant à la saisir pour repartir à l'assaut de son destin. Admirons la ressource de cet homme de quarante ans, qu'on pourrait croire brisé, physiquement et moralement, par de terribles expériences et de longues années de prison. Qui aurait pu lui reprocher de rester à l'écart ?

Parfois, d'ailleurs, on a cru discerner chez lui les prémices d'un renoncement. « Ham est mon poison, confiait-il à Londres. Il m'a presque tué. » Il a même envisagé sérieusement de se lancer dans le commerce, et d'importer en Angleterre les produits de la vigne que lui a léguée son père. Le projet n'est pas allé à son terme. On l'a échappé belle ! Aurait-on imaginé que, transformé en négociant en vins, il fût encore prétendant ?

Le voilà donc qui repart au combat. Mais, cette fois, avec des armes radicalement nouvelles.

Peut-être se souvient-il des conseils d'Alexandre Dumas ? Celui-ci ne s'était pas contenté de prévenir Hortense et la petite cour d'Arenenberg contre les aveuglements et les emballements de l'exil. Il avait aussi cherché à indiquer la seule voie ouverte, à son sens, pour une hypothétique reconquête du pouvoir. A l'intention du prétendant, il avait tracé le chemin, lui recommandant « d'obtenir la radiation de son exil, d'acheter une terre en France, de se faire élire député, de tâcher par son talent de disposer de la majorité de la Chambre et de s'en servir pour déposer Louis-Philippe et se faire élire à sa place ».

Sans suivre ces consignes à la lettre, Louis Napoléon va largement s'en inspirer.

Politiquement, le choix de Louis Napoléon est d'une parfaite cohérence. Dès lors que la parole va être donnée au peuple, il se doit de prendre sa part au débat.

La révolution s'est faite sur la réforme électorale. C'est dire que le suffrage universel sera bientôt rétabli. Il sait que c'est sa chance. Son ultime chance, mais aussi la première qui lui soit réellement offerte. Il doit la saisir. De toute façon, puisque ces règles sont celles qu'il a toujours réclamées, il lui faut jouer le jeu.

« J'ai reconnu, rappelle-t-il, le principe de la souveraineté populaire, je m'y soumettrai. Que la France établisse le Gouvernement qui lui conviendra ; qu'elle nomme qui bon lui semble comme Empereur ou comme Président [...]. Quoique j'aie des opinions arrêtées sur une forme de Gouvernement, il ne s'ensuit pas que je veuille imposer mes idées à la France. Je veux profiter de l'ascension de mon nom, de la popularité de ma cause, du prestige de mon drapeau pour renverser ce qui existe et pour rétablir un Gouvernement produit de l'élection générale. »

Certes, il pressent que les républicains, apparemment maîtres de la place, sont en train de passer de l'état d'alliés de fait à celui de concurrents et, peut-être même, d'adversaires. Pour l'heure, il est néanmoins possible, et même nécessaire, de faire un bout de chemin avec eux. Dans une lettre d'avril 1839 à Étienne Cabet, qui lui faisait l'hommage de ses propres « réflexions politiques », Louis Napoléon a bien expliqué que cette alliance n'était aucunement exclue :

« Je ne refuse pas leur alliance, mais non à la condition de taire mes principes, mes opinions, ma foi politique [...]. Tant que le peuple ne sera pas remis dans le libre exercice de ses droits, je me conduirai comme je me suis conduit, en rappelant que la dernière application de la souveraineté du peuple a été faite en 1804 [...]. Je dirai toujours que je préfère l'Empire à la République, parce que je préfère Auguste hypocrite, si vous voulez, à Brutus assassin de son bienfaiteur. »

L'émeute n'est pas encore apaisée dans la capitale, la situation loin d'y être stabilisée, que déjà Louis Napoléon décide de partir pour Paris. Il l'annonce à sa cousine, la marquise de Douglas : « Je vais à Londres et, de là, à Paris. La République est proclamée, je dois être son maître. »

Imagine-t-il lui-même que cet inimaginable programme, il va le remplir à la lettre ?

Il embarque le 27 février avec deux de ses fidèles, Orsi et Thélin, le jour même où, à Honfleur, Louis-Philippe cherche un bateau pour une traversée en sens inverse. Les trois hommes ont des passeports anglais; à tout hasard — décidément, on ne se refait pas — Louis Napoléon s'affuble d'une moustache postiche. A Calais, ils prennent le train, et les voici à Paris où ils s'installent à l'hôtel des Princes, rue de Richelieu. Les autres prisonniers du coup de Boulogne ont été libérés et constituent autour de lui un petit groupe: Vieillard, qui est député de la Manche, est ainsi rejoint par Persigny, le général Piat et le lieutenant Laity.

Il faut maintenant se manifester. Louis Napoléon écrit au Gouvernement provisoire pour lui signaler sa présence, déclarer son adhésion à la République et se présenter, humblement, comme un simple citoyen à son service: « Messieurs, le peuple de Paris ayant détruit par son héroïsme les derniers vestiges de l'invasion étrangère, j'accours pour me ranger sous le drapeau de la République que l'on vient de proclamer. Sans autre ambition que celle de servir mon pays, je viens annoncer mon arrivée aux membres du Gouvernement provisoire et les assurer de mon dévouement à la cause qu'ils représentent comme de ma sympathie pour leurs personnes. »

Ledit Gouvernement provisoire a alors suffisamment de problèmes, occupé qu'il est à doter d'un semblant d'organisation le nouveau régime et à contenir la pression de la rue, pour accepter que se crée une difficulté supplémentaire avec cet encombrant personnage. Lamartine se dévoue pour le lui signifier et le prier aimablement de retourner d'où il vient; pour le moment du moins. C'est civilement mais fermement dit: « Il n'est nullement dans les intentions du Gouvernement de s'opposer au séjour du Prince en France, mais dans la situation où se trouve le Gouvernement, avec le pouvoir qu'il a, il le prie de quitter Paris jusqu'à ce que Paris soit dans un état plus calme et jusqu'à la réunion de l'Assemblée. »

Autour de Louis Napoléon, tout le monde n'est pas d'accord sur l'opportunité d'obtempérer. Persigny, en particulier, est partisan d'un refus qui conduirait le Gouvernement provisoire à une réaction brutale. « Faites-vous expulser par la violence ou emprisonner, conseille-t-il au prince. La violence sera profitable à votre cause: les sympathies vont toujours aux persécutés. »

D'expérience, Louis Napoléon est mieux placé que quiconque pour savoir que ce beau principe n'est pas toujours vérifié. Il décide autrement. Le gouvernement veut son départ. Il partira. C'est une manière de prouver la sincérité de sa démarche. Il n'oublie pas non plus que, légalement, il reste un proscrit. Son choix est donc celui de la prudence. Première habileté.

Il sent bien qu'il n'aurait pas grand-chose à gagner dans la confusion présente : réduit, avec d'autres, au rôle de comparse, sa voix ne porterait guère au milieu du tintamarre.

Il répond donc qu'il s'exécute : « Messieurs, vous pensez que ma présence est un sujet d'embarras ; je m'éloigne donc momentanément. Vous verrez, dans ce sacrifice, la pureté de mes intentions et de mon patriotisme. »

Le 1er mars, il est à Boulogne, le 2 en Angleterre. Une fois rentré à Londres, on l'imagine sans peine en train de piaffer d'impatience. La lecture des journaux anglais et des rapports qu'on lui adresse l'occupe bien un peu ; et il a des lettres à écrire ; mais cela ne suffit visiblement pas à tromper son attente.

Alors, à titre de dérivatif, il prend une initiative surprenante dont il ne peut ignorer pourtant qu'elle va susciter à Paris perplexité et sarcasmes : celle de s'engager dans le corps de volontaires — les *special constables* — chargé d'épauler la police locale à l'occasion de manifestations de rues... en faveur du suffrage universel. Louis Napoléon Bonaparte « policeman », voilà ce qu'on va retenir en France de l'épisode et le portrait déjà peu flatteur qu'on fait de lui ne s'en trouve pas amélioré ; et qu'importe — une fois encore — si l'intéressé ne revêtit jamais l'uniforme et si son activité se borna, dit-on, à ramener un jour un ivrogne au poste de police le plus proche.

Il ne faut pas se laisser tromper par cette ultime fantaisie. L'homme a mûri. Il a changé, même si cela n'a pas été perceptible de grand monde. Il est prêt pour sa destinée. Ce n'est plus le rêveur idéaliste, le conspirateur romantique, l'activiste maladroit ; c'est à présent un politique, dont la profondeur de vues, le sens tactique, l'énergie vont bientôt se révéler d'autant plus irrésistibles qu'ils demeurent insoupçonnés.

Ainsi est-on frappé par la lucidité de son analyse de la situation, lorsqu'il jette, à l'époque, les fondements d'une ligne de conduite dont, désormais, il ne va plus se départir.

« Après les affaires de Strasbourg et de Boulogne, la classe pauvre et républicaine m'a témoigné de la sympathie, la classe riche et monarchiste m'a représenté comme un prétendant risible. Or, la République a changé vis-à-vis de moi non pas les opinions mais les intérêts des deux classes. Les Républicains, n'ayant plus besoin de moi, sont devenus mes ennemis, tout en m'estimant, et les autres sont devenus mes amis tout en doutant de mes chances et de mes capacités. C'est le temps seul qui peut changer cette situation [...]. D'ici là, toute tentative serait nulle et impuissante. Si je restais, de mon gré, en pays étranger, cela pourrait me nuire, mais comme heureusement le Gouvernement provisoire m'y a forcé, je peux me donner l'air de m'être dévoué à la tranquillité publique et attendre le moment de paraître. »

Tactiquement sa position est excellente. Mais le début du texte doit aussi attirer l'attention. Il décrit pour la première fois un paradoxe qu'en dépit de ses espoirs le temps ne fera pas disparaître : Louis Napoléon devra se résigner à mettre en œuvre, seul, des idées que partagent parfois ses adversaires, avec le soutien plus que parcimonieux d'amis qui ne les approuvent que du bout des lèvres.

Pour l'heure, ses partisans restés en France tentent de se regrouper et de s'organiser. Persigny se démène, même s'il a regretté la décision de son chef et s'il est tenté parfois, par réaction, de jouer les républicains inconditionnels. On déniche un siège rue d'Hauteville, où se retrouvent Ferrère, Piat, Vieillard, Chabrier. Une secte, dira-t-on, plus qu'un parti... Louis Napoléon est en relation permanente avec cette petite équipe, et s'active. Il se procure de l'argent, prépare des proclamations au peuple, à l'armée, à certaines villes, mais se garde bien de bouger. Il sent confusément que si l'heure n'est pas venue, le temps travaille pour lui...

Il l'écrira à Vieillard : « Tant que la Société française ne sera pas rassise, tant que la Constitution ne sera pas fixée, je sais que ma position en France sera très difficile et même très dangereuse pour moi. »

Il décide de ne pas se présenter aux élections d'avril qui vont marquer le triomphe de la bourgeoisie attachée à l'ordre et à la propriété. Trois Bonaparte sont élus : Napoléon Jérôme, le cousin, compagnon de ses bordées anglaises ; Pierre Bonaparte, fils de Lucien ; et Lucien Murat. Ils siègent — signe des temps — à l'extrême gauche. En revanche, Persigny et Vaudrey sont battus. Morale de l'histoire : les grands noms semblent faire plus recette que les idées.

Le pouls de l'opinion ayant ainsi été pris indirectement, Louis Napoléon décide de se porter candidat aux élections qui vont suivre pour compléter la Chambre, le système des candidatures multiples, qu'autorise le code électoral de l'époque, aboutissant à laisser vacants un certain nombre de postes qu'il convient de pourvoir.

Ses moyens de propagande sont modestes : il investit relativement peu d'argent et, ne disposant d'aucun appui dans la presse, ses partisans doivent le plus souvent se contenter d'apposer ici et là de petites affiches manuscrites. Le fait qu'il dirige sa campagne de Londres paraît enlever encore à ses chances de succès.

Et pourtant, le 4 juin, il est élu dans quatre départements : l'Yonne, la Charente-Inférieure, la Corse, et surtout Paris, où il se retrouve cinquième dans l'ordre des suffrages après des concurrents de choix : Caussidière, Changarnier, Thiers et Victor Hugo.

C'est peu dire que la nouvelle fait sensation. L'électorat de Louis Napoléon s'est recruté pour une bonne part à gauche. Le journal *le Constitutionnel* ne s'y trompe pas, qui dénonce les « condottieri de l'émeute ». Comme par enchantement, un grand mouvement de propagande se met plus ou moins spontanément en marche : portraits, biographies, articles se multiplient. Quelques journaux, inattendus, apparaissent.

Des groupes se forment — c'est presque une manifestation — dans l'espoir de l'accueillir à son arrivée à la Chambre, le jour de sa première réunion. Mais lui n'y paraît pas. Nouvel acte de prudence et nouvelle démonstration d'habileté... Un acte de prudence, car si la loi de bannissement est bien en voie d'être rapportée, rien ne dit que, dans ces circonstances incertaines, il ne viendrait pas à l'idée de quelque membre du gouvernement de l'appliquer quand même, ou à une majorité de l'Assemblée de la rétablir. Une démonstration d'habileté : car il donne une preuve supplémentaire de son désintéressement supposé ; que gagnerait-il à venir se mêler à un débat dont il sait que, fatalement, sans avoir à se déranger, il occupera le centre ?

Louis Napoléon sera exaucé au-delà de ses espérances les plus folles ; le problème de la validation de son élection va déclencher une très vive polémique et même ébranler la Commission exécutive, avatar du Gouvernement provisoire.

Aux yeux de cette Commission, en effet, il ne fait aucun doute que Louis Napoléon est devenu un homme dangereux. On a voté pour lui dans les rangs socialistes, parmi les chômeurs des Ateliers nationaux, et ceux du Luxembourg. Dans la rue, on l'acclame aussi fort que Barbès et Louis Blanc. Compte tenu de ce qu'il a écrit et de ce que l'on en sait, il pourrait s'imposer comme le porte-drapeau de cette démocratie sociale qu'on redoute, voire comme le chef de l'insurrection qui menace. Rémusat l'écrira plus tard : « Ses liaisons étaient plus dans le parti ultra-démocratique que dans le nôtre. »

Et comment observer sans appréhension ces cortèges qui allaient et venaient aux cris de « nous l'aurons, nous l'aurons ! Poléon ! la Sociale ! »

L'amalgame socialo-bonapartiste est une éventualité qui ne peut être acceptée. Ce serait un désastre...

Alors, Lamartine, Cavaignac, et leurs collègues, non seulement ne veulent pas de la validation, mais sont prêts à envisager l'arrestation du prince, au cas où celui-ci mettrait à nouveau le pied sur le sol de France.

Double erreur. Qui va leur coûter cher.

D'abord, la commission d'invalidation, bafouant la Commission exécutive, décide de confirmer l'élection de Louis Napoléon. Aux voix de droite se sont jointes en effet quelques voix de gauche, entraînées par Louis Blanc. Et puis, le prince se trouve placé, une fois encore, en position de victime, et pourra se donner le beau rôle, à un moment où tous les feux de l'actualité sont braqués sur lui.

Louis Napoléon va procéder en deux temps, comme pour ménager ses effets. Le 14 juin, il adresse une première lettre au président de l'Assemblée.

Ayant appris que son élection servait « de prétexte à des troubles déplorables et à des erreurs funestes », il déclare reporter sa venue : « Je n'ai pas recherché l'honneur d'être représentant du peuple parce que je savais les soupçons injustes dont j'étais l'objet ; je rechercherai encore moins le pouvoir. Si le peuple m'impose des devoirs, je saurai les remplir ; mais je désavoue tous ceux qui me prêteraient des intentions que je n'ai pas. »

Là, il a sans doute fait — involontairement — un peu fort. La mention de ses « devoirs » pourrait devenir, malgré lui, une « petite phrase » fort embarrassante. Il a oublié de surcroît de parler de la République alors qu'il est de bon ton de n'avoir que ce mot à la bouche. Mais il va se rattraper prestement.

Dès le 16 juin, le président de la Chambre trouve sur son bureau une nouvelle lettre. Le prince y annonce, tout simplement, sa démission : « Monsieur le Président, je crois devoir attendre pour rentrer dans le sein de ma patrie que ma présence en France ne puisse servir de prétexte aux ennemis de la République... Je veux que ceux qui m'accusent d'ambition soient convaincus de leur erreur. »

Le tour est joué : on voulait de la République, on en a. Quant à lui, il ne saurait être le jouet inconscient de ceux qui ne la veulent pas. Il a décidément beaucoup appris. L'écervelé qui fonçait tête baissée à Forli, à Strasbourg, à Boulogne, sait, désormais, manœuvrer.

Il a évité le piège qui lui était tendu. Car Louis Blanc, par exemple, n'était pas dépourvu d'arrière-pensée quand il se prononçait pour la validation : « Ne grandissez pas des prétendants par l'éloignement. Il nous convient de les voir de près, alors nous les mesurons mieux ! »

Ernest Renan ne disait pas autre chose : « On a pris le bon moyen pour le rouler bas : c'est de le laisser venir et prouver lui-même son incapacité. »

Eh bien, il faudra attendre. Que sa fortune puisse reposer sur des ambiguïtés et, pire, sur des équivoques, qu'importe ! Ce n'est pas à Louis Napoléon de les dissiper. Il a ses convictions, qu'il a forgées à force de travail, de volonté, de solitude et d'échecs. Il a un but. La situation est confuse ? Ce n'est pas à lui de la démêler. Puisque la confusion le sert, pourquoi ne pas la prolonger ?

Et, de même, pourquoi eût-on voulu que de Gaulle, le 13 mai 1958, condamnât qui que ce fût, prît un parti, alors que le gouvernement s'en abstenait ? Là aussi, la solution consiste à prendre du recul, et à lancer à la ronde : « Je m'en vais rentrer dans mon village et je m'y tiendrai prêt, à la disposition du pays. » Louis Napoléon ne fait rien d'autre.

Et tout montre que l'attente lui profite, comme elle profitera à de Gaulle. Le mythe grandit, il enfle.

Proudhon ne s'y trompe pas : « Il y a huit jours, le citoyen Bonaparte n'était encore qu'un point noir dans un ciel en feu ; avant-hier, il n'était encore qu'un ballon gonflé de fumée ; aujourd'hui, c'est un nuage qui porte dans ses flancs la foudre et la tempête. »

Voilà comment on peut peser sur l'événement sans y prendre part. D'autant qu'entrer dès maintenant dans le jeu politique et parlementaire n'aurait que des inconvénients. Louis Napoléon est encore mal armé pour l'affronter. En dehors de ses quelques fidèles, il n'a ni amis, ni soutiens.

Ferrère dans ses *Révélations* a bien décrit les choses : « Nous avions contre nous le Gouvernement provisoire, la majorité de l'Assemblée Constituante, toute la presse, la police, le commandement de la Garde Nationale, le commandement militaire, les chefs de la Garde Mobile, les Socialistes du Luxembourg, les chefs des Ateliers Nationaux, une partie des Orléanistes et tous les employés dans les Administrations. »

En prolongeant son éloignement, Louis Napoléon va pouvoir éviter de se laisser entraîner à prendre parti dans les déchirements qui vont suivre. Or ces déchirements, il le pressent, sont imminents et inévitables.

L'émeute menace, elle gronde, elle éclate. Et le pouvoir ne peut la tolérer. Marx relate : « Les revendications du prolétariat parisien sont des bourdes utopiques avec lesquelles il faut finir. A cette déclaration de l'Assemblée nationale constituante, le prolétariat parisien répondit par l'insurrection de juin, l'événement le plus colossal des guerres civiles européennes. »

Le gouvernement a en effet décidé d'en finir avec la pagaille et le gaspillage d'argent que provoque le fonctionnement ubuesque des Ateliers nationaux, ateliers que le rapport Falloux assimile à une « grève permanente et organisée à 170 000 francs par jour ».

Mais les ouvriers refusent d'avoir à choisir entre le licenciement et le départ vers des chantiers en province. Alors la République, qui est entre les mains des hommes d'ordre auxquels l'élection du 23 avril a donné la majorité, va faire tirer sur le peuple. Cavaignac organise et dirige la répression. Du 24 au 26 juin la bataille fait rage...

Souvenons-nous de ces chiffres terribles, qui semblent sortis de notre mémoire, alors que, pour beaucoup moins que cela, le second Empire continue d'être condamné :

Quatre cents barricades ; quarante mille insurgés cernés, car Cavaignac, qui dirige la manœuvre, a abandonné provisoirement le terrain à l'émeute pour mieux l'écraser ; cinq mille morts dont un grand nombre par exécutions sommaires ; quinze mille arrestations ; quatre mille déportés.

C'est la fin de toutes les illusions. Pour achever de les dissiper, des mesures suivent : les sociétés secrètes, qui avaient proliféré, sont pourchassées ; la durée du travail est relevée de dix à douze heures ; le cautionnement sur la presse est rétabli.

L'ordre règne à nouveau, si l'on peut dire, car la crise économique et le chômage n'en finissent pas de s'aggraver. Le calme ne revient pas. L'opinion est ébranlée. Les uns ne se sentent nullement rassurés ; les autres développent envers leurs tortionnaires une haine implacable et tenace.

« Il me fait la route », commente simplement le prince, à Londres, en apprenant les exploits de Cavaignac. Est-il ému de la boucherie ? C'est probable. Ce qui est sûr, c'est qu'il n'est pour rien dans tout ce qui s'est passé. Aurait-il suivi Louis Blanc, s'il avait été à Paris ? La question n'est pas dépourvue de sens. Après tout, il avait des partisans au sein de l'insurrection, au point que certains n'ont pas hésité à l'accuser de l'avoir fomentée, ce qui est absurde. De toute façon, présent, il n'aurait eu le choix qu'entre deux mauvaises solutions : se laisser entraîner et figurer parmi les vaincus, être arrêté, peut-être, sans doute ; ou bien, accepter la répression et figurer parmi les bourreaux.

Absent, il n'est compromis avec personne. Il devient un recours. A défaut de pouvoir se présenter immédiatement comme l'artisan d'une réconciliation impossible, il n'est du moins rejeté absolument ni par les uns ni par les autres.

Mais il attend encore, et s'en explique au général Dufour : « J'ai la ferme conviction qu'avant de pouvoir établir quelque chose de solide, il faut laisser aux utopies et aux passions le temps de s'user. »

Entre-temps, l'essentiel est d'éviter de se compromettre. Il en avertit ses partisans, comme dans cette lettre à Persigny : « Aucun de vos discours ne doit faire croire à une ambition autre de ma part que celle de servir mon pays suivant l'ordre des choses établi. »

En septembre, enfin, les conditions lui semblent réunies pour reparaître. La préparation de la nouvelle constitution va entrer dans une phase active. Il est temps d'entamer le processus. Après, il risque d'être trop tard.

De nouvelles vacances s'étant produites, des élections législatives sont organisées les 17 et 18 septembre. Il se porte candidat dans treize départements. Cette fois, il est élu par cinq d'entre eux : les quatre qui l'avaient déjà désigné, auxquels vient s'ajouter la Moselle. Dans le département de la Seine, il est en première position. Maintenant, il va falloir compter avec lui.

Il a évidemment veillé à adapter son discours. Il ne s'agit pas de revenir sur ce qu'il a dit, mais de faire preuve de prudence en tenant compte de l'environnement politique qui a sensiblement évolué.

La lecture de deux affiches successives, l'une établie pour les élections du 4 juin, l'autre pour celles de septembre, donne la mesure de l'effort d'adaptation qui est consenti.

Avant juin, on est tout feu tout flammes, on est en plein ouvriérisme, on explique que voter Louis Napoléon, « c'est protester contre les traités de 1814 et 1815, et c'est faire acte de protestation contre l'étranger qui a proscrit Napoléon et sa famille. En nommant Louis Napoléon Bonaparte, les ouvriers témoigneront de leur reconnaissance d'avoir pensé à eux alors qu'il était dans les cachots de Ham, s'occupant de l'amélioration du sort de la classe ouvrière, en faisant publier son ouvrage sur le paupérisme, ouvrage saisi par la police de Louis-Philippe ».

En septembre, ce n'est plus le sort des ouvriers qui est mis en avant — sans pour autant qu'ils soient oubliés : c'est la nécessité d'une large réconciliation ; privilégier les uns par rapport aux autres, ce serait prendre le risque d'opposer les uns et les autres : « La manière dont se préparent encore les élections de Paris, en partageant la société en deux classes hostiles peut causer de nouveaux malheurs, de nouvelles catastrophes... Citoyens, il est un nom qui vibre au cœur de trente-cinq millions d'hommes, un nom qui est tout un symbole d'ordre, de gloire, de patriotisme. Celui qui a l'honneur de le porter aujourd'hui a gagné la confiance et l'affection du peuple par toute une jeunesse d'études, de souffrance, de courage et d'adversité. Eh bien ! Que l'élu du peuple soit aussi l'élu du commerce, de l'industrie, de la propriété. Que son nom, accepté par tous, soit un premier gage d'oubli, de réconciliation ; car sans la réconciliation des classes, plus de paix, plus d'industrie, plus de crédit, mais la misère et l'anarchie. »

Le 24, il est à Paris. Cette fois, il n'est plus question de repartir. Il est là pour s'installer et pour gagner.

Afin que nul n'en doute, il loue deux étages à l'hôtel du Rhin, sur la place Vendôme, bien sûr, place qui est décidément, à ses yeux, le haut lieu du bonapartisme. Le mois n'est pas achevé que le voilà à son banc à l'Assemblée. Par sa seule présence, il y fait sensation. Ses collègues le couvent du regard. Et les lorgnettes, depuis les tribunes, ne se braquent que vers lui.

La validation de son élection dans l'Yonne est à l'ordre du jour. Le rapport, favorable, est adopté. Il se lève pour remercier de sa place, mais on le presse de monter à la tribune. Il s'exécute, sans enthousiasme, et lit un petit discours qu'on dira « modeste et convenable ». Exprimant sa gratitude à la République qui lui a rouvert sa patrie, il demande « à [ses] chers collègues de le recevoir avec l'affectueuse sympathie dont il [est] lui-même animé ».

C'est tout. Il n'a pas produit grande impression. Mais il n'a rien fait pour cela. On dirait d'ailleurs qu'il cherche à passer inaperçu. Il vote le moins possible, ne parle à personne, se cantonne dans l'insignifiance et manifeste la plus grande indifférence pour le travail parlementaire. On note seulement — sans bienveillance — qu'il n'est jamais le dernier à aller toucher les 25 francs de son indemnité parlementaire.

Thiers persiste à ne voir en lui qu'une sorte de minus habens. Proudhon est à peine plus indulgent, le présentant comme « bien intentionné, chevaleresque. Au demeurant génie médiocre ».

Pourtant, il est craint, redouté, comme à son corps défendant. Et il va peser lourd, indirectement, dans les discussions en cours sur la forme à donner au pouvoir exécutif et les conditions de sa désignation.

Beaucoup préféreraient un exécutif collégial. C'est le cas de Jules Grévy qui a proposé de confier le pouvoir exécutif au Conseil des ministres. La proposition a été repoussée. C'est qu'à l'époque on garde encore le mauvais souvenir des expériences, différentes certes mais également malheureuses, des comités de la Convention et du Directoire. Au reste, le fonctionnement du Gouvernement provisoire et de la Commission exécutive n'était pas de nature à apporter à la solution collégiale de quoi effacer cette historique et fâcheuse impression de désordre, de confusion, de surenchère, et d'irresponsabilité.

Aussi, la commission de Constitution, où s'exerce l'influence de Barrot et de Tocqueville, s'oriente-t-elle vers la solution d'un exécutif fort, directement inspiré de celui des États-Unis. C'est un régime présidentiel à l'américaine qu'ils s'essayent à mettre sur pied. Mais les compromis auxquels il faut se résoudre conduisent à une esquisse pleine de contradictions et de germes de conflit.

Le président ne peut dissoudre. Soit. Il est supposé responsable. Mais on ne sait au juste devant qui. Il a un pouvoir de nomination et de révocation, mais l'Assemblée, dans ce domaine, exerce un pouvoir concurrent. Les ministres sont censés être d'abord les conseillers du président, mais il est prévu qu'ils puissent tenir conseil...

Toutes ces contradictions sont vite occultées par un autre débat, singulièrement plus captivant. Celui du mode d'élection. L'alternative est simple : faire élire le président par l'Assemblée ou recourir au suffrage universel.

Le choix spontané des constituants irait vers la première solution. Elle aurait l'immense avantage de prévenir tout risque d'« accident », et de porter sans grande difficulté à la magistrature suprême Cavaignac, qui, aux yeux de bien des modérés, offre toutes les qualités requises. Mais le schéma s'avère psychologiquement et politiquement impraticable.

Toutes les oppositions, qu'elles soient républicaine, légitimiste, bonapartiste, ont fondé leur rejet de Louis-Philippe sur le fait qu'il ne devait son élévation qu'à deux cent vingt et un députés. Comment justifier — même si souvent, secrètement, on aimerait y parvenir — que le régime nouveau soit établi sur des bases identiques ?

C'est Lamartine qui va emporter la décision, dans un discours qui est probablement le meilleur de toute sa carrière. Un discours qu'on lui reprochera longtemps. Mais qui a au moins le mérite de l'honnêteté et de la cohérence. Qu'il y ait un risque d'élection de Louis Napoléon Bonaparte, Lamartine l'admet :

« Je veux soulever, moi, autant qu'il est en moi, le poids secret qui pèse sur la pensée et la conscience de l'Assemblée Nationale et du public dans cette question...

« Ce qui préoccupe en ce moment la pensée de l'Assemblée, c'est l'éventualité qu'un fanatisme posthume du pays ne se trompe de date, de temps, de jour... C'est la peur que cet éclat, si naturellement fascinateur pour les yeux d'un grand peuple militaire, n'entraîne la Nation dans ce que vous pourriez considérer, ou dans ce que je considérerais peut-être moi-même à tort, comme une erreur et comme un danger du pays.

« Mais de quel droit, poursuit-il, pourrait-on empêcher le suffrage universel de s'exprimer comme il l'entend ? »

Ce serait « un manque de foi [...], une certaine désaffection aussi de la République ».

Car, explique Lamartine, on ne peut dire au pays : « Nous t'enlevons ta part de responsabilité, après l'avoir proclamée. »

Alors la conclusion s'impose : « Quand même le peuple choisirait celui que ma prévoyance, mal éclairée, peut-être, redouterait de lui voir choisir, n'importe : *Alea jacta est !* Que Dieu et le peuple prononcent... »

Le discours de Lamartine a fait son effet. La cause est désormais entendue. Il faut se résigner au suffrage universel. En réalité, on va bâtir un système mixte, assez ingénieux, qui devrait sauver les apparences et produire le résultat escompté. Le président ne sera réputé élu par le suffrage universel direct que s'il obtient une majorité qualifiée, un nombre minimal de voix. Si ce n'est pas le cas — et on ne s'y attend certes pas ! — ce sera à l'Assemblée de procéder au choix.

La partie n'est pas encore terminée. Il faut tenter d'éviter les débordements liés à un engouement populaire, toujours possible, pour l'un ou pour l'autre des candidats. On doit donc écarter, par un texte de principe, tous ceux qui présentent un risque à cet égard.

C'est au député Thouret qu'est confié le soin de conduire la manœuvre. Il dépose un amendement tendant à refuser le droit de candidature aux membres des familles ayant régné sur la France.

L'amendement ne fait pas l'unanimité.

Les orléanistes, pour leur part, sont réticents, car le prince de Joinville auquel ils songent en serait la victime. Mais c'est bien sûr Louis Napoléon, présent en séance, qui est visé et c'est vers lui que se tournent tous les regards.

Normalement, et de toute évidence, il lui appartient de mener la contre-attaque. C'est à lui de parler. Mais il hésite, il tergiverse. Or, dans une assemblée, un tel désarroi, évident aux yeux de tous, produit un effet désastreux, mortel. Il le sait sans doute, mais il sait aussi que, dans ce type d'exercice, qu'il ne prise guère, il n'a aucune chance de briller... Non seulement il a gardé un fort accent tudesque, mais il raisonne, il fait ses phrases en allemand. Son français, c'est de l'allemand traduit. Il en résulte une certaine lenteur, une incontestable lourdeur dans l'expression, dont il a conscience. Pourtant, il sent bien qu'il ne peut plus longtemps se dérober. Le voilà à la tribune.

En ce moment terrible, où tout peut-être va se jouer, on le dépeint comme blême, absent, le regard vague : il est sommé de s'expliquer, et cela ressemble à une mise à mort. Alors, il fait un effort pour lui sans doute surhumain et, devant un auditoire qui,

113

pour sa plus large part, ne songe qu'à le discréditer, il se lance dans une pénible improvisation.

Bien vite, fusent les brocards et les interruptions. « Il a protesté de son dévouement à la République, qu'il nous dise comment il entend tenir ses promesses ! » Voilà à quoi il doit répondre. Et lui reste là, piteux, piégé... Il ânonne quelques phrases, mal bâties... s'élève contre les calomnies... et fait la plus déplorable des impressions...

Alors vient le coup de grâce, la suprême humiliation : Thouret qui, lui, a de la présence d'esprit, saisit l'occasion qui s'offre, inespérée : « Après ce que je viens de voir et d'entendre, je considère que mon amendement est inutile. Je le retire... »

Que peut penser Louis Napoléon en ces instants ? Que le fond de l'abîme, qu'il avait cru atteindre en quelques autres déplorables circonstances, c'est maintenant qu'il le touche... Que son arrestation à Strasbourg, la situation ridicule de Boulogne, les moments d'accablement de Ham, les années à l'étranger, loin de tout et de tous, n'étaient encore rien à côté de cet échec, de cet affront qu'il est en train de subir. Alors que le but avait l'air si proche...

De toute manière, ses adversaires pensent pour lui : ils exultent, ils crient victoire, et l'accablent.

Le National se déchaîne : « La tribune est fatale aux impuissances. Nous ne voulons pas être trop cruels envers un homme condamné à cet accablant contraste, en sa propre personne, d'une telle insuffisance et d'un tel nom... »

Plus bref encore, Ledru-Rollin résume ce qui est l'opinion quasi générale du microcosme : « Quel imbécile que ce Monsieur Bonaparte. Il est coulé ! »

Quelle erreur !

Il est vrai que c'est une illusion fréquente des assemblées parlementaires que de croire le pays soumis à leurs propres critères. Encore faudrait-il que ce pays entende l'écho de leurs incidents de séance ; et qu'il en comprenne le sens...

La manœuvre de Thouret déplacera-t-elle une voix chez tout un petit peuple dont la résolution demande bien autre chose pour être ébranlée ?

En réalité, ce n'est pas à l'Assemblée que l'affaire va se jouer. Le prince n'aura pas tort d'y passer encore moins de temps qu'auparavant et d'en éviter les pièges et les faux pas. Rémusat a bien exprimé ce qui devait être le sentiment de Louis Napoléon lui-même : « L'impression que fit le Prince ne fut pas favorable. Sa façon de dire, sa figure ingrate, sa gaucherie maniérée donnaient au premier abord une idée très inférieure à ce qu'il vaut. Dans ces premières séances et tout le temps que dura sa candidature, il ne gagna rien à sa présence devant la Chambre. Il s'y produisait peu et restait froid, poli et gourmé. »

Mais — ô paradoxe — la maladresse de son discours va servir Louis Napoléon.

Il a donné l'image d'un crétin, comme on se complaît à le décrire, lui ce « dindon qui se croit un aigle ». Eh bien, précisément, n'est-ce pas un crétin, un dindon, que recherche désespérément une bonne partie de la classe politique qui ne veut pas de Cavaignac et qui entend neutraliser un poste dont il convient de limiter l'influence et la puissance ? N'est-ce pas aussi d'un crétin, d'un dindon, que d'autres ont besoin pour garder la place au chaud en attendant des jours meilleurs ?

Thiers, Barrot, les hommes du Comité de la rue de Poitiers qui regroupait les conservateurs de toutes obédiences, Victor Hugo lui-même, préféreraient « un fainéant, un automate qui soit leur créature ». Après l'épisode Thouret, convaincus qu'il satisfait à leurs conditions, ils vont s'ouvrir à l'idée de le soutenir. S'il n'y a pas lieu de s'illusionner sur l'efficacité de leur soutien futur, il reste que ces gens ne mettront aucun obstacle à son ascension.

Thiers continue pourtant d'accabler de ses sarcasmes le candidat qu'il va se choisir. Il multiplie à son encontre les phrases assassines, au mépris d'ailleurs de toute prudence : comment ignorer qu'elles seront rapportées ? En fait, on a l'impression qu'il cherche à justifier son choix... à ses propres yeux. Il pressent que son protégé a les meilleures chances ; mais il ne s'y est résigné que faute de mieux et parce que, sans doute, il a surestimé la menace que représentait Ledru-Rollin. Cet état de choses, on l'imagine, ne le satisfait guère : la réputation de Louis Napoléon en fait les frais.

Compare-t-on devant lui le candidat au duc de Nemours, voilà qu'il se récrie : « Que dites-vous donc là ? le duc de Nemours en vaut dix comme lui ! »

Et comme pour se rassurer, il confie à Rémusat : « Soyez tranquille, dans un an nous ramènerons la veuve » (la duchesse d'Orléans).

Bien plus tard, Tocqueville assura que, pour sa part, il ne s'y était pas trompé, mais qu'il avait bien été le seul, les autres ne devenant lucides que pour constater les dégâts. Louis Napoléon, a-t-il écrit, « était très supérieur à ce que sa vie antérieure et ses folles entreprises avaient pu faire penser à bon droit de lui. Ce fut ma première impression en le pratiquant. Il déçut sur ce point ses adversaires et peut-être plus encore ses amis, si l'on peut donner ce nom aux hommes politiques qui patronnèrent sa candidature. La plupart de ceux-ci le choisirent, en effet, non à cause de sa valeur, mais à cause de sa médiocrité présumée. Ils crurent trouver en lui un instrument dont ils pourraient user à discrétion et qu'il leur serait toujours loisible de briser à volonté. En quoi ils se trompèrent fort lourdement. »

Car Louis Napoléon a une stratégie. Elle est habile. Il s'en est ouvert à ses partisans: « Une fois que nous avons montré aux classes bourgeoises que le nom de Louis Napoléon Bonaparte est une force aux yeux des masses, il n'est pas difficile de leur faire comprendre que cette force sera employée au profit de l'ordre, de la famille, de la propriété. »

Étrange aveuglement, décidément, que celui des faiseurs de roi, de pape, de président, d'empereur...

Étrange aveuglement de ceux qui, ayant le pouvoir de désigner ou d'éliminer, opèrent un choix de nature à assurer, selon eux, une période de transition, d'immobilisme et d'attente, et découvrent que l'homme dont ils pensaient qu'il serait docile et effacé s'affirme comme un véritable chef, prêt le cas échéant à exercer des représailles.

Étrange aveuglement, qui empêche de discerner combien la grandeur de la fonction, parfois, peut grandir l'homme qui l'assume. Étrange aveuglement, qui conduit à se tromper si souvent sur les hommes eux-mêmes.

On choisit un cardinal, Roncalli pour en faire un pape de transition et, quelques mois plus tard, débute un concile destiné à ouvrir la voie à de considérables réformes. Ou bien encore, on retient comme maire de Marseille le plus petit commun dénominateur — disons le moindre des « enquiquineurs »... — et, peu de temps après, Robert Vigouroux a tout balayé sur son passage, se fait réélire triomphalement, et le voilà parti pour l'un des mandats municipaux les plus autoritaires de toute l'histoire de la ville.

En tout cas, avec Louis Napoléon, tout ce petit monde va être servi.

Pour l'heure, le prince peut engranger une mesure qui le sert:

116

deux jours après l'affaire Thouret, il est décidé d'abolir la loi de prescription.

Il lui reste à annoncer sa candidature à la présidence de la République. Pas question de perdre trop de temps car, si la Constitution ne doit être définitivement votée que le 4 novembre, la date de l'élection est fixée à la fin de la première décade du mois suivant.

Son entrée en lice va s'effectuer dans des conditions inespérées pour lui. On lui offre, comme sur un plateau, de quoi assurer à sa candidature la plus large des publicités ; mieux, on lui procure le moyen de la faire paraître normale, légitime, nécessaire, évidente.

Tout commence par la publication dans la presse du 24 octobre d'une note inspirée par l'entourage de Louis Napoléon : « Des personnes bien informées ayant averti le représentant Louis Napoléon Bonaparte que des insensés travaillaient dans l'ombre à préparer une émeute en son nom dans le but évident de le compromettre aux yeux des hommes d'ordre et des Républicains sincères, il a cru devoir faire part de ces bruits à Monsieur Dufaure, Ministre de l'Intérieur. Il a ajouté qu'il repoussait énergiquement toute participation à des menées si complètement opposées à ses sentiments politiques et à la conduite qu'il a tenue depuis le 24 février. »

S'agit-il d'une provocation ? Rien n'est moins sûr.

Il est plus probable que ce texte, comme tant d'autres initiatives, cherchait à rassurer sur la démarche du prétendant et à souligner sa volonté légaliste. Ce qu'il y a de sûr c'est que les adversaires de Louis Napoléon vont tomber dans le panneau qui leur a été involontairement ouvert.

Dès le lendemain, accusé par Victor Grandin, sur la base de cette lettre, de ne rien faire contre les fauteurs de désordre, Dufaure, ministre de l'Intérieur, se défend maladroitement et assure devant l'Assemblée qu'il a déclaré à Louis Napoléon qu'aucune émeute ne se préparait en son nom. Il va sans dire que cette proclamation suscite l'hilarité générale.

Cherchant à rétablir la situation, le député Clément Thomas croit devoir prendre la parole, pour faire ressortir que tout cela est fort sérieux : « Vous ne pouvez pas nier qu'il n'y ait ici des

117

personnes, des membres de l'Assemblée qui vont se présenter au pays comme candidats à des fonctions très élevées et très graves... Ce n'est pas en s'abstenant dans les votes les plus significatifs, qu'on peut gagner la confiance d'un pays démocratique... Celui dont il est question et qui se porte candidat à la présidence n'est pas un candidat à la présidence, mais un candidat à l'Empire. »

Le débat a été houleux. Dans un premier temps, au moins, on peut penser qu'il a tourné à la confusion de Louis Napoléon qui, d'ailleurs, n'assistait pas à la séance.

C'est en tout cas l'opinion du journal *le National* qui l'affirme sans ambages le 26 octobre : « L'incident dont il a été l'occasion lui aurait appris que tous les moyens ne sont pas bons pour occuper de soi le public, que la nation française est railleuse de sa nature et que le charlatanisme a chez nous peu de chance de succès quand il est assez maladroit pour se faire prendre en flagrant délit. »

Étonnant article. Au cas où Louis Napoléon n'aurait pas déjà compris — c'est douteux — tout le parti à retirer de l'incident, voilà que pratiquement on lui indique la marche à suivre.

Le jour même il est à l'Assemblée ; il y rappelle qu'il n'a de comptes à rendre sur sa « conduite parlementaire » qu'à ses électeurs, et s'engouffre dans la brèche qu'on lui a si consciencieusement et si généreusement ouverte :

« De quoi m'accuse-t-on ?

« D'accepter du sentiment populaire une candidature que je n'ai pas recherchée. Eh bien oui. Je l'accepte cette candidature qui m'honore, parce que trois élections successives et le décret unanime de l'Assemblée Nationale contre la proscription de ma famille m'autorisent à croire que la France regarde le nom que je porte comme pouvant servir à la consolidation de la Société ébranlée jusque dans ses fondements, à l'affermissement et à la prospérité de la République. »

Et il termine par cet avertissement : « Je déclare à ceux qui voudraient organiser contre moi un système de provocation que dorénavant je ne répondrai à aucune interpellation. »

En guise de réplique, Clément Thomas ne trouvera qu'une ineptie : « Je suis bien aise, dit-il, que mes interpellations aient amené M. Louis Bonaparte à cette tribune pour y poser nettement sa candidature et nous dire sur quels titres il l'appuyait. »

Du moins quelques journaux comprirent-ils l'ampleur de la gaffe et surent-ils apprécier le parti qu'en avait tiré Louis Napoléon.

Ainsi, pour *l'Indicateur* du 28 octobre, « M. Clément Thomas a fait sans le vouloir une grande maladresse, il a donné quelques voix de plus à la candidature du Prince Louis par l'amertume de ses interpellations... »

Et le lendemain, *la Guyenne*, journal légitimiste de Bordeaux de renchérir : « Nous avons eu un discours de M. Louis Bonaparte. C'est à la mutinerie antinapoléonienne de M. Clément Thomas que nous le devons. »

Dès lors, le combat électoral peut s'engager.

Cette campagne présidentielle, nul ne sait au juste comment l'aborder et la conduire. Elle est la première du genre. On a de surcroît très peu de temps pour la concevoir, l'organiser et la mener. Il va falloir improviser.

Dans une très large proportion, les neuf millions d'électeurs sont des illettrés, ne lisent pas les journaux, n'ont aucune culture politique, et ignorent jusqu'au nom des principales personnalités en lice.

Pour les atteindre, il est donc nécessaire de s'assurer des relais. C'est chose relativement aisée pour le candidat officiel, dont le rôle sera tenu par Cavaignac en faveur duquel le ministre de l'Intérieur, Dufaure, va mobiliser les préfets.

Louis Napoléon ne dispose pas — pas encore — de telles facilités. Sa campagne, il décide de l'organiser autour de trois axes essentiels : la presse qui lui est favorable, sans entretenir d'illusion sur son impact ; l'impression d'affichettes et de brochures, dont on s'emploiera à fournir les textes ; les contacts personnels — qu'il assumera lui-même — avec des personnalités qu'on estime représentatives des grands courants d'opinion et dont on peut espérer soit l'appui, soit la neutralité.

Pour tout cela, il faut des moyens.

Les journaux, les affiches, les hommes même, trop souvent, ont un prix... En conséquence, il faut de l'argent, beaucoup d'argent. Il s'agit de le rassembler, et vite.

La rue de Poitiers apporte une contribution non négligeable, mais qui semble insuffisante. Louis Napoléon emprunte donc 324 000 francs au marquis Pallavicini, et Miss Howard lui ouvre un droit de tirage sur sa fortune, qui est immense. Plus tard, il faudra rembourser, et il le fera, sou par sou. Mais, dans l'immédiat, le voilà paré.

Du côté des collaborateurs immédiats, c'est moins brillant. Un comité central électoral est installé au 10, boulevard Montmartre, sous la houlette de Martin-Bruerre et Patorni. C'est finalement un personnel assez médiocre, qui ne lui sera pas d'une grande utilité. Comme dans tous les quartiers généraux de campagne, on pérore, on s'épie, on perd son temps.

Louis Napoléon, très sagement, s'installe ailleurs. C'est à l'hôtel du Rhin qu'il va recevoir et mener sa campagne personnelle. Là, il est entouré d'une équipe efficace d'où émergent deux hommes qui continueront à jouer auprès de lui un rôle majeur.

Le premier est Mocquard, qui sera son chef de cabinet, et qui tiendra son secrétariat avec talent. Il a été tour à tour diplomate et fonctionnaire, avant de se lancer dans le journalisme. Il a de la méthode, de l'expérience et une bonne connaissance du milieu et des hommes politiques.

L'autre est un militaire, le chef d'escadron Fleury, qui va bien vite compléter Mocquard, dans un tout autre registre. Fleury, alors âgé de trente-trois ans, a eu l'occasion de rencontrer Louis Napoléon à Londres, et c'est à tout hasard qu'il est passé du côté de l'hôtel du Rhin. Cet homme, qui a dilapidé son patrimoine et cherche à refaire fortune, qui a obtenu de beaux états de service en Algérie, et a été tenté de suivre le duc d'Aumale, comprend vite où est le chemin le plus prometteur. Il va rapidement faire merveille et se révéler indispensable. C'est tout à la fois le compagnon du prince, son garde du corps — avec un revolver et une canne-épée — et son secrétaire militaire. C'est aussi l'exécuteur des basses œuvres, car il n'a pas froid aux yeux... Son jugement sur l'entourage est dépourvu d'indulgence, mais sans doute assez proche de la vérité : on ne trouve autour du prince, explique-t-il, « que vieux débris inconnus ou discrédités ».

D'autres hommes commencent à jouer un rôle non négligeable : Persigny, bien sûr, Piat aussi, et Morny, le demi-frère du prince.

Mais en pratique, dans la campagne, c'est bien Louis Napoléon qui joue le rôle majeur. Et d'abord, pour définir la stratégie. Elle est claire, et conforme à la recommandation maternelle que le fils n'a décidément pas oubliée : il ne faut décourager personne.

Alors, il reçoit, il écoute, il opine vaguement et surtout se garde bien de contredire. Ses contacts sont plus qu'éclectiques :

Thiers, bien sûr, mais aussi Proudhon, Odilon Barrot, et encore Berryer, Montalembert, et tant d'autres...

Avec chacun, son attitude est un mélange subtil d'humilité — il s'informe — et d'habileté — on peut toujours le croire acquis...

Même Victor Hugo va s'y laisser prendre. Louis Napoléon se dérange pour rencontrer l'ancien pair de France, membre de l'Académie ; il découvre à cette occasion la place des Vosges, et s'émerveille... Hugo ne lui est pas acquis d'avance. Son journal, *l'Événement*, n'a marqué aucun enthousiasme devant sa candidature.

Le maître de maison le fait asseoir sur un coffre et l'écoute. Louis Napoléon trouve alors les mots qui conviennent, les mots qui vont entraîner l'adhésion du grand homme. Hugo a transcrit, à sa manière, l'entretien dans *Histoire d'un crime*. C'est du grand art, même si le texte, apocryphe, doit être reçu avec précaution.

« Je viens m'expliquer avec vous. On me calomnie. Est-ce que je vous fais l'effet d'un insensé ? On suppose que je voudrais recommencer Napoléon ? Il y a deux hommes qu'une grande ambition peut se proposer pour modèles : Napoléon et Washington. L'un est un homme de génie, l'autre est un homme de vertu [...].

« La république étant donnée, je ne suis pas un grand homme, je ne copierai pas Napoléon ; mais je suis un honnête homme, j'imiterai Washington.

« Mon nom, le nom de Bonaparte, sera sur deux pages de l'Histoire de France : dans la première, il y aura le crime et la gloire, dans la seconde, il y aura la probité et l'honneur. Et la seconde vaudra peut-être la première. Pourquoi ? parce que si Napoléon est plus grand, Washington est meilleur. Entre le héros capable et le bon citoyen, je choisis le bon citoyen. Telle est mon ambition. »

Falloux, qu'il rencontre aussi, et qui cherche à lui arracher des engagements pour l'enseignement catholique ou sur la question romaine, ressort de l'entretien sans être véritablement dupe, mais en laissant tout de même entendre qu'il a apprécié de pouvoir s'exprimer : « Tous trouvent en lui un interlocuteur poli, modeste, interrogeant rarement, écoutant beaucoup. »

Ainsi sont faits les gens qui viennent monnayer des suffrages : plutôt que de promesses dont ils ne croient probablement pas un mot, ils ont besoin de considération et pour leur personne et pour leurs thèses. Et de considération, Louis Napoléon n'est pas avare. Duplicité, fourberie ? Assurément non. Il est simplement un adepte, avant l'heure, du « on verra bien » du général de Gaulle ou de Georges Pompidou. Et puis, se reconnaissant une vocation à la synthèse entre les partis si divisés, pourquoi irait-il dire à tel ou tel qu'il a tort, alors que tous, à leur manière, ont raison ? Faire la synthèse, c'est la tâche du chef de l'État. Et c'est cela gouverner...

Comment lui reprocher, d'ailleurs, de se montrer plus habile que Cavaignac ?

Le chef du pouvoir exécutif, en effet, a choisi de trancher de tout, d'exprimer ses préférences et de s'engager à fond. Il est clair qu'après ses exploits de juin il n'a plus de soutien à espérer en dehors de la droite, qu'elle soit républicaine ou non.

La droite qui peine à trouver sa voie, empêtrée qu'elle est dans ses divisions et la contradiction de ses arrière-pensées.

Des candidats potentiels, elle n'en manque pas, et qui portent beau, même s'ils sont encore trop marqués par le régime aboli : Molé, Changarnier, Thiers, Bugeaud...

Elle ferait bien affaire avec ce Cavaignac qui, comme rempart de l'ordre social, a fait ses preuves. Cependant, non seulement celui-ci ne veut faire aucune concession, mais il ne craint pas d'annoncer que ses chemins ne seront pas toujours ceux qu'on souhaiterait lui voir emprunter... Face à lui, le prince paraît si complaisant, si facile à mener.

Rémusat le répète : « On ne voyait en lui qu'un conspirateur absurde, un émigré d'un nouveau genre, un dandy vieillot et dissipateur et rien dans ses manières n'était fait pour en donner une autre idée [...]. On savait en gros qu'il avait publié plusieurs écrits assez peu sensés... »

Là, réside l'une des clés du succès pour Louis Napoléon : empêcher, à tout prix, la jonction de Cavaignac et des conservateurs de tous bords. Il y parviendra d'autant mieux qu'il donnera toujours davantage l'impression de jouer gagnant.

Louis Napoléon affiche la plus grande sérénité. Plus on se laissera persuader qu'il a les meilleures chances de gagner, plus nombreuses seront les adhésions et les simples résignations.

Gustave Claudin, journaliste, raconte sa propre visite : « Le Prince Louis Napoléon, en habit et cravate blanche, était debout devant la cheminée. Il avait près de lui une table sur laquelle étaient empilées des pétitions que lui apportaient les solliciteurs qui, le croyant déjà élu, lui demandaient des places depuis des bureaux de tabac jusqu'à des sous-préfectures et des recettes particulières. Le Prince était très affable. »

C'est que, de la province, monte la rumeur du ralliement massif du monde paysan. Certes, joue en sa faveur le prestige de son nom, mais Louis Napoléon touche aussi les dividendes de sa prudence. Il n'est impliqué en rien dans les événements qui se sont succédé depuis février, les déceptions ou les rancœurs qu'ils ont suscitées.

Fleury a peut-être raison de soutenir que « l'idée napoléonienne avait servi de tremplin au Gouvernement de juillet et qu'il s'en était pendant quinze ans approprié la popularité. Rien d'extraordinaire dès lors de voir tout un monde d'hommes ambitieux et intelligents se tourner vers celui qui personnifiait la cause dont ils avaient exhumé le souvenir et les gloires ».

En réalité, l'essentiel est ailleurs : Louis Napoléon s'est mis en position de pouvoir bénéficier, mieux que quiconque, de la conjonction de tous les mécontentements : mécontentement, d'abord, des paysans, furieux de la chute des prix des récoltes accompagnée de la hausse des impôts directs ; mécontentement aussi de toutes les autres victimes d'une crise en aggravation : bourgeois ruinés, ouvriers en chômage, industriels et artisans sans commandes, commerçants en faillite...

Vers qui pourraient-ils se tourner si ce n'est vers lui ? Hors Cavaignac, les autres candidats n'ont rien, ou presque, à lui opposer : Lamartine est totalement déconsidéré ; Ledru-Rollin, qui va représenter la gauche républicaine, a peu d'audience en province et ne paraît guère apte à séduire ceux des socialistes qui ne se reconnaîtraient pas en Raspail, le candidat révolutionnaire...

Alors, à droite, on n'a plus guère de choix.

Thiers, qui était allé solliciter le roi Jérôme, se fait une raison : « Sans affirmer que la nomination de M. Louis Bonaparte soit le bien, elle paraît à nous tous, hommes modérés, un moindre mal. »

Molé émet l'idée, et la colporte, que l'élection de Louis Napoléon sera une étape vers le rétablissement de la royauté.

Et Berryer entretient la même illusion : « Il essuiera les plâtres pour qu'à son retour, Henri V les trouve secs... »

Dans ces conditions, tout invite à adopter pour la campagne ce qu'on appelle un « profil bas » : ne pas commettre d'erreur, gérer l'acquis, et ne faire ni réunion ni déplacement en province. De toute façon, on n'aurait pas le temps. On se contente donc de quelques sorties dans Paris, plutôt à proximité des casernes, où les soldats, sinon les officiers, sont prompts à l'enthousiasme. Et on laisse à d'autres les campagnes de banquets...

Peu de journaux sont réellement acquis à Louis Napoléon. En dehors des feuilles bonapartistes, il semble que, lorsque certains organes de presse le choisissent, c'est généralement faute de mieux.

Et même, si l'on en croit André Jean Tudesq, leur choix n'est que tardif : « Ceux qui contribuèrent au triomphe électoral de Louis Napoléon ne se rallièrent souvent à son nom que peu de semaines avant le vote et, quelques mois plus tôt, en juin ou en septembre, avaient été les premiers à critiquer sa désignation comme représentant du peuple... »

Il n'est guère que le ralliement de *l'Événement*, le journal de Hugo, qui puisse passer pour significatif. De son premier article en ce sens, le 28 octobre, on peut extraire ceci — qui ne manque pas de saveur, quand on sait ce qui adviendra par la suite : « Nous lui faisons confiance. Il porte un grand nom. L'Europe ne peut connaître un grand et un petit Napoléon. Ce nom ne peut pas se rapetisser. »

On va néanmoins compenser le déficit en journaux favorables par une certaine inflation des affiches et prospectus, sans se montrer trop regardant sur les méthodes.

On va ainsi reproduire, à l'insu des expéditeurs, d'anciennes lettres adressées au prince par George Sand et Louis Blanc. Quant aux textes d'accompagnement, ils présentent les caractéristiques propres à toute campagne ; on n'y fait pas dans la dentelle : « La Nation doit se confier à un passé sans reproche, à un patriotisme incontesté, à une résolution mâle, énergique, déjà éprouvée au service de la République plutôt qu'à de vaines et trompeuses promesses. »

Sur le terrain, on utilisera comme agents électoraux toute une armée d'anciens demi-solde disponibles et convaincus. Ils font merveille.

Ce n'est qu'à la fin de la campagne, en toute dernière extrémité, le 27 novembre, alors qu'on doit voter le 10 décembre, que Louis Napoléon publiera un manifeste, largement repris par la presse et diffusé en outre par ses soins.

Ce texte il l'a rédigé lui-même. Thiers l'a trouvé mauvais et a essayé de lui en imposer un autre qu'il avait écrit avec Molé. Mais Louis Napoléon n'en a pas voulu. Il n'a pas eu tort. Le sien est excellent, parce que redoutablement efficace.

Il y place sa candidature sous le double signe de l'ordre et de la sécurité. En d'autres termes, il rejette à la fois l'Empire et la guerre, et les théories subversives. En revanche, il affirme vouloir protéger « la religion, la famille, la propriété, base éternelle de tout ordre social :

« Rétablir l'ordre, c'est ramener la confiance, pourvoir par le crédit à l'insuffisance passagère des ressources, restaurer les finances. Protéger la religion et la famille, c'est assurer la liberté des cultes et la liberté de l'enseignement. Protéger la propriété, c'est maintenir l'inviolabilité des produits de tous les travaux, c'est garantir l'indépendance et la sécurité de la possession, fondements indispensables de la liberté civile. »

Il n'oublie pas pour autant qu'il est l'auteur de *l'Extinction du paupérisme* et qu'il vise à rassembler sur son nom le maximum de voix ouvrières.

Son chapitre social ne saurait donc manquer d'ambition : « [...] Donner du travail aux bras inoccupés ; pourvoir à la vieillesse des travailleurs par les institutions de prévoyance ; introduire dans nos lois industrielles les améliorations qui tendent, non à ruiner le riche, mais à fonder le bien-être de chacun sur la prospérité de tous... »

Et pour faire bonne mesure, il termine par un appel à l'union nationale : « J'appelle de tous mes vœux le jour où la patrie pourra sans danger faire cesser toutes les proscriptions et effacer les dernières traces de nos discordes civiles. »

Dans le camp adverse, on ne fait pas non plus dans la subtilité... Sans parler des caricaturistes qui, tels Daumier et Cham, se déchaînent, il suffit de se reporter, par exemple, au *Moniteur de l'Armée*, qui met carrément en cause le patriotisme de Louis Napoléon : « C'est à la France de juger si elle peut compter sur les sentiments patriotiques d'un Bonaparte qui a servi tantôt la Suisse comme capitaine, tantôt l'Angleterre comme constable et dont les exploits consistent dans un coup de pistolet tiré à Boulogne au pied de la colonne sur un soldat français. »

Proudhon n'est pas moins violent. Mais de sa diatribe, il ressort clairement qu'il ne se fait plus guère d'illusions :

« Vous serez tous soldats, soldats à vie.

« Vos femmes seront cantinières, vos garçons tambours... Viens donc Napoléon ! Viens prendre possession de ce peuple de courtisans... Tu as fait le pitre et joué la comédie.

« Viens ! Tu es l'homme qu'il nous faut. »

Et de fait, plus l'échéance approche, plus les adversaires de Louis Napoléon semblent se résigner en se cherchant de mauvaises excuses. L'accusé, en fait, c'est le suffrage universel... Déjà, en avril, comme le rapporte Jean-Pierre Rioux, les socialistes avaient souhaité un report de la date des élections pour permettre aux Français — et particulièrement aux paysans encore sous l'influence du noble ou du curé — de « faire leur éducation politique ».

En proposant de faire élire le président par l'Assemblée, Jules Grévy, véritable saint Jean Bouche d'or, a vendu la mèche : « Je suis convaincu, a-t-il plaidé, que le peuple voudra ce que ses représentants auront voulu... »

Et voilà que plus le temps passe, plus on fait écho à cette thèse, moins on dissimule le regret de ne pas avoir laissé le soin de trancher aux représentants du peuple, voire à la partie la plus éclairée d'entre eux.

Le Journal des Débats pose le 27 octobre la question qui brûle bien des lèvres : « Serions-nous plus près du despotisme, aujourd'hui, avec le suffrage universel que nous en étions près, il y a un an, avec nos institutions modérées ? »

La République va encore plus loin, le 31 octobre, sous la signature de Laurent de l'Ardèche, partisan de Ledru-Rollin : « Aussi longtemps que l'ignorance et la pauvreté formeront le lot des masses, le peuple, dans les campagnes, ne sera souverain que de nom. »

Et le 20 novembre, le même journal récidive avec ce terrible aveu : « Nous ne saurions aujourd'hui espérer de conquérir le pouvoir par le suffrage universel... nous savons très bien en effet que notre force n'est pas dans le nombre... »

Le vote eut lieu les dimanche 10 et lundi 11 décembre. Tout s'est passé dans le plus grand calme. La participation est très forte, encouragée par un fort beau temps.

Le dépouillement commence le 12.

Le soir même, pendant le dîner, Louis Napoléon prend connaissance des premiers résultats du vote. Ils sont convergents : non seulement c'est lui qui est en tête, mais, plus encore, il va largement dépasser la barre de la majorité qualifiée — ce qui n'était évidemment pas couru d'avance : les partisans de Cavaignac qui entretenaient l'ultime espoir du recours à l'Assemblée vont devoir vite déchanter.

En fait, les Français sont allés voter en rangs serrés et lui ont assuré un véritable triomphe. Aucune catégorie, aucune région n'est restée à l'écart de l'immense mouvement qu'il a su déclencher...

Les résultats sont proclamés le 20 décembre et publiés dans *le Moniteur* du 22.

Louis Napoléon obtient 5 572 834 suffrages contre 1 469 156 à Cavaignac. Les autres candidats n'ont fait que de la figuration, l'honnête Lamartine frisant le ridicule : il recueille à peine quelque 20 000 voix contre 376 834 à Ledru-Rollin et 37 106 à Raspail.

De tels résultats révèlent à la classe politique l'ampleur du mouvement dont Louis Napoléon est le bénéficiaire. Les ouvriers, notamment, ont voté en majorité pour lui. Mais, aux yeux de tous, c'est l'irruption du vote paysan qui constitue le fait majeur. Il continuera d'ailleurs de peser pendant plus d'un siècle...

Selon Karl Marx, l'élection du 10 décembre fut bien « une réaction des paysans qui avaient dû payer les frais de la révolution de février, réaction dirigée contre les autres classes de la nation, réaction de la campagne contre la ville ». « Napoléon, ajoute-t-il, était le seul homme représentant jusqu'au bout les intérêts et l'imagination de la nouvelle classe paysanne que 1789 avait créée... Le 10 décembre fut le coup d'État des paysans qui renversaient le gouvernement existant... Un moment héros actifs du drame révolutionnaire, ils ne pouvaient plus être relégués au rôle passif et servile du chœur. »

Mais, pour Marx, il y eut davantage encore : la candidature de Louis Napoléon « trouva un grand écho d'abord dans l'armée à qui les républicains du *National* n'avaient pu fournir ni gloire ni haute paie, puis dans la grande bourgeoisie qui voyait en Bonaparte le pont qui la conduirait à la monarchie, enfin chez les petits bourgeois et les prolétaires qui saluaient en lui le fléau de Cavaignac ».

Que la majorité rassemblée fût hétérogène, cela sautait aux

yeux. *La Voix du Peuple*, quotidien démocrate de Marseille, relevait dans son numéro des 18 et 19 décembre qu'elle se composait, « indépendamment des véritables bonapartistes qui sont peu nombreux, de deux éléments tellement distincts qu'ils en sont hostiles l'un à l'autre, à savoir : une grande partie de la classe ouvrière qui a voté pour le candidat impérialiste en haine de Cavaignac et la coalition de tous les intérêts réactionnaires qui auraient tout aussi bien voté pour le Grand Moghol si le Grand Moghol leur avait offert sécurité et protection ».

Et, Guizot, dans ses *Mémoires*, décrivait ainsi l'alchimie subtile qui avait été à l'origine de la victoire de Louis Napoléon : « L'expérience a révélé la force du parti bonapartiste, ou pour dire plus vrai, du nom de Napoléon. C'est beaucoup d'être à la fois une gloire nationale, une garantie révolutionnaire et un principe d'autorité. Il y a là de quoi survivre à de grandes fautes et à de longs revers. »

Or, précisément, Louis Napoléon, tout au long du processus, est resté irréprochable. Il fut de plus en plus clair aux yeux de chacun que cette victoire était la sienne, et seulement la sienne. Il ne devait rien à personne. Et il allait bientôt le signifier et le démontrer à tous.

Il est vrai que les erreurs de ses adversaires l'ont servi : les massacres de juin, les bévues des équipes républicaines qui se sont succédé au pouvoir ont favorisé son succès, acquis, selon la formule de Tudesq, par « enthousiasme, vengeance, résignation ».

Mais son mérite ne se réduit pas à s'être présenté. Il a su mener sa barque d'une main ferme, ne pas dévier d'un pouce de la stratégie qu'il s'était fixée, et pousser tous ses opposants à la faute.

C'était une faute de mettre en cause son élection de juin et celle de septembre, et de prétendre que ceux qui avaient voté pour lui avaient été abusés. C'était une faute de faire de ces élections l'enjeu du débat constitutionnel. C'était une autre faute de méconnaître qu'en s'opposant à sa candidature on ne faisait que la fortifier.

Tocqueville n'a pas eu raison de laisser sa rancœur l'emporter sur sa lucidité coutumière, en écrivant que « si Louis Napoléon eût été un homme sage, ou un homme de génie, il ne fût jamais devenu Président de la République ».

En fait, il eut le génie de comprendre le parti qu'il pouvait tirer de la situation. Il eut la sagesse de laisser les choses s'accomplir.

*
**

Le 20 décembre, à l'Assemblée, les résultats sont proclamés. Immédiatement, Cavaignac dépose ses pouvoirs sur le bureau de l'Assemblée. Et l'on introduit le prince pour une brève cérémonie d'investiture. Il est 16 heures. Il fait sombre. L'atmosphère est comme irréelle. Victor Hugo a raconté cette scène plus qu'imprévisible, impensable, inimaginable quelques semaines plus tôt :

« Le Président fit un signe et la porte de droite s'ouvrit. On vit alors entrer dans la salle et monter rapidement à la tribune un homme jeune encore, vêtu de noir, ayant sur l'habit, la plaque et le grand cordon de la Légion d'Honneur.

« Toutes les têtes se tournèrent vers cet homme.

« Un visage blême, dont les lampes à abat-jour faisaient saillir les angles osseux et amaigris, un nez gros et long, des moustaches, une mèche frisée sur un front étroit, l'œil petit et sans clarté, l'attitude timide et inquiète, nulle ressemblance avec l'Empereur, c'était le citoyen Louis Napoléon Bonaparte. »

Le citoyen prête serment. Il prononce une formule sacramentelle qui va peser sur sa vie et sa postérité. Et puis, brièvement, il débite les quelques mots adaptés à la circonstance.

Il faut, dit-il, « fonder une République dans l'intérêt de tous et un Gouvernement juste, ferme, qui soit animé d'un sincère amour du progrès sans être réactionnaire ou utopiste ».

« Soyons les hommes du pays et non les hommes d'un parti. »

Dans la salle, tout le monde n'a peut-être pas pris la mesure de l'événement. C'est la première fois, en France, qu'un homme reçoit l'onction de l'ensemble du suffrage universel. L'homme ainsi désigné, investi, légitimé, va bénéficier d'une autorité morale et d'un poids politique dont nul encore ne peut pressentir les implications. Toute la période qui va suivre va être marquée par cette nouvelle donne. Pour n'avoir pas su le prévoir, certains des hommes qui assistent à la prestation du nouveau président connaîtront de douloureux réveils.

Louis Napoléon est probablement conscient de la métamorphose qui vient de s'accomplir. Pour une fois, il pourrait faire sienne l'analyse — lumineuse il est vrai — de Karl Marx, qui a bien saisi la spécificité du lien unissant désormais le président au peuple français : « Lui est l'élu de la nation et son élection est l'atout que le peuple souverain joue tous les quatre ans. Un rapport métaphysique réunit l'Assemblée nationale élue et la nation, mais le président élu est en rapport personnel avec cette dernière. L'Assemblée nationale traduit bien par ses divers représentants les faces multiples de l'esprit national, il s'incarne dans le président. Il a sur elle l'avantage d'un droit divin particulier, il est par la volonté du peuple. »

Le soir même, Louis Napoléon est à l'Élysée.
En quelques semaines, le politique a accompli l'impossible.

IV

L'AUTEUR DU COUP D'ÉTAT

Les institutions nouvelles étant ce qu'elles sont, le coup d'État du 2 décembre 1851 apparaît comme inéluctablement inscrit dans la logique de l'élection du 10 décembre 1848. Un réseau de contradictions a été tissé dont il va bien falloir sortir. Dès l'installation du président à l'Élysée, tout, pratiquement, est écrit d'avance. Une facture existe qu'il faudra payer. Les issues constitutionnelles sont toutes cadenassées, et ne restent plus, pour sortir d'une crise inévitable, que les moyens brutaux auxquels, depuis quelques décennies, la France s'est d'ailleurs accoutumée et, en quelque sorte, résignée.

Il ne s'agit pas ici de rechercher si l'acte qui va s'accomplir, acte bien sûr illégal, a pour lui la légitimité. Mais, du moins, d'essayer de comprendre comment y parvint et comment le vécut son auteur.

Sur ce point, les témoignages sont à la fois abondants et convergents : le coup d'État marqua un tournant décisif, à la fois politique et personnel, dans l'existence de Louis Napoléon. Bien longtemps après, l'impératrice expliquait qu'aux yeux de son époux, le souvenir du 2 Décembre était « comme un boulet que, toute sa vie, on traîne au pied ». Jamais l'anniversaire du coup d'État ne sera si peu que ce soit célébré. Et la pire des injures était celle qui consistait à désigner le régime comme celui « du deux décembre ».

C'est un fait que le coup d'État a toujours été considéré comme le péché originel du second Empire. Péché originel que rien, aux yeux de l'Histoire, ne serait jamais venu laver. Louis

131

Napoléon, torturé au plus profond de son être, ne fut jamais lui-même intimement persuadé du contraire. Et il ne semble pas avoir cru sincèrement aux vertus rédemptrices du baptême... du suffrage universel.

Le coup d'État, il l'a vécu, avant, pendant et après son accomplissement, comme un véritable cauchemar. Il chercha désespérément d'abord à l'éviter, ensuite à le différer, puis, le fait accompli, à en limiter la portée ; et ne cessa, sa vie durant, de chercher à établir, sur des bases objectives, que son initiative avait été justifiée.

Cet acte, il fut d'abord angoissé à l'idée d'avoir à le perpétrer, et, ce faisant, de renier le serment qu'il avait prêté. Mais il comprit vite qu'il n'avait pas d'autre choix, et persuadé, non sans troubles intérieurs, qu'en sortant de la légalité il ne tarderait pas à rentrer dans le droit, il se décida à franchir le pas. Sans nul doute pressentit-il le parti que sauraient en tirer ses adversaires, et quel risquait d'être le jugement de la postérité. Si, comme tout l'indique, il s'est attendu au pire, son attente ne fut pas déçue. Ses détracteurs peuvent aujourd'hui encore afficher un bilan triomphal.

Dans un sondage d'opinion sur les plus grandes forfaitures de notre histoire, le coup d'État du 2 décembre se situerait vraisemblablement beaucoup plus haut que le 10 juillet 1940 — sans même parler du 18 Brumaire, considéré généralement comme une aimable peccadille.

Il est vrai que le 10 juillet 1940 a les formes et les apparences de la légalité. Ceux qui condamnent le régime de Vichy et sa politique ne s'en prennent guère à ses origines dont la pureté est peu contestée. On a fait l'éloge des parlementaires qui n'ont pas voté les pleins pouvoirs à Pétain, on vante leur courage ou leur capacité d'anticipation, mais on ne remet pas pour autant en cause, généralement, la régularité formelle du vote qui s'est exprimé.

De même joue sans doute en faveur du 18 Brumaire la bonne idée qu'ont eue ses auteurs de trouver quelques élus acceptant d'avaliser le coup de force de Bonaparte. Non seulement le Consulat put sans problème se substituer à un régime dont l'origine était d'ailleurs elle-même juridiquement douteuse, mais le fait que les formes avaient été sauves a été retenu à décharge par l'Histoire...

Louis (1778-1846),
frère cadet de Napoléon Ier,
père de Louis Napoléon.
Collection Henri Georges

Hortense de Beauharnais (1783-1837),
belle-sœur et belle-fille de Napoléon Ier,
mère de Louis Napoléon.
Collection Henri Georges

Collection Jean-Claude Lachmitt

La famille impériale.
Leur fils unique, né en 1856, mourut en 1879 en Afrique.

PROCLAMATIONS
DU PRÉSIDENT DE LA RÉPUBLIQUE.

APPEL AU PEUPLE.

FRANÇAIS !

La situation actuelle ne peut durer plus longtemps. Chaque jour qui s'écoule aggrave les dangers du pays. L'Assemblée, qui devait être le plus ferme appui de l'ordre, est devenue un foyer de complots. Le patriotisme de trois cents de ses membres n'a pu arrêter ses fatales tendances. Au lieu de faire des lois dans l'intérêt général, elle forge des armes pour la guerre civile ; elle attente au pouvoir que je tiens directement du Peuple ; elle encourage toutes les mauvaises passions ; elle compromet le repos de la France : je l'ai dissoute, et je rends le Peuple entier juge entre elle et moi.

La Constitution, vous le savez, avait été faite dans le but d'affaiblir d'avance le pouvoir que vous alliez me confier. Six millions de suffrages furent une éclatante protestation contre elle, et cependant je l'ai fidèlement observée. Les provocations, les calomnies, les outrages m'ont trouvé impassible. Mais aujourd'hui que le pacte fondamental n'est plus respecté de ceux-là même qui l'invoquent sans cesse, et que les hommes qui ont déjà perdu deux monarchies veulent me lier les mains, afin de renverser la République, mon devoir est de déjouer leurs perfides projets, de maintenir la République et de sauver le pays en invoquant le jugement solennel du seul souverain que je reconnaisse en France, le Peuple.

Je fais donc un appel loyal à la nation tout entière, et je vous dis : Si vous voulez continuer cet état de malaise qui nous dégrade et compromet notre avenir, choisissez un autre à ma place, car je ne veux plus d'un pouvoir qui est impuissant à faire le bien, me rend responsable d'actes que je ne puis empêcher et m'enchaîne au gouvernail quand je vois le vaisseau courir vers l'abîme.

Si, au contraire, vous avez encore confiance en moi, donnez-moi les moyens d'accomplir la grande mission que je tiens de vous.

Cette mission consiste à fermer l'ère des révolutions en satisfaisant les besoins légitimes du peuple et en le protégeant contre les passions subversives. Elle consiste surtout à créer des institutions qui survivent aux hommes et qui soient enfin des fondations sur lesquelles on puisse asseoir quelque chose de durable.

Persuadé que l'instabilité du pouvoir, que la prépondérance d'une seule Assemblée sont les causes permanentes de trouble et de discorde, je soumets à vos suffrages les bases fondamentales suivantes d'une Constitution que les Assemblées développeront plus tard :

1° Un Chef responsable nommé pour dix ans ;
2° Des Ministres dépendants du Pouvoir exécutif seul ;
3° Un Conseil d'État formé des hommes les plus distingués préparant les lois et en soutenant la discussion devant le corps législatif ;
4° Un corps législatif discutant et votant les lois, nommé par le suffrage universel, sans scrutin de liste qui fausse l'élection ;
5° Une seconde Assemblée formée de toutes les illustrations du pays, pouvoir pondérateur, gardien du pacte fondamental et des libertés publiques.

Ce système, créé par le Premier Consul au commencement du siècle, a déjà donné à la France le repos et la prospérité ; il les lui garantirait encore.

Telle est ma conviction profonde. Si vous la partagez, déclarez-le par vos suffrages. Si, au contraire, vous préférez un gouvernement sans force, monarchique ou républicain, emprunté à je ne sais quel passé ou à quel avenir chimérique, répondez négativement.

Ainsi donc, pour la première fois, depuis 1804, vous voterez en connaissance de cause, et sachant bien pour qui et pour quoi.

Si je n'obtiens pas la majorité de vos suffrages, alors je provoquerai la réunion d'une nouvelle Assemblée, et je lui remettrai le mandat que j'ai reçu de vous.

Mais, si vous croyez que la cause dont mon nom est le symbole, c'est-à-dire, la France régénérée par la Révolution de 89 et organisée par l'Empereur, est toujours la vôtre, proclamez-le en consacrant les pouvoirs que je vous demande.

Alors la France et l'Europe seront préservées de l'anarchie, les obstacles s'aplaniront, les rivalités auront disparu, car tous respecteront, dans l'arrêt du peuple, le décret de la Providence.

Fait au palais de l'Élysée, le 2 décembre 1851.

LOUIS-NAPOLÉON BONAPARTE.

A L'ARMÉE.

Soldats !

Soyez fiers de votre mission, vous sauverez la Patrie, car je compte sur vous, non pour violer les lois, mais pour faire respecter la première loi du pays, la souveraineté nationale, dont je suis le légitime représentant.

Depuis longtemps vous souffriez comme moi des obstacles qui s'opposaient et au bien que je voulais vous faire et aux démonstrations de votre sympathie en ma faveur. Ces obstacles sont brisés. L'Assemblée a essayé d'attenter à l'autorité que je tiens de la nation entière ; elle a cessé d'exister.

Je fais un loyal appel au peuple et à l'armée, et je leur dis : ou donnez-moi les moyens d'assurer votre prospérité, ou choisissez un autre à ma place.

En 1830 comme en 1848, on vous a traités en vaincus. Après avoir flétri votre désintéressement héroïque, on a dédaigné de consulter vos sympathies et vos vœux, et cependant vous êtes l'élite de la Nation. Aujourd'hui, en ce moment solennel, je veux que l'armée fasse entendre sa voix.

Votez donc librement comme Citoyens ; mais, comme soldats, n'oubliez pas que l'obéissance passive aux ordres du chef du Gouvernement est le devoir rigoureux de l'armée, depuis le général jusqu'au soldat. C'est à moi, responsable de mes actions devant le Peuple et devant la postérité, de prendre les mesures qui me semblent indispensables pour le bien public.

Quant à vous, restez inébranlables dans les règles de la discipline et de l'honneur. Aidez, par votre attitude imposante, le pays à manifester sa volonté dans le calme et la réflexion. Soyez prêts à réprimer toute tentative contre le libre exercice de la souveraineté du Peuple.

Soldats, je ne vous parle pas des souvenirs que mon nom rappelle. Ils sont gravés dans vos cœurs. Nous sommes unis par des liens indissolubles. Votre histoire est la mienne. Il y a entre nous dans le passé communauté de gloire et de malheur. Il y aura dans l'avenir communauté de sentiments et de résolutions pour le repos et la grandeur de la France.

Fait au palais de l'Élysée, le 2 décembre 1851.

Signé LOUIS-NAPOLÉON BONAPARTE.

DÉCRET.

AU NOM DU PEUPLE FRANÇAIS,

LE PRÉSIDENT DE LA RÉPUBLIQUE

DÉCRÈTE :

Art. 1er. — L'Assemblée nationale est dissoute.
Art. II. — Le Suffrage universel est rétabli. La loi du 31 mai est abrogée.
Art. III. — Le Peuple français est convoqué dans ses comices, à partir du 14 décembre jusqu'au 21 décembre suivant.
Art. IV. — L'état de siège est décrété dans l'étendue de la 1re division militaire.
Art. V. — Le Conseil d'État est dissout.
Art. VI. — Le Ministre de l'intérieur est chargé de l'exécution du présent décret.

Fait au palais de l'Élysée, le 2 décembre 1851.

LOUIS-NAPOLÉON BONAPARTE.

Le Ministre de l'Intérieur,
DE MORNY.

LE PRÉFET DE POLICE
AUX HABITANTS DE PARIS.

HABITANTS DE PARIS,

Le Président de la République, par une courageuse initiative, vient de déjouer les machinations des partis et de mettre un terme aux angoisses du Pays.

C'est au Peuple, dans son intérêt et pour le maintien de la République que l'événement s'est accompli.

C'est au jugement du Peuple que Louis-Napoléon Bonaparte soumet sa conduite.

La grandeur de l'acte vous fait assez comprendre avec quel calme imposant est-il manifesté le libre exercice de la souveraineté populaire.

Aujourd'hui donc, comme hier, l'ordre doit notre drapeau ; que tous les bons citoyens, animés comme moi de l'amour de la Patrie, me prêtent leur concours avec une inébranlable résolution.

HABITANTS DE PARIS,

Ayez confiance dans celui que six millions de suffrages ont élevé à la première magistrature du Pays. Lorsqu'il appelle le Peuple entier à exprimer sa volonté, des factieux seuls pourraient vouloir y mettre obstacle.

Toute tentative de désordre sera donc promptement et inflexiblement réprimée.

Paris, le 2 décembre 1851.

Le Préfet de Police,
DE MAUPAS.

BOUQUIN, Imprimeur, rue de la Sainte-Chapelle, 5, à Paris.

Le coup d'État du Deux-Décembre

Dans la nuit du 1 au 2 décembre 1851, Louis Napoléon, président de la République, fait placarder un appel au peuple et à l'armée. Empereur, il s'installe aux Tuileries.

Collection Assemblée nationale

Président de la République en 1848, Louis Napoléon a le geste de son oncle Napoléon Ier. Empereur, il trouvera sa stature personnelle.

Collection Henri Georges et Jean-Claude Lachnitt

L'empereur et l'impératrice : camée exécuté
par Adolphe David en 1871.
Pièce unique en agathe colorée (coraline-calcédoine)

Collection particulière

L'ECOLE DES JEUNES FILLES.

Le départ pour l'école.

Arrivée à l'école.

En l'absence de la maîtresse les petites filles s'amusent.

A son retour la maîtresse les met en pénitence.

Sortie de l'école.

Les petites filles sages rapportent de bonnes notes.

Distribution des prix.

Retour de la distribution des prix.

412

Fabrique de PELLERIN, Imprimeur-Libraire, à ÉPINAL.

Grâce à l'empereur et à Victor Duruy, les filles peuvent aller à l'école : « Il s'agit, explique le ministre, d'enseigner aux jeunes filles la vérité vraie que réclame impérieusement l'avenir... »

Collection Henri Georges

FÊTE DU 14 AOUT 1859,
RENTRÉE TRIOMPHALE DE L'ARMÉE D'ITALIE A PARIS.

La Fête du 14 août, si pleine d'enthousiasme et de patriotisme, vient encore de donner au monde entier un spectacle imposant et majestueux de la grandeur et de la puissance de la France.

Accourues de tous les points de la France et de l'étranger, plus de 600,000 personnes ont voulu venir saluer et fêter le retour de notre brave armée.

Partout sur le passage de l'armée d'Italie, s'élevaient des mâts vénitiens chargés de trophées et de banderolles aux couleurs nationales, et de nombreux arcs de triomphe se dressaient sur les boulevards; partout des bouquets, des fleurs et des couronnes étaient lancés à ces invincibles phalanges.

partout à l'homme prodigieux qui vient d'ajouter avec tant d'éclat le renom de grand capitaine à toutes les supériorités de son grand caractère.

L'Impératrice, accompagnée du Prince Impérial, est arrivée à dix heures se placer sur une tribune préparée pour elle et la Cour. Une heure après, de chaleureuses acclamations annonçaient l'arrivée de l'Empereur et de l'armée. Ce fut à ce moment qu'on éclata des vivats adressés à l'Empereur, à l'Impératrice et au Prince Impérial. Ces acclamations ont été poussées ensuite successivement pendant plus de quatre heures, avec une animation qui ne s'est pas ralentie un seul instant, par les 69,000 hommes qui ont défilé devant Leurs Majestés.

Retour d'Italie : c'est l'apogée du régime. L'impératrice et le prince impérial accueillent l'empereur.

Musée Carnavalet (Agence Vu)

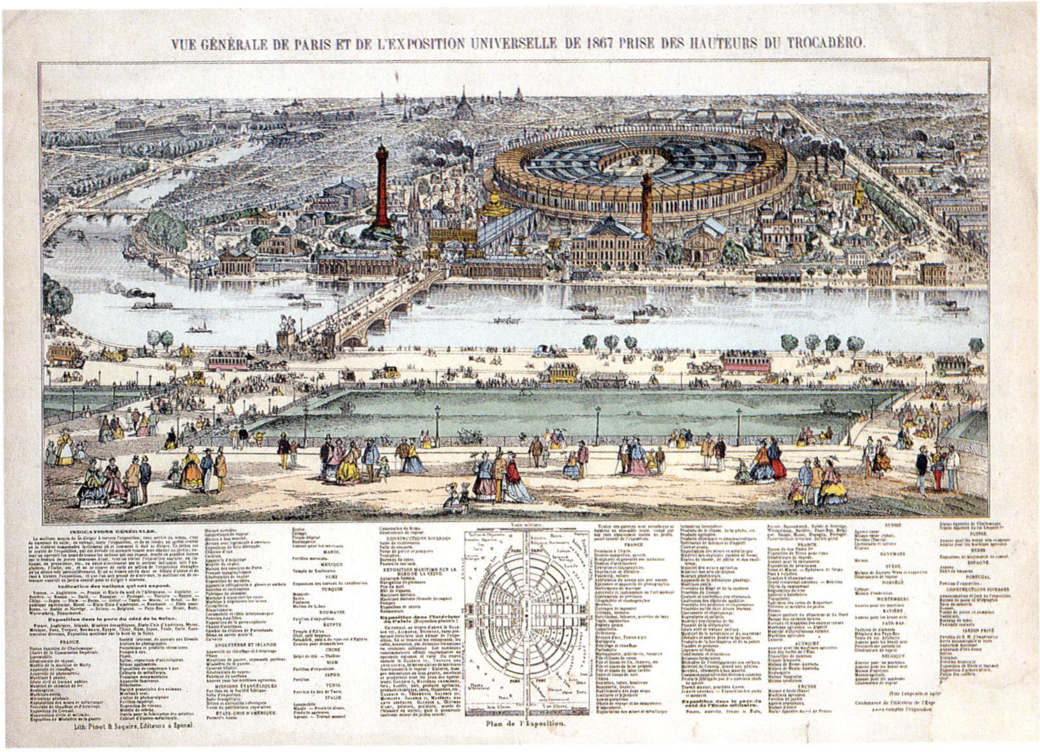

VUE GÉNÉRALE DE PARIS ET DE L'EXPOSITION UNIVERSELLE DE 1867 PRISE DES HAUTEURS DU TROCADÉRO.

L'Exposition universelle de 1867, c'est l'apogée de la France.

Musée Carnavalet (Agence Vu)

L'Empire, c'est la paix, mais on exalte sa gloire
militaire.

Les généraux ont fière allure mais ne valent pas leurs
aïeux.

Collection Henri Georges

Collection Jean-Claude Lachnitt

Inauguration du boulevard du Prince-Eugène. Paris s'embellit. La place de la Nation veut être le pendant de
celle de l'Étoile.

Musée Carnavalet (Agence Vu)

L'EMPIRE SE RACONTE

Président de la République.

Empereur.

Crimée :
l'Alma avec Saint-Arnaud.

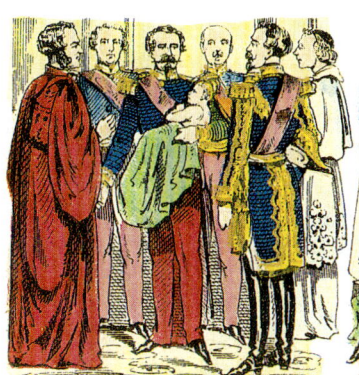

16 mars 1856.
Naissance du prince impérial.

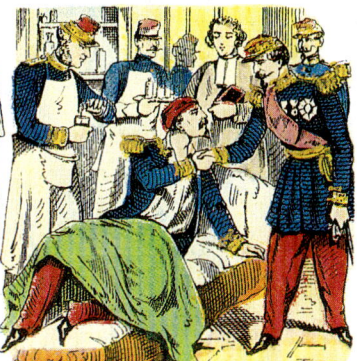

Après Montebello.

Solferino.

Paix de Villafranca.

Prise de Pékin.

Expédition du Mexique.

Collection Henri Georges

Collection Jean-Claude Lachnitt

Chapelle ardente à Chislehurst. 9 janvier 1873 : la mort. 10 janvier : l'autopsie. 11 janvier : l'embaumement.

Toutes les illustrations de ce cahier (à l'exception de la page 2 et du camée de la page 3) sont l'œuvre des imagiers d'Épinal.

On ne trouve aucune excuse de ce genre pour Louis Napoléon.

Et pourtant, comment ne pas voir que la réalité est pour le moins beaucoup plus complexe ?

Sous les apparences, il existe quatre faits majeurs, incontournables : le coup d'État — quels qu'en soient le ou les responsables — apparaissait depuis longtemps comme la seule issue à un blocage constitutionnel et politique, que seul Louis Napoléon avait cherché les moyens légaux d'éviter ; le coup d'État a été accompli au nom du rétablissement du suffrage universel, ce qui lui confère, pour le moins, une certaine originalité ; le coup d'État a été ratifié par une immense majorité des Français ; peu d'auteurs de coups d'État se sont conduits, vis-à-vis de leurs opposants, avec autant d'humanité, voire de complaisance, que le fit Louis Napoléon.

Mais la postérité sait être encore plus têtue que les faits qu'elle élude.

On l'a dit : injuste, partial, abusivement violent, Victor Hugo eut un trait de génie meurtrier en trouvant pour son livre accusatoire un titre qui exclut au départ et pour longtemps toute indulgence : *Histoire d'un crime*. Au point, on l'a vu, que Karl Marx, même si telle n'était certes pas son intention, semblerait plutôt, à force de vouloir humilier Louis Napoléon et expliquer ses actes par le déterminisme des choses, lui offrir de larges circonstances atténuantes.

A tout le moins, quel que soit le jugement infligé à l'initiative de Louis Napoléon, qu'on se débarrasse de cette légende d'une brave petite République, humaniste, sociale et démocratique, abattue par un vilain conspirateur ; qu'on torde enfin le cou à cette fiction qui voudrait que la République de février 1848 soit tombée sous les coups de Louis Napoléon.

C'est là un mensonge éhonté, une imposture flagrante.

Au petit matin du 2 décembre 1851, avant que tout commence, la République de Février est morte depuis longtemps, assassinée lâchement par ceux-là même que Louis Napoléon va quelque peu rudoyer... Au reste, est-il permis d'observer, à l'intention des juristes, qu'après le 2 décembre la République va continuer ? Et que rien, vraiment rien, ne permet d'affirmer qu'elle est pire que la précédente ! Et que si certains de ceux qui ont vécu loyalement et sincèrement l'illusion lyrique des premiers mois de 1848 figurent parfois dans le rang des vaincus, c'est qu'ils ont eu la chance d'échapper à la répression qui s'est exercée après les journées de juin 1848, répression dont sont responsables d'autres hommes... ayant feint en février de partager la même illusion...

Persigny, qui n'est point sot et a quelque intuition, a, comme beaucoup d'autres, pressenti dès l'origine que tout cela ne pourrait se terminer que par une épreuve de force. Il en a conclu qu'il conviendrait d'aborder cette épreuve dans les meilleures conditions possibles aux yeux de l'opinion et au regard de l'Histoire. Le conseil qu'il donnait au prince était, avant de prendre tout engagement ou de prêter quelque serment que ce fût, de demander la ratification de la Constitution par le peuple. Il ne faisait d'ailleurs que reprendre une proposition de Victor Hugo, lequel avait déposé en son temps un amendement tendant à subordonner la promulgation à un plébiscite préalable. Une initiative dont l'adoption aurait permis d'éviter un jour le parjure et dont le refus eût mis en évidence que la Constitution, ainsi privée de l'onction du suffrage universel, n'était guère qu'un mode d'emploi de caractère provisoire.

Pour ingénieuse que fut cette solution, elle présentait l'inconvénient de conduire à une crise immédiate. Si la position du prince en aurait été moralement confortée, il n'est pas certain qu'elle aurait été politiquement mieux assurée. On y renonça donc. Et Louis Napoléon se résigna à entrer dans un monde quasi inconnu pour lui, acceptant d'en appliquer les règles et les rites...

« Ce fut un malheur pour moi, expliquera-t-il, de n'avoir pu débuter par un ministère républicain et d'avoir été obligé de me confier aux hommes de la rue de Poitiers. »

Car c'est bien la signification du choix, auquel il doit se résoudre, d'Odilon Barrot.

A tout prendre, Louis Napoléon eût encore préféré Lamartine ou Thiers. Il offrit d'ailleurs très explicitement la présidence du Conseil à ce dernier, après l'avoir courtisé : le soir de l'élection c'est chez lui qu'il alla dîner et, le lendemain même, il lui rendit son invitation à laquelle le petit homme répondit avec ses dames — puisqu'il était en ménage avec la mère et la fille Dosne.

Thiers crut néanmoins habile de refuser la proposition.

Comme nous a expliqué Pierre Guiral, il existait entre le prince et Thiers un triple malentendu : « Thiers croyait que Louis Napoléon était un minus habens et celui-ci ne l'était pas ; il pensait que son temps serait bref et il ne le sera pas ; il espérait pouvoir le conseiller et le diriger et déjà des désaccords sans gravité mais non sans signification étaient apparus. »

Lamartine ayant également décliné son offre, Louis Napoléon se rabattit donc sur Barrot.

Odilon Barrot, tout un symbole ! Les conservateurs, en l'imposant, vont au-delà de la provocation. Chef de l'opposition dynastique à Louis-Philippe, il avait été nommé par celui-ci, en pleine révolution de Février, pour tenter de sauver les meubles. Avec lui, un an plus tard, après tant d'événements, on revient pratiquement à la case de départ, et on ne saurait mieux souligner qu'on entend renouer avec une sorte de monarchie de Juillet revue et corrigée... C'est même proclamer que tout ce qui a pu se passer entre-temps est nul et non avenu, ou le sera bientôt. Comment penser un instant, par exemple, que le dernier vestige de cette année folle, le suffrage universel, pourra longtemps subsister ? On ne voulait pas de ce suffrage, on n'en a jamais voulu, et ce ne sont certes pas les résultats du 10 décembre qui vont permettre, sur ce terrain, une réconciliation plus que jamais improbable.

Ces hommes-là n'ont décidément rien appris ni rien oublié. Louis Napoléon se le dit sans doute. Tout en appréciant, peut-être, le parti à tirer, dans l'opinion, d'un tel entêtement... Pour l'heure, il doit, quand même, compter avec eux.

Certes, il pourrait trouver des alliés chez les républicains. Après tout, cela avait été le cas naguère, et des causes analogues pourraient peut-être déboucher sur de mêmes effets. Mais le divorce paraît dès l'abord consommé. Entre eux et lui, les objectifs paraissent trop contradictoires : il y a, bien sûr, l'ambition impériale qui lui est prêtée ; mais aussi sa foi dans le suffrage universel et ses vues d'avant-garde dans le domaine social qui ne sont peut-être pas forcément des facteurs de rapprochement avec certains.

En tout cas, le rendez-vous est manqué. Il en sera de même à chacune des occasions ultérieures qui se présenteront jusqu'au coup d'État. Louis Napoléon sera condamné à rechercher l'appui de ceux qui, n'approuvant guère ses idéaux, le contraindront tantôt à louvoyer, tantôt à modérer ses élans. Il devra en revanche se passer du soutien de ceux-là mêmes avec lesquels il se trouve en plus ou moins étroite communion de pensée.

Là réside tout le paradoxe de la vie politique de Louis Napoléon. Paradoxe qui est aussi son drame. Paradoxe qui explique les sinuosités dans l'itinéraire de cet homme, que les uns tolèrent mais paralysent, et que les autres estiment parfois sans cesser de le combattre.

Cette convergence impossible a de quoi surprendre et décevoir. Plus tard, et de la même façon, on aura aussi du mal à admettre que de Gaulle et Mendès n'aient pu s'entendre... Il est des rendez-vous manqués dont l'Histoire, après coup, vous montre combien ils répondaient à la fois à la logique la plus évidente et à la plus impérieuse nécessité.

Étonnante période que celle qui s'ouvre : une « cohabitation » avant la lettre, entre un président et un gouvernement qui n'ont presque rien en commun et surtout pas l'idée qu'ils se font de leur avenir réciproque et, au-delà, de l'avenir du pays. Période de faiblesse, d'humiliation pour le président.

D'autant que Louis Napoléon, au contraire de François Mitterrand entre 1986 et 1988, ne dispose pas d'un parti puissant et organisé, capable de faire écho dans l'opinion à ses réserves, ses avertissements ou ses coups d'arrêt. Il est le dernier à être entré dans un jeu dont les cartes étaient déjà distribuées. Du coup, au Conseil des ministres, que Maupas décrit comme un véritable conseil de surveillance, il apparaît comme un intrus, alors que François Mitterrand réussira à persuader « ses » ministres que c'est leur présence, chez lui, qui est incongrue.

Alors au Conseil, Louis Napoléon intervient peu. Parfois pour une suggestion, en forme de fausse interrogation qui relève presque du sarcasme. Sa proposition, généralement, tombe à plat, tant elle paraît étrangère au fond de la discussion, voire au sens commun. Il n'en semble pas fâché : c'est sa manière à lui de prouver son existence.

Le gouvernement, très vite, s'emploie à solder la période révolutionnaire. Et achève de mettre en place les nouvelles institutions dont le principe a été décidé.

On s'aperçoit pourtant sans tarder que l'on court au désastre... La Constitution de 1848, mauvais compromis bâclé, passe aux yeux de tous, dès sa promulgation, pour complètement ratée ; pire, elle est dangereuse, dans la mesure où rien n'est prévu pour régler les conflits entre le président et l'Assemblée. Conflits d'autant plus inévitables que certaines compétences sont reconnues... aux deux protagonistes à la fois.

On commet d'ailleurs un contresens sur le contenu de ce texte. Longtemps après, aujourd'hui encore, la réputation du régime présidentiel souffrira en France de ce piteux précédent, qu'on ne devrait pourtant pas considérer comme tel car ce n'est pas d'un véritable régime présidentiel qu'il s'agissait.

En réalité, la Constitution de 1848 est l'une de ces « constitutions-cocktails » dont parlait plaisamment Joseph Barthélemy. En fin constitutionnaliste, Marcel Prelot a expliqué le pourquoi de sa composition en papiers collés : « Du fait notamment de l'attitude de Cormenin qui obligea les commissaires à l'étude analytique et successive des divers articles, ses auteurs manquèrent de vue d'ensemble et d'esprit de synthèse. Ils ne surent pas choisir entre la démocratie conventionnelle, la démocratie parlementaire et la démocratie présidentielle dont, il est vrai, les types étaient au milieu du siècle dernier encore très indécis. Chaque affirmation, chaque institution s'est trouvée ainsi compromise et altérée par l'existence de principes et dispositions contraires. »

Du régime conventionnel, il y a l'Assemblée unique, laquelle va forcément se croire investie de la mission de tout régir, d'autant que les membres du gouvernement peuvent être choisis en son sein.

Du régime présidentiel, il y a la désignation du chef de l'exécutif au suffrage universel, et l'absence concomitante des droits de dissolution et de révocation.

Du régime parlementaire, il y a la compatibilité des mandats, le contreseing et la responsabilité, le droit d'entrée et de parole des ministres.

On touche là à la plus grave des contradictions : le président est responsable, mais le gouvernement l'est aussi... Qui pis est, cette Constitution, grosse de tous les conflits, est pratiquement inamendable. On ne peut en effet suivre Marcel Prelot quand il prétend que les obstacles à la révision « n'étaient pas excessifs ». N'explique-t-il pas lui-même que « l'Assemblée nationale législative pouvait durant sa troisième et dernière année émettre, si elle estimait la Constitution défectueuse et insuffisante, un vœu à la majorité des trois quarts ? Dans ce cas, l'Assemblée à élire n'était pas une législative mais une constituante de neuf cents membres, comme celle de 1848. Elle durait trois mois et, après avoir accompli les réformes constitutionnelles prévues, cédait la place, conformément aux règles habituelles, à une simple législative ».

On ne saurait mieux démontrer que le système est solidement verrouillé. Et c'est la France qui s'y trouve enfermée.

Pourtant, même s'il est tentant de le faire, on ne peut faire peser sur les auteurs de la Constitution la responsabilité du coup d'État. En réalité, les constituants ne firent que traduire dans les textes les contradictions entre les aspirations de la classe politique. Ce sont ces contradictions et le refus de les résoudre qui portaient en germe le coup d'État, sans que personne sache au juste à qui incomberait la charge de le perpétrer.

Car la situation politique est plus que confuse. Il n'existe et n'existera, au plan parlementaire, aucune majorité positive apte à se rassembler pour fournir une réponse globale aux problèmes de la société française. Ne peuvent se constituer que des majorités négatives susceptibles de faire bloc contre n'importe quelle esquisse de solution.

L'Assemblée de 1848 avait encore quelques velléités — vite réprimées — de préciser le caractère républicain du régime. Celle qui va sortir des élections, très politiques, très manichéennes, de mai 1849 est à proprement parler réactionnaire. Face à deux cents « montagnards » qui forment plutôt une mosaïque qu'un groupe compact et cohérent, on y trouve quelque cinq cents conservateurs, eux-mêmes divisés entre orléanistes, légitimistes, républicains, modérés et bonapartistes.

Il n'est d'ailleurs pas jusqu'à la légitimité de cette nouvelle Assemblée qui ne soit elle-même douteuse.

En août 1848, la Constituante avait décidé de ne se séparer qu'après l'adoption de toute une série de lois organiques venant compléter la Constitution. Le parti de l'Ordre ne l'entendit pas ainsi. Dès le 6 janvier 1849, Rateau proposa que l'Assemblée prononce sa dissolution, et qu'on sorte ainsi du provisoire. Barrot ne dissimula pas son approbation et, avec le gouvernement, suscita une campagne de pétitions en ce sens. On fit mieux encore : le 29 janvier, jour où devait être débattu le problème de la dissolution, Paris fut mis pratiquement en état de siège. La pression fut telle qu'on put parler d'un véritable coup de force.

Dès le 29 mai suivant, la nouvelle Assemblée législative était en place. La promptitude de la substitution a valeur de leçon :

cette violence infligée à la représentation nationale constituait en effet un précédent, et ses responsables compromettaient par avance la crédibilité de leur défense le jour où l'on retournerait contre eux leurs propres armes. Voilà Louis Napoléon doté d'un argument tout trouvé pour en appeler un jour de l'Assemblée à la nation.

**
*

La majorité des membres de la nouvelle Assemblée a au moins un point commun : elle vit dans la hantise des « rouges ». Gardant un souvenir horrifié des journées de juin 1848, elle craint de nouveaux bouleversements. Pour autant, sur le plan social, elle n'est prête à aucune concession.

Incapable de s'entendre sur le régime définitif à donner au pays, cette majorité s'accorde pour considérer que le régime en place ne peut être que transitoire, et adopte une attitude ambiguë, souvent teintée d'hostilité, à l'égard du président.

Elle s'oppose, cela va sans dire, aux ambitions qu'on prête à celui-ci, bien décidée à le tenir en bride et, le cas échéant, à l'affaiblir pour parer à toute menace de sa part, sans refuser alors la possibilité de faire cause commune avec les républicains qu'elle exècre. Mais, elle cherche aussi, par ailleurs, à utiliser le président, dès qu'elle perçoit, à gauche, une menace.

D'un coup d'État, il est donc, en fait, question très tôt. Mais d'un coup d'État que la majorité de l'Assemblée, avec la connivence ou l'appui du prince, fomenterait contre la minorité et, surtout, contre les forces du mal que cette dernière, toute divisée qu'elle soit, lui paraît incarner. Louis Napoléon ne répond pourtant pas à ses invites. Pas plus qu'il ne cède à la tentation d'arbitrer entre les multiples tendances du parti de l'Ordre.

En somme, la vie politique se réduit à la confrontation entre deux grandes factions en proie, chacune, à des contradictions internes et incapables, l'une et l'autre, de savoir au juste ce qu'elles veulent, avec un troisième partenaire qui, lui, sait très précisément où il veut aller… même s'il ne se découvre que fort peu. Il donne des gages, il navigue, il prend des coups, en rend parfois, mais ne révèle pas son jeu…

Tout l'indique, nul ne croit vraiment à la possibilité de s'en sortir par une action purement parlementaire, mais, paradoxalement, c'est Louis Napoléon qui semble être le dernier à vouloir quitter la voie de la légalité. Tout au long de ces années difficiles, ambiguës et dangereuses à l'Élysée, il s'efforcera de trouver une issue convenable. Ses tentatives constituent le seul élément de cohérence d'une période fort complexe, où chacun croit avoir intérêt à laisser pourrir toujours davantage une situation lourde de menaces. Pour sa part, Louis Napoléon va accepter tous les désagréments dont il ne peut s'exonérer et engranger tous les avantages que sa mansuétude aura pu lui assurer. Il va saper le parti de l'Ordre, ne s'opposant à lui que lorsqu'il est certain de n'en subir aucun dommage. Insensiblement, subrepticement, il va préparer le terrain de façon que l'Assemblée sera, soit contrainte de venir à résipiscence, soit suffisamment affaiblie pour qu'il puisse l'écarter de son chemin.

Pour l'heure, le chemin de Louis Napoléon, ses partenaires, ses adversaires et ses ennemis l'ont tracé une fois pour toutes, et sans aucun égard pour lui.

La fonction que lui a confiée le peuple ne dure pas plus... de trois ans et demi, courte période au cours de laquelle on entend faire une lecture aussi restrictive que possible de ses pouvoirs constitutionnels. Puis, interdit de candidature, il sera éliminé. Le mandat du président et celui de l'Assemblée expirant ensemble en mai 1852, on procédera à des élections conjointes, après un court intérim confié au vice-président Boulay de la Meurthe. Louis Napoléon pourra donc encore, s'il le souhaite, se faire élire député et enrichir de sa contribution le débat parlementaire, mais l'hypothèque qu'il représente sera, en tout état de cause et enfin, levée.

Louis Napoléon n'entend évidemment pas les choses de la même manière. Pour lui, le salut du pays et son destin personnel sont indissociablement liés. Il a choisi de longue date la voie du milieu, c'est-à-dire celle de la synthèse entre une gauche et une droite qu'il renvoie dos à dos en raison de leurs excès respectifs.

Ce qu'il va donc rechercher, c'est la possibilité, après moins de quatre ans de présidence, de se présenter à nouveau devant le suffrage universel. Cette attitude ne paraît ni anormale, ni excessive ; d'autant que, plus les échéances se rapprochent, plus il est évident qu'elle correspond à l'attente de la grande majorité du pays. En l'exprimant, d'ailleurs, il se montre fidèle au principe qui inspire toute sa vie : la souveraineté du peuple.

Marx, tout en lui prêtant les pires arrière-pensées, traduit à sa manière la résolution, voire l'idée fixe, du prince-président :

« Tandis que l'Assemblée reste constamment sur les planches exposée au grand jour à la critique, il mène une vie cachée dans les Champs-Élysées, ayant devant les yeux et dans son cœur l'article 45 de la Constitution qui lui crie tous les jours : "Frère, il faut mourir ! Ton pouvoir cesse le second dimanche du joli mois de mai, dans la quatrième année de ton élévation ! Alors ton règne prend fin. Si tu as des dettes, vois à temps au moyen de les payer avec les 600 000 francs que t'alloue la Constitution...". »

Dès lors, l'objectif de Louis Napoléon est clair : créer jour après jour les conditions de la nécessaire révision. Et pour cela, progressivement, prudemment, mais sans la moindre défaillance, affirmer le pouvoir qui lui a été conféré par le suffrage universel. Ainsi aura-t-il les moyens politiques d'imposer légalement la seule voie qui lui paraît possible.

Pour arriver à ses fins, il va parfois tergiverser ou louvoyer, mais sans jamais perdre de vue l'objectif ultime — ce qui peut l'amener à adopter des conduites d'apparence contradictoire.

Parce que ses espérances s'opposent à celles des partisans d'une restauration monarchique ou d'une république sans suffrage universel, il se trouve le plus souvent en butte à l'hostilité du parti de l'Ordre, même si celui-ci cherche parfois à l'utiliser. On ne le voit pas pour autant susciter des adhésions chez les responsables du parti républicain. Pourtant, des ralliements se produisent un peu partout, dans toutes les classes de la société, encore que, du côté des élites, c'est seulement à droite qu'il trouvera des appuis.

Condamné à faire avec ce qu'il a, il va s'efforcer de contourner les écueils, les uns après les autres. Ils ne vont pas manquer.

L'affaire de Rome résume toutes ces contradictions. Elle est une excellente illustration du jeu subtil que doit pratiquer le président.

Elle renvoie aux Français d'alors l'image de leurs divisions et de leurs déchirements. On peut y voir aussi une sorte de préfiguration de bien des épisodes futurs de la vie de Louis Napoléon : la sincérité et la générosité de l'intention, la sagesse qui invite à se plier devant la contrainte des faits, l'habileté à profiter de l'adversité apparente ou des ambiguïtés de la situation, et, en fin de compte, quels qu'aient été les cheminements et les détours, un résultat qui, pour l'essentiel, est bien celui qui était recherché.

Une chose est claire : en 1849, Louis Napoléon rêve encore à l'indépendance de l'Italie : il n'a ni oublié ni renié le jeune homme qui combattait le pouvoir temporel du pape. Ce qui est sûr aussi, c'est qu'au terme de sa vie Louis Napoléon pourra à bon droit se dire qu'il a apporté une contribution décisive à l'unité italienne. Mais entre-temps, que de méandres !

A Rome, en novembre 1848, le Premier ministre de Pie IX avait été poignardé par un fanatique et la populace, assiégeant le Quirinal, avait imposé au pape un ministère radical. Très vite, Pie IX dut se résoudre à abandonner la place et se réfugier à Gaète. L'émotion fut si vive à Paris que Cavaignac avait songé à expédier à Rome une troupe de trois mille cinq cents hommes, décommandée in extremis.

Une fois l'élection présidentielle passée, on a vu les événements se précipiter à nouveau. En février, le révolutionnaire Mazzini arrive à Rome pour prendre la tête du mouvement. En mars, la défaite à Novare de Charles-Albert, roi de Sardaigne, auteur d'une tentative illusoire ou désespérée pour secouer le joug autrichien, pose le problème en termes tout à fait nouveaux. Les Autrichiens victorieux ont désormais le moyen de se trouver à Rome en position d'arbitres. C'est plus que ne peut supporter Paris. On décide donc — le président et le gouvernement étant pour une fois d'accord — d'envoyer à proximité de la Ville éternelle une force d'interposition — formule qui, plus tard, fera fortune et causera d'autres désagréments.

En réalité l'équivoque et la confusion règnent. Tout le monde en France, ou presque, souhaite bien une intervention, chacun s'accordant à refuser aux Autrichiens le rôle de gendarmes de toute l'Italie. Mais, pour les uns, l'expédition devrait être pro-mazzinienne ; pour les autres, son but consisterait à rétablir le pape dans ses droits. Louis Napoléon se garde bien d'arbitrer entre les deux thèses... Lui-même ne s'est résigné à l'expédition que pour conserver les suffrages des catholiques, qui ont cru discerner en lui... un partisan du pouvoir temporel.

Alors on va à Rome ou, plus précisément, à Civitavecchia, sans trop savoir ce qu'on y fera. Une fois sur place, on tire parti d'une atteinte à l'« honneur national », c'est-à-dire d'un minime incident, pour bousculer les insurgés, occuper Rome et rendre, de fait, ses États au pape.

C'est que, pendant que les partis en France s'affrontent sur le sort de Rome, Louis Napoléon pense surtout à son propre avenir. Il poursuit un tout autre objectif que celui de régler dès à présent les affaires italiennes : le temps n'en est pas encore venu. C'est pourquoi il va être, dans l'immédiat, le seul bénéficiaire de l'affaire, qui aura exacerbé les passions.

Comme il faut malgré tout ne pas insulter l'avenir, comme il est prudent de rassurer quelques esprits chagrins — dont l'appoint, un jour, pourrait s'avérer utile —, il va quand même, in fine, donner un coup de barre... à gauche. Les trois cardinaux qui ont repris le pouvoir à Rome y conduisent-ils une politique de réaction ? Qu'à cela ne tienne : mettant en œuvre une technique qui lui sera bientôt habituelle, Louis Napoléon écrit à Edgar Ney, qui participe à l'expédition, une lettre qu'on s'empresse de rendre publique : « La République française n'a pas envoyé une armée à Rome pour étouffer la République romaine mais au contraire pour la régler, en la préservant de ses propres excès. »

Tout Louis Napoléon est là.

Inutile de dire que la lettre fait grand bruit. Elle ne satisfait en réalité presque personne. A gauche, on s'obstine à ne rien vouloir comprendre des intentions réelles de Louis Napoléon, tandis qu'à droite on se perd en conjectures sur les raisons qui ont bien pu le pousser à gâcher, par des propos intempestifs, une affaire si joliment engagée.

Comme il se doit, Thiers n'est pas le juge le moins sévère, même si sa correspondance avec Mignet laisse transparaître une certaine perplexité : « Le Président a fait une faute avec sa lettre qui a gâté sa situation auprès de la diplomatie européenne, des gens du Gouvernement et du parti catholique, et surtout fourni un gros argument aux carlistes. On n'imagine pas toutes les conséquences de cet acte. »

Il n'y a guère que Victor Hugo pour approuver la missive présidentielle à la tribune de l'Assemblée. Las ! ce discours de soutien sera paradoxalement à l'origine de la rupture entre les deux hommes, rupture qui, si elle n'a guère de conséquences politiques immédiates, pèsera lourd dans l'image de Louis Napoléon. Celui-ci juge, en effet, non sans raison, qu'il s'est désormais suffisamment engagé dans l'affaire. Et, au grand désappointement de Hugo, laisse passer sans réagir les explications — fort restrictives — d'Odilon Barrot, qui va jusqu'à mettre en cause les « abominables excès » de l'entourage présidentiel.

**

Tout cela, cependant, a permis à Louis Napoléon de s'affirmer et de gagner en autorité. Cette autorité, il lui faut encore la conforter.

A l'occasion de l'affaire de Rome, Ledru-Rollin avait lancé, en juin, un véritable appel à l'insurrection. Les manifestations organisées alors n'avaient connu qu'un succès limité, suffisant cependant pour aviver les craintes des bien-pensants. Louis Napoléon qui, du reste, n'a guère d'autre choix laisse se développer la répression. Il va plus loin et se décide à donner de la voix, tapant même du poing sur la table : « Il est temps, dit-il, que les bons se rassurent et que les méchants tremblent. »

Le voilà parti dans une série de déplacements en province, à Chartres, Amiens, Nantes, Angers, Saumur, Tours, pour y développer des variations sur ce thème. Mais, et c'est une surprise pour beaucoup, il ne s'en tient pas là. S'il s'en prend aux agitateurs, il n'épargne pas toujours la droite qui, du point de vue de l'intérêt national, partagerait selon lui la responsabilité des troubles.

Voyages soigneusement préparés, dont le retentissement est considérable. Quelquefois, des groupes hostiles se forment, des sifflets fusent. Mais le président, courageusement, fait front. Et son discours passe...

Marx prétend que, dans ces voyages dont *le Moniteur* fait le plus grand cas, l'escorte de Louis Napoléon admet en son sein les membres d'une société dite « du 10 Décembre », un faux organisme de bienfaisance, composé d'agents bonapartistes qui servent à la fois de nervis et de brigade des acclamations.

« On avait organisé la canaille, soutient-il, en sections secrètes [...]. A côté de "roués" ruinés, aux moyens de subsistance douteux et d'origine également douteuse, à côté des déchets de la bourgeoisie, d'aventuriers et de corrompus, des soldats et des forçats libérés, galériens en rupture de ban, voyous, charlatans, lazzaroni, voleurs à la tire, escamoteurs, joueurs, maquereaux, tenanciers de bordels, portefaix, hommes de lettres, tourneurs d'orgues, chiffonniers, gagne-petit, rétameurs, mendiants, bref, toute cette masse indéterminée, décomposée, flottante, que les Français appellent la "bohème".

« [...] Dans la société du 10 Décembre, il rassemble dix mille gueux qui doivent représenter le lion populaire.

« [...] C'était l'armée spéciale à son parti.

« Dans ses voyages, les sections emballées dans les wagons devaient lui improviser un public, exciter l'enthousiasme, hurler "Vive l'Empereur", insulter et rosser les républicains et cela naturellement sous la protection de la police.

« [...] Quand il prononçait publiquement devant les citoyens ses discours officiels sur l'ordre, la religion, la famille, la propriété, il avait derrière lui la Société secrète des Cartouches et des Mandrins, la Société du désordre, de la prostitution et du vol. »

Quoi qu'il en soit, les propos de Louis Napoléon portent, relayés qu'ils sont par des journaux qu'on suscite ou qu'on encourage, et par des groupes de pression dont on contrôle la manœuvre... L'armée est tout particulièrement honorée et choyée : Louis Napoléon ne se contente pas de s'affubler d'un uniforme de général et de multiplier les rencontres avec les régiments. Il veille à ce qu'on augmente les soldes et à ce que les avancements n'oublient pas ses fidèles !

De plus en plus clairement, son choix est celui d'une voie moyenne entre la révolution et la réaction.

« A peine les dangers de la rue étaient-ils passés, fulmine-t-il, qu'on a vu les anciens partis relever leurs drapeaux [...]. Au milieu de cette confusion, la France, inquiète parce qu'elle ne voit pas de direction, cherche la main, la volonté de l'élu du 10 décembre. Or, cette volonté ne peut être sentie que s'il y a communauté d'idées et de vues, de convictions entre le Président et ses Ministres et si l'Assemblée elle-même s'associe à la pensée nationale dont l'élection du pouvoir exécutif a été l'expression. »

La résolution de Louis Napoléon est désormais claire : gouverner par lui-même, avec sa propre équipe.

De fait, le 31 octobre 1849, il renvoie Odilon Barrot. Il n'y aura plus de président du Conseil. La constitution du nouveau gouvernement dont d'Hautpoul est la personnalité la plus marquante marque un tournant beaucoup plus important qu'il n'y paraît. Désormais il entend jouer sa partie, avec tous les moyens dont il dispose.

C'est le moment que choisit Victor Hugo pour passer définitivement à gauche. Ses rapports avec le parti de l'Ordre n'avaient cessé de se détériorer depuis quelques mois : il était, en effet, favorable à une politique sociale que les positions réactionnaires de la majorité interdisaient à l'évidence. Du coup, il avait conduit la fronde contre la loi Falloux, qui remettait en cause les acquis des décennies passées et tendait à réintroduire la prédominance du clergé sur l'enseignement primaire et secondaire.

Si Hugo franchit alors le pas, c'est surtout que sa rupture personnelle avec Louis Napoléon est consommée. Le poète n'a pas pardonné au président de l'avoir laissé défendre la lettre à Edgar Ney, et de paraître peu après le lâcher. En fait, il y a un malentendu entre les deux hommes, qui tient à une différence de perspective. Hugo est un témoin, tout d'une pièce, entier, total. Louis Napoléon est un acteur, le principal acteur et, dans un contexte hostile, il doit ruser et composer pour arriver à ses fins.

Effectivement, il a laissé Barrot, devant l'Assemblée, limiter la portée de sa lettre. Cela lui semblait de peu d'importance : cette lettre avait été publiée, et ce qui devait être dit l'avait été. Hugo considéra, lui, que Barrot était le porte-parole présidentiel et que Louis Napoléon, faisant machine arrière, l'avait désavoué... et ridiculisé — ce qui n'avait jamais été dans l'intention du prince.

L'épisode de la loi Falloux n'arrangea rien. Il est plus que probable que le contenu de ce texte n'enthousiasmait pas davantage Louis Napoléon que Victor Hugo, qui prononça à cette occasion un discours inscrit pour toujours dans les annales de l'éloquence parlementaire. Mais le président savait bien qu'il lui fallait continuer à jouir des faveurs de l'électorat catholique. Alors, il avait laissé faire. Une fois de plus. En attendant son heure. Avec la ferme conviction que cela hâterait son heure. Mieux encore, Falloux était probablement le seul membre du ministère Barrot à lui devoir son portefeuille.

On a souvent prétendu que Hugo s'était opposé à Louis Napoléon parce que celui-ci ne l'avait pas invité à participer à l'équipe qu'il allait substituer à celle de Barrot. Ce serait faire injure à notre grand poète que de reprendre cette thèse, plus que douteuse ; pourquoi ne pas le croire quand, le 10 décembre 1848, il écrivait à Paul Lacroix : « Ne voyez pas en moi un ministre... je veux l'influence et non le pouvoir. »

Sans doute aurait-il été encore temps pour qu'une marque de faveur débouchât sur une réconciliation. Il semble que le président y a songé, mais qu'au moment où il voulait imposer son autorité, il a renoncé à l'idée d'introduire dans la bergerie gouvernementale un personnage si encombrant.

Du coup, la gauche allait faire une recrue de choix. Une gauche dont les élections partielles vont d'ailleurs montrer qu'elle n'a rien perdu de son audience.

Le 10 mars 1850, le scrutin organisé pour pourvoir aux trente sièges qu'avaient dû abandonner les participants, arrêtés ou en fuite, à l'affaire du 13 juin — qu'avait montée Ledru-Rollin pour protester contre la politique romaine du gouvernement — en accorda vingt aux démocrates, qui raflèrent notamment les trois sièges mis en jeu à Paris. Un mois et demi plus tard, Eugène, seul candidat montagnard, l'emportait dans la capitale.

Alors, à droite, on s'affole, et l'on cherche désespérément une riposte. Cette riposte, en forme de mesure préventive, c'est la loi électorale du 31 mai 1850. Elle marquera, au grand dam de ses inspirateurs, une étape décisive sur le chemin du coup d'État.

Inspiré par Thiers, qui souhaitait priver du droit de vote la « vile multitude », et préparé par une commission de dix-sept membres, le nouveau texte soumettait l'inscription sur les listes électorales à une condition de durée de présence au même domicile : trois ans, délai qui devait être attesté par l'inscription au rôle de la taxe personnelle ou, à défaut, par une certification du maire. La mesure n'était pas dépourvue d'hypocrisie, puisqu'on affectait de ne pas toucher au suffrage universel ; mais elle était redoutablement efficace : se trouvaient ainsi radiés près de trois millions d'électeurs sur un total inférieur à dix millions. Les ouvriers, principales victimes de la loi, redevenaient ces parias que la révolution de Février avait voulu transformer en citoyens à part entière.

Louis Napoléon laissa faire. Il avait refusé l'idée d'un coup de force avec les responsables conservateurs, joliment dénommés les Burgraves. Il n'avait pas encore les moyens de le faire contre eux. Tout ce qu'il avait concédé à la gauche lui paraissait suffire pour l'instant. Marx voit une autre explication à son silence : ses besoins d'argent. Son traitement — 1,2 million de francs, en comptant les frais de représentation — s'avérait insuffisant à couvrir ses besoins. Or, prétend Marx, « une longue vie d'aventurier et de vagabond lui avait donné les antennes les plus délicates qui lui permettaient de découvrir les moments faibles où il pouvait tirer de l'argent de ses bourgeois ». De fait, l'Assemblée, lui octroya peu après un supplément exceptionnel d'un peu plus de 2 millions...

L'analyse de Marx ne peut pour autant être acceptée sans plus ample examen. D'abord parce que la gauche elle-même laissa voter la loi électorale dans une relative indifférence. Surtout, parce qu'avec cette loi Louis Napoléon tenait désormais entre ses mains une arme redoutable : ou bien, pour prix de sa complaisance, les conservateurs lui ouvraient la voie de la révision ; ou bien, s'ils s'y refusaient, il pourrait à tout moment ameuter le peuple au nom du suffrage universel bafoué.

Or, paradoxalement, c'est à l'heure où il paraît avoir exclu les républicains du circuit légal que le camp des conservateurs se retrouve au bord de l'éclatement. La mort de Louis-Philippe, en août, a donné le signal de négociations entre les mouvements royalistes. Un compromis paraît possible entre les deux branches : le comte de Chambord n'ayant pas d'enfant, rien ne l'empêcherait de régner puis de reconnaître les Orléans comme ses héritiers. Mais Chambord ne veut rien savoir. La déception est grande. La fusion dynastique ayant échoué, la fusion parlementaire s'en trouve inévitablement compromise.

Louis Napoléon profite de cette situation. Certains légitimistes excédés, certains orléanistes résignés se rallient à sa cause. Le parti de l'Élysée voit grossir ses rangs.

D'autant que le président a décidé de se tourner toujours davantage vers l'opinion publique et multiplie les voyages en province. Il prend les Français à témoin et prépare le terrain. C'est habile. Plus, en tout cas, que cette demande d'augmentation de sa liste civile à laquelle l'Assemblée n'a que partiellement consenti, après un débat humiliant.

Si l'Assemblée paraît encore lui résister, il compte sur le pays pour admettre, et même imposer l'idée de la révision. Les conseils généraux sont pressentis pour s'exprimer à ce sujet : déjà cinquante d'entre eux se sont prononcés positivement. Il va apporter la preuve que, dès lors qu'il le lui demande, la nation est prête, elle aussi, à s'y rallier.

Il faut le suivre dans ses déplacements minutieusement préparés, dont tous les propos sont pesés. Parvenant à s'extraire de ces débats ésotériques réservés à la minorité « éclairée », il revient sans cesse à l'essentiel en termes simples.

En juillet, il est dans l'Est. De Lyon à Strasbourg, sa tournée semble particulièrement réussie. A Lyon, il parle de la République, en affirmant : « Je ne reconnais à personne le droit de se dire son représentant plus que moi. » Et comme si cela ne suffisait pas, il précise à Saint-Quentin : « Mes amis les plus sincères, les plus dévoués, ne sont pas dans les palais, ils sont sous le chaume ;

ils ne sont pas sous les lambris dorés, ils sont dans les ateliers et les campagnes. »

Cela revient à dire que, s'il doit se forcer, sans illusion, à pratiquer avec l'Assemblée le jeu du « je t'aime, moi non plus », son cœur en réalité est ailleurs. En septembre, il se rend en Normandie. A Caen, il ne cache plus guère sa pensée : « Si des jours orageux devaient reparaître et que le peuple veuille imposer un nouveau fardeau au Chef du Gouvernement, ce Chef, à son tour, serait bien coupable de déserter cette haute mission. »

Propos qu'il va confirmer et amplifier à Cherbourg : « Plus je parcours la France et plus je m'aperçois qu'on attend beaucoup du Gouvernement. Rien de plus naturel que la manifestation de ces vœux. Elle ne frappe pas, croyez-le bien, une oreille inattentive, mais à mon tour je dois vous dire : "Ces résultats tant désirés ne s'obtiendront que si vous me donnez le moyen de les accomplir, et ce moyen est tout entier dans votre concours à fortifier le pouvoir et à écarter le danger de l'avenir". »

Bien entendu, c'est sans enthousiasme que la majorité de l'Assemblée prend connaissance de ces manifestations d'une autorité qui s'affirme et se conforte sans cesse, avec l'appui évident de l'opinion publique.

Mais elle n'a encore rien vu. Au début de 1851, Louis Napoléon va pouvoir tester cette nouvelle autorité qu'il s'est forgée, montrer les dents et commencer à faire place nette. C'est la triple signification de la destitution de Changarnier, et elle va faire grand bruit...

Le général Changarnier est en effet un véritable monument. Député, il commande de surcroît et, à la fois, la division de Paris et la Garde nationale. C'est une puissance. En fait, ce n'est qu'une vieille ganache, un jouet entre les mains des royalistes après une assez longue idylle avec Louis Napoléon. Ne doutant de rien, il se verrait bien candidat à la présidence de la République. En tout cas, il parle beaucoup, tient des propos imprudents et s'en prend volontiers au président. A tort plus qu'à raison, il passe pour un recours, voire pour l'espoir de la majorité.

Le 2 janvier 1851, après un incident mineur, sûr de son impunité, Changarnier s'emporte et affirme à la tribune que le président de l'Assemblée a le droit de requérir la troupe. Ce qui signifie, pour qui sait bien entendre, que lui, Changarnier, pourrait bien, si besoin était, déférer à toutes instructions utiles et arrêter le chef de l'État. C'est plus que ne peut supporter Louis Napoléon. Le 3 janvier, il annonce qu'il va destituer Changarnier, expliquant que c'est à lui de « raffermir l'esprit de l'armée de laquelle je dispose seul d'après les termes de la Constitution ».

Plusieurs ministres, affolés par l'ampleur de la crise et ses conséquences possibles, choisissent de démissionner. Mais Louis Napoléon ne change rien à sa résolution. Le 9, tout est accompli. Comme l'écrira Émile Ollivier : « La destitution n'avait pas été, de la part du Président, le prélude du coup d'État prédit contre l'Assemblée mais la parade préventive d'un coup d'État de l'Assemblée en préparation contre lui. »

Malgré les avertissements de Thiers, qui déclare : si vous ne réagissez pas, « l'Empire est fait », l'Assemblée se contente d'une protestation platonique. Le président est un rempart contre le désordre : par qui le remplacer ? Quant aux républicains, ils ne souhaitent pas choisir entre la peste et le choléra. Un vote de défiance intervient bien le 18 janvier contre le ministère. Mais Louis Napoléon peut accepter sa démission d'un cœur léger : lui-même n'en est ni affecté ni affaibli. Il met en place un ministère de transition, sans parlementaires. Et, après l'échec de plusieurs autres formules, l'Assemblée doit accepter qu'on en revienne, en avril... au ministère du 18 janvier, à une exception notable près : la rentrée de Foucher, qui a plutôt le sens d'un durcissement que d'un rapprochement. Rouher, Fould, Baroche sont de la combinaison : le personnel du second Empire se met en place.

Dès lors, au printemps de 1851, Louis Napoléon se trouve en position favorable. L'heure peut paraître venue pour lui de jeter toutes ses forces dans la bataille de la révision, en prenant appui sur l'opinion.

Le 1er juin, il pose le problème à Dijon et met chacun devant ses responsabilités. Les réactions vont être vives, face à ce discours d'une grande netteté :

« La France, dit-il, ne veut ni le retour à l'Ancien Régime, quelle que soit la forme qui le déguise, ni l'essai d'utopies funestes et impraticables. C'est parce que je suis l'adversaire le plus naturel de l'un et de l'autre qu'elle a placé sa confiance en moi...

« Depuis trois ans, on a pu remarquer que j'ai toujours été secondé quand il s'est agi de combattre le désordre par des mesures de compression. Mais lorsque j'ai voulu faire le bien, fonder le crédit foncier, prendre des mesures pour améliorer le sort de la population, je n'ai rencontré que l'inertie. »

Et plus précisément encore :

« D'un bout de la France à l'autre, des pétitions se signent pour demander la révision de la Constitution. J'attends avec confiance les manifestations du pays et les décisions de l'Assemblée qui ne seront inspirées que par la seule pensée du bien public. Si la France reconnaît qu'on n'a pas le droit de disposer d'elle sans elle, la France n'a qu'à le dire : mon courage et mon énergie ne manqueront pas [...]. Quels que soient les devoirs que le pays m'impose, il me trouvera décidé à suivre sa volonté et croyez-le bien, Messieurs, la France ne périra pas dans mes mains. »

Le problème de la révision était, on en conviendra, on ne peut plus clairement posé.

Une majorité simple dans une Assemblée précédente avait interdit à la majorité de l'Assemblée suivante de défaire ce qu'elle avait fait... Au nom de quelle légitimité supérieure, de quelle transcendance singulière ? Nul ne le savait. Le peuple souverain se serait-il exprimé directement et solennellement ? En aucune manière. En fait, les constituants, même si leurs arrière-pensées n'étaient pas les mêmes, s'étaient accordés pour figer la situation. Chaque faction y avait contribué, espérant bien tirer bénéfice d'un dispositif conçu non pour avantager l'un ou l'autre groupe mais pour n'en défavoriser aucun.

A présent, chacun sent bien que le blocage des issues peut déboucher sur un drame. Les constituants ont pris la France au piège. En voulant gagner du temps pour leurs causes respectives, ils ont tranformé le pays en poudrière.

Ce n'est un secret pour personne que la droite conservatrice, toutes tendances confondues, ne peut accepter la perspective de la défaite électorale que laissent présager les résultats des élections partielles. Il est non moins évident que la gauche n'admettra pas qu'on la prive d'une victoire à laquelle elle croit de plus en plus. Bien des indices donnent à penser qu'elle est prête à l'affrontement. Ici et là, se forment des sociétés secrètes. Le moindre village a son meneur, souvent entré dans une semi-clandestinité, qui prépare « la revanche ». Habilement les montagnards essaient de gagner à leur cause une paysannerie plongée dans un profond marasme.

Parallèlement, de nombreuses pétitions, qui affluent de tous les côtés, sont venues appuyer les vœux déjà émis par les conseils généraux. Le sentiment dominant du pays est clair, et sans aucune équivoque : il faut réviser, donc permettre la réélection.

151

Le débat s'engage bientôt à l'Assemblée. Le 8 juillet 1851, Tocqueville, rapporteur de la commission de Révision — commission dont la création résulte d'une proposition signée par de Broglie au nom de deux cent trente-trois représentants — dépose ses conclusions : elles sont favorables. L'auteur de *la Démocratie en Amérique* n'en dissimule pas les véritables motifs : il faut à tout prix éviter une réélection illégale en 1852. C'est reconnaître — et voilà un avis autorisé — que dans l'hypothèse d'une candidature de Louis Napoléon, la réélection du prince ne serait qu'une formalité.

Berryer, tout légitimiste qu'il est, ne fait que renchérir : « Seule, la révision pourrait, avoue-t-il, empêcher Louis Napoléon de se maintenir au pouvoir de manière inconstitutionnelle. »

Et pourtant, si incontournables que soient les données du problème, la révision va échouer. Elle n'obtient à l'Assemblée que 446 voix contre 278. La majorité constitutionnelle étant de 543 voix, le projet est donc repoussé.

Les limites de l'absurde sont ainsi franchies, sous le regard des citoyens ; comment faire admettre à ceux-ci qu'il faut, pour réviser la Constitution, une majorité plus forte que pour la voter ! Une erreur peut toujours être commise par une majorité parlementaire ; il n'y a rien là de dramatique lorsqu'une autre majorité peut la corriger. Or, cela n'est pas possible dans le cas d'espèce. Tout bien considéré, il s'agit ni plus ni moins d'une disposition scélérate empêchant la libre expression du suffrage universel.

Cette turpitude est d'autant plus sensible à l'opinion que l'échéance de 1852 prend peu à peu la dimension d'un mythe. Un mythe empoisonnant, dévastateur, source de grande peur pour les uns, de folles espérances pour les autres.

La chanson de Pierre Dupont : *Viens en déployant ta lumière, mil huit cent cinquante-deux* illustre bien ce climat de psychose, fait d'espoir et d'appréhension.

On prévoyait que les exclus du suffrage universel iraient voter quand même, au besoin par la force, ajoutant ainsi à la confusion et au désordre. Et dans ce contexte général d'incertitude et d'instabilité, les fermetures d'usines, les conflits sociaux, les disettes, l'épidémie de choléra ajoutaient encore au malaise des esprits. Car la crise économique allait de pair avec la crise politique : les quelques signes de reprise enregistrés en 1849 et 1850 n'avaient pas été confirmés...

152

Comment s'étonner, dès lors, que pour tant de citoyens des deux camps antagonistes, il n'y ait qu'un arbitre possible, qu'un sauveur désigné : Louis Napoléon. Marx l'a parfaitement expliqué :

« Quel effet devaient produire [...] la lutte entre le Parlement et le pouvoir exécutif, la fronde des orléanistes et des légitimistes, les conspirations communistes du midi de la France, les espèces de jacqueries dans les départements de la Nièvre et du Cher, les réclames des différents candidats à la présidence, les recettes charlatanesques des journaux, les menaces des républicains de défendre la Constitution et le suffrage universel les armes à la main, les évangiles des héros *in partibus* émigrés à l'étranger qui prophétisaient la fin du monde pour le 2 mai 1852 ?

« On comprend que dans cette bruyante et incroyable confusion de fusion, révision, prorogation, constitution, conspiration, coalition, émigration, usurpation et révolution, le bourgeois affolé se soit mis de rage à crier à sa république parlementaire : "plutôt une fin effroyable qu'un effroi sans fin". »

Mais, si Louis Napoléon peut, sans coup férir, à l'occasion d'une élection présidentielle ou d'un plébiscite, réunir sur son nom une large majorité, les choses sont ainsi faites que, faute du soutien d'un véritable parti, il ne peut empêcher, lors d'élections législatives, la dispersion de ses partisans potentiels entre des formations irréductiblement hostiles.

La synthèse que le pays attend, il n'a donc pas d'autre solution que de l'imposer, puisqu'on lui refuse toute autre voie. Et l'on n'a aucune raison de douter que, s'il envisage cette solution, c'est en vue d'une conciliation, d'une réconciliation, que nul autre ne peut obtenir.

Pourtant, Louis Napoléon hésite à franchir le Rubicon, pour employer la référence dont il fera lui-même usage. Il est pris entre son entourage qui le presse, l'analyse politique d'une situation bloquée dont on ne sait comment sortir, et le pressentiment des difficultés qu'il aura à justifier la faute qu'on ne va pas manquer de porter à son débit. D'où sa volonté, éperdue, de trouver en dernière minute une solution qui pourrait tout sauver. Cela tient de l'acharnement thérapeutique. On a cru, une fois de plus, à de l'indécision. En fait, il tente désespérément d'éloigner de ses lèvres un calice dont il voudrait tant ne pas goûter le breuvage...

Mais le temps presse. L'urgence se confirme. Il va bien falloir que, d'une manière ou d'une autre, une solution intervienne et que soit tranché le nœud gordien. Ne peut-il tout redouter de l'Assemblée ?

Les rumeurs d'un complot orléaniste ne se font-elles pas toujours plus insistantes ? La reine Victoria, à la suite de Palmerston, s'en fera plus tard l'écho. Elle écrira ainsi au roi Léopold : « Je crains que le pauvre Joinville eût quelque idée, quelque idée folle d'aller en France... La candidature de Joinville fut, à tout point de vue, très déraisonnable et amena Louis-Napoléon à suivre un cours si désespéré... »

En tout cas, le président est décidé à saisir la plus proche occasion pour frapper un grand coup. Ce pourra être une ultime tentative de conciliation ou, à défaut, l'annonce qui prépare le dénouement. Ainsi, s'il passe à l'acte, c'est qu'il aura définitivement constaté qu'il n'est pas d'autre façon « d'épargner à [la] Patrie et à l'Europe, peut-être, des années de trouble et de malheur... »

Cette occasion, la dernière, est donnée par la rentrée parlementaire et le traditionnel message du président sur l'état de la France. Il la saisit, le 4 novembre 1851.

Dans un texte qui est un véritable chef-d'œuvre politique, et qu'il faut lire ou relire avant de porter sur la suite quelque jugement que ce soit, il propose un ultime moyen d'éviter le coup d'État et en rejette par avance, s'il devait s'accomplir, la responsabilité sur l'Assemblée. En fait, il met à celle-ci le marché en main : ou bien elle rétablit, comme il le suggère, le suffrage universel, ce qui peut ouvrir une nouvelle voie à la révision ; ou bien c'est elle qui sera entrée dans l'illégitimité.

Sa description de la situation du pays est à la fois précise et saisissante. Personne ne peut contester que le tableau qu'il brosse correspond à la triste réalité : « L'état de malaise général tend chaque jour à s'accroître. Partout, le travail se ralentit, la misère augmente, les intérêts s'effrayent et les espérances anti-sociales s'exaltent à mesure que les pouvoirs publics affaiblis approchent de leur terme... »

En deux phrases, tout est dit !

Il n'existe qu'un moyen d'en sortir, affirme-t-il : rétablir le suffrage universel, c'est-à-dire « le seul principe qu'au milieu du chaos général la providence ait maintenu debout pour nous rallier ».

Il annonce donc un projet de loi pour abroger la loi du 31 mai. Habilement, Louis Napoléon prend l'Assemblée à son propre jeu :

« J'appelle votre attention particulière sur une [...] raison, décisive peut-être. Le rétablissement du suffrage universel sur sa base principale donne une chance de plus d'obtenir la révision de la Constitution. Vous n'avez pas oublié pourquoi, dans la session dernière, les adversaires de cette révision se refusaient à la voter. Ils s'appuyaient sur cet argument qu'ils savaient rendre spécieux : la Constitution, disaient-ils, œuvre d'une Assemblée issue du suffrage universel, ne peut pas être modifiée par une Assemblée issue du suffrage restreint. Que ce soit là un motif réel ou un prétexte, il est bon de l'écarter et de pouvoir dire à ceux qui veulent lier le pays à une Constitution immuable : voilà le suffrage universel rétabli ; la majorité de l'Assemblée soutenue par deux millions de pétitionnaires, par le plus grand nombre des conseils d'arrondissement, par la presque unanimité des conseils généraux, demande la révision du pacte fondamental : avez-vous moins confiance que nous dans l'expression de la volonté populaire ?

« La question se résume donc ainsi pour tous ceux qui souhaitent le dénouement pacifique des difficultés du jour. »

C'est de belle facture. Ce n'est pas forcément le chef-d'œuvre d'hypocrisie que certains ont voulu y voir, sous le prétexte qu'à cette date presque tous les participants au coup d'État sont en place. Pourquoi, plus simplement, ne pas admettre que Louis Napoléon a voulu faire face à toute éventualité ? Des preuves existent qu'il a attendu, en vain, un geste de l'Assemblée, et qu'il le souhaitait.

Au demeurant, sa foi dans le suffrage universel ne saurait être suspectée. Non seulement il en a fait la base de toute sa doctrine politique mais il sait, bien sûr, qu'il n'a rien à en craindre et tout à en espérer.

Et pourquoi donc mettre en doute sa sincérité quand il dénonce le contenu de la loi du 31 mai, et ce qu'elle a modifié dans l'élection présidentielle ? Car il est vrai que « demander le tiers [des suffrages] au lieu du cinquième, [c'est] dans une certaine éventualité ôter l'élection au peuple pour la donner à l'Assemblée. C'est donc changer positivement les conditions d'élection du Président de la République ».

On pourra objecter que Louis Napoléon ne s'est pas opposé, à l'époque, à la loi du 31 mai. Chacun sait cependant qu'il hésita, son attitude étant mise au compte de l'espoir qu'il nourrissait de s'attirer les bonnes grâces des parlementaires dans le processus de révision. Espoir d'ailleurs déçu. De toute façon, Louis Napoléon, admet à présent que les intentions du législateur n'étaient peut-être pas mauvaises, mais que leurs effets sont allés bien au-delà de ce qui était prévu. Et, ajoute-t-il, « en se rappelant les circonstances dans lesquelles elle fut présentée, on avouera que c'était un acte politique bien plus qu'une loi électorale, une véritable mesure de salut public [...]. Mais les mesures de salut public n'ont qu'un temps limité ».

On peut évidemment entretenir un dernier doute sur la réalité de l'intention de Louis Napoléon « de proposer tous les moyens de conciliation et de faire tous [ses] efforts pour amener une solution pacifique, régulière, légale ».

Se serait-il réellement satisfait du simple rétablissement du suffrage universel, ou aurait-il exigé, de surcroît, une révision constitutionnelle que cette Assemblée, il en avait conscience, ne voulait décidément pas voter ?

Dans cette question réside toute l'incertitude sur le jugement moral à porter sur Louis Napoléon. Un passage de son discours — reprenant explicitement ses propos de l'année précédente — donne à penser que sa sincérité est entière. Cette citation, ce rappel, il eût pu s'en passer sans affaiblir son argumentation. Et pourtant, il semble y tenir :

« Déjà, dit-il, dans mon dernier message, mes paroles à ce sujet, je m'en souviens avec orgueil, furent favorablement accueillies par l'Assemblée. Je vous disais :

« "L'incertitude de l'avenir fait naître bien des appréhensions en réveillant bien des espérances. Sachons tous faire à la Patrie le sacrifice de ces espérances et ne nous occupons que de ses intérêts. Si dans cette session, vous votez la révision de la Constitution, une constituante viendra refaire nos lois fondamentales et régler le sort du pouvoir exécutif. Si vous ne la votez pas, le peuple en 1852 manifestera solennellement l'expression de sa volonté nouvelle. Mais quelles que puissent être les solutions de l'avenir, entendons-nous afin que ce ne soit jamais la passion, la surprise ou la violence qui décident du sort d'une grande Nation". »

Le message est donc très clair : Louis Napoléon propose à

l'Assemblée le moyen d'éviter le coup d'État, mais il lui signifie aussi qu'elle en porterait en tout état de cause la responsabilité.

Pourtant l'Assemblée ne va pas saisir la perche qui lui est ainsi tendue. La proposition de Louis Napoléon est débattue et rejetée. De peu : il s'en fallut de sept voix, le 12 novembre. Les républicains avaient joint leurs voix aux hommes du parti de l'Élysée. En vain. Avec le parti de l'Ordre, au moins dans sa fraction la plus extrême, le divorce est désormais total.

Depuis le 27 octobre, un nouveau gouvernement est en place, d'où émerge la personnalité de Thorigny, ministre de l'Intérieur.

L'affaire des questeurs va porter la tension à son paroxysme, les deux clans donnant le sentiment qu'ils mettent leurs forces en place pour l'affrontement final.

Il s'agit pour les questeurs, responsables du fonctionnement de l'institution parlementaire, de permettre à l'Assemblée d'organiser sa propre protection militaire, en dehors de l'exécutif et du commandement.

On peut, certes, interpréter leur proposition comme la recherche d'un moyen de défense autonome de l'Assemblée ; elle peut se présenter aussi comme la préparation d'un mauvais coup contre le président lui-même. Le scénario probable en est connu de tous : mise en accusation du président, intervention de l'armée suivie d'une arrestation. Chacun retient son souffle : si la proposition passe, tout devient possible. L'enjeu n'est donc pas seulement symbolique : il est bel et bien concret.

Un décret de la Constituante, en date du 11 mai 1848, avait donné au président de l'Assemblée le droit de requérir directement la troupe, sans avoir à en référer au ministre de la Guerre ou à la hiérarchie militaire. Ce texte, qui avait été très contesté par Cavaignac, était tombé en désuétude. En le transformant en loi, les auteurs de la proposition entendaient lui rendre vie.

La discussion fut très vive.

Ce sont les républicains qui arbitrèrent le différend, en renvoyant dos à dos les protagonistes. Jules Favre résuma bien leur position, expliquant pourquoi les voix républicaines manqueraient aux tenants du parti de l'Ordre : « De deux choses l'une, ou vous croyez que le pouvoir exécutif conspire : accusez-le ! ou vous feignez de croire qu'il conspire et c'est que vous conspirez vous-mêmes contre la République et voilà pourquoi je ne vote pas avec vous. »

Pour sa part, Michel de Bourges estima inutile la proposition des questeurs, vu que l'Assemblée était déjà protégée par le peuple, en qui il discernait une « sentinelle invisible », formule fameuse, qui allait s'avérer bien malheureuse et que la tradition républicaine n'a jamais cessé de lui reprocher.

Proudhon, de son côté, exprima de manière beaucoup plus réaliste, le regret que les républicains n'aient pas su choisir leur camp, en ratant un nouveau rendez-vous : « Tout le malheur de la Montagne dans cette occasion a été de ne pas embrasser résolument la situation qui lui était faite d'accepter, telle quelle, une alliance du moment avec l'Élysée et d'en poursuivre jusqu'au bout les conséquences. Mais les passions non animées, les ressentiments trop âcres ne laissaient plus de place à la réflexion...

« Au lieu de faire une opposition toute personnelle à Louis Bonaparte, elle n'avait qu'à se taire et à se tenir prête à partager avec lui le fruit de la victoire.

« Ne valait-il pas mieux [...] que Michel [de Bourges] fût ministre d'État ou président du Conseil, le 4 décembre, que d'aller à Bruxelles, dans un exil sans gloire, pleurer l'erreur de l'invisible sentinelle ? »

Quoi qu'il en soit, la proposition fut repoussée par 408 voix contre 300.

Louis Napoléon décommanda un dispositif de riposte mis en place dans la hâte... Mais ce n'était que partie remise...

**
*

Il n'avait plus le choix.

Les discussions qu'il avait engagées avec certains membres de la majorité, pour rechercher ensemble une solution, n'avaient pu aboutir à quoi que ce fût de satisfaisant.

Elles le convainquirent du moins qu'il n'y avait pas d'autre issue qu'un coup de force.

On pouvait s'interroger sur la méthode à suivre... mais pas sur le fait qu'il n'y avait aucun moyen de rester dans le droit. Il lui fallait jouer serré et éviter, dès lors qu'on forçait le cours des choses, que ses adversaires de l'Assemblée n'y trouvent le prétexte et les moyens d'obtenir sa déposition.

Trois hommes vont jouer un rôle essentiel dans le scénario qui a été mis au point. Louis Napoléon les a placés progressivement à des postes stratégiques, d'où ils pourront diriger la manœuvre.

Le principal artisan du coup d'État, et peut-être même son véritable auteur, sera Morny. Morny qui, sans doute plus que quiconque, y compris Louis Napoléon lui-même, incarnera ce second Empire dont il a préparé la naissance. En tout cas, il ne s'en est jamais caché : « Je crois pouvoir déclarer que, sans moi, le Coup d'État n'aurait jamais eu lieu. » Il y prendra part, selon ses propres termes, « la bourse dans une main, la cravache dans l'autre ».

Quoique son demi-frère — et son cadet de trois ans — né de la liaison de la reine Hortense et de Flahaut, donc petit-fils de Talleyrand, il est très différent de Louis Napoléon. Les deux hommes ne se sont découverts que sur le tard, après la mort de leur mère, et ne se sont pas spontanément appréciés. Si Louis Napoléon est tout de conviction, Morny est un modèle de cynisme et de scepticisme. Mais il est brillant, fabuleusement intelligent, sans scrupules et, à bien des égards, fascinant. C'est peu dire qu'il fait profession d'opportunisme : il l'affiche, le clame.

Louis Napoléon, qui le trouve un peu « envahissant », éprouve sans doute une pointe de jalousie envers cet homme à qui la nature a accordé tout ce dont il est lui-même privé, l'élégance, le brio, la facilité. Ce sentiment d'envie s'accompagne probablement d'une certaine méfiance. Il sait bien que si Morny doit lui être utile, ce sera sur la base de liens d'intérêts et non par communion d'idées.

Les idées de Louis Napoléon, d'ailleurs, Morny s'en gausse ; il trouve l'homme « imbu de préjugés, de faux systèmes, de défiance ». Le prince avait, selon lui, « les idées qu'on prend naturellement dans un exil prolongé, une espèce de libéralisme sentimental, naturel aux proscrits, mais avec lesquels on ne conduit pas longtemps un gouvernement. Son entourage se composait d'une collection de niais ayant passé leur vie en opposition ou en prison ».

Ce n'est pas le dogmatisme, il est vrai, qui pourra jamais aveugler Morny : il a tout tenté, tout testé. Fort bien en cour sous Louis-Philippe, il a été élu député conservateur et on a même parlé de lui pour un ministère ; mais cela ne l'a pas empêché de manifester aussi quelques velléités légitimistes.

Après une fort brève carrière militaire, il a choisi sa voie : les affaires et la politique, sans que la frontière à tracer entre ces deux domaines lui paraisse infranchissable... Ajoutons-y les femmes, son troisième centre d'intérêt, étant entendu que la liste de ses appétences ne s'arrête pas là. Certes non, et ce qui le caractérise sans doute le mieux c'est précisément l'éclectisme de ses dilections. Innombrables sont les terrains où il se reconnaît la capacité d'intervenir, et où il intervient le cas échéant avec bonheur. Il est l'homme de tous les talents, qu'il déploie comme par jeu, car il a de l'humour, au vrai sens du terme, et aime à se regarder faire. Rien ne lui plaît davantage que mesurer son aptitude à relever les défis. Il est vrai qu'il a une revanche à prendre, une revanche sur les hasards de sa naissance ; ce qui le gêne d'ailleurs, c'est moins d'être un bâtard que de ne pouvoir se réclamer de son illustre ascendance.

Alors, sa façon à lui d'exprimer son mépris pour d'autres qui ne le valent pas est d'adopter une attitude provocatrice le conduisant aux bornes du scandale, sans jamais les dépasser vraiment. Il n'y a pas que la Bourse qui soit pour lui une maison de jeu, c'est la vie tout entière qu'il assimile à un casino.

Il a incontestablement les qualités d'un homme d'État, comme en témoigne sa réussite dans tous les postes qui lui seront confiés : ministre, ambassadeur, président du Corps législatif. Il est de surcroît sensible à la nécessité des évolutions.

Et pourtant, cet homme qui marquera si profondément l'histoire du régime ne se départira jamais de son comportement de joueur. Le coup d'État, pour lui, ce sera plus qu'un investissement, un véritable banco : il met tout sur la table, flairant le bon coup, et sans trop songer aux moyens de régler les problèmes de la France. Après le succès, il ne cachera pas les vraies raisons de sa joie. A sa maîtresse, Fanny Le Hon, il confiera :

« Vous avez misé sur le bon cheval.

« Nous allons connaître vous et moi une prospérité dont vous ne soupçonnez pas l'ampleur... »

Dès 1848, Morny avait choisi de lier son sort à celui de son frère. En 1849, il le revoit, et progressivement s'impose. Partisan dès l'origine d'une solution de force, il sera, bien sûr, au rendez-vous.

A côté de cette tête pensante, il faut un sabre. Il est tout trouvé : c'est le général de Saint-Arnaud. Ce militaire, qui a tout d'un reître, n'a rien à perdre dans l'aventure, et tout à gagner. Fils d'un préfet de l'Empire, il a connu une jeunesse orageuse, et sa réputation laisse un peu à désirer. Sa fortune, dans tous les sens du terme, il ne peut plus espérer la fonder sur ses seuls mérites, et se trouve prêt pour la besogne, quelle qu'elle soit. Louis Napoléon installe donc au ministère de la Guerre, en octobre, ce général de l'armée d'Algérie, dont la promotion a été préparée par une expédition en Grande Kabylie, décidée pour les besoins de la cause et soigneusement montée en épingle.

S'il est brutal et d'esprit aventureux, s'il adore l'argent, si, lui aussi, n'est guère étouffé par les scrupules politiques — il a hésité entre le duc d'Aumale et Louis Napoléon —, Saint-Arnaud porte beau, a le don du commandement, et convient parfaitement à ce qu'on attend de lui. Le général Magnan, qui commande les forces armées de Paris, sera pour lui un adjoint efficace.

Il est intéressant de noter que, grâce au coup d'État, Saint-Arnaud pourra finir sa vie en s'achetant une conduite. Elevé au maréchalat et nommé, quelques années plus tard, commandant en chef de l'armée française en Crimée, il s'illustra sur le terrain au point d'unir à jamais son nom à la bataille de l'Alma. Victime du choléra et d'une maladie de cœur, il mourut sur le bateau qui le ramenait d'urgence à Constantinople.

Sa disparition réunit le pays dans un hommage unanime dont Louis Veuillot sut se faire l'interprète : « Comme la France aime l'héroïsme, les impérialistes ne sont pas seuls à célébrer la mémoire du Maréchal de Saint-Arnaud. Légitimistes, Orléanistes, Républicains, oublient le Ministre de la Guerre du coup d'État pour ne se souvenir que du Général en Chef de l'Armée d'Orient, du vainqueur de l'Alma, dont le linceul est un drapeau triomphant. »

Le troisième homme est Maupas, placé à la préfecture de police depuis octobre. Ollivier le décrit comme un homme « d'une intelligence bornée, mais d'un cynisme sans scrupule ». Le trait est un peu rude : ce haut fonctionnaire, jeune encore, ne manque pas de finesse, même s'il s'est surtout signalé dans de précédentes fonctions par un zèle parfois débordant. A Toulouse, il s'était vivement heurté avec le procureur général qui trouvait son savoir-faire quelque peu expéditif.

C'est ainsi qu'à Paris, où on l'avait rappelé pour le sermonner, il avait été remarqué et présenté à Louis Napoléon...

***
***

Paradoxalement, alors qu'il était attendu de tous, le coup d'État causa une immense surprise. On ne l'attendait pas le jour où il fut accompli. Le secret, il est vrai, avait été bien gardé.

La myopie des observateurs de l'époque a pourtant de quoi surprendre.

On a bien l'impression que, dans sa dernière grande intervention publique avant le 2 décembre, Louis Napoléon avait mis toutes les cartes sur la table. Le 25 novembre, le président est au Cirque pour remettre personnellement les médailles de l'Exposition universelle de Londres. Son propos est on ne peut plus net :

« En présence de succès aussi inattendus, je suis autorisé à répéter encore combien la République française serait grande s'il lui était permis de poursuivre ses intérêts réels et de réformer ses institutions, au lieu de se laisser troubler, d'une part, par les démagogues, d'un autre côté, par les hallucinations monarchiques. [*Applaudissements vifs, impétueux, répétés dans toutes les parties de l'amphithéâtre,* nous rapporte la chronique.] Les hallucinations monarchiques empêchent tout progrès et toute industrie sérieuse. La lutte remplace le progrès. On voit des hommes, autrefois les soutiens les plus zélés de l'autorité et des prérogatives royales, devenir les partisans d'une convention uniquement dans le but d'affaiblir l'autorité née du suffrage universel. [*Applaudissements vifs et répétés.*] Nous voyons des hommes qui ont le plus souffert de la Révolution et s'en sont le plus plaints, en provoquer une nouvelle, uniquement pour enchaîner la volonté nationale... Je vous promets le calme à l'avenir[*bravo, bravo, tonnerre de bravos*]. »

Ce message, si révélateur, n'est pas interprété comme il devrait l'être. Il suffit que, le 30 novembre, le président donne un bal à l'Élysée, et que, dans la soirée du 1er décembre, Morny, ne changeant rien à ses habitudes, se montre à la représentation de *la Fille de Barbe-Bleue*, pour que tout le monde aille dormir tranquille. Le moment est pourtant venu... On connaît le déroulement des événements, si souvent racontés avec un grand luxe de détails.

Peut-être y a-t-il lieu d'insister cependant sur les trois affiches qui furent alors apposées, parce qu'elles sont l'illustration de la cohérence et de la continuité de la démarche de Louis Napoléon.

Passons sur la première, qui est un appel à l'armée : il faut bien parer au plus pressé...

La deuxième résume tout le paradoxe du coup d'État. Elle est de portée pratique ; on y annonce que l'Assemblée nationale est dissoute, la loi électorale de 1850 abrogée, le suffrage universel rétabli et le peuple appelé à s'exprimer. Ainsi, le coup d'État — faut-il le souligner — est-il en quelque sorte double, car le rétablissement du suffrage universel est un acte au moins aussi illégal que la dissolution de l'Assemblée.

Le troisième texte — une proclamation aux Français — commente les choses de façon plus élaborée :

« Aujourd'hui que le pacte fondamental n'est plus respecté de ceux-là mêmes qui l'invoquent sans cesse et que les hommes qui ont déjà perdu deux monarchies veulent me lier les mains afin de renverser la République, mon devoir est de déjouer leurs perfides projets, de maintenir la République et de sauver le pays en invoquant le jugement solennel du seul souverain que je reconnaisse, en France, le peuple. Je fais donc appel à la Nation tout entière [...]. Si vous avez encore confiance en moi, donnez-moi les moyens d'accomplir la grande mission que je tiens de vous.

« Cette mission consiste à fermer l'ère des révolutions en satisfaisant les besoins légitimes du peuple et en le protégeant contre les passions subversives. Elle consiste surtout à créer des institutions qui survivent aux hommes et qui soient enfin des fondations sur lesquelles on puisse asseoir quelque chose de durable. »

Tout aurait pu, dès lors, se passer aimablement et sans trop de secousses... à l'image de ces coups d'État dont la Thaïlande, beaucoup plus tard, fournira le modèle : quelques démonstrations de force que nul ne songe un seul instant à pousser bien loin, la substitution plus précipitée que brutale d'une équipe à une autre — et, dans le cas d'espèce, ce n'est même pas tout à fait de cela qu'il s'agit —, puis diverses gesticulations qui permettent aux évincés de se poser, à bon compte, en héros de la résistance et d'attendre, munis de cette lettre de créance, que leur tour revienne.

A bien des égards, la première journée, celle du 2 décembre, ressemble à l'un de ces sympathiques sociodrames. Elle commence, en tout cas, ainsi. Et l'accoutrement de Louis Napoléon, au petit matin, semble en donner le ton : botté et éperonné, il est livide, ses mains sont brûlantes, mais il est en robe de chambre...

A l'Assemblée nationale, c'est bien comme cela aussi que les

choses se passent. Le président Dupin prend toutes les dispositions utiles pour que son comportement, quoique dépourvu de
toute excessive audace, passe pour héroïque aux yeux de la
postérité. Il fait dresser, « séance tenante » un compte rendu
officiel de son acte de résistance, qu'il signera. Le récit ne manque
pas de saveur :

« Après l'arrestation des deux Questeurs, le Président a
donné l'ordre écrit de convoquer immédiatement l'Assemblée.
Mais avant que cet ordre eût pu être exécuté, et vers 10 heures et
demie du matin, une compagnie de gendarmes étant entrée dans la
salle des séances pour en faire sortir violemment les représentants
qui y étaient réunis, le Président, averti par plusieurs de ses
collègues, s'est transporté dans le vestibule de la salle des séances
revêtu de son écharpe.

« Il a demandé le Colonel Commandant ; celui-ci étant arrivé,
le Président lui a dit : "J'ai le sentiment du droit et j'en parle le
langage. Vous déployez ici l'appareil de la force, je n'en ai pas à
vous opposer. Je ne puis que protester et je proteste au nom de
l'Assemblée contre la violation du droit et de la Constitution et
j'en déclare responsables ceux qui ont donné les ordres et ceux qui
les font exécuter."

« M. le Colonel Espinasse du 42e ayant voulu lire son ordre,
le Président a refusé d'en entendre la lecture et s'est retiré avec les
Représentants devant le mouvement des troupes commandées par
le Colonel, qui a donné l'ordre de faire évacuer : ce qui s'est
effectué par la force. »

Voilà une belle page d'histoire. Pourtant, malgré tous ses
efforts, Dupin a du mal à faire passer pour une épopée ce qui n'est
qu'un assez piteux repli.

Victor Hugo ne l'épargna d'ailleurs pas. Dans son *Histoire
d'un crime*, dont on ne citera ici un passage qu'avec les réserves
qui s'imposent, il semble que, sur celui dont il a dit : « sa carrière à
l'Assemblée avait été d'un valet, sa fin fut d'un laquais », son
commentaire soit assez proche de la vérité :

« L'attitude inouïe que M. Dupin eut devant les gendarmes,
en grimaçant son semblant de protestation autorisa même des
soupçons. Gambon s'écria : "Il résiste comme un complice. Il
savait tout."

« Nous croyons ces soupçons injustes.

« M. Dupin ne savait rien. Qui donc, parmi les machinateurs
du coup d'État eût pris la peine de s'assurer son adhésion ?

« Corrompre M. Dupin ? Était-ce possible ? Et puis, à quoi bon ?

« Le payer ? Pourquoi ?

« C'est de l'argent perdu quand la peur suffit. Il y a des connivences toutes faites d'avance. La couardise est la vieille complaisance de la félonie.

« Le sang de la foi versé est vite essuyé. Derrière l'assassin qui tient le poignard avance le trembleur qui tient l'éponge. »

On ajoutera à cela que trois cents députés monarchistes ont déclaré destituer le président de la République, réaction dépourvue d'importance et qu'on a très vite oubliée.

D'autres résistants auront plus de succès dans leur quête de la renommée.

Chaque jour au bas d'un escalier, dit « l'escalier des Ministres », qui relie le salon des Quatre-Colonnes à la cour d'Honneur, les habitués du palais Bourbon passent encore devant une plaque qui leur rappelle le courage, et probablement le sacrifice — tout le laisse supposer — d'un officier de garde qui s'opposa au coup d'État : gravés en lettres d'or, quelques mots y sont inscrits, invitant à l'émotion :

AU COMMANDANT

VICTOR DE MEUNIER

Il tenta courageusement
De défendre la République
Le 2 décembre 1851

C'est en 1977 que, sur proposition des questeurs, le bureau de l'Assemblée nationale décida d'honorer « cet acte d'Honneur dont l'historicité est établie ». En fait la réalité fut beaucoup moins glorieuse et nettement plus banale.

Dans son *Histoire d'un coup d'État*, ouvrage publié en 1852 « d'après les documents authentiques, les pièces officielles et les renseignements intimes », Paul Belouino raconte :

« Vers 6 heures du matin, à l'Assemblée, le Colonel Espinasse rencontre le Chef de Bataillon Meunier auquel il dit : "Je viens renforcer la garde de l'Assemblée et en prendre le commandement."

« Le Commandant hésite, fait des objections en parlant de sa consigne. "Vous me reconnaissez pour votre Colonel ? dit

M. Espinasse; en cette qualité, je vous ordonne d'obéir!" Le Commandant crut devoir donner sa démission et retourna immédiatement à son logis à l'Ecole Militaire. Le bataillon de garde fut renvoyé au quartier et remplacé par les deux autres bataillons du 42e. »

Tels sont les faits, les modestes faits...

Il y a d'ailleurs plus savoureux encore : ce défenseur de la République était, aux dires mêmes des questeurs de 1977... un royaliste. La journée du 2 décembre commence donc bien comme un vaudeville.

Pourtant toute l'affaire va mal tourner. Le bilan parisien sera terrible : six cents morts.

Louis Napoléon n'y est probablement pour rien. Mais ses doutes vont virer en remords.

Deux hommes, sur les trois qui conduisirent la suite de l'affaire sur le terrain, en portent l'entière responsabilité.

Seul, Maupas, installé à la préfecture de police pour la circonstance, a compris le moyen d'éviter toute effusion de sang. Face à une masse qui, malgré les appels à l'insurrection de Hugo, Carnot, Schoelcher et Jules Favre, est plutôt indifférente et parfois même approbatrice, la meilleure manière d'éviter les attroupements et de prévenir les affrontements que pourraient susciter certains opposants irréductibles, persuadés de se trouver dans une conjoncture identique à celle des Trois Glorieuses, c'est d'assurer dans les quartiers les plus exposés de Paris une présence militaire constante.

Mais les deux autres associés ne partagent pas cette analyse : Saint-Arnaud, qui craint de manquer à quelque moment de troupes fraîches ; Morny, car il a choisi une stratégie radicalement différente, qu'on peut bien appeler par son nom : la provocation. Morny a été installé dans la matinée du 2 à la tête du ministère de l'Intérieur. Non seulement il ne tient pas à éviter les concentrations de récalcitrants, mais il paraît même résolu à les encourager en leur laissant le champ libre, pour mieux les frapper ensuite.

Morny a-t-il songé qu'il aurait barre sur son demi-frère, en en faisant le complice d'un crime de sang ? A-t-il pensé qu'il scellerait ainsi — sur un pied d'égalité — une alliance indissoluble ? A-t-il songé aussi qu'il briserait ainsi le lien, insensé à ses yeux, qui pouvait encore exister entre Louis Napoléon et les tenants de la démocratie sociale ? On peut tout imaginer quand on sait combien il était froidement calculateur et déterminé.

Le résultat sera celui que l'on connaît, au grand dam de Maupas, pour qui tout aurait pu se passer sans heurt, l'affaire étant ramenée aux dimensions d'un coup d'État d'opérette. Il n'en est rien. D'autant que la malchance s'en mêle. On ne le sait que trop, lorsque la troupe et la foule — quel que soit son nombre — se font face, un simple tireur isolé peut provoquer l'affolement et la panique. Le résultat est alors quasi-certain : le carnage.

C'est ce qui aurait pu se passer en 1968, dans les rues de Paris. C'est ce qui s'est passé effectivement en 1962, rue d'Isly, à Alger. C'est ce qui s'est passé aussi sur les Boulevards, en 1851. Et l'absurdité du drame saute aux yeux, lorsqu'on prend connaissance du nombre de badauds, de femmes, d'enfants, figurant parmi les victimes...

Rue Saint-Martin, faubourg Saint-Antoine, au quartier Beaubourg, on a laissé tout au long de la journée du 3 le mouvement se développer d'autant plus aisément que quelques échauffourées mises à part, on ne lui a rien opposé de massif. Au point de laisser les manifestants croire à l'impunité : du coup, sur les grandes artères, la foule s'est remise à circuler comme si de rien n'était. Et voilà que, prémédité ou non, l'incident éclate. On tire, la cavalerie charge. Et c'est sur le pire des terrains qu'a lieu la bataille.

Qu'il ne s'agisse pas d'un massacre voulu et organisé ressort d'autres chiffres. Quelque deux cents militaires, au total, seront tombés sous les balles des émeutiers. Ce qui laisse perplexe devant les accusations portées contre la troupe, dont on expliquera après coup qu'elle souhaitait montrer de manière éclatante son zèle au service de l'ordre nouveau.

Plus encore que la décision d'aller à l'épreuve de force, ce sont les conditions dans lesquelles elle s'accomplit qui vont peser lourd, très lourd dans la balance... A cet égard le sacrifice du député Baudin, qui se fait tuer sur une barricade pour honorer ses « vingt-cinq francs par jour », frappe, non sans raison, les imaginations.

La gravité de l'affaire ne tient pas seulement aux maladresses parisiennes ; elle résulte aussi de la réaction tout à fait imprévisible de la province. Là, le coup d'État va servir de détonateur à un vaste règlement de comptes trop longtemps différé, donnant d'ailleurs une idée de ce qui aurait pu se produire si l'on avait attendu davantage... Cette fois, entre Paris et la province, il n'y a plus seulement décalage mais malentendu. Malentendu quasi total.

A Paris, le coup d'État paraît avoir été dirigé contre l'Assemblée — ce qui est la vérité aux yeux de Louis Napoléon.

Le peuple, celui des ouvriers et des artisans, a peu réagi. Comme s'il ne s'estime guère concerné par une querelle entre, d'un côté, des hommes qui l'ont trompé, trahi, privé du droit de vote et, de l'autre, un président contre lequel, tout compte fait, il n'a que peu de griefs. Sans doute, est-il, parfois, presque satisfait de cette revanche qu'il prend par personne interposée.

En province, les choses en vont tout autrement. On n'entre pas dans les subtilités et les complications parisiennes. Il existe une opposition plus tranchée que jamais entre les partisans de l'ordre et les autres. Pour les premiers, le coup d'État, c'est le signal de la remise en ordre à opérer avec d'autant plus de brutalité qu'elle a été trop longtemps contenue. Pour les autres, qui ont préparé, espéré, le grand règlement de comptes de 1852, il leur faut, sous peine d'avoir à y renoncer, l'anticiper de quelques mois.

On va donc en découdre. Sans aucun ménagement. Le contraste est patent entre la violence et la méchanceté des affrontements en province, et le caractère presque aimable et cérémonieux de la conduite qu'adoptent les policiers de Morny — dûment chapitrés par leur ministre — lorsqu'ils se présentent au domicile des parlementaires suspects, se contentant, poliment, de leur notifier qu'ils doivent rester sur la touche… le temps que la partie se joue.

En réalité la France profonde se retourne haineusement contre une partie d'elle-même.

Maurice Agulhon a raison de souligner que « si partielle qu'elle ait été, la prise d'armes des départements contre le coup d'État fut l'originalité de l'épisode ». Mais il a raison aussi de reconnaître que tout cela resta fort ambigu: « Le mouvement insurrectionnel destiné à défendre la Constitution [était] en somme légaliste par sa finalité et révolutionnaire par sa méthode. Dans cette combinaison originale personne ne pouvait se reconnaître, ni la future extrême gauche socialiste, pour qui le légalisme du but était trop peu radical, ni la future République sage pour qui la prise du fusil l'était trop. »

En fait, très vite, le coup d'État, la Constitution, Louis Napoléon ne sont plus que des prétextes. Le rapport des forces étant ce qu'il est, le conflit, d'abord confus, tourne purement et simplement à la « chasse aux rouges ».

En passant de Paris à la province, la réaction au coup d'État change, au moins partiellement, de nature. Elle prend la forme d'une nouvelle Terreur blanche, qui est souvent une réponse à l'agitation fomentée par la gauche mais qui peut être aussi largement spontanée : l'occasion paraît belle à certains tenants de l'ordre social de procéder à des opérations punitives dont on pourrait ne pas retrouver l'aubaine avant longtemps. Cela explique que les deux camps qui s'opposent ne sont pas partout constitués en province comme ils le sont à Paris.

En particulier, certains bourgeois et propriétaires qui, dans la capitale, auraient parfois exprimé, par souci de la légalité, leur opposition au coup d'État, prennent, localement, le parti d'en profiter pour neutraliser les empêcheurs de tourner en rond. Une fois les choses accomplies, Prosper Mérimée a exprimé, de manière quelque peu cynique, ce qui avait dû être un sentiment dominant : « Nos rouges ont reçu une raclée solide et les badauds quelques éclaboussures qui les obligeront à l'avenir à se tenir tranquilles chez eux [...]. Il me semble que si on avait laissé grandir cet enfant, il en aurait fait de belles en 1852... »

C'est dire qu'à la répression légale, voulue et organisée à l'échelon central, et qui, manifestement, excédait déjà les intentions présidentielles, il y a lieu d'ajouter celle qui résulte des « initiatives » de la province.

Les chiffres avancés en ce domaine sont donc à manipuler avec beaucoup de précautions.

Il y eut, semble-t-il, plus de vingt-six mille arrestations, le sort des suspects étant soumis à l'examen de commissions mixtes composées du préfet, d'un général et d'un magistrat. Sur ce total, un peu moins de la moitié des personnes incarcérées furent rapidement libérées, un peu plus de cinq mille simplement placées sous surveillance. Il y eut neuf mille cinq cent trente déportations en Algérie et deux mille huit cents internements. Pour cinq représentants orléanistes et soixante-dix républicains (dont Victor Hugo et Edgar Quinet), ce fut l'exil.

Louis Napoléon va se montrer sincèrement affecté et même désespéré par les conséquences humaines du coup d'État. Qu'il ait été dépassé par le développement des événements et par leurs conséquences, c'est plus qu'évident... Il y a eu des exécutants malhabiles ou trop zélés.

Surtout, en abattant le fragile rempart de la légalité, on a donné libre cours à des haines et à des passions dont il était probablement difficile de saisir l'ampleur et de maîtriser les effets.

Oui, sans doute, comme l'écrit le général de Barail, « Louis Napoléon n'a pas fait tout ce qu'il voulait et il n'a pas voulu tout ce qu'il a fait ».

Lui-même l'avouera à George Sand, en janvier 1853, quand elle obtient de lui une audience et sollicite des mesures de clémence pour certains de ses amis : « Ah, c'est vrai, mais ce n'est pas moi [...]. Demandez tout ce que vous voudrez, pour qui vous voudrez ! » Et plus tard, devant Daru, il eut ce cri d'accablement, empreint de lassitude et de regret : « Je ne pouvais agir autrement. »

Dès lors, Louis Napoléon ne va ménager aucun effort en vue d'atténuer la répression et d'obtenir, avec le pardon, la réconciliation. A son initiative est créée bientôt une commission « dans le but de donner son avis sur les mesures de clémence qui seraient sollicitées en faveur des insurgés à l'égard desquels les commissions mixtes auraient statué ».

Et comme si cela ne suffisait pas, il désigne trois commissaires... chargés de surveiller le travail de la commission, c'est-à-dire de la pousser aussi systématiquement que possible à l'indulgence.

A partir de mars 1852, chacun des trois commissaires se met au travail avec une ardeur inégale et des résultats contrastés. Le général Espinasse rapporte trois cents grâces ou commutations, le général Canrobert sept cent vingt-sept, ce qui n'est rien à côté de ce que réalise le conseiller d'État Quentin-Bauchart, avec un total de trois mille quatre cent quarante et un. Ce dernier recevra d'ailleurs de Louis Napoléon une lettre le louant pour sa générosité : « Vous seul, écrit-il, avez compris ma pensée. »

Louis Napoléon ne se priva pas, du reste, d'accorder directement sa grâce. Comme le firent Morny — il est juste de le reconnaître — et beaucoup d'autres hommes en place.

Une telle attitude, jointe aux conflits de compétence entre la police, la justice et l'armée, ainsi qu'au soutien bienveillant de l'opinion publique, eut pour effet de ramener dès 1853 le nombre des condamnés à près de six mille. Ce chiffre ne cessa de diminuer avec régularité, du fait d'un grand libéralisme dans l'octroi des grâces, lesquelles étaient souvent précédées d'un engagement, soit à ne plus militer, soit à reconnaître et à respecter le nouveau régime.

Le destin d'un Louis Bouloumié est assez révélateur du sort de plusieurs milliers de vaincus du coup d'État. Il confirme combien, après la rigueur et la confusion initiales, l'attitude envers les proscrits fut généralement inspirée par une volonté de retour à la normale. Il donne quelques indications sur le soin personnel que Louis Napoléon apporta lui-même au règlement, dans le sens de la clémence, de centaines et de centaines de dossiers.

Louis Bouloumié, ancien magistrat, était avocat à Rodez. Fondateur de *l'Aveyron républicain*, il avait accueilli avec la faveur que l'on imagine la révolution de Février. Lors de l'élection présidentielle, il fit campagne pour Cavaignac. Élu capitaine commandant de la Garde nationale et conseiller municipal, c'était, comme l'on dit, un citoyen engagé.

Dès que la nouvelle de l'opération du 2 décembre est connue à Rodez, il se rend, avec d'autres personnalités locales, protester à la préfecture. Trois jours plus tard, la réussite du coup d'État étant désormais assurée, le préfet, après l'expectative prudente qui sied aux hommes chargés de la continuité de l'État, sait enfin quel camp choisir et Louis Bouloumié est emprisonné. Les conditions de détention sont précaires. Sa santé se détériore rapidement : il souffre de coliques néphrétiques.

Très vite, une pétition signée de plusieurs de ses amis réclame sa libération. Le rapport de la police, transmis le 17 février 1852 au ministère de l'Intérieur n'est pas défavorable : « Monsieur Bouloumié est père de famille, allié aux personnes les plus honorables. Loin d'être un homme dangereux, il est [...] parfaitement inoffensif... ». La police conclut donc dans le sens de l'apaisement : « La mise en liberté de Monsieur Bouloumié serait accueillie avec une profonde gratitude et comme une grâce inappréciable. »

Il faut l'avis du préfet. On le sollicite. Lui, fait du zèle. S'appuyant sur les conclusions de la commission départementale, il émet un avis défavorable, se bornant à accepter qu'on transforme « l'Algérie plus en Algérie moins », c'est-à-dire qu'on réduise la durée de la transportation décidée.

Nouvelle offensive le 16 mars, venant cette fois du duc d'Istrie, parent de Bouloumié, auprès du ministre de la Police générale : « Le Prince lui-même avait daigné m'exprimer son désir de voir terminer cette longue captivité [...] Veuillez en même

171

temps parler au Prince-Président de mon dévouement que je serais heureux d'avoir l'occasion de lui prouver... »

A son tour, Louis Bouloumié prend la plume, sans doute sans enthousiasme, et s'adresse à Louis Napoléon, excipant de ses problèmes de santé. Il demande qu'on commue sa peine « en un internement à Toulouse où [il vivra] complètement étranger à la politique ».

Le prince de la Moskowa appuie la demande, aux côtés du duc d'Istrie. Tous deux s'en prennent au préfet qui pourrait avoir des motifs autres que politiques.

Ils obtiennent que la peine initiale soit commuée en expulsion. Louis Bouloumié s'exile donc à Barcelone. Il revient à la charge le 29 juin 1852 et demande l'autorisation de se rendre dans le département des Vosges pour prendre les eaux. L'autorisation est accordée : il peut passer un mois à Contrexéville. Le 10 septembre, c'est Persigny qui est alerté, pour qu'on en finisse. Il écrit au garde des Sceaux : « Je m'intéresse beaucoup à Monsieur Bouloumié et je serais heureux qu'il fût possible de donner à sa demande une solution prompte et favorable... »

Le 12 décembre, Louis Bouloumié produit ce qu'on lui demande : un engagement à se tenir tranquille :

« Le suffrage universel a prononcé.

« Homme de principe, je dois m'incliner. Je déclare donc me soumettre à la volonté nationale et m'engage à ne rien faire désormais contre le gouvernement de l'Élu du Pays. »

C'est fini. Louis Bouloumié pourra rester en France. Cette décision aura d'ailleurs des conséquences inattendues. Bienfaiteur de Plombières et de Vichy, Louis Napoléon aura été, sans le savoir, à l'origine de la création de la station thermale de Vittel. On a signalé en effet à Louis Bouloumié, pendant son séjour à Contrexéville, les vertus d'une source dite de Gérémoy, qu'il acquiert dès 1854 et qui deviendra, sous son impulsion et celle de ses descendants, un des lieux les plus prestigieux de France.

Le mouvement de clémence fut consacré par le décret du 16 août 1859, qui instituait un pardon général.

Il n'y a guère que Hugo à refuser obstinément l'amnistie ; se montrant insensible à tous les gestes de Louis Napoléon, il les traita par la dérision.

Bien que méritant mieux, jamais Louis Napoléon ne parut se laisser décourager par ces rebuffades. Il avait sans doute le cœur moins empli de haine et l'esprit plus lucide ; lui du moins savait éprouver du respect pour son adversaire. Dès qu'il avait appris qu'un des fils de Hugo était toujours détenu, il avait ordonné sa libération. En 1852, il se rendit à une représentation de *Marion de Lorme,* qui était toujours à l'affiche de la Comédie-Française, applaudit la pièce et déclara : « Victor Hugo est vraiment un bien grand talent. »

À l'avènement de l'Empire, il transmit une première offre d'amnistie au poète qui répondit par des vers fameux, dont les quatre derniers sont dans toutes les mémoires :

> *Si l'on n'est plus que mille, eh bien, j'en suis ! Si même,*
> *Ils ne sont plus que cent, je brave encore Scylla ;*
> *S'il en demeure dix, je serai le dixième ;*
> *Et s'il n'en reste qu'un je serai celui-là !*

Et quand vint, précisément, le moment d'être le dernier, il revendiqua le droit à l'entêtement dans une déclaration rédigée à Hauteville House, et datée du 18 août 1859 :

« Personne n'attendra de moi que j'accorde, en ce qui me concerne, un moment d'attention à la chose appelée amnistie.

« Dans la situation où est la France, protestation absolue, inflexible, éternelle, voilà pour moi le devoir.

« Fidèle à l'engagement que j'ai pris vis-à-vis de ma conscience, je partagerai jusqu'au bout l'exil de la Liberté. Quand la Liberté rentrera, je rentrerai. »

Dans le procès que l'histoire instruisit contre Louis Napoléon, ni les larges circonstances atténuantes qui paraissent devoir être reconnues à l'auteur du coup d'État, ni la mansuétude dont fit preuve le président n'auront été retenues comme éléments à décharge.

Le coup d'État — et surtout les conditions dans lesquelles il a été accompli — va déclencher, dans le court et le moyen terme, des haines inexpiables et interdire une réconciliation qui, au fil des années, devenait objectivement possible. Sur le long terme, il sera considéré comme ayant marqué son auteur d'une tache ineffaçable.

On peut soutenir, comme l'a fait Louis Girard, que le coup

d'État a outragé « le sentiment du droit enraciné dans la bourgeoisie française » mais n'est-ce pas alors faire litière de la certitude, présente à bien des esprits, que, si Louis Napoléon avait quitté benoîtement ses fonctions en 1852, le pays se serait retrouvé au bord de la guerre civile ? Doit-on lui faire grief du fait que son intérêt personnel rejoignait si évidemment l'intérêt général ?

Adrien Dansette n'en estime pas moins que « pour les élites du pays [...], le coup d'État fut un double scandale : moral, car son succès parut le triomphe de la force sur le droit, intellectuel, car l'intelligence méprisait le pouvoir personnel [...]. En France, l'échec de la révolution de Février n'était pour la jeunesse cultivée qu'un temps d'arrêt dans la marche victorieuse de la démocratie libérale. Une dictature conservatrice, au siècle de la liberté, tel apparaissait le second Empire : un anachronisme. »

Fera-t-on scandale si l'on tente au moins de nuancer le propos ?

Que le régime né du 2 Décembre marque un recul par rapport à la république de M. Cavaignac ou à celle dont rêvaient M. Thiers et ses amis, c'est déjà bien douteux... Mais que la « république » versaillaise puisse signifier, après l'Empire libéral, la reprise de la marche de la France vers des lendemains qui chantent, cela relève, cette fois, sans nul doute, d'une sinistre plaisanterie.

Ce qui est sûr — et éminemment regrettable — c'est que tout ce qui va s'accomplir désormais se fera en l'absence des républicains et d'une bonne partie des forces de progrès. C'est regrettable pour Louis Napoléon ; c'est surtout dommageable pour la France. Et la fraction de l'opinion qui se tiendra à l'écart en pâtira aussi.

Les tenants de la République et du progrès sont passés à côté d'une grande occasion. Ce ratage laissera des traces. Entre eux et la classe ouvrière. Entre eux et la France. Car il ne faut pas négliger l'essentiel, à savoir que, les 21 et 22 décembre 1851, les Français approuvèrent à une énorme majorité le coup d'État de Louis Napoléon Bonaparte. Le résultat du plébiscite, que celui-ci avait tenu à organiser sans retard, fut éclatant :

7 411 431 voix pour les « oui » contre 641 351 pour les « non », avec environ 1 400 000 abstentions...

Devant un tel résultat, on a bien sûr cherché chicane, rappelant qu'une trentaine de départements étaient en état de siège. Mais que n'eût-on dit si prétexte en avait été tiré pour reporter ou annuler le plébiscite ?

On a fait valoir aussi que les listes électorales avaient été établies dans la précipitation, ce qui ne pouvait manquer de nuire à leur fiabilité. Cela est vrai, mais était-ce suffisant pour dénaturer le scrutin?

On a objecté aussi, et surtout, que l'administration avait pesé de tout son poids sur l'expression des suffrages. Il n'est pas exclu qu'elle ait, çà ou là, tenté de le faire. Mais, ne disposer que de quinze jours n'était pas un gage de grande efficacité. Et puis, comment eût-elle été capable d'étouffer un mouvement significatif de réprobation?

Non, il faut bien se résoudre à admettre que ce qu'a fait Louis Napoléon correspondait au souhait de l'immense majorité des Français. William Smith a très justement rappelé que « si le coup d'État fut un crime, la France fut moins une victime qu'une complice ».

De fait, le coup d'État fut très populaire.

En février 1852, Guizot écrivait à sa fille : « Le pays, il serait puéril de le dissimuler, le gros [du] pays s'est félicité du coup d'État du 2 décembre. Il s'est senti délivré dans le présent de l'impuissance à laquelle l'Assemblée et le Président se réduisaient mutuellement. »

George Sand, encore moins suspecte de complaisance, se confiait en ces termes à Mazzini : « Il y a eu terreur et calomnie avec excès, mais le peuple eût voté sans cela comme il a voté. En 1852, ce 1852 rêvé par les Républicains comme le terme de leurs désirs et le signal d'une révolution terrible, la déception eût été bien autrement épouvantable. Le peuple eût résisté à la loi du suffrage restreint et voté envers et contre tout, mais pour qui? Pour Napoléon! »

Jules Ferry, lui-même, reconnut l'authenticité du vote, y discernant la même expression de la détermination de la classe paysanne que lors de l'élection présidentielle, détermination qu'allait affirmer encore davantage la ratification de l'Empire : « Un jour les masses agricoles montrèrent qu'elles pouvaient vouloir. Le paysan voulut couronner sa légende et d'un mot fit l'Empire. Ce mot-là fut passionné, libre, sincère. Il le répéta trois fois et avec plus d'enthousiasme en 1852 qu'en 1848 et 1851. »

Thèse que Prévost-Paradol corrobore en s'écriant, dans un véritable accès de rage : « Je suis, quant à moi, guéri du suffrage universel et j'emploie mes loisirs à guérir les autres. »

175

Car c'est là le constat, incontournable : le suffrage universel s'est bel et bien exprimé, librement, largement, en faveur de Louis Napoléon. Le seul crime de celui-ci est de l'avoir rétabli, fidèle dans cette démarche au principe de toute son existence.

On pourra trouver cela regrettable, incompréhensible, affligeant, fâcheux, incroyable, mais c'est ainsi : à l'époque, le corps électoral ne voulait pas donner la majorité aux républicains. Las de ses propres divisions, il réclamait Louis Napoléon.

Durant des décennies, en noircissant à plaisir l'acte, le dessein et la personne de Louis Napoléon, cette vérité, cette simple vérité aura été occultée.

Ce camouflage prendra dans l'Histoire d'autres formes que celle de cette réputation salie : il résulte de l'étonnant rapport que, depuis lors et jusqu'à une période toute récente, la gauche entretient avec le suffrage universel, rapport fait d'adulation apparente et de méfiance réelle, et qui inspirera encore sa conduite en 1958 et lors de la campagne référendaire de 1962. Pour elle, le suffrage universel doit être « médiatisé », au sens littéral du terme. Il est hors de question de laisser le peuple en faire trop librement usage...

A plus de cent ans de distance, ceux qui croyaient avoir à défendre, une fois encore, la liberté... contre les aspirations du peuple, ne manquèrent pas d'établir un parallèle entre le 13 mai 1958 et le 2 décembre 1851.

En recourant à cette comparaison, ils entendaient jeter l'opprobre sur Charles de Gaulle et réaliser à son détriment l'opération si magnifiquement réussie contre le prince-président.

C'était évidemment se tromper du tout au tout, et prendre un fantasme pour la réalité. Mais, peut-être secrètement espérée pour justifier la légitimité du pronostic, l'atteinte aux libertés se fit attendre et ne vint jamais. D'ailleurs, s'il y eut « pronunciamiento », on comprit vite que de Gaulle n'avait pas pris le pouvoir à sa faveur...

Il existe pourtant, prenons le risque de le dire, certaines analogies entre les deux événements, et au moins un point commun : le « coup » n'est pas le fait générateur de la crise. Il est sa sanction logique et inévitable. Surtout, le peuple a fait son choix.

En 1958, la IVe République est déjà morte. En 1851, il n'y a déjà plus de IIe République. Le régime en place n'en a plus que le nom. François Mitterrand, évidemment peu suspect de complaisance, s'exprime là-dessus mieux que d'autres :

« Réduire la rébellion de l'armée, la chute de la IVᵉ République et l'avènement du général de Gaulle aux ambitions et aux intrigues du chef de la France libre serait donner d'aussi grands changements une explication mesquine et fausse.

« Un peuple tout entier ne bouge pas en ses profondeurs pour la chiquenaude d'un commando. Le mûrissement des révoltes a besoin d'autres soleils que la gloire en veilleuse d'un héros. »

Marx, en des termes différents, n'avait pas dit autre chose au sujet de Louis Napoléon :

« Il ne suffit pas de le dire, comme le font les Français, que leur nation a été surprise. On ne pardonne pas à une nation plus qu'à une femme le moment de faiblesse qui permet au premier aventurier venu de la violer. Le problème ne se trouve pas résolu par de semblables détours, il n'est que formulé autrement.

« Il resterait à expliquer comment une nation de 36 millions d'habitants peut se laisser surprendre par trois chevaliers d'industrie et, sans résistance, se laisser réduire par eux en servitude. »

Ainsi, présenter le coup d'État comme procédant de la seule ambition de Louis Napoléon ou d'un complot contre les libertés relève de la malhonnêteté historique.

En fait, comme l'a si bien dit Émile Ollivier, « le coup d'État a réussi parce qu'il était dans la majorité des esprits avant d'être réalisé dans les faits ». Et d'ailleurs, « qu'avait fait le Président ? Détruisait-il la République ? Non — Attentait-il à la souveraineté nationale ? Non — Il maintenait la République, il ne faisait pas la moindre allusion à l'Empire, il rétablissait, dans son intégrité, la souveraineté nationale ; il proposait une solution et ne l'imposait pas : il interrogeait le peuple ».

Plus près de nous, enfin, Pierre Guiral a reconnu que « le coup d'État, s'il était un acte de violence [...] dénouait une situation sans issue ».

Prenant connaissance, à la fin du mois de décembre, des résultats du plébiscite, Louis Napoléon parut exprimer plus de soulagement que de joie. « La France a compris, déclare-t-il, que je n'étais sorti de la légalité que pour rentrer dans le droit. Plus de 7 millions de suffrages viennent de m'absoudre. »

Adrien Dansette a vu dans cette déclaration un aveu : « Prétendre qu'on a sauvé le pays et plaider coupable ! »

Il y avait sans doute, dans le propos de Louis Napoléon, une contradiction. Mais peut-être le président avait-il été moins coupable qu'il ne le croyait lui-même...

V

L'EMPEREUR

Au lendemain du 2 Décembre, Louis Napoléon s'est vite mis au travail. Il a gouverné, seul. Et ce n'est pas là une clause de style. Non seulement aucun contre-pouvoir ne vient l'arrêter sur sa route, mais, qui plus est, c'est lui-même qui prend les décisions, souvent contre l'avis de ses proches.

L'affaire, déjà évoquée, de la dotation des Orléans lui avait ainsi valu plusieurs démissions. Spolier Louis-Philippe et sa famille, c'était en effet plus que n'en pouvaient supporter Morny, Fould, Rouher et Magne, qui étaient ses ministres mais avaient été néanmoins impliqués, à un titre ou à un autre, dans la monarchie de Juillet. Louis Napoléon n'en eut cure. Il négligea même d'expliquer aux quatre réfractaires qu'ils se trompaient de régime, qu'ils ne tenaient leur pouvoir que de lui et n'avaient de compte à rendre qu'à lui. Sans doute, par son indifférence affectée, n'était-il pas mécontent de démontrer, et d'abord à son demi-frère, qu'on n'était pas là pour faire de l'orléanisme sans les Orléans, et qu'il y avait d'autres choses à entreprendre... De surcroît, c'était une bonne façon de procéder pour leur faire comprendre qu'il n'aimerait guère s'entendre dire un jour: qui t'a fait... roi?

De même, il ne suivit que son idée pour toute une série de décrets qu'il prit à une cadence folle: il y avait tant de décisions qu'il avait dû différer, tant d'espoirs qu'il n'avait pu concrétiser, tant d'initiatives qu'il avait conservées dans ses cartons que, désormais libre d'agir, il manifestait beaucoup de hâte à récupérer le temps perdu.

On a surtout retenu de cette période les mesures restrictives de liberté dont il assume, sans nul doute, l'entière responsabilité. N'y a-t-il pas lieu cependant de se reporter au contexte de l'époque : il avait fallu mettre trente-deux départements en état de siège, et la première des priorités consistait à rétablir l'ordre, rétablissement attendu par le pays, dans sa grande majorité. Il est vrai que, comme souvent en semblables circonstances, on n'était guère regardant sur les moyens — pouvoir discrétionnaire de la police, arrestations arbitraires — et c'est un fait que Louis Napoléon ne semble pas avoir beaucoup regardé.

Ainsi peut s'expliquer, sinon se justifier, le décret sur la presse du 17 février, qui aggrave les conditions de timbre et de cautionnement et crée un système d'avertissements pour les journaux politiques. Faut-il préciser que ces mesures allaient dans le sens de celles qui avaient déjà été prises depuis 1848 et qu'au surplus la censure n'était pas établie formellement ? Comme l'a relevé Louis Girard, tout cela n'empêcha d'ailleurs pas la petite presse, beaucoup plus libre, de pulluler.

Mais, surtout, ce n'était pas là l'essentiel des préoccupations de Louis Napoléon. Beaucoup plus importants pour lui furent les textes qu'il signa concernant l'octroi de nouvelles concessions de chemins de fer, l'extension du télégraphe, la création du Crédit foncier, l'institution de sociétés de secours mutuel...

Après cette escapade de plusieurs mois hors de la légalité, la France finit par y revenir le 29 mars 1852. Ce jour-là, Louis Napoléon donna le coup d'envoi de la nouvelle législature en s'adressant au Sénat et au Corps législatif réunis pour la circonstance, au lendemain d'élections triomphales : « La dictature que le peuple m'avait confiée cesse aujourd'hui. Les choses vont reprendre leur cours régulier. »

Tout rentrait donc dans l'ordre, mais dans un nouvel ordre. Défini par une nouvelle constitution, désormais promulguée, et dont tous les rouages étaient en place ; marqué aussi par les résultats de l'activité fébrile qui avait caractérisé les longues semaines d'un pouvoir sans partage.

Cette nouvelle constitution avait été conçue pour remédier aux imperfections de l'ancienne et pour donner au président, enfin, les moyens de gouverner. Rédigée, dit-on, en fort peu de temps, et faisant référence aux principes de 1789, elle s'inspirait fortement du Consulat. Elle était en fait l'œuvre de Rouher et Troplong que Louis Napoléon avait chargés d'accélérer la marche d'une commission pléthorique, dont les travaux lui paraissaient s'éterniser.

Qu'il s'agisse d'une constitution autoritaire, ou à tout le moins « musclée », n'est pas discutable. Mais parler, à son propos, de l'organisation d'une dictature, et plus précisément de la dictature d'un seul, est plus difficile à soutenir. On reprendra plutôt l'expression utilisée par Jean-Pierre Rioux pour caractériser le nouveau système : « une démocratie efficace, autoritaire et populaire ».

Une démocratie, d'abord, parce que le principe de la souveraineté s'y trouve bien explicitement placé dans le suffrage universel ; suffrage universel s'exprimant, occasionnellement, par les plébiscites et, plus régulièrement, par les élections. Ensuite, parce que les innovations apportées dans le domaine des procédures parlementaires ne méritent pas tout le mal qu'on en a dit.

On a par exemple monté en épingle le fait que la tribune avait été supprimée. Mais, contrairement à ce que cherchent à faire accroire certains commentateurs sournois, les députés n'étaient pas privés pour autant du droit à la parole. En souhaitant depuis longtemps, avant même son retour en France, que les parlementaires s'expriment de leur place, Louis Napoléon entendait seulement s'inspirer de l'exemple britannique et faire en sorte que les interventions gagnent en concision et en densité. La logorrhée verbale, travers de la II\ :sup:`e` République, était là pour démontrer, a contrario, les avantages de la formule retenue. Aujourd'hui encore, la litanie des discours, où les mêmes arguments sont rabâchés avec d'autant moins de bonheur qu'on se rapproche du terme de ce qui n'est plus une discussion, justifie la recherche de moyens visant à « moderniser » les débats. Et le modèle de la Chambre des communes a toujours ses zélateurs.

De même, on a fait grand cas de ce que le Corps législatif ne disposait pas d'un plein et entier droit d'amendement. Il est certain que, dans le système nouveau, le pouvoir législatif n'a pas la partie belle, face à un président élu pour dix ans, disposant de tout le pouvoir de l'exécutif et de l'initiative des lois, doté d'une compétence réglementaire étendue, choisissant seul ses ministres et ayant droit, à tout moment, d'en appeler au peuple. Il est non moins certain que le parlementarisme dont il s'agit est d'un type très « rationalisé » : le président propose, le Conseil d'État met en forme, le Corps législatif vote, le Sénat vérifie la constitutionnalité. Tel est, schématiquement, l'essentiel du dispositif.

Que le Corps législatif, dès lors que le Conseil d'État s'est opposé à tel ou tel amendement, soit obligé de voter la loi telle qu'on la lui propose ou de la repousser en bloc peut certes apparaître comme une atteinte aux prérogatives d'une assemblée parlementaire. En fait, le constituant de 1852 n'a jamais fait que découvrir, avant la lettre, le « 49-3 » de la Constitution de 1958. Et tout près de nous, sous tous les gouvernements, y compris socialistes, que d'exemples de textes qui sont présumés adoptés... sans avoir été votés, et dont, par le biais de telle ou telle facilité de procédure, le dispositif est à prendre tel quel, ou à laisser.

A ceux qui critiquent un tel état de choses, on répond généralement — et non sans raison — que ces mécanismes n'ont d'autre effet que de ramener les partenaires, l'exécutif et le législatif, à l'essentiel. Et d'abord à cette question simple : sont-ils ou non décidés, nonobstant une divergence ponctuelle et passagère, à continuer de marcher, ensemble, dans la même direction ? Le refus d'accepter la rupture vaut réponse positive de la part du législatif. Qui peut mettre en doute que ce refus, au moins aux lendemains du 2 Décembre, correspondait bien à la volonté constante et délibérée du Corps législatif ?

Pour que cette volonté fût aussi celle du pays, encore convenait-il de donner au suffrage universel une expression fidèle et authentique. L'organisation électorale fit précisément l'objet d'un des décrets présidentiels, décret qui instituait le scrutin uninominal majoritaire, et sur lequel se greffèrent des circulaires et des initiatives de Persigny ; celui-ci, au comble du ravissement, avait en effet succédé à Morny au ministère de l'Intérieur

Il est vrai que, d'emblée, s'instaura la pratique de la candidature officielle. Il revenait aux préfets, non seulement de faire gagner les bons candidats, mais encore... de les repérer et de les décider. Comme le leur écrivait joliment Persigny : « Il faut que le peuple soit mis en mesure de discerner quels sont les amis et quels sont les ennemis du Gouvernement qu'il vient de fonder. »

Ce faisant, on se bornait à reprendre des pratiques déjà observées auparavant et quasi ininterrompues. Pratiques dont on aimerait d'ailleurs à croire qu'elles ont complètement disparu, la seule certitude en la matière étant qu'elles ont perdu en efficacité... A l'époque, du reste, le procédé n'empêcha pas l'élection d'opposants, et de moins en moins, au fur et à mesure du retournement de l'opinion.

C'est dire qu'on se tromperait lourdement en pensant que le système de la candidature officielle fit obstacle à la libre expression du suffrage universel. Et, tout l'indique, si les partisans de Louis Napoléon, au moins au début du régime, obtinrent de si fortes majorités, c'est parce que telle était la volonté du pays.

Faut-il ajouter que la liberté de candidature fut toujours entière ? Dès l'origine, Persigny, qui probablement n'en pouvait mais, fit savoir à ses préfets que c'était, pour Louis Napoléon, un point essentiel : « Toutes les candidatures doivent se produire sans opposition et sans contrainte. Le Prince-Président se croirait atteint dans l'honneur de son Gouvernement si la moindre entrave était mise à la liberté des votes. »

Cette ouverture produisit d'ailleurs des effets tout à fait inattendus. En 1852, elle permit à Morny — avec l'appui personnel du préfet, il est vrai — d'être élu contre le candidat officiel. Et le fait prend toute sa saveur si l'on se souvient que le nouvel élu allait être bientôt placé par Louis Napoléon lui-même... à la tête du Corps législatif.

Il demeure que la Constitution établissait un pouvoir personnel. Un pouvoir d'autant plus personnel qu'il reposait sur la volonté du peuple. Le président devait être d'autant plus fort que c'était le peuple qui le voulait. Cette sorte de pacte fondamental se trouve inscrit dans l'article 5 : « Le Président de la République est responsable devant le peuple français auquel il a toujours le droit de faire appel. »

Ainsi, cette constitution qui est, à la fois, autoritaire... et démocratique ouvre, ou du moins n'interdit aucunement, les évolutions ultérieures. C'est même, tout compte fait, sa caractéristique essentielle.

Louis Napoléon — qui a déjà souvent cité la phrase de son oncle : « Une constitution est l'œuvre du temps » — reconnaît et précise ce principe d'évolution dans son préambule, véritable message qu'il adresse aux Français :

« Le Sénat peut, de concert avec le Gouvernement, modifier tout ce qui n'est pas fondamental dans la Constitution, mais quant aux modifications à apporter aux bases premières, sanctionnées par vos suffrages, elles ne peuvent devenir définitives qu'après avoir reçu votre ratification. »

C'est dire l'intérêt qu'on doit accorder à l'analyse de William Smith, qui voit là le « paradoxe du coup d'État ». Louis Napoléon, qui vient de saisir le pouvoir, acte approuvé par le peuple et consolidé ensuite par une constitution qui le confirme pleinement dans son rôle, se déclare prêt à accepter une réduction éventuelle de ce rôle dès lors que le peuple, appelé à se prononcer, en décidera ainsi.

*
**

Il est temps de se demander pourquoi, nanti de tels pouvoirs, Louis Napoléon s'est finalement résolu, quelques mois plus tard, à rétablir l'Empire...

Le président a fort bien compris, en effet, que ce rétablissement ne lui apporterait guère de prérogatives supplémentaires. Dès lors que le suffrage universel est maintenu — et comment, de sa part, pourrait-il en être autrement ? — Louis Napoléon n'a aucun surcroît de pouvoir à escompter : l'exécutif est tout entier entre ses mains, assorti des moyens de guider le législatif pratiquement à sa guise... La meilleure preuve n'en est-elle pas qu'au moment fatidique on ne touchera pas à la Constitution de 1852 ?

Dans son discours du 29 mars aux corps constitués, il indique clairement que le statu quo lui convient : « Conservons la République, dit-il, elle ne menace personne, elle peut rassurer tout le monde. » On croirait entendre Thiers et ses amis : la république est le régime qui divise le moins.

Au cours de la même intervention, il va plus loin encore, évoquant l'Empire avec une certaine dérision et s'en servant, bizarrement, comme d'une menace : « [...] au 2 décembre, si des considérations personnelles l'eussent emporté sur les graves intérêts du pays, j'eusse d'abord demandé au peuple, qui ne l'eût pas refusé, un titre pompeux. Je me suis contenté de celui que j'avais.

« ... Je n'accepterais de modifications à l'état présent des choses que si j'y étais contraint par une nécessité évidente. D'où peut-elle naître ? Uniquement de la conduite des partis. S'ils se résignent, rien ne sera changé. Mais si par leurs sourdes menées, ils cherchaient à saper la base de mon Gouvernement, si dans leur aveuglement, ils niaient la légitimité du résultat de l'élection populaire, si enfin, ils venaient sans cesse par leurs attaques mettre en question l'avenir du pays, alors, mais seulement alors, il pourrait être raisonnable de demander au peuple, au nom du repos de la France, un nouveau titre qui fixât irrévocablement sur ma tête le pouvoir dont il m'a revêtu. »

Évidemment, on s'est gaussé de ces déclarations auxquelles on n'a pas cru un instant. On y a vu, on continue d'y voir une manifestation de duplicité. Et une fois de plus, la cause doit être entendue avant même d'avoir été plaidée : le rétablissement de l'Empire aurait été, depuis toujours, le seul et unique objectif de Louis Napoléon. Pourtant, sa position ne comporte aucune ambiguïté : il est prêt à conserver la forme républicaine du régime, et n'a que faire d'un titre « pompeux »...

Comment s'étonner d'une si compréhensible sagesse ? Le rétablissement de l'Empire présente au moins autant d'inconvénients que d'avantages. Le principal argument en sa faveur tient à la garantie de durée qu'il paraît offrir. Relativement floue sur ce point, la Constitution de 1852 confie le pouvoir exécutif pour dix ans au prince-président, mais ne prévoit, ni n'exclut, une éventuelle réélection. Restaurer le trône, c'est évidemment — sous réserve de préciser les conditions de succession — organiser la pérennité du système. Mais face à cet argument, combien de risques et de désavantages !

Les premiers obstacles viennent de l'extérieur. On peut tout attendre des autres puissances européennes, sauf l'enthousiasme. Il faut se garder d'oublier, en effet, que sont encore en vigueur les traités de 1815, qui ont exclu à perpétuité la famille Bonaparte de toute souveraineté, en France et en Europe. Qu'un Bonaparte se fasse élire président de la République et prolonge son mandat, passe encore, mais qu'il remonte sur le trône d'un oncle qui a causé tant de soucis, est-ce supportable ?

D'emblée se manifestent de fortes réticences dans les deux pays les plus intéressés à réagir : la Russie et l'Angleterre. Le tsar Nicolas lui signifia clairement sa position par le truchement de l'ambassadeur de France à Saint-Pétersbourg, en disant : « Gardez-vous de l'Empire. » Quant aux Anglais, le simple fait que le cabinet Russell-Palmerston était tombé pour avoir approuvé le coup d'État sans l'agrément préalable de la reine ou du Parlement en disait long sur leurs appréhensions. Un second Empire français ne pourrait que renouer avec la politique étrangère du premier, donc exprimer pour le moins la revendication du retour aux frontières naturelles. C'était la promesse des ennuis les plus graves...

De son côté, qu'avait à gagner Louis Napoléon dans une telle aventure ?

Président de la République française, il se trouvait à la tête d'un régime sans équivalent parmi les autres grandes nations d'Europe, régime dont l'originalité faisait la force et pouvait même, pourquoi pas, justifier une orientation messianique. Empereur, il semblait en revanche vouloir jouer dans la cour des autres, où il arrivait le dernier, avec une légitimité bien ténue et frôlant la bâtardise, fort exposé à s'affaiblir à trop vouloir leur ressembler.

Louis Napoléon paraît si conscient de ces risques qu'au moment de franchir le pas il s'emploiera à les atténuer et à corriger l'impression fâcheuse que pouvait produire son intrusion dans un monde différent.

D'autant que, selon toute apparence, il n'était pas moins convaincu des inconvénients du rétablissement de l'Empire sur le plan de la politique intérieure.

La signification un peu équivoque du vocable de « républicain » — un républicain pouvant être aussi bien un rouge qu'un fieffé réactionnaire — fait de la république un terrain neutre. Choisir de rester en république, c'est donc faire référence aux principes de 1789 sans se priver de la recherche du consensus le plus large.

A l'inverse, choisir l'Empire, c'est arbitrer entre les tendances qui se disputent la France... Louis Napoléon, jusque-là, a toujours senti le danger qu'il y avait pour lui à passer pour le représentant d'une seule de ces tendances. Aucune d'entre elles n'a le droit de le revendiquer. Et sa démarche, à peine de se contredire, ne doit jamais pouvoir être assimilée à celle des Bourbons et des Orléans. C'est bien pourquoi il n'a jamais voulu de parti bonapartiste. Il ne peut être qu'à la tête du parti de la nation. La « fusion » et le « rassemblement » sont à ce prix.

Rétablir l'Empire, c'est donc rompre avec le principe même qui l'a guidé, a fait sa force, assuré ses succès et qui lui offre la meilleure chance pour l'avenir. C'est donner à penser que les Bonaparte, au terme d'une médiocre compétition avec deux autres familles, ont fini par l'emporter... Il y a là un danger d'autant plus grand qu'en refusant de constituer un véritable parti on s'exposera aux coups de la concurrence.

Et puis, sur un plan plus personnel, Louis Napoléon pouvait se poser une vraie question : avait-il fait tout ce qu'il avait fait pour rétablir la lignée d'un autre ou bien pour accomplir son propre destin, au service de la France ?

Telles sont les réflexions auxquelles il lui était difficile d'échapper. Voilà ce qu'il ne pouvait pas ne pas penser.

Mais il avait affaire à forte partie.

Ceux qui avaient épousé sa cause ne pouvaient se satisfaire d'une situation de précarité. Car les appétits ne manquent pas et sont encore loin d'être rassasiés. C'est le moment des impatiences. Il s'agit pour les uns de faire fructifier, comme s'il s'agissait d'un investissement, le risque qu'on a pris de s'engager, pour les autres de tirer tout le parti possible de la chance qu'on a eue de se trouver du bon côté. On veut donc des places, des dotations, des charges, des titres de noblesse... L'heure est venue pour beaucoup de profiter, enfin. Et ceux-là trouvent dans la famille, l'inévitable famille, de très puissants alliés.

Car la famille, en république, n'est rien ou presque. Elle dépend tout entière de la faveur du prince. Avec le rétablissement de l'Empire, elle gagnerait beaucoup en s'institutionnalisant. Les prébendes seraient un droit, et non plus un effet de la bienveillance parentale.

Le drame de Louis Napoléon se noue alors, car il va céder à ceux qui l'entourent. Progressivement, comme imperceptiblement, mais sûrement.

Aurait-il fini par croire — comme ils ne manquent pas de le lui laisser entendre — qu'il leur doit ce qu'il est devenu ? En réalité, il ne leur doit pas grand-chose. Et même rien. Sauf son nom.

Alors, pour son malheur, il va consentir à leur rembourser ce qu'il croit devoir, dans son élévation, au prestige de ce nom. Ainsi, curieusement, sa résignation progressive à son accession à la dignité impériale est un acte d'humilité ; d'humilité excessive portant sur la matérialité de son propre mérite.

Il faudra pourtant lui forcer la main... Il faudra aussi, à son insu, rendre comme naturel, obligé, le passage de la République à l'Empire. Toute une série de faits mineurs, de détails, vont y concourir. Et ce ne sont pas les comploteurs qui manquent pour lui faire franchir ce second Rubicon.

Le grand voyage qu'il va entreprendre dans le Midi, en septembre-octobre 1852, après s'être rendu dans l'Est en juillet, va en fournir l'occasion.

Pressé de toutes parts, Louis Napoléon consent du moins à prendre le pouls du pays. Mais il entend le faire objectivement, sincèrement. Car il hésite... Et il s'en ouvre, fixant d'emblée la règle du jeu : « Je ne veux pas que le pays soit guidé, je veux qu'on le laisse libre d'exprimer comme il l'entend les sentiments qu'il éprouve : mon voyage est une interrogation ; je ne veux pas qu'on prépare la réponse. » La preuve de la sincérité de sa démarche, il l'apporte en choisissant son parcours : il retient, délibérément, les régions méridionales, qui sont loin de lui être les plus favorables.

C'est compter sans Persigny qui, se faisant l'interprète de beaucoup, souhaite que le voyage ait l'allure d'une consécration et qui enrage devant tant d'atermoiements de la part de son prince ; il se plaint même ouvertement qu'un « vertige de timidité l'ait saisi ».

Il a d'autant plus envie de faire éclore la bonne réponse à la question qu'il estime si inutilement posée qu'il sent bien, au niveau de popularité où se trouve le prince, que si l'on croit que Louis Napoléon souhaite l'Empire, on lui répondra : « Va pour l'Empire... »

Alors, au Conseil des ministres qui précède le voyage, il demande à ses collègues, avec une fausse ingénuité : « Que devons-nous recommander aux Préfets si, sur le passage du Président, on crie : Vive l'Empereur ! » Et dans ses *Mémoires* il raconte : « A ce mot, il se passa une scène inouïe... De toutes parts, on m'interpellait. Les membres du Conseil se levaient, quittaient leur place, en criant, gesticulant. Ils se groupaient dans les embrasures des fenêtres, causant entre eux avec animation, puis revenaient sur moi comme des furieux, en me demandant si je voulais la guerre civile... Quant au Président, dont le calme habituel avait quelque peu été altéré par cette scène, il profitait des instants de silence pour me reprocher les insinuations que j'avais paru faire. »

Dans la nuit, pourtant, Persigny se décide. Il convoque la plupart des préfets des départements qui vont accueillir le président, et leur donne des instructions aussi claires qu'énergiques, qui se résument à ceci : Faites crier : Vive l'Empereur ! Faites même crier : Vive l'Empereur Napoléon III, car bien que Napoléon II n'ait pas régné, cela vieillira la dynastie. Mieux encore, faites fabriquer des drapeaux avec l'inscription : « Vive Napoléon III ». Distribuez-les aux municipalités qui défilent devant le Président...

Louis Napoléon, dès ses premières étapes, ne tarde pas à

éprouver par l'œil et par l'oreille le résultat des efforts de Persigny : à Orléans, à Bourges, à Nevers, à Moulins, le doute n'est guère permis. Tout cela sent l'organisation : certains détails ne trompent guère. Louis Napoléon a assez conspiré pour savoir comment on s'y prend et n'est pas facile à abuser...

A Roanne, où le rejoint le ministre de l'Intérieur, il lui bat froid. A Lyon, il lui reproche vertement ses excès de zèle. Par réaction, il avait même préparé un discours, déjà imprimé, dans lequel il repoussait l'Empire ! Il fallut de longues discussions et d'ardentes suppliques pour le dissuader de le prononcer...

Dès lors, le sort en était jeté, car la clameur du pays n'allait pas cesser de grandir. A Grenoble, à Valence, à Marseille, à Toulon, à Aix, à Montpellier, à Carcassonne, à Toulouse, on rivalise d'imagination et d'ingéniosité pour exprimer la même et lancinante demande. Ni Persigny ni les préfets n'auraient pu à eux seuls déclencher un tel mouvement s'il n'avait répondu, sinon à l'attente, du moins au consentement du pays.

Le doute n'est plus permis. Ayant fait son choix, Louis Napoléon doit l'annoncer au pays en s'efforçant d'abord de rassurer l'Europe. Il va, pour cela, comme on dit dans le langage sportif, y mettre le paquet : le lieu, les circonstances et le contenu de son intervention, tout est calculé de manière à graver dans les esprits les grands principes du règne qui s'annonce.

C'est à Bordeaux qu'il décide de parler. Le choix n'est pas fortuit : car cette ville de tradition et de réputation royaliste, dont le négoce a souffert du premier Empire, n'a jamais caché le mauvais souvenir qu'elle en conservait ; et son ralliement, qu'il espère, démontrerait a fortiori que tout le pays appuie le projet d'Empire.

C'est à l'occasion d'un banquet offert par le tribunal et la chambre de commerce que le discours sera prononcé. Il s'agit par là de signifier nettement que le souci majeur du futur régime sera de fournir une réponse aux problèmes économiques et sociaux du pays.

Reste le contenu. Au cas où cela ne serait pas encore assez clair, Louis Napoléon veut insister sur le caractère pacifique de ses conceptions : il n'est pas question pour lui de se lancer dans une réédition du règne de l'oncle. Voilà de quoi rassurer ceux qui doivent l'être, quitte à décevoir certains de ses partisans.

C'est dire que ce discours de Bordeaux, resté justement

célèbre, est à l'usage autant extérieur qu'intérieur. Une phrase au moins est de nature à rasséréner toutes les chancelleries : « Malheur à celui qui, le premier, donnerait en Europe le signal d'une collision dont les conséquences seraient incalculables. »

Tel est son premier message ; le reste est bien connu. Vous voulez l'Empire. Vous l'aurez. Mais je vais vous dire, moi Louis Napoléon, ce qu'il sera. D'abord, son avantage essentiel est de procurer la durée et la stabilité, pour faire en sorte que d'éventuelles difficultés à venir puissent trouver une autre issue qu'une nouvelle révolution :

« Jamais peuple n'a témoigné d'une manière plus directe, plus spontanée, plus unanime la volonté de s'affranchir des préoccupations de l'avenir, en consolidant dans la même main un pouvoir qui lui est sympathique [...].

« Il sait qu'en 1852, la Société courait à sa perte, parce que chaque parti se consolait d'avance du naufrage général par l'espoir de planter son drapeau sur les débris qui pourraient surnager. Il me sait gré d'avoir sauvé le vaisseau en arborant seulement le drapeau de la France... »

Cela posé, il faut bien comprendre qu'il ne s'agit pas de reproduire ou de plagier un modèle encore présent dans toutes les mémoires :

« La France semble vouloir revenir à l'Empire [...].

« Par esprit de défiance, certaines personnes se disent : l'Empire, c'est la guerre. Moi, je dis : l'Empire c'est la paix. »

L'Empire à venir se fixe en effet des objectifs tout à fait nouveaux, qui, pour originaux qu'ils soient, n'en sont pas moins fort ambitieux ; durée et stabilité ne signifieront pas immobilité :

« J'en conviens, cependant, s'écrie Louis Napoléon, j'ai comme l'Empereur bien des conquêtes à faire. Je veux, comme lui, concourir à la conciliation des partis dissidents et ramener dans le courant du grand fleuve populaire les dérivations hostiles qui vont se perdre sans profit pour personne... Nous avons d'immenses territoires incultes à défricher, des routes à ouvrir, des ports à creuser, des rivières à rendre navigables, des canaux à terminer, notre réseau de chemins de fer à compléter. Nous avons, en face de Marseille, un vaste royaume à assimiler à la France [...]. Tous nos grands ports de l'Ouest à rapprocher du continent américain par la rapidité de ces communications qui nous manquent encore. Nous avons partout enfin des ruines à relever, de faux dieux à abattre, des vérités à faire triompher [...].

« Vous tous qui voulez, comme moi, le bien de notre Patrie, vous êtes mes soldats. »

Tout est dit. Le moment est venu de prendre le chemin du retour... Angoulême, Rochefort, La Rochelle, Amboise — où aura lieu la rencontre fameuse avec Abd el-Kader —, Tours, toutes ses étapes sont autant d'occasions de vérifier que la France n'a pas changé d'avis.

Le 16 octobre, Louis Napoléon fait une entrée triomphale à Paris. On l'acclame. Aux cris de « Vive l'Empereur »...

Tout n'est plus, dès lors, qu'une question de jours.

Dès le 7 novembre, devant ces manifestations « éclatantes » de la volonté populaire, le Sénat, à l'unanimité moins une voix, vote un sénatus-consulte rétablissant la dignité impériale au profit de Louis Napoléon. Seul Narcisse Vieillard, l'ami de toujours, s'est opposé au texte qui devra être soumis à plébiscite.

Cette défection n'altérera en rien les relations entre les deux hommes. Louis Napoléon comprend sans doute que la position de son vieil ami ne procède pas seulement de ses convictions républicaines, mais aussi d'une analyse de la situation identique à celle qui l'a fait si longtemps reculer.

D'ailleurs, cette république qui va finir, Louis Napoléon n'a de cesse d'expliquer lui-même, ou de faire expliquer par d'autres, qu'en quelque sorte... elle continue.

Troplong a cette formule significative : « La République est virtuellement dans l'Empire à cause du caractère contractuel de l'institution et de la délégation expresse du pouvoir du peuple. »

Idée sur laquelle Louis Napoléon renchérit devant le Sénat : « Mes appréhensions diminuent par la pensée que, représentant à tant de titres la cause du peuple et la volonté nationale, ce sera la Nation qui, en m'élevant au Trône, se couronnera elle-même. »

Et comme si cela ne suffisait pas, on ne perd aucune occasion de dire et de démontrer qu'il ne s'agit pas de rétablir une dynastie, mais seulement de prendre acte, une troisième fois, de la volonté populaire de choisir un Bonaparte pour conduire la nation.

Certes, une ambiguïté demeure, présente dans le texte soumis au plébiscite, celle-là même que n'était pas parvenu à dissiper Louis Napoléon dans ses écrits de jeunesse.

C'est l'ambiguïté qui naît de la coexistence des principes d'hérédité — expressément reconnue — et de libre choix du peuple souverain. Pour la gérer, pas d'autre solution que de consentir à consulter régulièrement le peuple et de se déclarer prêt à accepter son verdict.

Pour l'heure, les 20 et 21 novembre, le peuple consulté répond par une énorme majorité d'approbation à la question qui lui est posée : 7 824 129 voix pour le « oui » contre 253 149, avec 2 062 798 abstentions.

Le président du Corps législatif, Billault, présente à Louis Napoléon les résultats du plébiscite. La procédure ne doit rien au hasard, Louis Napoléon l'ayant choisie pour souligner que le nouveau régime s'organise bien sur la base du suffrage universel.

Billault a les paroles qui s'imposent en de telles circonstances, quand on a bien retenu la leçon du discours de Bordeaux :

« Tout en gardant un fier souvenir des grandes choses de la guerre, la Nation espère surtout en vous les grandes choses de la paix. Vous ayant déjà vu à l'œuvre, elle attend de vous un Gouvernement résolu, rapide, fécond. Pour vous y aider, elle vous entoure de toutes ses sympathies, elle se livre à vous tout entière : Prenez donc, Sire, prenez des mains de la France cette glorieuse couronne qu'elle vous offre.

« Jamais, aucun front royal n'en aura porté de plus légitime, ni de plus populaire. »

Dans sa réponse, Louis Napoléon insiste une fois encore sur le fait que seul le suffrage universel explique et justifie cette couronne : « Mon règne, dit-il, ne date pas de 1815, il date de ce moment même où vous venez de me faire connaître les volontés de la Nation. »

C'est bien pourquoi il ne sera que le troisième Napoléon. S'il en était allé autrement, il aurait dû être le cinquième, puisque Joseph et Louis l'avaient théoriquement précédé. Et s'il n'était pas le deuxième, c'est parce qu'on pouvait considérer qu'après Waterloo le duc de Reichstadt avait été légitimement proclamé par les représentants du peuple.

Un peu plus tôt, Louis Napoléon s'était déjà expliqué là-dessus :

« Je prends aujourd'hui, avec la couronne, le nom de Napoléon III, parce que la logique du peuple me l'a déjà donné de ses acclamations, parce que le Sénat l'a proposé légalement et parce que la Nation l'a ratifié. Est-ce à dire cependant qu'en acceptant ce titre, je tombe dans l'erreur reprochée au Prince qui, revenant de l'exil, déclara nul et non avenu tout ce qui s'était fait dans son absence ? Loin de moi un semblable égarement ! Non seulement je reconnais les Gouvernements qui m'ont précédé, mais j'hérite en quelque sorte de ce qu'ils ont fait de bien ou de mal ; car les Gouvernements qui se succèdent sont, malgré leurs origines différentes, solidaires de leurs devanciers. Mais plus j'accepte tout ce que depuis cinquante ans l'histoire nous transmet avec son inflexible autorité, moins il m'était permis de passer sous silence le règne glorieux du chef de ma famille et le titre régulier, quoique éphémère, de son fils, que les Chambres proclamèrent dans le dernier élan du patriotisme vaincu.

« Ainsi donc, le titre de Napoléon III n'est pas une de ces prétentions dynastiques et surannées qui semblent une insulte au bon sens et à la vérité ; c'est l'hommage rendu à un Gouvernement qui fut légitime et auquel nous devons les plus belles pages de notre histoire moderne. »

Quoi qu'il en soit, les puissances étrangères s'abstinrent de bouger. Tour à tour, qu'elles fussent rassurées ou résignées, elles reconnurent le nouveau régime.

Du côté des Anglais, la cause de Louis Napoléon profita à coup sûr de la présence au Foreign Office d'un homme avec qui il s'était lié d'amitié à Londres, lord Malmesbury. Il n'y eut guère que le tsar à lui marquer une certaine mauvaise humeur teintée de condescendance. Dans un message qu'il lui adressa, au lieu de lui donner du « Mon Bon Frère » qui s'imposait entre souverains, il le gratifia d'un « Mon Bon Ami » qui mettait entre eux quelque distance. Louis Napoléon sut adroitement lui renvoyer la balle, par ambassadeur interposé : « Je remercie Sa Majesté. Car si l'on subit ses Frères, on choisit ses Amis. »

Et tout cela débouche sur le 2 décembre 1852, où sera consacré l'Empire. On n'avait pas résisté à la tentation de la symbolique : celle du lieu, Saint-Cloud, là-même où Napoléon Ier avait été proclamé empereur en 1804. Celle de la date : célébrait-on le souvenir du sacre, celui d'Austerlitz ou, pour le conjurer, celui du coup d'État ? De toute façon, elle était bien choisie...

La simple chronologie donnerait à penser que le mariage de l'empereur ne fut qu'une étape de plus, mûrement préparée et réfléchie, dans la démarche méthodique de mise en place des nouvelles institutions.

Louis Napoléon convola avec Eugénie de Guzman le 30 janvier 1853, soit moins de deux mois après la proclamation de l'Empire. Cette union qui, tant par le choix de l'élue que par sa précipitation, stupéfia la France, procédait probablement moins d'une volonté politique que de la brutale détermination de Louis Napoléon à suivre un penchant personnel.

Bien sûr, dès lors que l'Empire était là, il fallait en tirer les conséquences et s'organiser. Et, notamment, trouver une femme, pour assurer la descendance mâle, faute de laquelle toute cette belle construction pourrait bien se transformer en machine infernale... Chacun était bien conscient en effet que, tant qu'il n'y aurait pas d'héritier, le régime ne pourrait trouver ses assises définitives.

Quelques années plus tard, avant la naissance du prince impérial, un incident devait illustrer ce sentiment d'angoisse, sourd et permanent. On était en 1854 et la guerre de Crimée s'éternisait : la promenade militaire annoncée s'avérait pleine de difficultés et causait des pertes inattendues et démesurées dans le corps expéditionnaire. Louis Napoléon n'y tenait plus... Il se reprochait d'être loin de ses soldats, qu'il avait engagés dans la première expérience guerrière de son règne... Valérie Mazuyer, dans ses Mémoires, raconte, à sa manière, naïve et touchante, les tourments et la résolution de l'Empereur qu'elle croise aux Tuileries :

« Oh Sire, quel radieux soleil, aujourd'hui, sur notre capitale !

— Oui, mais en Crimée, les nuits sont longues et glaciales [...], les souffrances de nos troupes, en cette période d'hiver dépassent ce qu'on peut imaginer. Je ne puis me résoudre à demeurer ici sans les aller rejoindre, quoi qu'on me dise pour m'en dissuader. »

Bientôt, il se murmure que les cigares et les uniformes de campagne de l'empereur ont déjà été expédiés à Constantinople et que Louis Napoléon est sur le départ. C'est l'affolement général !

On se rassure en se disant que, dans l'immédiat, l'impératrice assurerait la régence et que le roi Jérôme présiderait le Conseil du Trône. Mais s'il devait arriver malheur au souverain ? La silhouette du prince Napoléon Jérôme, qui se profile alors, ne suscite qu'un enthousiasme limité. Il faudra que Persigny et Morny, oubliant leur inimitié, se liguent pour dissuader Louis Napoléon de partir. Avec un argument massue : tout le monde vend à la Bourse ; y compris l'oncle Jérôme.

Cet épisode permet de comprendre, rétrospectivement, que, dès la fin de 1852, nombreux sont ceux qui se préoccupent de marier Louis Napoléon. On conçoit aussi que Napoléon Jérôme, directement intéressé, soit le moins empressé de tous... Et qu'il trouve une alliée de fait dans sa sœur Mathilde, que bien des motifs personnels empêchent de considérer avec faveur une telle issue.

Mathilde et Napoléon Jérôme sont tous les deux les enfants de l'excentrique roi Jérôme, ex-souverain de Westphalie.

Frère cadet de Napoléon Ier, Jérôme a soixante-huit ans au moment du rétablissement de l'Empire. Libertin, homme à femmes, amateur de restaurants et de théâtre, de longues années de privation ont suscité chez lui la volonté de mener grand train et une inextinguible cupidité. Viel-Castel le note : « Le vieux drôle royal ne marche et n'agit qu'à coup d'argent. »

Jérôme n'a jamais vraiment cru en Louis Napoléon. Il se serait accommodé de la monarchie de Juillet... ou de la république : Louis-Philippe l'a autorisé à revenir en France et le gouvernement de Cavaignac l'a réintégré dans son grade de général de division... Pourtant, après avoir hésité, il a eu la bonne idée de se ranger, lors du coup d'État, aux côtés de son neveu. Nommé gouverneur des Invalides et maréchal de France, avec le Palais-Royal en partage, il obtiendra de surcroît la présidence du Sénat, en janvier 1852, poste qu'il abandonnera rapidement, pour marquer sa solidarité avec son fils qu'il estime mal traité. Ses funérailles, en 1860, donneront lieu à l'une des grandes cérémonies du règne.

Si son personnage n'a plus alors qu'un intérêt anecdotique, ses deux enfants, Napoléon Jérôme et Mathilde, sont en mesure de jouer un rôle fort important.

Mathilde en a sans doute les capacités, mais n'est guère servie par les circonstances. Quant à son frère, malgré un contexte des plus favorables, il ne parviendra jamais à saisir sa chance.

Étrange personnalité, en vérité, que celle de ce Jérôme Napoléon, alias Napoléon Jérôme, dit « Plon-Plon » : il a des qualités et même de véritables dons. Mais tout se passe comme s'il s'ingéniait à les gâcher, consciencieusement et systématiquement.

Il a trente ans en 1852. Louis Napoléon, dont il a partagé quelques fredaines, pourrait tout naturellement se tourner vers lui, et obtenir un soutien peut-être décisif dans la mise en œuvre de sa politique.

Car, sur le fond, ils ne sont guère éloignés, même si Napoléon Jérôme pousse jusqu'à l'excès certaines des convictions de son cousin. Démocrate, mais napoléonien, anticlérical, il rêve d'un État qui parviendrait à concilier les libertés et l'autorité. Il est un adepte fervent de la cause des nationalités.

C'est dire que, même si, par bravade, il s'est décidé à désapprouver le coup d'État, il serait susceptible, en prenant la tête d'une aile gauche du bonapartisme, d'aider Louis Napoléon à rééquilibrer le camp de ceux qui le soutiennent, en élargissant sa marge de manœuvre. Ancien député de gauche à la Constituante, puis à l'Assemblée législative, il pourrait travailler à rallier certains de ses anciens collègues à la cause de son cousin.

Las! Si brillante qu'elle soit, l'intelligence de Napoléon Jérôme est beaucoup plus négative que constructive. Lui-même est inconstant et fantasque. Et ses initiatives sont imprévisibles.

Finalement, il gênera l'empereur plus qu'il ne l'aidera : la jalousie peut expliquer son comportement. Visiblement, il a du mal à se persuader que Louis Napoléon n'occupe pas une place qui devrait être la sienne, lui dont la ressemblance physique avec Napoléon Ier est si frappante... Cette jalousie ne se dissimula souvent qu'imparfaitement, notamment lors de la naissance du prince impérial.

Au point que, pour un moment, Louis Napoléon l'écartera même explicitement de la succession, en s'ouvrant très franchement de ses griefs à son oncle : « Votre fils, lui explique-t-il, ne fait rien pour mériter une si haute destinée. Il croit qu'en voyant des personnes tarées, en entretenant des correspondances dans les départements avec des démagogues connus, il réserve les chances de l'avenir. Il montre son peu de jugement. Aussi, je vous le dis avec franchise : tant que votre fils ne se sera pas rendu digne de gouverner la France, il ne sera pas compris dans l'hérédité. »

C'est que, là où Louis Napoléon, dans un souci de réalisme et d'efficacité, cherche à ménager les transitions, à adapter le rythme de son action aux possibilités de l'heure, son cousin ne rêve que plaies et bosses, ruptures et imprécations.

Louis Napoléon se força néanmoins à lui confier des commandements militaires en Crimée et en Italie, où la combinaison de ses qualités et de ses défauts ne lui valut pas mieux qu'une franche impopularité, à la fois dans les milieux politiques et chez les militaires. La tentative qu'il fit de le nommer ministre des Colonies et de l'Algérie se solda par un échec. Il dut bientôt le cantonner dans quelques missions diplomatiques mineures et à la présidence... des Expositions universelles.

Du moins, Napoléon Jérôme eut-il la bonne idée d'accepter d'épouser la fille de Victor-Emmanuel et de servir — par un mariage de raison — les intérêts diplomatiques de la France. On peut aussi lui accorder le mérite d'une certaine fidélité. Suffisante, en tout cas, pour alimenter les regrets de l'empereur devant un échec aussi flagrant...

Une lettre de Louis Napoléon adressée à son cousin, après une intervention intempestive de celui-ci devant le Sénat, exprime bien l'ampleur de la déception.

« J'ai été surpris, je l'avoue, de voir combien tu rendais peu justice à ma conduite envers toi depuis douze ans et combien tu t'abusais sur la tienne... Depuis le lendemain du jour où je fus élu Président de la République, tu n'as jamais cessé d'être, par tes paroles et par tes actions, hostile à ma politique, soit pendant la Présidence, soit au 2 décembre, soit depuis l'Empire. Comment me suis-je vengé ? En cherchant toutes les occasions de te mettre en avant, de te faire une position digne de ton rang, et d'ouvrir une arène à tes brillantes qualités.

« Ton commandement en Crimée, ta dotation, ton Ministère en Algérie, ton entrée au Sénat et au Conseil d'État sont des preuves évidentes de mon amitié pour toi. Ai-je besoin de rappeler comment tu y as répondu ?

« En Orient, ton découragement t'a fait perdre le fruit d'une campagne bien commencée...

« Ta dotation ? On a droit de s'étonner que jamais tu ne reçoives, et que jamais ton nom ne paraisse dans aucun acte de charité. Ton portefeuille en Algérie ? Tu me l'as un beau jour renvoyé à cause d'un article du *Moniteur*. Quant à tes discours au Sénat, ils n'ont jamais été pour mon Gouvernement qu'un sérieux embarras... Je n'admettrai jamais qu'on parle au Sénat comme dans un club, jetant l'injure à la tête de tout le monde... »

Quant à Mathilde, l'Empire est pour elle une impasse, avant même d'avoir commencé.

Cette beauté massive avait un autre handicap que son physique plantureux : elle avait été, on le sait, la fiancée de Louis Napoléon et, on s'en souvient aussi, n'avait guère résisté à son père lorsque celui-ci lui avait intimé l'ordre de rompre avec le triste héros de l'équipée saugrenue de Strasbourg. Comme il arrive souvent, Mathilde en voulait davantage à Louis Napoléon... de sa propre trahison que lui-même ne songeait à lui en faire reproche.

Le mariage qui lui avait été imposé par la suite s'était révélé, il est vrai, aussi tumultueux que malheureux. Son père l'avait littéralement cédée à un Russe richissime, le comte Demidov, qui lui avait rendu la vie impossible. Du moins, la séparation, organisée par le tsar, sous l'œil intéressé du roi Jérôme, avait-elle été avantageuse : 200 000 francs de rente pour elle... et 40 000 francs pour le papa, qui ne s'était pas oublié...

Entre Mathilde et Louis Napoléon resta toujours ce souvenir en forme de blessure secrète. Il éprouvait de l'attachement pour elle, mais un mariage avec cette divorcée de fait était d'autant plus difficile à envisager qu'elle entretenait une liaison tapageuse avec le comte de Nieuwerkerke.

Mathilde se prit probablement à rêver que, du moins, Louis Napoléon ne se marierait pas : aussi longtemps que le célibat de celui-ci se prolongerait, elle resterait en effet la première dame de France et ce rôle lui convenait tout à fait... Déjà, à l'Élysée, elle s'était vu reconnaître le rôle de maîtresse de maison, qu'elle continua de tenir aux débuts de l'installation aux Tuileries et dont, au demeurant, elle s'acquitta fort bien.

Sa réaction fut particulièrement violente lorsque son ex-fiancé s'ouvrit devant elle de son intention de convoler avec une autre. Pourtant une fois son intérim d'impératrice de fait achevé, elle sut conserver des relations plus que correctes avec Louis Napoléon. Si quelque chose en elle avait été brisé, elle n'en servit pas moins l'Empire et son maître en assumant une fonction que nul n'eût pu lui contester et qu'en tout état de cause ni Louis Napoléon, ni son épouse n'étaient capables ou simplement désireux d'occuper. Femme de goût, d'esprit et de culture, elle anima, tour à tour à Saint-Gratien et dans son hôtel de la rue de Courcelles, le plus brillant salon de l'époque. Au moins, les revenus qui lui furent servis aidèrent-ils à la promotion des lettres et des arts; les grands noms d'alors — Théophile Gautier, les Goncourt, Taine, Sainte-Beuve — furent ses hôtes familiers.

Harriet Howard n'accueillit pas mieux la nouvelle de l'union : un statut de maîtresse quasi officielle lui avait été attribué, que renforçait encore l'ampleur des services rendus. Elle, du moins, était célibataire. Mais l'origine de la fortune de cette jeune femme autrefois entretenue n'était qu'un secret de polichinelle. On l'écartera donc le moment venu, avec toute la correction désirable et de substantielles compensations : quelques millions, un titre de comtesse et l'honneur de veiller au sort des deux enfants qu'au fort de Ham le prince avait eus d'Alexandrine Vergeot.

Mais que de scènes pénibles, décidément, quand Louis Napoléon fera connaître aux uns et aux autres son choix.

Ce choix, il s'y détermine comme il le fait pour toutes ses décisions importantes : une longue réflexion solitaire, la maturation de l'idée qui s'élabore, et puis, la résolution foudroyante.

Mais pendant qu'il se prépare, seul, dans l'ignorance de tous — y compris, dans le cas d'espèce, de la principale intéressée — beaucoup croient pouvoir penser pour lui.

On songe bien sûr à un mariage politique : avec l'infante Christine, ou la princesse Wasa de Suède, ou la princesse Adélaïde de Hohenlohe... Mais qui pourrait bien avancer le nom d'Eugénie de Guzman, comtesse de Téba ? Louis Napoléon la connaît depuis plusieurs années, sans que cela ait jamais paru susceptible de conséquences... Et pourtant...

Étrange jeune femme, au demeurant. Affublée d'une mère envahissante et calculatrice, qui, de toute évidence, cherche à la caser glorieusement. Espagnole, de bonne famille — son père a servi Napoléon Ier, ce qui ne gâte rien —, elle est belle, très belle.

« Ce qui me plaisait, dira Stéphanie Tascher de La Pagerie, c'était son espèce de timidité et de doute d'elle-même, alliée à sa triomphante beauté. »

On ne saurait dire que l'étrange équipage qu'elle constitue avec sa mère ait gagné tous les cœurs. Parcourant sans arrêt l'Europe, elles peuvent passer pour des intrigantes.

En tout cas, Louis Napoléon est profondément épris. A-t-il été le jouet des savantes machinations ourdies par Mme de Montijo, laquelle aurait été utilement et intelligemment conseillée par ses proches : Mérimée, un ami de longue date, et Ferdinand de Lesseps, son cousin ? Louis Napoléon, qui n'avait certes pas l'habitude de voir les femmes lui résister, s'est-il résigné, comme l'ont insinué quelques mauvaises langues, à passer par la chapelle parce que c'était le chemin obligatoire de la chambre à coucher ?

Là-dessus, les avis divergent. Mais ce sont paradoxalement les ennemis d'Eugénie qui vont précipiter sa fortune. Lors d'une réception, le 1ᵉʳ janvier 1853, la femme d'un ministre l'humilie en public. Tout de go, elle annonce à Louis Napoléon que, n'en pouvant supporter davantage, elle va quitter Paris.

Le lendemain, la voilà avec une demande en mariage, en bonne et due forme. Dès que la nouvelle est connue, c'est la tempête. Si Morny, habilement, se range dans le camp — quasi désertique — de la jeune duchesse, Persigny, lui, s'insurge et fait grand tapage. Napoléon Jérôme, qui l'avait trouvée « grotesque », décrète qu'« on n'épouse pas Mademoiselle de Montijo ». Le ministre des Affaires étrangères, Drouyn de Lhuys, parle de démission. Mathilde fait à l'empereur une scène mémorable : « Dès lors que vous n'épousez pas une Française, vous ne pouvez entrer que dans une maison souveraine. »

Hugo, de son exil, exulte : « Il faut se presser, car le Bonaparte me fait l'effet de se faisander. Il n'en a pas pour longtemps. L'Empire l'a devancé, le mariage Montijo l'achève. »

Rien n'y fait, Louis Napoléon ne se laissera pas fléchir. D'autant que c'est pour lui une manière d'exprimer une nouvelle fois sa fidélité à sa mère, qui — Valérie Mazuyer nous l'assure — lui avait fait jurer quelques jours avant sa mort de ne se marier que selon son cœur.

Louis Napoléon va même, crânement, braver l'orage. Il convoque le 22 janvier le ban et l'arrière-ban du régime — Conseil d'État, Sénat et Corps législatif — pour s'expliquer. Le discours qu'il prononce, pour présenter — et justifier — son choix, est de haute tenue. Au moins autant que l'empereur, c'est Louis Napoléon qui parle :

Il le reconnaît d'entrée : « L'union que je contracte n'est pas d'accord avec les traditions de l'ancienne politique. » Mais il précise aussitôt : « C'est là son avantage. »

Ayant expliqué pourquoi il s'était écarté « des précédents suivis jusqu'à ce jour », faisant de son mariage une affaire privée, il a ces mots restés célèbres dont l'humilité provocante confine à l'orgueil : « Quand, en face de la vieille Europe, on est porté par la force d'un nouveau principe à la hauteur des anciennes dynasties, ce n'est pas en vieillissant son blason et en cherchant à s'introduire, à tout prix, dans la famille des Rois qu'on se fait accepter. C'est bien plutôt en se souvenant toujours de son origine, en conservant son caractère propre et en prenant franchement vis-à-vis de l'Europe la position de parvenu, titre glorieux lorsqu'on parvient par le libre suffrage d'un grand peuple. »

Huit jours après, par très beau temps, c'est la cérémonie à Notre-Dame. Tout est allé très vite. Mais pourquoi aurait-on attendu ? Et la France découvre son Impératrice.

Les premiers moments d'éblouissement passés, Eugénie ne va pas tarder, après une période d'indifférence polie, à connaître l'impopularité. Une impopularité qui sera nourrie successivement de griefs contradictoires, ainsi que le racontera plus tard, très lucidement, l'intéressée elle-même : « Au début du règne, je fus la femme futile ne s'occupant que de chiffons et vers la fin de l'Empire, je suis devenue la femme fatale qu'on rend responsable de toutes les fautes et de tous les malheurs ! Et la légende l'emporte toujours sur l'Histoire. »

Elle qui avait tant souhaité échapper au destin de Marie-Antoinette ou de Marie-Louise, elle qui avait été choisie contre la raison d'État, voilà qu'on la présente comme « l'Espagnole », de la même façon que chacune des deux autres s'étaient entendu appeler tour à tour « l'Autrichienne ». Voilà aussi qu'on la fait passer — nouvelle invention — pour une bigote, voire une ultramontaine, alors que — comme l'a si justement remarqué William Smith — elle partagea bien souvent les vues de son époux, y compris, finalement, sur la question romaine, et qu'on ne saurait confondre la conduite irréprochable d'une femme bafouée avec un quelconque engagement clérical.

Si réservée qu'elle soit, elle a parfois livré le fond de son âme, par exemple lorsqu'elle confie : « L'Empereur et moi, nous appartenions à la même génération d'exaltés ; il y avait dans nos deux natures du romantisme de 1830 et de l'utopisme de 1848. A quinze ans, je croyais conspirer avec Falco... et mon livre de chevet était *Mes prisons* de Silvio Pellico... Le Prince, dans sa prison avait écrit un ouvrage sur l'extinction du paupérisme qui m'avait passionnée ; nous cherchions le moyen de mettre sa théorie en pratique et nous rêvions de travailler au bonheur des peuples et d'améliorer le sort des ouvriers. »

Ces propos ne sont pas de simple convenance. Ils permettent de mieux comprendre un personnage qui vaut certainement mieux que ce que la postérité a cru devoir retenir.

Faut-il rappeler aussi qu'à l'âge de douze ans c'est sur les genoux de Stendhal, qu'elle appelle Monsieur Beyle, et dont elle aurait dit qu'il avait été le premier homme à « faire battre son cœur », qu'elle a appris la saga napoléonienne ? Et que plus tard, beaucoup plus tard, elle prit parti pour la cause de Dreyfus ?

Sincèrement passionnée par les questions sociales, Eugénie n'hésite pas, quand il le faut, à aller sur le terrain. Elle y montre même du courage comme pendant les années terribles de 1865 et 1866 où, en pleine épidémie de choléra, elle visite en personne les malades, tant à Paris qu'à Amiens. De même, elle consacre beaucoup d'efforts à l'amélioration du sort des jeunes détenus dont elle obtient qu'on les envoie désormais en colonies agricoles, pendant que, de son côté, Louis Napoléon impose la suppression du bagne.

C'est avec beaucoup de simplicité, et de sincérité aussi, qu'elle explique les raisons de son engagement : « Si le doigt de la Providence m'a marquée d'une place si élevée, c'est pour servir de médiatrice entre ceux qui souffrent et celui qui peut y porter remède. »

Il existe un autre domaine où Eugénie donna sa pleine mesure, c'est celui de l'action en faveur des femmes. Car elle était une féministe convaincue et résolue. Et rien ne l'arrêta dans cette voie, pas même les réticences manifestes de l'Église à laquelle on la disait pourtant si soumise… Elle soutint énergiquement Victor Duruy, le sulfureux ministre de l'Instruction publique, que le pape et Mgr Dupanloup vouaient aux gémonies, quand il fit progresser la situation des filles dans l'enseignement primaire, quand il présenta son projet d'enseignement secondaire féminin, et quand il voulut faire entrer les femmes à la Sorbonne. En 1862, elle s'était battue pour qu'une jeune institutrice, Julie Victoire Daubié, dont — circonstance aggravante — les idées passaient pour fort avancées, puisse se présenter au baccalauréat.

Elle ne s'en tint pas là.

Affichant son soutien aux personnalités féminines les plus en vue de l'époque, elle apporta son appui personnel à George Sand, s'opposant à la suspension du journal où celle-ci faisait paraître en feuilleton un violent pamphlet antipontifical. Elle exprima même le vœu public de la voir élue à l'Académie française… plus d'un siècle avant que les Quarante ne se décident à y accueillir Marguerite Yourcenar.

Bien qu'elle ait tout fait pour cela, elle ne parvint pas à

obtenir la création d'une décoration spéciale en faveur des femmes émérites, mais s'accorda une revanche en profitant de sa régence pour attribuer, de son propre chef, la Légion d'honneur au peintre Rosa Bonheur. Elle soutint aussi par des commandes officielles le sculpteur Adèle d'Affry, alias Marcello, qui défrayait pourtant la chronique, tant le métier qu'elle exerçait, fort avant Camille Claudel, passait alors pour réservé aux hommes.

Et comment omettre l'hostilité de l'impératrice aux poursuites dont, en 1857, avait fait l'objet l'auteur des *Fleurs du mal*, la supplique que lui avait alors adressée Baudelaire s'étant traduite par la réduction à un niveau symbolique de l'amende infligée à celui-ci ?

Telle était Eugénie, dont la personne et le rôle furent pourtant si décriés. Sans doute montra-t-elle parfois trop de raideur en cherchant à se montrer digne de son rang. Il reste qu'on lui attribue une influence probablement plus grande que celle qu'elle exerça ; qu'elle ne fit pas toujours preuve d'une grande constance de vues ; qu'elle prêtait trop aisément le flanc à la critique. Les reproches qui lui furent adressés n'étaient pas totalement dénués de fondement. Mais sa personnalité était à la fois plus complexe et plus attachante qu'on ne le croit.

Émile Ollivier, qui l'a très bien connue, a observé qu'à tout prendre son principal handicap fut son innocente maladresse : « La conduite de l'Impératrice a fort surpris ceux qui n'ont pas la clé de son caractère. C'est une véritable héroïne de Cervantès. Elle a le goût de la grandeur, mais elle ne s'y connaît pas ; néanmoins, parfois, elle la rencontre par hasard. »

A l'évidence, Eugénie fut aussi une femme trompée, puis délaissée. En 1863, elle s'en ouvrait à Mérimée : « Il y a désormais l'Impératrice, il n'y a plus d'Eugénie. » Et pourtant, elle fut une femme aimée. Car Louis Napoléon l'aima, à sa manière. Il eut, en tout cas, un immense respect pour l'impératrice, une grande affection pour la mère de son fils, et une amitié sans faille pour la compagne des mauvais jours. Au-delà des tribulations que rapporte la chronique, elle et lui auront été plus proches et plus unis qu'on ne le laisse entendre.

Eugénie a vingt-cinq ans le jour de son mariage, et vivra encore soixante-sept ans. La vie lui donnera ainsi une chance, refusée à Ollivier, celle d'assister en 1918 au triomphe des armes de la France ; elle savourera d'autant plus cette revanche qu'en livrant à Clemenceau certaines informations et des documents qu'elle jugeait précieux pour elle. Elle aura, à tort ou à raison, le sentiment d'avoir contribué au retour de l'Alsace-Lorraine dans la mère patrie.

Eugénie donnera un fils à Louis Napoléon, le 16 mars 1856. Quelques semaines plus tard, on baptisait à Notre-Dame Napoléon Eugène Louis Jean Joseph. Pour l'occasion, on avait osé renouer avec les fastes d'antan. Il est vrai que, selon le mot de Louis Napoléon, ce baptême valait un sacre. Tout ce qui paraissait irréel jusqu'ici prend désormais consistance. L'impératrice se laisse aller à rêver : « Par mon fils, la dynastie napoléonienne s'enracinera sur la terre de France comme il y a neuf siècles la dynastie capétienne. »

L'Empire connaît alors une sorte d'apogée. Mais de quoi demain sera-t-il fait ? La question ne peut être éludée. Car la joie de Louis Napoléon, en ces instants, se teinte aussi de mélancolie et d'angoisse. Valérie Mazuyer, dont la finesse d'observation est souvent remarquable, a saisi cet instant : « Dans ce Palais des Tuileries, celui qui en est aujourd'hui le maître pense aux destinées de trois enfants qui y vinrent au monde au milieu des mêmes transports de joie, salués des mêmes acclamations : le Roi de Rome, le Duc de Bordeaux, le Comte de Paris. »

Tous les rôles étant désormais distribués, la Cour achève de s'organiser. C'est dans la logique des choses : il s'agit de procéder à cette grande distribution que tant de personnalités ont appelée de leurs vœux. Il s'agit aussi de frapper les imaginations, en illustrant la puissance du régime et sa capacité à durer.

Car la Cour est d'abord un spectacle savamment ordonné, à l'usage de l'opinion et de l'extérieur : on a ressuscité la garde impériale, et créé un corps des « cent gardes » qui a vraiment fière allure. Il ne sera d'ailleurs jamais question de lésiner sur les parades, les carrousels, les revues et les défilés. On apprécie les visites de souverains étrangers, qu'on cherche à multiplier. Les Expositions universelles sont d'autres grands moments qu'il convient de privilégier.

En fait la Cour vit moins par et pour elle-même que pour tout ce qui l'environne. En soutenant parfois que s'y étalait un luxe de parvenus, on cherche à faire croire que Louis Napoléon, versant dans la mégalomanie, succomba à la tentation, fréquente à tous les étages du pouvoir, d'entretenir autour de lui une sorte de culte de la personnalité, de magnifier son personnage en étalant sa munificence, et de profiter sans vergogne des avantages de tous ordres que pouvait lui offrir sa position.

Ces allégations sont par trop incompatibles avec ce que l'on connaît des penchants, des inclinations, et des habitudes de vie de Louis Napoléon, avant et après qu'il soit parvenu au faîte. Il aime la vie toute simple, la vie de famille, la vie bourgeoise, que ses multiples aventures ne les empêchent pas de connaître, lui et l'impératrice, et dont la commune adoration qu'ils portent à leur enfant est le lien le plus puissant.

Tout le confirme : dans cette vie privée qu'ils s'efforcent de protéger, Louis Napoléon et sa femme conservent des goûts désespérément simples. Lorsqu'elle porte ses superbes toilettes, qui font grand bruit car elles sont à la pointe de la mode du temps, la très belle et très sensible Eugénie explique ainsi qu'elle a dû revêtir ses « habits politiques ».

Pour Louis Napoléon, la Cour, avec son train de vie, répond bien, en effet, à une exigence d'ordre politique : elle est la vitrine de la France. On serait tenté de dire que, comme il ne peut être question d'organiser tous les ans une Exposition universelle, la finalité de cette Cour — avec ses cérémonies, ses réceptions, ses fêtes — est d'être, dans l'intervalle, le reflet de la splendeur, de la puissance, et de la gloire de la France.

Il s'agit d'étonner et d'impressionner, à l'intérieur comme à l'extérieur. Le souci de communication est double : il faut que l'étranger accepte comme allant de soi le rôle dominant qui revient à la France ; il faut que les Français qui comptent, ceux qui créent, qui imaginent, qui inventent, soient incités à se mobiliser, en s'identifiant à la cause nationale qu'ils ont à servir.

Là est l'important. Dès lors, il ne faut pas se laisser prendre aux pépiements de quelques femmes fascinantes, dont la légèreté n'exclut d'ailleurs pas l'esprit : sans le savoir, la princesse de Metternich, épouse de l'ambassadeur d'Autriche, et les autres coqueluches de l'époque que sont par exemple la comtesse Walewska ou la duchesse de Persigny, sans parler — fulgurant passage — de la comtesse de Castiglione, sont au service d'une cause qui les dépasse.

Pour sa part, Louis Napoléon, préférerait souvent être ailleurs, libre d'orienter son esprit vers ses domaines de dilection. On s'ennuie souvent à la Cour, et Louis Napoléon sans doute plus que tous les autres. En maintes occasions, on sent qu'il pense à autre chose, poursuivant une idée, mûrissant une intention, échafaudant une initiative.

Néanmoins, un protocole strict s'imposait : au début, on avait eu une fâcheuse tendance à improviser. Ainsi le soir du repas de noces, faute de règle bien établie, personne ne songea à partir après le dernier plat. Et il fallut qu'Eugénie et Louis Napoléon prennent sur eux de s'éclipser...

Pour l'étiquette, on s'inspira, sans grand souci d'originalité, du premier Empire. Le régime d'antan n'est cependant pas systématiquement imité. Il existe on ne sait quelle retenue, on ne sait quelle distance... Ce n'est pas un hasard. Paradoxalement, le second Empire sera moins... napoléoniâtre que la monarchie de Juillet... Et ce sont les républicains, plus généralement les opposants, qui se référeront sans cesse au premier Napoléon pour mieux critiquer le troisième. En fait, le régime paraît accepter de payer un tribut au passé, sans toutefois aller trop loin. Voilà qui est assez logique : le premier Empire est une référence, et n'est pas un héritage. A titre principal, c'est du peuple que Louis Napoléon veut tirer son pouvoir, non de sa filiation.

Si la noblesse du premier Empire se voit reconnaître une place de choix — le comte d'Ornano est chambellan et le duc de Cambacérès grand maître des cérémonies —, la distribution de nouveaux titres va se situer dans de raisonnables proportions, et récompenser de vrais services. Quatre ducs, Morny et Persigny — sans qui on n'en serait pas là — dont deux généraux victorieux — Pélissier pour Malakoff et Mac-Mahon pour Magenta. Et seulement dix-neuf comtes, quatre vicomtes, seize barons, sans compter, il est vrai, quelque deux cents régularisations.

Une organisation fort lourde se met en place : l'empereur, l'impératrice, le prince impérial — « Loulou » —, le prince Napoléon Jérôme et la princesse Mathilde ont chacun leur maison, dotée d'un nombreux personnel réparti en services. La maison civile de l'empereur, dirigée par un ministre — d'abord Fould, puis le maréchal Vaillant —, n'en comptait pas moins de six, organisés autour du grand aumônier, du grand maréchal du palais, du grand chambellan, du grand écuyer, du grand veneur et du grand maître de cérémonies. Quant à la maison militaire, elle ne comptait pas moins d'une quinzaine de généraux, aides de camp, sans parler des officiers d'ordonnance… Certaines de ces fonctions correspondent à une activité très réelle. D'autres sont surtout honorifiques, car il faut bien donner à chacun une raison sociale.

Il y a, en effet, des hommes qui, au-delà des titres pompeux qui leur ont été accordés et des emplois théoriques qui leur ont été réservés dans l'organigramme de la maison impériale, vont pouvoir être utilisés à d'autres tâches : Fleury, bien sûr, qui garde la haute main sur les relations avec l'armée, Vaudrey qui ne se contente pas de gouverner le palais, Edgar Ney, qui ne s'occupe pas que des chasses, Bacciochi, qui ne se borne pas à introduire les ambassadeurs, et encore Bure, le frère de lait, qui gère la fortune personnelle, Thélin, qui tient la cassette, et l'inévitable docteur Conneau, médecin, compagnon, véritable gourou, qui reçoit tous les quémandeurs : ce dernier, comme tous les autres mais plus qu'eux encore, se voit confier les missions les plus diverses et son avis est, en maintes occasions, sollicité.

Bientôt, la vie s'organise. On voit les années se succéder avec un même calendrier en forme de rituel. Car l'empereur et la Cour circulent, comme aujourd'hui le roi du Maroc va de palais en palais. Là où est le roi, là où était l'empereur, là est le centre de décision et la capitale de fait.

L'empereur passe les mois d'hiver et le début du printemps au palais des Tuileries, bientôt réuni au Louvre, l'ensemble constituant progressivement une véritable cité impériale. Le bal des Tuileries, en janvier, est l'un des grands moments de l'année.

En mai, le souverain et la Cour s'installent à Saint-Cloud, avant de repartir souvent en juin et au début de juillet à Fontainebleau où alternent promenades et parties de canotage.

Juillet et août sont les mois des cures thermales, avec, en sus, à partir de 1856, un bref séjour au camp militaire de Châlons.

Les cures auront une grande importance dans l'histoire du second Empire. Ce sont des périodes de liberté et d'autonomie pour Louis Napoléon : l'entourage est réduit, le gouvernement est loin, ses mains sont libres. Il ne se privera pas d'en profiter. L'impératrice, qui raffole des bains de mer, se rend pendant ce temps à Deauville ou à Dieppe, deux stations qu'elle contribue à lancer, puis à Biarritz, où elle fait construire la fameuse « Villa Eugénie ». Il lui arrive aussi de rejoindre brièvement son époux.

Louis Napoléon se rend ainsi à Plombières pour soigner ses

rhumatismes en 1856, 1857 et 1858. Il n'y fit que deux très brèves visites en 1859 et 1861. Cette même année, les trois suivantes et en 1866, il alla à Vichy soigner son foie, et revint à Plombières en 1865 et 1868.

L'intérêt des cures à Vichy a été fort discuté. Certains ont même prétendu, après coup, qu'elles ne pouvaient qu'aggraver les calculs dont commençait à souffrir Louis Napoléon. En fait, comme l'a signalé le docteur Jacques Laurent Arnaud, le débat n'a pas lieu d'être : pour ce qui est de la boisson, la cure de Louis Napoléon se réduisait à l'absorption de quelques verres d'eau ; l'essentiel consistait « en bains tièdes émollients d'une durée d'environ trois quarts d'heure, qui accentuaient encore la langueur du malade ».

Vichy compta donc surtout comme un haut lieu de la politique et de la diplomatie. C'est là que l'empereur s'évertuera à réconcilier Morny et Rouher lorsque l'une de leurs nombreuses brouilles prit des proportions fâcheuses. C'est là encore qu'eurent lieu ses entretiens fameux avec le roi des Belges ou l'Espagnol Prim. Mais la palme, de ce point de vue, revient à Plombières. Il semble que Louis Napoléon apprécia tout particulièrement la station vosgienne dont sa mère lui avait souvent parlé et où pratiquement tous les Bonaparte et leur entourage avaient séjourné : Madame Mère, Joséphine, Louis, Pauline mais aussi Bernadotte, Caulaincourt, Clarke, Ney, Oudinot, Mme Récamier...

C'est là qu'il recevra Cavour pour préparer l'affaire italienne et — sans doute — Bismarck, quelques années plus tard. Sur place, il alterne travail, promenades et soins. C'est à Plombières qu'il signe, par exemple, le 21 juillet 1857, le décret portant création du corps des tirailleurs sénégalais...

Il mène une vie simple, cette vie simple qu'il affectionne. Jean Kastener, historien de Plombières, raconte :

« Vers le soir, alors que le jour tombe, l'Empereur va parfois se placer sur le balcon du premier étage de la maison contiguë à sa résidence, laquelle maison a été louée pour y installer ses services.

« Elle existe encore, c'est le numéro 3 de la rue Liétard ; là, accoudé sur la grille, il fume son éternelle cigarette. Tantôt il est rêveur, pensif, tantôt il regarde curieusement le va-et-vient de la foule bariolée des baigneurs et même il entend, amusé, les conversations des personnes assises sur les bancs de l'hôtel situé en face [hôtel Baumont].

« La soirée se passe soit à recevoir chez lui quelques personnes, soit à assister, au salon public, à une pièce de théâtre, à un concert ou à un bal. »

Les relations avec les autres curistes sont simples et détendues. Kastener rapporte encore que : « Chaque jour il allait se promener au parc dont il était le créateur ; il aimait à se reposer dans le kiosque rustique aux verres de couleur que lui avait fait édifier la Compagnie des Thermes. Un jour, survint un orage, les baigneurs surpris ne savaient où se réfugier, ce que voyant, Napoléon leur offrit l'hospitalité dans son pavillon et se montra un hôte charmant. Du reste, il était, avec les grands comme avec les petits, d'une politesse exquise, répondant d'une manière fort gracieuse à tous les saluts. »

La cure terminée, on se retrouve fort ponctuellement à Paris pour la fête nationale, le 15 août, jour anniversaire de la naissance de Napoléon Ier. A partir de 1856, Louis Napoléon prendra souvent ensuite la direction de Biarritz où il retrouve Eugénie, nourrissant l'intention de s'y établir un jour et d'en faire, avec Pau, le lieu de leur retraite.

Après quoi, Louis Napoléon rentre à Saint-Cloud d'où — sauf accident — il gagne Compiègne pour y fêter la Sainte-Eugénie. De là, on organise aussi des incursions à Pierrefonds. Compiègne marque le début de la saison de la chasse, dont Louis Napoléon est un passionné : il y a d'ailleurs relancé la chasse à courre.

Le retour aux Tuileries coïncide, mi-décembre, avec l'ouverture de la session législative... Entre-temps, à Compiègne, on a beaucoup reçu. Louis Napoléon et l'impératrice invitent vedettes et personnalités, regroupées par spécialités et amenées par trains spéciaux... Ces séries hebdomadaires, qui ont beaucoup fait sourire, se succèdent pendant tout un mois. Les listes sont établies par les ministères : tout ce qui compte dans le pays, ou à peu près, y défile laborieusement, en rangs serrés.

Mais il s'agit de rencontres officielles.

On a souvent fait grief à Louis Napoléon de ne s'être pas reconnu une vocation de protecteur des arts et des lettres. Et de n'avoir accordé qu'un intérêt limité à la création culturelle. Ne s'est-on pas trompé de cible ? C'est l'époque qui mérite les reproches, non celui qui l'incarna. Louis Napoléon partageait les goûts dominants de son temps, et rien de plus. Le boulevard, l'opérette et l'académisme l'emportaient alors sur l'avant-garde, dans quelque domaine que ce fût. Le public apprécie davantage Offenbach, Dumas fils et Gautier que Berlioz, Wagner et Baudelaire... qu'y faire ? Horace Vernet, Meissonier, Rosa Bonheur, émergent ainsi parmi les artistes préférés de Louis Napoléon. Et si, en dehors d'Octave Feuillet, lui-même bien en cour, Prosper Mérimée fit partie de l'entourage immédiat, il le dut davantage à sa qualité de vieil ami de l'impératrice qu'à l'originalité de son talent.

Il faut néanmoins se garder de trop noircir le tableau. D'abord, on l'a dit, parce que Mathilde tint parfaitement le rôle que ne pouvait assumer le couple impérial ; Louis Napoléon s'affranchit donc d'autant plus aisément de certaines de ses obligations qu'un partage des rôles avait été au préalable établi.

Ensuite parce qu'on aurait tout à fait tort de considérer Louis Napoléon comme une sorte de béotien, insensible aux grands mouvements de son temps. Parmi d'autres, Pasteur et Fustel de Coulanges eurent accès à son intimité. On interpréta devant lui Meyerbeer et Gounod. De même, il aida Renan, à ses débuts, appuya Viollet-le-Duc pour la restauration du château de Pierrefonds et pour le lancement de la première politique de sauvegarde du patrimoine. Sainte-Beuve fut assez considéré pour être fait sénateur — il est vrai qu'avec Gautier, About et bien d'autres il ne dédaignait pas de prêter sa plume au très officiel *Moniteur*. En 1863, quand les toiles de plusieurs futurs impressionnistes furent boycottées par les organisateurs du Salon, c'est encore Louis Napoléon qui permit aux « réprouvés » et aux « refusés » d'exposer leurs œuvres ; et cela non sans quelque mérite, car le siècle semblait n'éprouver aucune indulgence pour ce qu'il considérait comme un genre de facétie ; le second Empire — mais son chef en fut-il vraiment ému ? — restera ainsi celui de l'interdiction de *Lorenzaccio*, des poursuites contre *Madame Bovary* et du procès (pourtant révisé) contre *les Fleurs du mal*.

Prenons garde d'oublier, enfin, que Louis Napoléon a gardé le goût de l'étude, de l'érudition et de l'écriture.

Et si ses centres d'intérêt, faute de temps, sont forcément limités, il reste un passionné d'histoire. Ainsi s'explique l'étonnante entreprise dans laquelle il décide de se lancer vers 1860 : écrire une *Vie de César*. Il réussira cette gageure avec l'aide d'une petite équipe d'où émergent Hortense Cornu — encore elle —,

Mérimée, Mocquard, Alfred Maury, de l'Institut, Saulcy, l'amiral Jurien de La Gravière, Longpérier, et surtout Victor Duruy qu'il apprendra ainsi à connaître...

A la Cour, comme dans tout milieu de ce type, les avidités étaient grandes et les jalousies féroces. D'autant que l'air du temps est au développement économique, donc à la spéculation financière. Tout ce petit monde chamarré s'ingénie à boursicoter.

Il n'y a peut-être pas d'exagération dans la célèbre apostrophe de Gambetta à l'encontre de Rouher, bien des années plus tard, même si Louis Napoléon n'était vraisemblablement pas la cible la mieux choisie : « Vous n'étiez pas des gouvernants, vous étiez des jouisseurs. »

Et il est vrai que la Cour se complaisait à la fois dans la fête et dans la spéculation.

Sophie, la jeune femme que Morny allait épouser et ramener à Paris au terme de son ambassade extraordinaire à Moscou, et qui, longtemps familière de la Cour du tsar, disposait d'une base de comparaison, ne mâchait pas ses mots. « Ils sont tous *prostoi* (vulgaires) », assurait-elle...

Son mari ne méritait pas ce qualificatif, mais il incarnait, sans beaucoup s'en cacher, la force de ce déchaînement des intérêts.

C'était lui qui morigénait sa maîtresse, Fanny Le Hon, coupable à ses yeux de prendre trop à cœur la disgrâce provisoire dont il avait été l'objet après le décret sur la dotation des Orléans : « Si vous voulez que le million investi par votre famille dans l'opération du coup d'État demeure une bonne opération, il est urgent de changer d'humeur. »

Dans le fond, les relations ambiguës de Louis Napoléon et de Morny sont assez révélatrices de celles qu'il entretenait avec l'ensemble de son environnement. Relations en l'occurrence presque obligées, car Morny était son frère, le « presque » ayant son importance puisque, après tout, ce n'était qu'un frère « officieux ». Relations faites simultanément d'attirance et de répulsion. Comme le reste de l'entourage, Morny était, aux yeux de Louis Napoléon, tout à la fois encombrant, insupportable et indispensable.

Mais, du moins, Louis Napoléon ne trempa jamais personnellement dans les combines qui, autour de lui, se donnaient si souvent libre cours. Au contraire, il chercha à les contenir et à y mettre bon ordre.

Le ton de son intervention dans la querelle sordide qui opposa Morny à son ex-maîtresse en est une bonne illustration. Il obligea le duc à verser 3 millions et demi à la belle éplorée ; et prit la plume pour lui expliquer les mobiles de son arbitrage :

« ... Il y a des situations où la publicité vous tue quand bien même l'adversaire aurait tous les torts. Ainsi, quand on a vécu pendant vingt-cinq ans avec une femme, cette femme-là aurait beau être votre débitrice, le monde n'admet pas la discussion des comptes faite publiquement [...]. Il fallait à tout prix éviter un procès. J'ai fait tous mes efforts pour arriver à ce résultat [...]. Aussi, quoique vous trouviez peut-être que vos intérêts pécuniaires aient été lésés, je crois vous avoir rendu un très grand service, car la source des accusations contre vous se trouve tarie [...]. C'est pour ce motif que j'ai sans cesse désiré vous voir retirer des affaires. Si vous avez réalisé des bénéfices dans les entreprises industrielles, je suis persuadé que vous l'avez fait légitimement et honorablement, mais je vous signale ces faits pour vous prouver tout le danger des affaires. »

Il reste que cette Cour et cet entourage obligé — conséquence directe du rétablissement de l'Empire — n'auront rien ajouté à la gloire de Louis Napoléon. Ils lui auront même beaucoup coûté. Car le groupe de pression ainsi constitué ne devait pas manquer de peser lourd. Mais bien rarement dans le sens voulu par l'empereur.

Une fois l'Empire fait et ainsi organisé, il devient en effet de plus en plus évident que Louis Napoléon ne pourra compter que sur lui-même pour atteindre les objectifs qu'il s'est assignés, et qu'il ne reniera jamais.

D'après les textes et, d'ailleurs, dans l'esprit de tous, c'est lui qui détient le pouvoir. Un pouvoir personnel. Quasi absolu, au moins au début. Mais l'exercice de tout pouvoir est en fait une lutte incessante contre l'impuissance. L'impuissance qu'on découvre en mesurant le long chemin à parcourir entre un ordre, une orientation, une consigne et leur exécution, intelligente, réaliste et néanmoins fidèle ; l'impuissance, née des obstacles innombrables qu'on rencontre, liés à la paresse, au conformisme, aux réticences, aux oppositions, aux incompréhensions, à l'absence réelle d'adhésion. Et ce qui est vrai de tout pouvoir vaut tout particulièrement pour celui de Louis Napoléon.

Il est le seul à croire aux politiques qu'il entend conduire. Aux difficultés habituelles des gouvernants qui tentent d'accomplir un dessein s'ajoutent celles tenant au fait que personne d'autre que lui ne croit à ce dessein.

Les rouages de l'État sont donc au moins autant des éléments de résistance à sa volonté que des auxiliaires. C'est d'abord de ceux qui devaient le servir qu'il avait à se défier.

Dès l'origine, la Cour, le Sénat, le Corps législatif, le Conseil d'État, les ministres incarnent le conservatisme... et, donc, fût-elle larvée et non affichée, une opposition à l'empereur, dans tous les domaines, intérieur et extérieur, économique, social, politique.

Étrange et permanent combat que celui de cet homme seul contre ceux qui le soutiennent. Jeu subtil du chat et de la souris. Manège fait de concessions incessantes à l'air du temps, alternant avec de brutales déterminations qui permettent enfin, parfois, souvent, d'aller de l'avant.

Ce conflit feutré, qui ne dit pas son nom, animé par des partenaires qui n'en ont guère conscience, éclaire l'impression laissée à la postérité par un régime qui, sans cette clé, resterait totalement incompréhensible... Car si les ambiguïtés, les équivoques, les contradictions abondent, elles sont le fait de Louis Napoléon, et sans doute son mérite et sa gloire. Il en est seul responsable. Si ce n'était lui, tout serait clair, limpide, cohérent : on aurait un régime autoritaire, pratiquant, à l'intérieur et à l'extérieur, une politique de réaction.

Ce n'est pas, ce ne sera pas le cas.

Il faut ainsi prendre garde avant de dépeindre Louis Napoléon comme une sorte d'autocrate.

Il est vrai, pour prendre l'exemple de la liberté de la presse, qu'il n'en fit pas, au moins pendant les premières années du règne, l'une de ses priorités — c'est le moins qu'on puisse dire... Des textes restrictifs, d'une part, des subsides généreusement versés à nombre de journaux et de rédacteurs, d'autre part, correspondent à une conception pour le moins craintive et dirigiste. Si subsistent des organes d'opposition, force est d'admettre qu'ils se cantonnent, un certain temps du moins, dans une prudente réserve afin d'éviter les coups de la loi. C'est le cas de la *Gazette de France,* légitimiste, du *Journal des Débats,* orléaniste, et de quelques organes libéraux. On ne saurait d'ailleurs prétendre que lorsque la liberté reviendra, l'extraordinaire déferlement de critiques, d'attaques, d'injures que l'empereur aura à endurer ne fera pas regretter à son entourage l'heureux temps où, du moins, le pire était évité.

Mais si ses rapports initiaux avec le « quatrième pouvoir » relèvent d'une approche, disons-le, assez passéiste, il eut en revanche plus de respect pour le troisième. Quand, publiant les papiers secrets du second Empire, on chercha à montrer comment l'Empereur pesait sur les décisions judiciaires, on ne trouva guère qu'une lettre de Conti au président Benoît-Champy, ainsi libellée :

« L'Empereur voit avec regret le procès civil pendant entre Madame de Magnoncour et ses deux fils, dont l'un est officier de la Garde Impériale.

« Sa Majesté désircrait qu'il vous fût possible d'amener le rapprochement des parties et de prévenir par la conciliation le fâcheux retentissement d'une lutte judiciaire. »

On conviendra que c'est peu !

De même comment prétendre que Louis Napoléon a voulu et mis en place un État policier ? Certes le pays est « surveillé ». Comme par le passé, les procureurs généraux sont chargés d'une mission où les limites entre l'information générale et la surveillance sont indécises. La gendarmerie est active ; la conception de l'ordre qu'elle doit mettre en œuvre est étendue, sans cependant franchir la frontière qui conduirait à l'inquisition. La police dispose de larges pouvoirs en ville ; pour autant, la dimension de ses effectifs — rapportés aux trente-six millions d'habitants — interdit tout rapprochement rétrospectif avec des modèles que l'expérience récente nous a appris à connaître. Nous savons trop bien à présent ce que sont les États policiers pour refuser d'y inclure un régime qui, certes, surtout à ses débuts, se garde de tout et de tous, mais qui est finalement resté tout à fait débonnaire.

Si, au commencement du règne, certaines décisions sont prises qui frisent le ridicule, comme l'interdiction aux colporteurs de distribuer livres et écrits non estampillés par la préfecture, comme la suppression des agrégations d'histoire et de philosophie ou celle des chaires de Guizot, Michelet et Victor Cousin, si les lendemains de l'attentat d'Orsini sont marqués par une fâcheuse nervosité, on exagérerait beaucoup en prétendant que l'Empire fut un régime dictatorial. Une soupape existe. C'est probablement l'empereur lui-même. Cela ne tient pas qu'à la placidité de son tempérament ; mais à sa conviction, fermement établie, que c'est

214

par l'adhésion et non par la contrainte que le régime pourra perdurer.

Cette conviction est la sienne. Elle n'est pas unanimement partagée, tant s'en faut. Comment s'étonner, dès lors, de certaines singularités dans les méthodes d'action de Louis Napoléon? On a parlé, à son sujet, d'entêtement dans l'indécision.

En fait, à qui pourrait-il se confier, quand il prépare une décision dont il sait qu'elle ne correspond pas à l'opinion dominante, ou pis encore, qu'elle va à l'encontre de ce qui est souhaité par la plupart de ceux qui l'entourent? Alors, il garde ses réflexions pour lui, attendant, au risque de paraître tergiverser, l'heure où les choses seront mûres et les circonstances propices. Et, soudain, il décide, fait connaître sa résolution, n'en démord plus et, négligeant les objections, va droit au but qu'il s'est fixé.

C'est ainsi, et seulement ainsi, qu'il peut parvenir à conduire une politique en opposition si fréquente avec son entourage immédiat et, plus généralement, en opposition avec les forces qui lui ont apporté leur soutien.

Dès lors, ses façons de faire rompent avec les habitudes. Elles contredisent même le système, puisqu'il lui faut jouer contre le système. L'utilisation du secret, la recherche de voies parallèles ne sont donc pas seulement des manies, des séquelles de son passé aventureux et de ses complots. Elles correspondent pour lui à une nécessité.

De là vient aussi la propension qui sera la sienne d'aller chercher hors de la hiérarchie officielle, hors de l'appareil de l'État, certains conseillers, porte-parole et chargés de mission. Ainsi s'explique le rôle que joueront les frères Pereire, Paulin Talabot ou Michel Chevalier, pour ne citer qu'eux.

Ces hommes sont souvent des saint-simoniens. Ils ont en commun d'être à la fois des théoriciens, partageant les vues de l'empereur et des praticiens aptes à l'action. Ils brûlent d'expérimenter sur le terrain les idées dont ils sont porteurs, et savent gré à l'empereur de le leur permettre. Quand ils sont hors du système, Louis Napoléon réussit à les imposer, ou du moins à les utiliser en se portant lui-même à l'avant. S'ils sont déjà dans le système, il leur octroie des pouvoirs exorbitants: ce sera le cas pour Haussmann, à la préfecture de la Seine, ou encore pour Vaïsse, préfet du Rhône.

Du coup, l'entourage et le personnel politique officiel sont assurés d'une très grande stabilité. Profitable au début, cette stabilité apparaîtra aussi, bien vite, comme l'indice d'une incapacité de l'empereur à attirer vers lui des hommes nouveaux et d'autres générations que celles qui s'étaient initialement engagées.

La longévité du personnel gouvernemental est pourtant, d'abord, l'effet d'une volonté délibérée de Louis Napoléon. Il n'aime pas à changer de têtes. Il déteste blesser, on l'a dit. Quand il procède aux remaniements que peuvent lui imposer les circonstances, il s'agit presque toujours de permutations, rarement d'évictions. Louis Napoléon a pour règle de maintenir une certaine hétérogénéité dans l'équipe, de manière à en assurer un relatif équilibre et à pouvoir, le cas échéant, opposer les uns aux autres, ou varier les combinaisons.

D'ailleurs à quoi bon changer les hommes, puisque — sauf rarissime exception — il n'aurait pas d'autre solution de remplacement que le recours à tel ou tel de ces grands bourgeois, ralliés mais foncièrement orléanistes, hostiles aux conceptions qui sont les siennes?

Car Louis Napoléon a vu juste : en dehors de Persigny, qui est vraiment bonapartiste? Il n'y a guère qu'Émile Ollivier et Victor Duruy pour avoir réellement épousé, chacun à sa manière, les idées de l'empereur...

Comment en être surpris? Il n'y avait pas d'élite bonapartiste. La plupart des compétences dont Louis Napoléon dut s'entourer étaient celles d'hommes que rien, vraiment rien ne prédisposait à partager ses propres rêveries.

Ce sont des bourgeois, parfois même, on l'a dit, de grands bourgeois, généralement nés au début du siècle, que le barreau, par exemple, a amenés à la vie parlementaire et qui ont commencé leur carrière sous la monarchie de Juillet. Avant tout des hommes d'ordre, qui n'exècrent rien tant que la révolution et les rouges. Ils n'aiment pas toujours les curés, mais tiennent à la religion en tant qu'instrument de la stabilité sociale. Ce ne sont pas des théoriciens ou des idéologues, mais des hommes de dossiers. Ce qu'ils recherchent pour eux-mêmes, c'est le pouvoir et parfois, accessoirement, l'argent. Le reste — y compris pour nombre d'entre eux, la vie mondaine — importe peu. Dans la conduite des affaires, ils sont capables de méchanceté et de haine, et leurs rivalités sont violentes. Au moins ont-ils généralement le sens du service de l'État même s'ils l'assimilent parfois exclusivement à la pérennité de l'ordre social. Ils sont attachés à l'empereur dans la mesure où il incarne le système, mais restent tout à fait imperméables au côté mythique du personnage. A cet égard, ils peuvent considérer Morny comme l'un des leurs. A l'inverse, Persigny doit leur sembler débarquer d'une autre planète.

De ce groupe d'hommes, Rouher est probablement le plus caractéristique, le plus brillant et, finalement, le plus important. Né en 1814, fils d'un avoué de Riom, il fait son droit à Paris avant de s'établir comme avocat dans sa ville natale. Il s'y distingue par son talent. Candidat conservateur, il est battu aux élections de 1846. Pas découragé mais éclairé, il se présente en 1848 comme républicain avancé et il est élu, puis réélu en 1849.

Les scrupules idéologiques ne l'étoufferont jamais. Il reniera vite son engagement à gauche, sa capacité à défendre les dossiers et les causes les plus contradictoires étant d'ailleurs son signe distinctif. Rallié au parti de l'Élysée, il confirmera son choix après le coup d'État ; comme ministre des Travaux publics, il prendra part, tant au développement du réseau ferroviaire qu'à la négociation du traité franco-anglais. Il deviendra ministre d'État en 1863 et fera figure de véritable vice-empereur avant que Louis Napoléon ne fasse le choix d'Ollivier. Proche de l'impératrice, il se sera battu tout au long de l'Empire contre le danger que présentait à ses yeux la moindre ébauche d'une dérive libérale et il s'illustrera par sa puissance de travail et son incomparable maîtrise du débat parlementaire.

On ne saurait prétendre que Louis Napoléon eut pour lui beaucoup d'affection. Il n'en fut probablement pas de même pour Billault, dont la disparition en 1863 causa à l'Empereur un chagrin visible. Originaire de l'Ouest où il se classait volontiers parmi les « Bleus », Billault, conservateur mais très anticlérical, se fit élire dans l'Ariège comme député d'opposition à Louis-Philippe. D'origine modeste, il voulait un gouvernement fort, s'élevant au-dessus des partis et tout entier acquis à la cause nationale.

Rallié au prince-président, il fut préféré à Morny pour devenir le premier président du Corps législatif. C'est à ce titre que lui revint la charge, dans la nuit du 1er au 2 décembre 1852, d'offrir à Louis Napoléon sa couronne. Ministre de l'Intérieur en 1854, il céda sa place en 1858, après l'attentat d'Orsini, mais la reprit au début de 1859. L'année suivante, il devint ministre sans portefeuille, chargé avec Magne de défendre la politique du gouvernement devant le Corps législatif. A peine parvenu à ce ministère d'État, donc au sommet, il mourut, épuisé, à cinquante-quatre ans, laissant le champ libre à Rouher...

Avec Fould et Magne, on a affaire aux deux financiers du régime, qui serviront en alternance.

Achille Fould, issu de la Banque israélite, lui-même converti au protestantisme, fut l'homme de confiance de Louis Napoléon pour les problèmes d'argent, confiance qu'il dut davantage à sa compétence qu'à ses choix politiques. Ancien député de la majorité sous Guizot, c'était plutôt un financier traditionaliste, ennemi par principe des dépenses excessives, ce qui l'amena parfois à prendre ses distances et à manifester une fidélité pour le moins sélective.

Non moins attaché à l'orthodoxie financière, Magne était plus un « politique ». Lui aussi avait été élu sous Guizot, et le prince-président l'avait distingué de bonne heure en le nommant au gouvernement dès 1850. Au pouvoir tout au long du règne, il occupa d'autres postes que les Finances. A la fin de 1860, il devint ainsi ministre sans portefeuille aux côtés de Baroche — on lui reprocha d'ailleurs de défendre avec quelque mollesse la cause de Fould, qui lui avait succédé... En 1869, il figurait encore dans le ministère de transition, et Ollivier eût souhaité le conserver. Magne, en fait, passa au Sénat où il n'eut de cesse de s'opposer au ministère... Peu avant la chute, il fit partie du gouvernement constitué par l'impératrice.

On peut aussi évoquer Baroche, ancien avocat, ministre dès 1850, qui devint président du Conseil d'État après le 2 Décembre, et qui, jusqu'en 1860, défendit de son poste les projets de loi et l'ensemble de la politique du gouvernement ; ou bien Fortoul, professeur de lettres, qui va dans les premières années procéder à un début de modernisation de l'Université à marche forcée.

Mais, outre Niel, à la Guerre, ou Viollet-le-Duc, aux Beaux-Arts, un homme mérite surtout d'attirer l'attention, tant il tranche sur l'ensemble et aura marqué de son empreinte sa fonction ministérielle. Rien, en vérité, ne prédisposait Victor Duruy à occuper un poste dans le personnel gouvernemental du second Empire. Pourtant, Louis Napoléon sut le séduire, le convaincre et l'imposer. Il avait, on le sait, connu ce professeur d'histoire, universitaire de renom, quand celui-ci avait accepté de participer à l'équipe de rédaction de *la Vie de César*. Duruy hésita avant d'accepter le ministère de l'Instruction publique que lui proposait Louis Napoléon. D'origine populaire, tranquillement mais résolument anticlérical, il n'avait pas caché à l'empereur — qui l'approuvait sans réserve — ce que serait son ambition : apprendre à lire et à écrire à tous les Français. Duruy fut ministre six années durant ; il accomplit une œuvre considérable et suffisamment originale pour qu'on l'ait regardé comme un « précurseur de la République sous l'Empire ». Ce qui est une manière de ne pas reconnaître que, dans ce domaine essentiel, où l'action d'un homme n'a été rendue possible que par la volonté personnelle de Louis Napoléon, la République ne fut jamais que la continuatrice de l'Empire.

Compte tenu de l'isolement relatif de Louis Napoléon, le pouvoir réel doit trouver de nouvelles localisations. Le cabinet civil de l'empereur va ainsi acquérir une importance considérable, puisque c'est là que s'accomplissent les hautes et basses œuvres du pouvoir souverain.

Mis à part Franceschini Pietri, le secrétaire particulier, le rôle essentiel y est tenu par Mocquard qui, jusqu'à sa mort, en 1864, dirigera l'équipe rapprochée de l'empereur. Le fait que la date de sa disparition coïncide avec l'ascension accélérée de Rouher en dit long sur le rôle qui fut le sien. C'est ce qu'on appelle un homme sûr, un conseiller avisé, qui sait garder pour lui les multiples secrets dont il est le dépositaire, et qui dispose d'une solide expérience d'avocat, de diplomate et de journaliste. Il fut, il y a bien longtemps, le secrétaire d'Hortense et, selon certains, davantage encore. Il voue à la famille une fidélité inébranlable.

C'est lui qui, en 1848, a organisé le secrétariat du candidat à l'hôtel du Rhin, et qu'on retrouve présent, en 1851, pendant la nuit du 1er au 2 décembre.

Sous son impulsion, le cabinet va devenir une machine extraordinairement efficace, influente et redoutée ; une machine particulièrement active, fonctionnant au rythme de Louis Napoléon, qui, au moins jusqu'en 1860, se révèle comme un bourreau de travail.

On ne se contente pas d'avertir, d'encourager, de dissuader ministres, courtisans, et autres correspondants. On les renseigne également sur les sentiments de l'empereur à leur égard. Et au besoin, comme cela arrive souvent, on imagine ce qu'aurait pu dire l'empereur si on l'avait tenu informé, alors qu'on n'a pu le faire, par crainte d'abuser de son temps.

Réplique de ce cabinet civil, une autre équipe suit de près les problèmes de l'armée. Fleury, en effet, est toujours là. Il est devenu général, et dirige à titre principal le bureau militaire, qui est chargé d'entretenir les relations avec les troupes, fonction où il fait preuve d'une redoutable efficacité. Toute lettre, fût-elle celle d'un simple soldat, reçoit sa réponse. Les hommes du gouvernement, maintenant comme au temps de l'Élysée, se méfient de son omniprésence et l'accusent de doubler le ministère de la Guerre. Il est probablement plus encore qu'un ministre-bis, tout proche qu'il est de Louis Napoléon, au point que certains le considèrent comme un véritable favori. En fait, l'Empereur ne se laisse guère influencer par lui, mais l'écoute volontiers, vérifiant souvent à l'aune de son esprit critique la qualité de ses propres intuitions.

Fleury ne lui a jamais fait défaut. Il a été de tous les coups durs. C'est lui qui a porté sa lettre de révocation à Changarnier, lui qui est allé en Algérie recruter pour le coup d'État et en a ramené Saint-Arnaud, lui qui, le 2 décembre, s'est bravement mêlé à la foule des boulevards pour apprécier la réalité de la situation ; c'est probablement lui qui, à Solferino, convaincra l'empereur de faire donner la Garde au moment opportun. Avec cela, c'est un homme lucide, qui pousse dans la voie libérale, qui désapprouvera en 1858 le comportement d'Espinasse à l'Intérieur, lorsque celui-ci se lancera dans une répression sans issue, qui prônera les réformes, et qui prendra une part active à la préparation de la loi militaire.

Fleury a aussi ses faiblesses : nommé premier écuyer au début de l'Empire, il n'aura de cesse d'obtenir (en 1866 !) le titre... de grand écuyer, dont il a toujours rêvé. On ne sait au juste si sa nomination en 1869 comme ambassadeur en Russie est une consécration ou une mise à l'écart exigée par Rouher. En tout cas, il sera fidèle jusqu'au bout et accompagnera Louis Napoléon dans l'exil.

Avec l'ensemble du cabinet, Louis Napoléon entretient de constantes relations : les notes et synthèses de dossiers lui parviennent en un flot quasi ininterrompu : il lit tout annote et revoit. Ses observations valent instructions et, de l'avis général, sont souvent fort pertinentes, et poussées très loin dans le détail. Le cabinet prépare pour l'empereur les documents qui parviennent des circuits officiels, mais il a aussi sa propre production. Chez lui aboutissent les informations sur l'état d'esprit du pays et sur l'action de l'Administration. De là vont partir les impulsions décisives. C'est là que vont être préparés les discours et les principales interventions de l'empereur. Fonction d'autant plus difficile qu'en la matière Louis Napoléon cherche à s'évader des sentiers battus ; il tient souvent à rédiger lui-même tout ou partie de ces textes divers. Dans ce cas, Mocquard corrige le style.

L'empereur a déjà le sens de la communication, dans l'acception la plus moderne du terme. Pour faire connaître sa pensée, et frapper les imaginations, il emploie de nouvelles méthodes. Il rend publiques des lettres-programmes et fait éditer des brochures officieuses, qui font connaître, sans ambiguïté, quel est le fond de la pensée du souverain.

A cet égard, comme à bien d'autres, Louis Napoléon est probablement notre premier chef d'État moderne.

On peut trouver osé de soutenir cette thèse quand on observe la reconstitution d'un certain nombre de rites, de fastes et de règles directement inspirés du passé. Il n'en demeure pas moins que, dans ses procédures et ses techniques de gouvernement, l'empereur annonce très profusément ce qu'il adviendra par la suite.

Ainsi en est-il, par exemple, des voyages officiels, qui ont été nombreux du temps de la présidence et le demeureront pendant la phase impériale. Voyages soigneusement préparés, avec un grand souci du détail : une enquête préalable poussée sur les personnes qu'on rencontrera et les problèmes qu'il faudra soulever ; un soin tout particulier à créer des situations susceptibles d'alimenter la chronique ; une recherche constante de la parfaite adéquation entre le lieu et le fond des discours... En ces occasions, il fait preuve de son habituelle générosité, sans ostentation. Ainsi en est-il le 26 juin 1857, quand il inaugure la gare d'Épinal. Charles Pinot, imagier d'Épinal, raconte dans une lettre au directeur de *l'Illustration* que l'empereur, « après avoir considéré tous ces ouvriers avec leurs figures brûlées et leurs costumes débraillés leur a fait distribuer une somme de 1 200 francs ».

Et Pinot de décrire : « [...] La gare était décorée de force drapeaux et emblèmes ; feuillages et sapins, estrades couvertes de dames et de fleurs, mais surtout émaillées d'une foule de fonctionnaires de tous grades dans leurs plus brillants costumes ; puis les officiers de la garnison, le conseil municipal et les pompiers, etc., etc. »

Ces fréquentes visites à la France profonde sont indispensables à Louis Napoléon : ce n'est pas à des fins égoïstes qu'il veut vérifier sa popularité, c'est pour faire pression sur ceux qui pourraient être tentés de lui résister. Il va donc sur le terrain, certes pour expliquer ses choix, mais surtout pour se donner les moyens de les faire prévaloir.

Car on ne le dira jamais assez, il a affaire à forte partie.

Ce serait en effet une erreur de considérer que le support de son cabinet suffisait à asseoir son autorité sur la marche quotidienne des affaires. Louis Napoléon n'avait qu'une médiocre connaissance des rouages de l'État, et son expérience de l'Administration était à peu près nulle. S'il avait jamais eu la volonté ou le goût d'exercer un pouvoir despotique, il n'en aurait pas trouvé les moyens.

Un jour, il eut ce cri du cœur qui en dit long sur les difficultés qu'il éprouva pour faire appliquer certaines de ses décisions : « Ce n'est pas tout de gouverner, il faut encore administrer ! »

Or, à la différence de l'équipe militaire rapprochée, le cabinet civil ne sembla jamais en mesure de lui apporter les éléments de technicité nécessaires pour lui permettre, en cas de conflit ouvert, d'imposer ses vues au gouvernement d'abord, puis à l'Administration. Les ministres se servent de leur compétence technique pour dresser un rempart contre les idées et même les décisions de l'empereur. Et les domaines où la résistance s'organisera le mieux sont ceux de l'économie et des affaires sociales.

Dès lors, on en arrive à la situation paradoxale d'un empereur dont tout pouvoir procède, mais qui doit compter avec les retards, les atermoiements, et la mauvaise volonté de ceux qui sont censés lui obéir. L'autorité de Louis Napoléon ne fut donc entière que dans un « domaine réservé », sur lequel régnaient ses collaborateurs. Les options de politique générale et les affaires extérieures relevaient à l'évidence de lui. Pour le reste, il était obligé de composer, ses ministres ne se ralliant souvent que de mauvaise grâce à ses choix et se moquant de ses impatiences.

Ses ministres et non son gouvernement... Comme il ne pouvait évidemment tout contrôler et tout diriger, il avait bien fallu qu'il délègue l'exercice d'une partie de ses responsabilités à des ministres. Une dizaine. Sur l'ensemble de la période, ils seront à peine une vingtaine, au total, à accéder aux affaires. Deux fois par semaine, il les réunit en Conseil à 9 heures du matin. C'est lui qui a établi l'ordre du jour pour ce qui est davantage un Conseil privé qu'un Conseil des ministres. Il écoute, parle peu, et prend très souvent ses décisions contre leur avis.

Au moment où l'évolution libérale était déjà engagée depuis plusieurs années, l'empereur pouvait encore dire à son épouse : « Quand j'ai parlé, dans un Conseil des ministres, réuni en Conseil privé, des réformes que je voulais faire, tout le monde y a été opposé, comme toujours. Walewski seul m'a soutenu et comme toujours aussi, j'ai suivi ma pensée. »

Il est vrai que s'il connaît mal l'Administration et ses arcanes, il en sait assez sur les hommes pour ne pas ignorer que très souvent ses interlocuteurs usent de leur connaissance réelle ou supposée d'un dossier comme d'un moyen pour ne pas obéir.

Au départ, le ministère n'avait aucune existence collégiale, ni a fortiori de responsabilité parlementaire. Il était entendu que tout son pouvoir émanait de l'empereur. Louis Napoléon, pour diverses raisons déjà évoquées et parce qu'on était encore en période transitoire, avait laissé démissionner Morny, Fould, Magne et Rouher, qui s'étaient trouvés en désaccord avec lui dans l'affaire de la dotation des Orléans. Par la suite, il avait été nettement convenu que, sauf cas de force majeure, on ne partait que lorsque l'empereur le décidait.

Les ministres n'en reconstituèrent pas moins, très tôt, un véritable Conseil de cabinet, sous la forme de dîners réguliers qu'ils organisaient à tour de rôle. L'empereur laissa faire. Ce n'était guère dangereux. Il faudra attendre 1863 pour que se produise une première crise ministérielle. Pour l'heure, aux yeux de Louis Napoléon, l'essentiel était préservé.

Comme l'a écrit Ollivier : « L'Empereur tenait à ce qu'on sût qu'il gouvernait... Il ne supportait pas de voir d'autres se parer d'une résolution qui, même conseillée par eux, n'existait que par sa propre volonté. »

Dans toutes les affaires du « domaine réservé », Louis Napoléon tenait le plus souvent l'ensemble de ses ministres dans l'ignorance la plus totale de ses décisions. Il lui arrivait de ne traiter le dossier qu'avec le ministre compétent, et même de se passer de lui.

Du côté des Assemblées, le Sénat ne lui causait guère de soucis... et sa passivité semblait même plutôt décevante.

En revanche, le Conseil d'État, sur lequel Louis Napoléon avait fondé bien des espoirs se montrait souvent rétif. Pourtant l'empereur l'avait dit sans ambages : « Les Conseillers d'État sont non des magistrats mais des hommes politiques chez qui je ne dois point rencontrer de résistance. »

Ce fut peine perdue. Et Louis Napoléon confia plus tard à Darimon avec quelque amertume : « Le Conseil d'État renferme certainement une foule d'hommes éclairés, mais les réformes les effrayent. Ils ont toujours quelque texte de loi à m'opposer. J'aurais fait beaucoup plus pour les classes ouvrières que je ne l'ai fait si j'avais rencontré dans le Conseil un puissant auxiliaire. »

C'est vrai que le Conseil d'État, plus que réticent devant la volonté d'innover de l'empereur, a freiné, retardé, empêché bien des mesures — le projet d'organisation d'un Crédit agricole en donnant une illustration, parmi beaucoup d'autres...

Reste le Corps législatif, dont l'évolution suit la courbe du régime. Assemblée essentielle, dans la mesure où elle incarne le lien avec le suffrage universel, au même titre que le plébiscite, même si la substitution de la dénomination de « députés » à celle de « représentants » signifie plus ou moins clairement que le plébiscite l'emporte, en légitimité, sur le mode de désignation des ci-devant représentants.

Dès l'origine, cette Assemblée échappe à l'inertie. Si modestes que soient ses moyens d'action, elle en tire tout le parti possible pour exprimer ses réticences vis-à-vis des initiatives de l'empereur, notamment dans le domaine des finances publiques.

Il est vrai qu'on a recherché pour la peupler des non-politiques, inventant, avant la lettre, et simultanément, la mode des « socio-professionnels » et celle des tenants de la « société civile ». Mais toute médaille a son revers : ces hommes ont souvent des intérêts, donc quelques idées ; mais, surtout, des répulsions.

Après les élections de 1852, il n'y a officiellement, sur les deux cent soixante et un députés que compte la Chambre, aucun opposant. En fait, huit ont été élus : mais les trois républicains refusent de siéger, tandis que les deux indépendants et les trois légitimistes ne se font guère remarquer...

Cela n'empêche pas les députés de faire entendre leur voix. Plusieurs projets de loi émanant de l'exécutif durent être retirés. Et la grogne s'exprima vite devant les facilités budgétaires que sollicitait le gouvernement. On a calculé que le premier Corps législatif avait discuté près de deux mille amendements — ce qui n'est pas négligeable — dont plus de huit cents furent finalement adoptés. C'est redire que le système de la candidature officielle n'a pas eu les effets qu'on lui prête.

Certes, une fois désigné, le candidat retenu par le préfet a l'appui de l'Administration tout entière, donc les meilleures chances de l'emporter. Georges Pradalié, dans son *Second Empire* cite les remarques de deux préfets qui ont particulièrement bien compris ce qu'on attend d'eux. Celui de la Haute-Loire : « Nous autres, administrateurs, désintéressés dans la question et qui ne représentons en définitive que la collection de vos intérêts, nous apprécions, nous jugeons les candidatures et après notre examen, nous vous présentons celle qui nous paraît la meilleure. »

Et celui de l'Aube, qui précise : « Pour nous, fonctionnaires publics, à quelque degré de la hiérarchie que nous soyons placés, nous n'oublierons pas que l'autorité et la légitime influence que donnent les fonctions que nous tenons de la confiance du gouvernement doivent tout entières être consacrées à faire prévaloir ses décisions et à faire respecter ses lois. »

En tout cas, le pire qui peut arriver à un préfet, c'est que son candidat ne soit pas élu. Il a donc tout intérêt à soutenir celui dont il pense qu'il correspond à l'opinion dominante dans l'électorat. Du coup, et quoi qu'on en ait dit, le Corps législatif a toujours été, en fin de compte, un reflet assez fidèle de l'état de l'opinion.

Bien sûr, il n'est pas interdit de saluer le talent et le sens de la formule de Victor Hugo, décrivant cette Assemblée qui « marche sur la pointe des pieds, roule son chapeau dans ses mains, sourit humblement, s'assied sur le bord de sa chaise et ne parle que quand on l'interroge ». Et l'on peut éprouver quelque compassion pour Montalembert quand il évoque sa dure expérience : « L'Histoire dira, si elle prend la peine de s'en occuper, quelle fut l'infatigable complaisance et l'incommensurable abaissement de cette première Assemblée du second Empire. L'étouffement de la parole le disputait à la prestesse du vote... Nul ne saura jamais ce que j'ai souffert dans cette cave sans air et sans jour où j'ai passé dix ans à lutter contre des reptiles. »

Il reste que le système n'a pas interdit à Montalembert de trouver place dans la cave qu'il décrit, et que les reptiles qu'il dénonce étaient, il ne le nie d'ailleurs pas, représentatifs de la France de ce temps.

Et c'est probablement pour qu'il en fût ainsi que Louis Napoléon avait tant souhaité qu'on mît les préfets en situation de bien connaître leur département.

« J'attache, écrivait-il à Persigny, la plus grande importance à la stabilité des Préfets dans leurs départements. Un Préfet médiocre, mais connaissant depuis longtemps le pays, vaut mieux qu'un Préfet distingué et de passage. »

Les élections de 1857 allaient d'ailleurs prouver que, dès lors qu'elle reprendrait consistance, une opposition pourrait s'exprimer et accéder au Corps législatif. Les candidats hostiles au gouvernement rassemblèrent 665 000 voix contre 5 471 000 à la majorité. Cinq républicains furent élus : Émile Ollivier, qui allait s'avérer l'adversaire le plus redoutable, le docteur Hénon, Darimon, Carnot et Godchaux. Les deux derniers cités démissionnèrent pour ne pas avoir à prêter serment, et furent remplacés, à la faveur d'élections partielles, par Jules Favre et Ernest Picard.

La nouvelle Chambre devait rapidement démontrer qu'elle pouvait, au-delà même de ce petit groupe, manifester son indépendance. Quelques semaines après l'ouverture de la législature, l'attentat d'Orsini était venu rappeler — comme celui du Petit-Clamart, un peu plus d'un siècle plus tard — combien le régime restait tributaire d'un seul homme. Or, la loi des suspects soumise au Corps législatif suscita l'opposition de vingt-quatre députés.

La réalité du rôle du Corps législatif est illustrée encore par plusieurs autres incidents dont le pouvoir exécutif ne sortit pas systématiquement vainqueur. Ainsi en fut-il par exemple, en 1862, quand Louis Napoléon souhaita le vote d'une dotation à Cousin-Montauban, qui venait de s'illustrer en Chine.

Les députés ne voulurent rien entendre, choqués qu'ils avaient été par les exactions et les rapines qui avaient suivi la prise de Pékin et dont l'écho faisait scandale. Il est probable, de surcroît, qu'ils n'étaient pas mécontents de saisir ce prétexte pour exprimer leur désaccord implicite à l'égard d'expéditions lointaines dont ils ne percevaient guère l'opportunité et dont ils appréhendaient le coût.

Louis Napoléon fut contraint de s'impliquer personnellement pour tenter d'arracher la décision ; et n'obtint pas pour autant gain de cause. Il en fut réduit à accepter un compromis boiteux qui avait tout l'air d'une capitulation en rase campagne. Sa lettre du 4 mars au président de l'Assemblée est l'aveu de son impuissance à obtenir davantage :

« ... Le refus de la Chambre d'accueillir le projet m'eût été pénible sans doute, mais il n'aurait en rien influé sur mes sentiments et sur ma conduite. Je comprends néanmoins, d'après vos explications, qu'un incident, léger d'abord, soit devenu, par les circonstances qui s'y sont rattachées, assez grave pour placer la majorité dans une fâcheuse alternative, ce qui a fait qu'un grand nombre de Députés, comme vous me l'avez dit, préférerait une loi comprenant dans son ensemble les services militaires exceptionnels.

« Adoptant cette idée, j'ai résolu de présenter un nouveau projet qui, soumettant à la Chambre l'approbation d'un principe général, permette d'assurer, dans de justes limites, à toutes les actions d'éclat, depuis le Maréchal jusqu'au soldat, des récompenses dignes de la grandeur du pays.

« Le Corps Législatif qui m'a toujours donné un concours si loyal, qui m'a aidé à fonder l'Empire et les institutions qui doivent nous survivre verra avec plaisir, j'aime à le penser, que je m'empresse d'adopter le moyen de rétablir la confiance mutuelle et d'effacer les traces d'un désaccord toujours regrettable entre des pouvoirs issus de la même origine et travaillant consciencieusement dans le même but. »

La lettre présente d'autant plus d'intérêt que Louis Napoléon profite de cette mince occasion pour rappeler dans quel esprit, selon lui, les institutions doivent fonctionner et quelle est à ses yeux l'importance du Corps législatif :

« L'esprit de nos Institutions et mon sentiment bien connu pour la Chambre auraient dû nous [...] préserver [de ce malentendu]. En effet, aujourd'hui, les conflits sont presque impossibles ; les lois sont discutées pour elles-mêmes et non en vue du maintien ou du renversement d'un Ministère. Lorsque le Gouvernement a exprimé sans détour son intention, les résolutions du Corps Législatif sont d'autant plus libres que, dans les cas ordinaires, le désaccord ne doit troubler en rien la marche des affaires. »

Dès novembre 1854, Louis Napoléon avait dû se résigner à nommer Morny à la tête du Corps législatif pour en contrôler les écarts, car le danger, il le comprenait, pouvait bien venir, non de l'opposition, numériquement limitée et durablement affaiblie, mais de la majorité elle-même.

Cependant, le concours de Morny, revenu d'une ambassade extraordinaire fort réussie auprès du tsar, avait, comme bien l'on pense, un prix. D'abord, bien sûr, il fallut le laisser mettre l'hôtel de Lassay en coupe réglée. On a eu, il est vrai, des illustrations contemporaines de la même rapacité ; du moins agit-il avec goût en inventant un bonapartisme hôtelier qui fit, ultérieurement, des émules.

Le demi-frère de l'empereur se lança également dans un jeu personnel et subtil qui, pour le moins, anticipait fâcheusement et intempestivement sur les intentions de l'empereur.

On peut croire M. de Boissieu quand il rapporte que Morny « était passé maître dans l'art de lâcher et de rassembler les rênes de son attelage parlementaire. S'il laissait à peu près tout dire, c'était moins un droit reconnu qu'une faveur accordée ». Et c'est vrai qu'il avait déclaré ne pouvoir tolérer que « des observations présentées avec tact, loyauté et bon esprit ». Pourquoi aussi ne pas le croire, quand il manifeste en maintes occasions son mépris pour les députés, ce « troupeau de cent cinquante individus qui, dit-il, m'embêtent du matin jusqu'au soir ». Ou lorsqu'il exprime, un jour de chasse, son admiration à son hôte qui pouvait identifier toute la meute : « Tiens, vous connaissez mieux vos chiens que moi mes députés. »

Mais, très vite, il a compris tout le parti qu'il pouvait tirer de sa nouvelle situation. Il a su discerner que, dans une assemblée parlementaire, seuls quelques hommes comptent, qu'ils soient des vedettes ou, plus simplement, des meneurs. C'est avec eux qu'il va entretenir des rapports suivis et de plus en plus étroits.

Oui, comme l'a dit Pierre de La Gorce, dans son *Histoire du second Empire* :

« La grande habileté de Monsieur de Morny fut qu'ayant été nommé par Napoléon III, il se fit aussitôt, non l'homme de l'Empereur, mais celui de l'Assemblée.

« Avec un art consommé, il s'appliqua à en épouser l'esprit de corps. Pour marquer son dédain ou son ennui, il affectait de s'endormir quand Baroche parlait. Ou encore il ne s'interdisait pas de lâcher des commentaires assassins, en plein discours.

« Il affecta donc de donner à la soumission des airs de liberté. A cette conduite opportune, il ajouta quelques concessions très appréciées pour l'interprétation du règlement. »

La distribution des rôles étant établie et tout le monde étant en place, la pièce avait pu commencer.

Les moyens d'action de Louis Napoléon laissaient sans doute à désirer. Mais c'est lui qui les avait façonnés.

Reste à savoir ce qu'il en fit.

VI

LE MONDIALISTE

Louis Napoléon a voulu mettre la politique étrangère de la France au service de l'idée qu'il se faisait de l'organisation et de l'évolution du monde. Attitude originale et même radicalement nouvelle qu'on va beaucoup lui reprocher et dont il paiera le prix ; elle marque une rupture avec une conception égocentrique des affaires internationales inspirée par le seul intérêt national. Jamais, même sous la Révolution, la France ne s'était reconnue une vocation à ce point messianique. Et Louis Napoléon est probablement le premier chef d'État à mériter le titre de mondialiste. Il le revendique, d'ailleurs, implicitement quand il s'écrie : « Celui-là fut un homme de génie qui reconnut que l'équilibre européen n'est plus comme autrefois sur les Alpes, les Pyrénées, sur la Vistule ou sur le Pont-Euxin, mais qu'il embrasse le monde entier ».

De fait, le rayonnement de la France dans le monde ne remonte ni à la Révolution, ni au premier Empire. Seuls, alors, l'aventure égyptienne mise à part, quelques pays d'Europe vibrèrent à la propagation de nos idées... ou sous les bottes de nos soldats.

Il ne remonte pas davantage à leurs successeurs falots, sous le règne desquels notre pays vécut comme tétanisé et replié sur lui-même. La France, en réalité, n'a une politique mondiale que depuis le second Empire. Elle le doit à Louis Napoléon.

Si l'on trouve le compliment exagéré, on peut se reporter aux très vives critiques qu'a suscitées cette nouvelle politique étrangère. Elles corroborent l'analyse puisqu'elles en admettent les prémisses.

Par exemple, Paul Guériot, pourtant l'un des historiens les plus compréhensifs à l'égard de Louis Napoléon, résume ainsi sans aucune indulgence l'ensemble de sa diplomatie :

« [...] Napoléon III, écrit-il, fut victime de son imagination et dupe d'erreurs généreuses. Il ne pouvait se résoudre à admettre que, dans le maniement de la politique étrangère, le devoir d'un chef d'État consiste souvent à se maintenir, à se raidir dans l'égoïsme national. Il voulut se faire le champion des peuples opprimés, intervenir comme redresseur de torts, jouer en Europe et même au-delà le rôle d'arbitre-providence. La Turquie est menacée par l'Empire russe ; il interviendra en faveur de la Turquie par la guerre de Crimée. L'Italie souffre sous la domination de l'Autriche ; il n'hésite pas à soutenir l'Italie. Le Mexique est déchiré de luttes intestines, menacé d'absorption par les États-Unis ; Napoléon III conçoit le dessein de pacifier le Mexique, de le régénérer par la création d'un grand Empire latin qui contiendra l'avidité anglo-saxonne. »

Dans l'exposé des faits, cette présentation des choses est tout à fait acceptable ; elle l'est beaucoup moins dans le commentaire, qui s'appuie sur une conception de la politique extérieure avec laquelle Louis Napoléon est précisément en rupture déclarée.

Sa politique étrangère procède de trois sources d'inspiration au demeurant si étroitement complémentaires qu'il est souvent difficile de faire la part des unes et des autres : c'est d'abord le principe des nationalités ; ensuite, la reconnaissance de certaines valeurs dont la propagation paraît nécessaire : l'ordre, le progrès, l'expression populaire ; enfin, et bien sûr, l'intérêt de la France.

L'empereur avait-il, à cet égard, la ferme résolution de rendre à la France ses frontières naturelles ? Ses efforts pour récupérer Nice et la Savoie peuvent le donner à croire. Sans doute rêva-t-il à la rive gauche du Rhin, à la Belgique, même, avant de tenter de se rabattre sur le Luxembourg... Tout indique pourtant que tel ne fut pas son objectif principal : Louis Napoléon ne négligea jamais les occasions qui s'offraient de faire profiter la France de sa politique, mais la perspective de gains territoriaux restait à ses yeux secondaire par rapport à l'objectif majeur des nationalités.

A ces trois principes, faut-il en ajouter un quatrième, comme le font tant d'historiens, qui correspondrait au besoin de rechercher sans cesse à l'extérieur les moyens d'affermir le régime ? Besoin qui se concilierait aisément avec un autre, celui de la gloire personnelle. Bien des indices invitent à pencher pour une réponse négative.

Certes, Louis Napoléon, dès son accession à la présidence, a revêtu l'uniforme de général. Sa présence sur les grands champs de bataille apparaît à ses yeux comme une nécessité politique et symbolique. Et si, à regret, il devra s'abstenir de paraître en Crimée, il sera présent en Italie, et lors de l'empoignade finale avec la Prusse. Mais, sans être un chef aussi médiocre qu'on l'a prétendu, il connaît assez la chose militaire pour avoir conscience de ses limites dans ce domaine. Il n'est ni un génial stratège ni un vrai conquérant ; il cherchera d'autant moins à en donner l'illusion qu'il sait que, sur ce chapitre, il ne pourra jamais rivaliser avec le souvenir de son oncle.

A-t-il aussi conscience que l'outil dont il dispose n'est pas à la mesure de celui dont Napoléon Ier fit l'instrument de sa gloire ? C'est plus que probable. Sans doute, notre armée a réussi jusqu'ici à dissimuler ses graves insuffisances et, à chaque conflit important, des succès, pourtant incertains, font oublier les énormes difficultés qu'elle a rencontrées. Mais le fait est là. L'armée française est alors une très belle armée ; ce n'est pas une très bonne armée.

Le soldat français est brave, habile, endurant. Nos troupes, en particulier nos troupes coloniales, sont aptes aux coups de main, aux opérations de commandos. Elles vont ainsi faire merveille en Algérie, en Cochinchine, en Chine et même, souvent, au Mexique. Peut-être, d'ailleurs, y prennent-elles de mauvaises habitudes. Car autant se manifestent leurs qualités et leur efficacité dans les phases tactiques, autant paraissent-elles empruntées dès qu'il s'agit de concevoir et de manœuvrer à plus grande échelle. On n'a pas intégré dans les conceptions stratégiques les données nouvelles qu'impliquent les progrès techniques : l'évolution des armes, l'importance de la logistique, la rapidité des transmissions. Aucun chef militaire ne va se montrer apte à imaginer et à conduire une rénovation pourtant nécessaire de l'art de la guerre. On se bat comme sous le premier Empire malgré un armement autrement plus meurtrier : on charge à la baïonnette, par gros bataillons, on forme le carré pour se protéger de la cavalerie qui s'élance elle-même en rangs serrés... Il y a pire : les officiers supérieurs ont une mentalité de seigneurs de la guerre : il ne faut surtout pas qu'un concurrent leur vole le succès ; pour éviter cela, ils sont prêts à tout compromettre...

La victoire de Crimée fera malheureusement oublier les récriminations que, devant l'ampleur du désordre et de la désorganisation de notre armée, exprime un Saint-Arnaud : « On ne fait pas la guerre sans pain, sans souliers, sans marmites, sans bidons. Anathème sur les ânes bâtés, sur les cuistres enchiffrés, sans prévoyance et sans politique militaire qui ont jeté à huit cents lieues de la France, avec la moitié à peine des moyens et des ressources nécessaires en personnel et en matériel, une armée de soixante-dix mille hommes ! »

De même, une fois le succès assuré en Italie, nul ne se souciera plus des constats accablants faits par Louis Napoléon lui-même au début des hostilités. En 1870, à la veille d'affronter les Prussiens, les leçons des conflits antérieurs n'auront pas été tirées.

La Grande Armée n'est qu'un lointain souvenir... Depuis quarante ans, la France ne s'est plus battue sur les grands théâtres d'opérations extérieurs et cela se sent. D'ailleurs, et c'est une autre donnée fondamentale, il est clair que Louis Napoléon n'aime pas la guerre. Autant certaines opérations de police outre-mer, courtes et peu coûteuses en hommes, ne le rebutent pas, autant il répugne à provoquer des conflits qui s'éternisent. Sa sensibilité ne peut s'accommoder de l'idée des souffrances endurées, ni a fortiori de leur spectacle.

Comment ne pas le croire quand, s'exprimant à l'occasion de la clôture de l'Exposition universelle de 1855, il lance ce véritable hymne à la paix :

« A la vue de tant de merveilles étalées à nos yeux, la première impression est un désir de paix.

« La paix seule peut développer encore ces remarquables produits de l'intelligence humaine. Vous devez donc souhaiter, ainsi que moi, une paix durable. La France n'a de haine contre aucun peuple ; elle a de la sympathie pour tous ceux qui veulent, comme elle, le triomphe du droit et de la justice. »

A ses yeux, la guerre ne peut être qu'un expédient auquel il faut pouvoir renoncer au plus vite, même si, dans l'instant, il a eu son utilité. Mais le moyen de faire autrement quand, par malheur, les choses sont figées et que nul ne veut discuter ?

En revanche, si l'on peut obtenir un congrès, c'est-à-dire une négociation générale permettant d'éviter la guerre, on ne s'en porte que mieux. Ces congrès, il a toujours tenté de les imposer avant que la parole ne fût donnée au canon... C'est le cas dès 1849 pour Rome, et plus tard avant que ne commence l'affaire de Crimée ; ainsi qu'avant l'intervention en Italie.

Et lorsque la guerre n'a pu être évitée, il faut n'avoir de cesse que de chercher l'occasion de suspendre les hostilités et de reprendre la négociation, dès que l'évolution des choses en a rendu les conditions plus favorables.

Jusqu'au bout, le comportement de Louis Napoléon illustrera cette conception. Lorsqu'il part pour l'Italie, n'est-ce pas, finalement, pour négocier ? Certes, pour pouvoir engager la discussion, et l'ouvrir dans de bonnes conditions, on doit d'abord se battre. Mais dès que la donne a changé, il faut parler. C'est pour cela qu'il est sur place, afin de battre le fer de la négociation dès qu'il sera suffisamment chaud, et pas seulement pour aller cueillir les lauriers d'une gloire factice. Même si, cette gloire venant de surcroît, il ne fera pas devant elle la fine bouche. C'est le même processus qu'il voudra mettre en œuvre face à la Prusse, l'affaire, cette fois-ci, tournant à sa confusion et à la nôtre.

Compte tenu des objectifs qu'il a assignés à sa politique extérieure, la dénonciation des traités de 1815 tient évidemment une place centrale dans son discours. Ces traités sont l'abomination originelle, la source de tous les maux et de toutes les difficultés de l'Europe. Ils étaient, comme l'a écrit Joseph de Maistre « une semence éternelle de guerres et de haines, tant qu'il y aurait une conscience parmi les hommes ».

Pour Louis Napoléon, le congrès de Vienne n'a pas seulement ignoré les sentiments nationaux, il a organisé délibérément leur oppression. Son acte final repose sur une conception dépassée des rapports internationaux, indifférente aux besoins des peuples, au développement des échanges commerciaux, au progrès économique et social. Il cherche en outre à brimer la France, dont la liberté d'initiative et de manœuvre est réduite à presque rien, et qui se trouve placée en situation de haute surveillance. Ici, la croisade à mener contre l'ordre européen issu de Waterloo prend une dimension mythique, qu'on aurait tort de minimiser : remettre cet ordre en cause, c'est assurer tout à la fois la réhabilitation de l'époque napoléonienne et la revanche de la France. C'est en quelque sorte se forger une seconde légitimité.

Du moins la sincérité et la détermination du neveu ne font aucun doute, alors que les desseins de l'oncle n'avaient pas toujours été clairs. Dans le *Mémorial,* Napoléon Ier explique — après coup — qu'il eût voulu « pacifier l'Europe. Y affranchir et y unir les peuples [...]. C'est avec un tel cortège qu'il eût été beau de s'avancer dans la postérité et la bénédiction des siècles ».

C'eût été beau, mais ça ne l'a pas été ; même si Louis Napoléon affecte de croire à l'explication a posteriori du *Mémorial* et déclare en faire sa ligne de conduite. D'ailleurs, il n'est pas le premier à vouloir mettre en cause les traités. Dès la fin de la Restauration, Polignac a esquissé quelques pas en ce sens, et Louis-Philippe a manifesté quelques velléités d'en faire autant.

En fait, l'attitude de Louis Napoléon à l'égard des nationalités est à la fois prudente et réaliste. Écrivant à Émile Ollivier en 1869, il en donnera une définition qui est à la fois réductrice — il s'agit de ne pas se laisser entraîner n'importe où — et d'une surprenante modernité : « Je suis comme vous, partisan des nationalités, mais les nationalités ne se reconnaissent pas seulement par l'identité des idiomes et la conformité des races ; elles dépendent surtout de la configuration géographique et de la conformité d'idées qui naît d'intérêts et de souvenirs communs. »

D'ailleurs, la thèse qui fait de Louis Napoléon une sorte d'apprenti sorcier, déchaînant ou exacerbant en toute irresponsabilité des forces dangereuses jusque-là assoupies, ne résiste pas à l'examen car le mouvement est bel et bien lancé avant toute intervention de sa part. Dès 1830 et, surtout, dès 1848, les nationalités longtemps plongées en catalepsie par le système né du congrès de Vienne sont sorties du sommeil. Louis Napoléon reconnaît leur légitimité, adopte leur parti, mais il cherche aussi à faire en sorte que leur volonté d'expression prenne d'autres chemins que celui de la Révolution, lequel, avant lui, paraissait le seul à s'offrir.

Car Louis Napoléon n'est pas en politique extérieure le benêt qu'on a trop souvent voulu décrire. Il sait parfaitement que, si l'on ébranle l'ordre ancien, il faut en dégager un nouveau. Lui, du moins, va s'y employer... Pour conduire un mouvement qu'il estime nécessaire et inéluctable, il propose une alternative à la fois à l'absolutisme héréditaire et à la Révolution. Sa solution, cohérente avec ses choix intérieurs, c'est le plébiscite et le suffrage universel, par lesquels, progressivement, doit se remodeler l'Europe.

Rêve-t-il d'union européenne ? Sûrement. Et à tout le moins d'une ébauche d'organisation à prépondérance française, qui serait la juste contrepartie de la part que le pays aurait prise dans la redistribution des cartes. Louis Napoléon a en effet fatalement lu dans le *Mémorial* qu'il ne peut y avoir « d'autre équilibre possible que l'agglomération et la confédération des grands peuples. Le premier souverain qui, au milieu de la première grande mêlée, embrassera de bonne foi la cause des peuples se trouvera à la tête de l'Europe et pourra tenter ce qu'il voudra ».

Pris entre deux feux, aussi bien à l'extérieur qu'à l'intérieur, combattu à la fois par des conservateurs aveugles et par une gauche qui ne peut admettre d'avoir avec lui certaines convergences, il connaîtra bien des déboires, des rebuffades, des déceptions. Sans pour autant jamais renoncer, il en viendra parfois à exprimer sa lassitude, comme dans ce propos adressé au prince de Metternich, après l'intervention en Italie et au moment où monte la tension en Pologne :

« On a beau avoir de la sympathie pour les aspirations nationales de tel ou tel peuple, c'est la Révolution qui, en s'interposant, gâte tout. C'est parce que je ne veux et je ne puis transiger avec la Révolution que j'ai tant d'embarras aujourd'hui, c'est la Révolution qui perd les meilleures causes, qui détruit les sympathies que l'on pourrait avoir, qui me rend l'Italie odieuse et me dégoûte de la Pologne. »

Ces sentiments sont-ils vraiment les siens, ou cherche-t-il seulement à amadouer les tenants du parti de l'Ordre, pour qui c'est pactiser avec le diable qu'accepter les objectifs extérieurs de la Révolution et dont l'opposition pourrait se durcir encore face à une politique qu'ils ont déjà jugée utopique, dangereuse, subversive... ?

Toujours est-il qu'il veut libérer l'Italie, voire la Hongrie, des Autrichiens, qu'il souhaite une réorganisation de l'Allemagne — pour faire équilibre à l'Autriche —, et qu'il rêve de reconstituer la Pologne. Mais ce beau et vaste programme est loin de susciter l'adhésion générale.

On ne peut qu'être frappé, à nouveau, du formidable isolement de Louis Napoléon. Sa politique étrangère, il devra la conduire seul. Contre ses diplomates, contre ses ministres, contre l'essentiel de son entourage, contre le Corps législatif qui ne songe qu'à réduire les dépenses militaires et, sans doute aussi, contre l'opinion publique.

A l'extérieur, il trouvera des alliés occasionnels, ceux dont les intérêts du moment rejoignent, provisoirement, ses ambitions de toujours. Ainsi en ira-t-il de Victor-Emmanuel et de Cavour en Italie et de Bismarck, très brièvement, pour la Prusse. Il s'agit davantage d'avisés profiteurs que de loyaux soutiens. La suite des événements ne le montrera que trop.

A l'intérieur, qui partage ses vues? Les saint-simoniens, sans doute, à qui il va ouvrir la route parce qu'il a la même conception qu'eux d'un monde nouveau. Ne pensaient-ils pas qu'il fallait « rapprocher les nations dans le travail », que la paix, l'union entre les peuples étaient liées à l'essor de l'industrie et du crédit, qu'il convenait, dans cette perspective, de mettre en valeur le globe par le développement des moyens de communication? Et n'était-ce pas Michel Chevalier qui proclamait : « C'est par l'industrie que se fera la paix »? Louis Napoléon leur donnera, entre autres preuves de parfaite entente, deux sujets d'intense satisfaction : le traité commercial franco-anglais de 1860 et le percement du canal de Suez. Ils feront mieux que le soutenir, collaborant étroitement à la réalisation de plusieurs de ses projets. Mais leur poids dans l'opinion demeurera limité.

De leur côté, les bonapartistes de gauche répondent présents à l'appel, parfois. Ceux qui partagent les idées du prince Napoléon apporteront leur contribution dans l'affaire italienne ; Napoléon Jérôme y paiera même de sa personne, puisqu'il acceptera d'épouser Clotilde, la fille de Victor-Emmanuel II, confortant ainsi l'alliance piémontaise. Mais eux aussi n'ont qu'une audience limitée. Et puis, leurs provocations, leurs attitudes extrêmes, leur romantisme échevelé sont plus une gêne qu'un véritable soutien. Là où Louis Napoléon veut jouer subtilement, averti qu'il est des résistances, ils ne rêvent que d'en découdre. Comme, plus tard, les gaullistes de gauche, ces bonapartistes avancés aident moins qu'ils ne desservent. Trop assurés de partager la pensée profonde du guide, ils la dénaturent et, par leurs excès, lui enlèvent de son crédit.

Car l'opinion n'est pas du tout acquise. Elle veut bien d'un peu de gloire militaire, à condition de n'en pas payer trop chèrement le prix, en hommes et en argent. Elle ne voit guère d'intérêt immédiat à toutes ces expéditions lointaines dans des pays qui lui sont si souvent inconnus. Quant à l'ordre européen, il ne faudrait pas insister beaucoup pour qu'elle se résigne à s'en accommoder...

A plus d'un siècle de distance, quand on observe la sourde inquiétude que font naître de nouveaux bouleversements européens et qui révèle une sorte de nostalgie muette pour l'ordre ancien, on comprend aisément une telle attitude. L'équilibre d'alors n'est sans doute guère satisfaisant ; mais on ne sait au juste ce qui sortirait, en bien ou en mal, de son bouleversement. Et la secousse de la liberté retrouvée, qui ébranle aujourd'hui tant de peuples opprimés, n'est pas là, à l'époque, pour modifier les comportements.

Les milieux d'affaires ne montrent guère plus d'empressement à soutenir l'idée du changement, sensibles qu'ils sont à la prospérité qui résulte d'un ordre tant bien que mal assuré. Pourquoi ne pas en profiter sagement, au lieu de se lancer dans des opérations dont les dangers sont plus perceptibles que les avantages immédiats ? Bref, si certains chefs d'entreprise sont prêts à quelques innovations, l'ensemble du monde industriel reste plutôt frileux et replié sur lui-même.

Un homme incarne mieux que quiconque toutes ces préventions. Il exerce une influence sur un grand nombre d'esprits, avant même que la défaite de Sedan et la répression de la Commune ne lui offrent la consécration. Cet homme, c'est l'inévitable Monsieur Thiers.

Adolphe Thiers est l'antithèse de Louis Napoléon. Il incarne le conservatisme et l'immobilisme, jusqu'à la caricature. La France n'est qu'une puissance moyenne, semble-t-il avoir décrété avant tant d'autres, et doit, une fois pour toutes, restreindre ses ambitions en les faisant passer sur le lit de Procuste.

Face à cette coalition, Louis Napoléon ne peut guère compter sur ses ministres des Affaires étrangères, très représentatifs de l'« Établissement », et donc de l'opinion d'alors que rien ne satisfait moins que la politique des nationalités.

Pour Drouyn de Lhuys, pour Walewski et, à un degré moindre, pour Thouvenel — qui, à leur différence, est anticlérical —, le système né du congrès de Vienne a sans doute bien des inconvénients, mais offre l'immense avantage d'exister. Et le nouvel ordre qui pourrait le remplacer présenterait sans doute plus de risques encore que l'ancien.

Pourquoi, dans ces conditions, Louis Napoléon a-t-il choisi de tels collaborateurs ? Par résignation, certainement. Car il savait ne pouvoir en trouver d'autres qui seraient susceptibles d'être acceptés à la fois par les classes dirigeantes et par les chancelleries. Et parce qu'il lui fallait des professionnels. Ses ministres répondent, du moins, à ces critères.

Drouyn de Lhuys est, certes, un partisan de l'alliance autrichienne (« Avec l'Autriche, déclare-t-il, Napoléon III est maître de l'Europe »), mais ce diplomate de tradition connaît son métier, qu'il a commencé sous Louis-Philippe. Son souhait le plus cher serait de pouvoir tenir solidement « la Prusse ambitieuse » et « l'Italie révolutionnaire ». Deux fois ministre, d'abord au début du règne, jusqu'en mai 1855, puis de 1862 à 1866, il devra abandonner son portefeuille, peu après Sadowa, non sans avoir — rendons-lui déjà cette justice — prôné en vain une attitude de fermeté.

Walewski, qui occupe le poste de 1855 à 1860, est lui aussi un diplomate de carrière. C'est d'abord un « politique » en même temps qu'un mondain. Il a des titres à faire valoir pour justifier un rôle d'exception : être le fils de Napoléon Ier et de Marie Walewska, cela compte évidemment. Il avait été aussi l'un des tout derniers visiteurs à Arenenberg, avant la mort d'Hortense, et cela compte aussi beaucoup. On raconte que, pour mieux asseoir sa position, il sut ne pas se montrer trop regardant sur l'étendue et la nature des relations de sa femme, Marianne, avec l'empereur : ainsi s'expliquerait qu'il restât en place pendant la guerre d'Italie, qu'il avait désapprouvée. D'une façon générale, ce conservateur libéral, qui avait commencé sa carrière politique sous la protection de Thiers, était plus que réticent à l'égard de la politique des nationalités. Il lui revint pourtant de présider le congrès de la paix à Paris après la guerre de Crimée. Nommé ministre d'État après son départ des Affaires étrangères, Walewski voulut en 1863 s'imposer comme le leader d'une politique conservatrice qui suscita l'opposition de Morny. Écarté des affaires, et peu scrupuleux sur les moyens, il reprit les idées de réforme de celui-ci pour tenter une rentrée. Choisi comme président du Corps législatif, en 1867, il ne manifesta pas à ce poste l'autorité nécessaire, dut démissionner au bout de quelques mois, et se replia sur le Sénat. Il mourut en 1868.

Thouvenel, fut, avec Walewski et Drouyn de Lhuys, entre lesquels il s'intercale, le troisième ministre à excercer une action effective. Des trois, il fut probablement le moins éloigné des vues de Louis Napoléon. Favorable à la cause italienne, il rechercha, en

1861, un arrangement avec Cavour dont la mort empêcha qu'il aboutisse. Contre la plus grande partie de l'entourage, il milita pour une évacuation de Rome. Son indépendance d'esprit fut suffisante pour lui faire exprimer son hostilité à une attitude d'entêtement au Mexique.

Il y a peu à dire de Moustier, qui fut nommé à la fin de 1866, et qui était jusque-là notre ambassadeur à Constantinople. Le député Daru ne resta en fonction que quelques semaines au début de 1870. Après un intérim assuré par Émile Ollivier en personne, on fit appel au duc de Gramont, alors ambassadeur à Vienne. C'était un mauvais choix, qu'on allait payer.

Compte tenu de leur profil, tous ces ministres doivent généralement se borner à traiter les affaires courantes, tout en s'adaptant aux situations nouvelles que va créer, si souvent et parfois si brutalement, l'action propre de l'empereur. Du coup, pour rester le maître du jeu, celui-ci se trouve contraint de pratiquer une diplomatie personnelle et secrète. Il prend donc l'habitude de s'introduire, de biais, dans les négociations et de recourir à des émissaires dont les conversations et les initiatives doublent la diplomatie officielle, quand elles ne s'y substituent pas. Parmi ces envoyés personnels de l'empereur, quelques hommes émergent : Arese, Pepoli, Vimercati, le Hongrois Turr, le Saxon Vitzhum, le docteur Conneau et, bien sûr, Napoléon Jérôme. Louis Napoléon s'implique lui-même dans le processus, multipliant les entrevues et les entreprises clandestines, à l'insu de ses ministres.

Le rapprochement entre l'Angleterre et la France sera l'objet de tous les soins, de toute la sollicitude de Louis Napoléon. C'est pour lui une véritable idée fixe, comme un préalable à toute autre pensée. Il sait que l'antagonisme franco-anglais a pesé d'un poids décisif dans la défaite du premier Empire. Sa répétition serait, à n'en pas douter, également fatale au second. Mais cela ne saurait tout expliquer. Il y a aussi — et, quand on le connaît, on comprend à quel point cela compte pour lui — qu'il s'est plu en Angleterre et qu'il apprécie sincèrement ce pays qui lui offrira sa sépulture. Il a prisé ses institutions, son organisation sociale, son mode de vie, il a été sensible à la cohésion de ce peuple autour de la couronne. Et puis, il doit sentir confusément tout ce que la France et l'Angleterre pourraient accomplir ensemble, pour le bien de l'humanité.

Dès février 1853, il écrit à son ami lord Malmesbury qu'il a pour objectif constant de maintenir avec l'Angleterre qu'il a « toujours tant aimée les relations les plus amicales et les plus intimes ».

« Les autres pays sont mes maîtresses, mais l'Angleterre, c'est ma femme », aime-t-il à dire.

Le calcul n'est pas sot : contre le bloc des nations du Nord formé par la Russie, l'Autriche et la Prusse, qui sont à un titre ou à un autre les suppôts de l'ordre de 1815, l'appui de l'Angleterre pourrait s'avérer utile, souvent même décisif. Il ne négligera donc rien pour se l'assurer.

Après avoir lui-même accueilli, en septembre 1854, le prince Albert en France, Louis Napoléon se rend en visite officielle à Londres le 16 avril 1855. Il y est reçu en très grand apparat. La reine Victoria raconte dans son Journal ce que fut ce voyage : « Il y avait une foule immense à Londres et partout un accueil enthousiaste et sincère... Arrivés au Palais, nous avons conduit l'Empereur et l'Impératrice jusqu'à leurs appartements... L'Impératrice était ravissante dans une robe vert pâle, garnie de dentelles de Bruxelles, un châle assorti et un chapeau blanc — aucun ornement. Albert a été ravi par sa toilette et je suis tout à fait enchantée de voir à quel point il l'aime et l'admire, car je le vois rarement réagir ainsi devant aucune femme. »

Louis Napoléon avait dû éprouver une réelle fierté de se retrouver en souverain au milieu de ceux qui l'avaient connu proscrit... Pratique, c'est aux grands commerçants de la cité, qu'il réserve son plus important discours : « Depuis que je suis au pouvoir, mes efforts tendent constamment à développer la prospérité de la France. Je connais ses intérêts : ils ne sont pas différents de ceux de toutes les autres nations civilisées. Comme vous, je veux la Paix, et, pour l'affermir, je veux, comme vous, resserrer les liens qui unissent nos deux pays. »

Victoria, le prince consort et leur fils aîné rendent rapidement sa visite à Louis Napoléon. Le 18 août suivant, ils sont accueillis à Boulogne — double symbole ! Le succès est exceptionnel. Mais ce n'est encore rien ! Louis Napoléon réussit à emmener un soir Victoria et le prince de Galles aux Invalides devant le tombeau de Napoléon Ier. Pouvait-il y avoir plus éclatante manière de sceller la réconciliation ?

Victoria a aussi rapporté ces moments : « L'église est belle et haute avec une grande coupole. D'en haut, nous avons regardé le caveau dont la forme ne plaît pas à l'Empereur qui a dit "qu'il ressemblait à un grand bassin ; l'on arrive et se demande où est donc le tombeau de l'Empereur ? L'on attend de voir de l'eau". Les ornements intérieurs sont pourtant très beaux. Le cercueil n'est pas encore à sa place, mais à côté, dans la chapelle de Saint-Jérôme. L'Empereur m'y a conduite et je suis restée debout au bras de Napoléon III devant le cercueil de son oncle, notre plus grand ennemi ! Moi, la petite-fille de ce roi qui a le plus détesté Napoléon et qui l'a si violemment combattu et son propre neveu, portant son nom, maintenant mon allié le plus cher et le plus proche ! [...] C'est vraiment étrange et merveilleux... »

On voit que Louis Napoléon ne ménage aucun effort pour que puisse se fonder une amitié franco-anglaise solide et durable et qu'il paye de sa personne. Non sans succès. Car si ses relations avec le prince consort connaîtront des hauts et des bas, il va intéresser, séduire, impressionner la grande Victoria, dont il saura se faire une amie personnelle.

La France et l'Angleterre seront des alliées en Crimée. Elles feront ensemble un bout de chemin au Mexique, interviendront ensemble en Chine. Pourtant, le rapprochement franco-anglais n'aura pas de concrétisation plus éclatante qu'en 1860, avec la signature du traité de commerce passé pour dix ans entre les deux pays.

Événement considérable et significatif à bien des égards. Il donne d'abord la mesure de ce que doit être selon Louis Napoléon l'action diplomatique moderne : non plus seulement une manière d'arranger les rapports entre quelques monarques, mais un moyen nouveau de peser et d'influer sur la vie quotidienne, l'activité, le niveau de vie du plus grand nombre. Il illustre ensuite le rôle personnel de l'empereur, le poids de sa volonté.

Louis Napoléon a été converti au *free trade* lors de ses séjours outre-Manche, où il a vu Peel décider en 1846 la baisse des droits sur les céréales. Il a compris quelle stimulation de l'économie peut résulter de la libre-concurrence. Il en a discerné l'intérêt pour la France qui risque de s'assoupir derrière ses barrières douanières, alors qu'il lui faudrait prendre toute sa part dans la compétition économique qui devient la loi commune. Il a la conviction que c'est un des chemins à emprunter pour atteindre son objectif de toujours : l'amélioration de la condition ouvrière.

241

C'est peu dire que la France n'est pas prête — à quelques exceptions près — à ce qu'elle considère comme un saut dans l'inconnu. Il n'est guère que les saint-simoniens, quelques professeurs d'économie politique, les négociants des ports et les viticulteurs pour être acquis à cette idée. Jusqu'ici, toutes les tentatives de libération des échanges se sont heurtées à l'opposition d'un Corps législatif plus que réticent : les députés n'ont rien accepté d'autre que des dégrèvements sur les importations de fer et de charbon, se refusant obstinément à aller au-delà. Les industriels et les céréaliers sont au premier rang des opposants.

Louis Napoléon est résolu. Il envoie donc Michel Chevalier à Londres convaincre l'économiste Cobden de venir discuter avec lui du projet. L'entretien, secret, aura lieu à Saint-Cloud. Entre autres considérations techniques, ils évoquent tous deux l'inscription qui figure sur le socle de la statue élevée à Robert Peel : « Il mérita la reconnaissance du pauvre en abaissant le prix des denrées de première nécessité. »

Ce qui conduit Louis Napoléon à s'exclamer : « Ah ! Voilà un éloge que je voudrais mériter ! »

En fait d'éloge, lui qui voulait faire « quelque chose pour dissiper l'inquiétude et remettre l'industrie à l'œuvre », lui qui voulait frapper l'opinion, n'aura droit, une fois la chose connue, qu'à un concert de récriminations. Pour l'heure, seuls sont dans la confidence Rouher, Baroche et Fould, ainsi que les frères Pereire et Persigny, ambassadeur à Londres.

Début janvier, on s'efforce de préparer l'opinion en publiant une lettre de l'empereur au ministre d'État, qui est un véritable deuxième discours de Bordeaux : l'empereur y déclare vouloir « inaugurer une nouvelle ère de paix [et] en assurer les bienfaits à la France ». Il énumère les moyens de cette politique, l'amélioration des transports et la baisse de leur coût, la vie à bon marché, bref : le « développement de la richesse nationale par un système général de bonne économie politique ».

Le 23 janvier, on apprend la signature du traité, qui sera suivi d'accords analogues et successifs avec toutes les puissances voisines. C'est un tollé. On parle de « coup d'État commercial » — il est vrai que le Corps législatif (et pour cause !) a été tenu totalement à l'écart (ce qui n'est pas inconstitutionnel) et dans l'ignorance (ce qui était plus prudent). On crie à la folie — car ce serait folie que de décider un désarmement douanier face à une économie aussi forte que celle de l'Angleterre.

242

En fait de désarmement, les mesures prises n'y ressemblent que d'assez loin : il n'y a plus de prohibitions mais l'abaissement des droits de douane sur les matières premières et les produits industriels laisse subsister une bonne marge de protection ; et il faudra attendre juin 1861 pour assister à l'abolition de l'échelle mobile qui protégeait les céréaliers.

Pourtant, rien n'y fait : ni la décision de mettre en place un système de prêts destiné à aider les industriels à soutenir la concurrence, ni les apaisements fournis par Rouher qui, très justement, rend aux choses leurs exactes proportions, en observant : « Il ne s'agit pas de libre-échange ; il s'agit de mesures prudentes de nature à hâter les progrès de l'industrie sans jamais en compromettre le développement. Est-ce qu'il y a du libre-échange avec un maximum de 30 p. 100 de droits protecteurs ? »

Une délégation de quatre cents industriels « monte » à Paris, demandant à voir l'empereur. Celui-ci refuse l'audience et résiste à toutes les pressions. Bien lui en prend. Schneider, le grand patron métallurgiste du Creusot, qui n'a pas été le dernier à protester, va reconnaître dès 1864 que Louis Napoléon « a eu raison de devancer l'opinion publique de quelques années. Nos industriels ont pu, par leurs efforts et leurs sacrifices, résister à la concurrence étrangère ».

En avril 1878, Léon Say, ministre de la République, reconnaîtra à son tour le mérite de Louis Napoléon. Son jugement mérite l'attention car son auteur n'est pas suspect de complaisance : « La politique commerciale inaugurée en 1860 et qui a été si féconde en heureux résultats nous a fait un bien dont nous jouissons comme on jouit de la santé, pour ainsi dire sans nous en apercevoir. »

En tout cas, l'Angleterre est satisfaite. Elle sera loin, cependant, de répondre aux espérances de Louis Napoléon. Sans doute est-il trop tôt encore... Elle fait quelques difficultés au moment de l'intervention française en Syrie ; lors du rattachement de Nice et de la Savoie, elle appuie la Suisse quand celle-ci demande l'annexion du nord de la province, ce qui conduisit du moins à créer une zone franche douanière ; elle joue un jeu ambigu en Italie ; elle lâchera prise au Mexique.

Sans doute, tant de dynamisme et d'esprit d'initiative de la part de la France l'inquiète quelque peu. Elle craint probablement pour la Belgique, et n'apprécie que modérément l'expansion coloniale d'une aussi turbulente voisine. Au moment fatidique, elle ne sera pas là.

Mais du moins, si des ombres subsistent et si des orages surviennent parfois encore, tout conflit majeur sera évité. Deux grandes nations auront, grâce à Louis Napoléon, commencé à apprendre à vivre et à agir ensemble.

La République n'aura, plus tard, qu'à emprunter la route qu'il a ouverte. Lorsque l'Entente cordiale sera enfin consacrée après la dernière crise d'hystérie de Fachoda, comment nier qu'elle aura été très largement son œuvre ?

**
*

La volonté de s'assurer l'alliance anglaise, de la conforter et de la faire vivre est probablement l'un des motifs de la décision prise par Louis Napoléon de s'engager aux côtés des Anglais, dans la guerre de Crimée, contre les Russes. Décision paradoxale : Louis Napoléon, jeune homme, n'avait-il pas songé à s'engager dans les troupes russes contre les Turcs ? Le voici allié du sultan contre le tsar.

Guerre inattendue mais importante : il s'agit du premier conflit européen depuis 1815. Ainsi, la Crimée marque non seulement l'entrée en scène de Louis Napoléon sur le théâtre extérieur, mais aussi et surtout le grand retour de la France dans le concert international en même temps que le premier vacillement de l'Europe du congrès de Vienne. Guerre bizarre que personne ne semble avoir vraiment voulue et qu'on ne sait au juste comment mener, faute de frontières communes et de buts territoriaux bien précis.

Il n'empêche qu'à partir d'une dispute entre moines catholiques et orthodoxes pour le contrôle de quelques sanctuaires des Lieux saints, dispute arbitrée par le sultan dans un sens qui déplaît au tsar, les événements s'enchaînent, se précipitent et s'emballent.

Nicolas Ier revendique le droit de protéger les chrétiens orthodoxes de l'Empire ottoman, donnant à croire qu'il se propose de dépecer « l'homme malade de l'Europe », et d'en profiter pour accéder enfin — vieux rêve — à la Méditerranée par les Détroits. C'est plus que ne peuvent admettre les Anglais qui ne veulent pas de marine russe en Méditerranée et qui, comme les Autrichiens, ne souhaitent pas livrer les Balkans aux ambitions du tsar.

Bien qu'il n'ait pas été directement concerné par la première phase du conflit, Louis Napoléon n'en va pas moins s'associer à l'Angleterre pour déclarer la guerre à la Russie, en mars 1854. Sans doute y voit-il une bonne occasion de rompre le front européen de 1815 et d'indiquer par avance sa place dans la cause des nationalités. Il est vrai que, s'agissant des Balkans, ce n'est pas l'ouvrage qui manque... Devant les Chambres, il prend donc soin de préciser qu'il s'agit d'une guerre idéologique, et non de conquête : « La France n'a aucune idée d'agrandissement, elle veut uniquement résister à des empiètements dangereux. Aussi, j'aime à le proclamer hautement, le temps des conquêtes est passé sans retour, car ce n'est pas en reculant les limites de son territoire qu'une nation peut désormais être honorée et puissante, c'est en se mettant à la tête des idées généreuses, en faisant prévaloir partout l'emprise du droit et de la justice. »

Une chose est de déclarer la guerre, une autre de la faire. Là commencent les difficultés...

Aucun des belligérants n'avait rien envisagé d'autre que des opérations limitées, destinées à imposer la négociation et à en préparer les termes de manière avantageuse. C'est ce qui explique que Louis Napoléon, au départ, ne songe pas un instant à prendre le commandement des troupes françaises et délègue sur place Saint-Arnaud.

S'engage alors, au début tout au moins, une drôle de guerre. Les Russes, qui avaient occupé, en juillet 1853, les provinces danubiennes de Moldavie et de Valachie, les évacuent sans combat. De leur côté, les Autrichiens, qui, en août 1854, avaient pris pied dans les provinces roumaines, sont contraints de s'en retirer à la suite des manœuvres que conduisent les Prussiens à la Diète de la Confédération, laquelle va refuser son consentement à la guerre. Berlin veut empêcher, en effet, les Habsbourg d'accroître leur influence sur l'Allemagne à la faveur d'un succès extérieur.

Un corps français est bien envoyé en Dobroudja mais les Russes ne s'y trouvent déjà plus. La situation serait cocasse si le choléra ne s'était déclaré, qui fait des ravages : Saint-Arnaud, lui-même, est atteint. L'impasse est donc complète. On ne peut cependant rebrousser décemment chemin sans combattre et sans avoir, à tout le moins, enregistré des propositions de paix du tsar.

Alors, faute de mieux, Français et Anglais, sur la suggestion personnelle de Louis Napoléon, décident d'aller détruire le principal arsenal russe de la mer Noire, installé à Sébastopol. En septembre 1854, un débarquement a lieu sur la presqu'île de Crimée. Au cours de leur marche vers Sébastopol, les Franco-Anglais remportent une belle victoire sur l'Alma, grâce aux zouaves du général Bosquet, qui entreront ainsi dans la légende.

Première victoire, il est vrai, première grande victoire depuis si longtemps! Le bulletin adressé après la bataille par Saint-Arnaud fleure bon le style impérial de jadis : « Sire, le canon de Votre Majesté a parlé. Nous avons remporté une victoire complète. Votre Majesté peut être fière de ses soldats. Ils n'ont point dégénéré, ce sont ceux d'Austerlitz et d'Iéna. Jamais je n'ai vu d'enthousiasme pareil. Le cri de "Vive l'Empereur" a retenti toute la journée ; les blessés se soulevaient de terre pour crier [...]. Les zouaves se sont fait admirer des deux Armées. Nos soldats sont les premiers du monde. »

Malheureusement, cette victoire est mal exploitée. Saint-Arnaud se meurt ; quant au prince Napoléon Jérôme, qui représentait la famille sur le champ de bataille, il décide tout bonnement de rentrer à la maison.

Du coup, la place qui paraissait s'offrir sans résistance va pouvoir renforcer ses fortifications et, au lieu du succès foudroyant qu'on attendait, c'est un long siège qui commence... Un siège où du fait de la configuration du terrain, l'on ne sait plus au juste qui est l'assiégeant et qui est l'assiégé. Malgré des renforts français, malgré l'arrivée d'un contingent de quinze mille Piémontais — que Louis Napoléon a persuadés de s'engager pour mieux asseoir les revendications italiennes —, malgré une opportune supériorité navale, le désastre n'est pas loin. Au moins autant que l'adversaire, l'inadaptation de leur équipement, le froid glacial, le scorbut usent les forces des Français, Anglais et Piémontais.

C'est trop bête... Louis Napoléon manifeste la nervosité et l'impatience du néophyte. C'est la première guerre qu'il doit conduire, et le pire lui paraît à craindre. Il est vrai qu'il est loin du théâtre des opérations, que les nouvelles arrivent mal, et que, de surcroît, elles ne sont pas bonnes...

Peu confiant en Canrobert, qui a remplacé Saint-Arnaud, Louis Napoléon dépêche donc sur place Niel pour prendre la mesure de la situation. Il souhaiterait qu'on tente de détruire les armées russes de secours plutôt que de se confiner dans les tranchées. Bientôt, c'est bien dans sa manière, il envisage de se rendre lui-même sur place. Ce serait un bon moyen d'unifier le commandement, dont la dualité n'arrange évidemment rien. Il rêve d'attirer à lui l'empereur de Russie en personne qui ne pourrait faire moins que l'imiter. Ainsi ferait-il coup double : il le battrait et le forcerait à négocier, là, sur le terrain. Un tel programme, pour hypothétique que soient ses chances de succès, n'a rien qui soit de nature à réjouir les Anglais. Un triomphe pour Louis Napoléon n'arrangerait pas leurs affaires.

Victoria elle-même va se charger de dissuader l'empereur, déjà en butte, on l'a vu, aux réactions affolées de son entourage : et s'il lui arrivait malheur ?

Il se contente donc, en juin 1855, de remplacer Canrobert par Pélissier, le fil télégraphique direct dont il dispose désormais lui permettant de harceler son nouveau commandant en chef. Pélissier, qui en a vu d'autres, n'en fait qu'à sa tête. Il n'a pas tort : le 8 septembre 1855, Mac-Mahon prend enfin la tour de Malakoff, ce qui entraîne l'évacuation de Sébastopol par les Russes après trois cent cinquante jours de siège.

Militairement, l'objectif est atteint. Politiquement, l'effet produit est considérable. A l'extérieur, la France en tire un bénéfice qui est à la mesure de son engagement et que nul ne peut lui contester. A l'intérieur, le pays a le sentiment de renouer avec la gloire d'antan : le plus important des événements militaires depuis Waterloo se solde par une victoire. On se croirait revenu près de cinquante ans en arrière : même fournée de maréchaux ; même baptême de ponts et de boulevards sous l'invocation de ces sites lointains où viennent de s'illustrer nos armées.

En de tels instants, Louis Napoléon se prend probablement à rêver : il a d'excellents atouts entre les mains, face au tsar Alexandre qui a succédé à son père en pleine bataille. Si d'aventure on pouvait persuader l'Autriche d'entrer enfin dans la guerre, le moment serait peut-être venu de lancer un appel général aux nationalités, en commençant par la Pologne, de valeur hautement symbolique.

Et c'est pourquoi précisément l'Autriche, au lieu de se lancer dans la mêlée, va faire pression sur la Russie pour arrêter les frais. Qu'il faille payer la victoire des alliés par certains changements, passe encore, mais à condition de ne pas les pousser trop loin.

Tous rêves écartés, il reste que Louis Napoléon peut se considérer comme un vainqueur : le congrès va se tenir à Paris, sous la présidence d'un ministre français. Et, face à une Russie vaincue, qui songe à se réformer en se repliant sur elle-même, à un allié anglais que ses ennuis dans les Indes commencent à accaparer, à une Autriche affaiblie par l'ambiguïté de ses positions, à une Prusse demeurée simple spectatrice, c'est le message de la France qui va compter.

Les buts de guerre, évidemment, sont atteints : l'Empire ottoman voit son intégrité reconnue, avec en prime un rôle prépondérant accordé à la France dans la garantie de ce statut ; les Détroits sont fermés, la mer Noire est neutralisée, la libre navigation sur le Danube garantie.

Cependant, chacun sent bien que, pour satisfaire Louis Napoléon, dans la position de force qui est la sienne, il faut aller au-delà, mais si possible sans excès.

On va donc sacrifier implicitement au principe des nationalités, en reconnaissant leur autonomie aux provinces serbe et roumaine. La Valachie et la Moldavie, tout en restant dans l'Empire ottoman, se voient accorder des libertés internes qui, avec le parrainage de Louis Napoléon, déboucheront en 1861 sur un État unifié, la toute nouvelle Roumanie.

S'agissant du Monténégro et de la Serbie, les bases sont jetées pour l'indépendance de celui-là, en 1857, et pour une évolution décisive de celle-ci.

Louis Napoléon aurait sûrement souhaité davantage, mais doit se contenter, pour l'heure, des moyens d'une intervention directe et positive dans les Balkans. Au moins obtient-il le droit pour Cavour d'exprimer les aspirations piémontaises. Ainsi, date est prise pour la suite des événements.

Sa victoire, Louis Napoléon va l'exploiter sur d'autres terrains encore, à la faveur du deuxième souffle qu'elle donne à l'Empire et du surcroît de prestige qu'elle confère à la France.

C'est l'époque où les Pereire et les Rothschild se lancent, avec des capitaux français, dans la construction de chemins de fer en Autriche, en Italie, en Espagne. C'est l'époque où Ferdinand de Lesseps, fort de l'appui de Louis Napoléon, entreprend le percement de l'isthme de Suez. C'est l'époque où l'empereur rêve à la constitution d'une triple alliance unissant la France à l'Angleterre et à la Russie, où il dépêche Morny en ambassadeur extraordinaire et personnel. Le rêve ne prendra pas forme. Mais ses efforts n'auront pas été vains. Ils ont créé le contexte le plus propice à ce qui est vraiment la grande pensée du règne : l'intervention en Italie.

La guerre en Italie n'est pas seulement l'acte majeur de la politique étrangère de Louis Napoléon ; elle est le moment fort de son destin. Politique étrangère et destin personnel seront désormais indissociables, jusqu'au drame final. Tout ici illustre et résume, à nouveau, cette politique et ce destin : la fermeté de la conviction, la générosité de l'intention, la solitude de la décision, la pauvreté des moyens d'exécution, le dérapage des événements, le bilan finalement positif.

L'Italie, c'est pour Louis Napoléon à la fois l'occasion d'une nouvelle étape dans l'application de sa politique des nationalités et le terrain d'un devoir sacré, devoir qu'il se sait, confusément, tenu d'accomplir... Les premiers succès qui ont suivi l'affaire de Crimée restent insuffisants. Dans une note à Walewski, son ministre des Affaires étrangères, l'empereur admet que le conflit a permis de disloquer la coalition des quatre grandes puissances, gardiennes de l'ordre européen issu du congrès de Vienne, mais poursuit, d'un même souffle : « Tant que la crise européenne prévue depuis quarante ans ne sera pas arrivée, on ne jouira pas du présent, on ne croira pas à l'avenir. »

On ne saurait être plus clair, ni plus déterminé.

L'Autriche — dont beaucoup, dans son entourage même, sont enclins à rechercher l'alliance — est désormais bien isolée. Sa neutralité embarrassée n'a satisfait personne : ni les Russes qui en espéraient de l'aide, ni la Prusse qui l'a soupçonnée d'arrière-pensées, ni l'Angleterre qui ne s'attendait pas à rester en tête à tête avec la France. Or, en Italie, c'est l'Autriche qui est l'oppresseur. C'est l'Autriche qui occupe une part non négligeable du territoire et qui, sur le reste, s'attribue un rôle de gendarme. C'est l'Autriche qui a brisé le rêve du pauvre Charles-Albert. C'est l'Autriche qu'il faut affronter et battre.

Les soldats autrichiens, Louis Napoléon les a croisés sur son chemin. A vingt-trois ans, dans les circonstances troubles et contestées que l'on sait, son frère est mort devant lui, alors qu'ensemble ils les combattaient. Lui-même a été traqué, menacé et n'a dû son salut qu'à la présence d'esprit de sa mère. On a déjà dit tout ce que l'Italie pouvait évoquer comme souvenirs et représenter comme mythe dans l'épopée des Bonaparte. Comment s'étonner dès lors que Louis Napoléon ait jugé souhaitable, nécessaire, inéluctable de s'engager en Italie ?

Cette intervention, cette guerre, il les aura voulues, préparées de toute son âme et de toutes ses forces. Maupas est bien placé pour voir dans cet épisode « une substitution plus apparente que toutes les autres de la volonté personnelle du Souverain à la volonté de la Nation ».

Car ce conflit, qui en voudra ? Pas grand monde. Les catholiques n'ont aucune envie de voir la France brouiller un jeu déjà compliqué, dont le pape risque d'être l'une des victimes. Les conservateurs, dans leur grande majorité, trouvent que, bon ou mauvais, l'ordre de 1815 a du moins le mérite d'en être un. Quant aux républicains, s'ils ne peuvent sans se renier combattre ouvertement un projet si manifestement conforme à leurs propres idées, ils se méfient de tout geste pouvant passer pour de la compromission ou donner lieu à récupération.

Louis Napoléon espéra-t-il, à l'occasion de cette équipée, sinon se rallier une partie de la gauche du moins en obtenir un certain rapprochement ? C'est possible, mais sans doute ni plus ni moins qu'à l'accoutumée. Il a toujours pensé que, sur de grandes causes nationales, les partis pourraient oublier leurs différences et se rejoindre sur l'essentiel.

En fait, c'est bien l'Italie, et l'Italie seule, qui occupe sa pensée et son cœur. Son comportement, autant que de l'analyse, procède d'un certain romantisme et, pour le comprendre, il n'est pas nécessaire de prêter foi aux rumeurs qui font état de son appartenance au mouvement carbonaro.

Quand il débarquera à Gênes à la tête de l'armée française, il évoquera le passé avec émotion, passé dont sa présence se veut réparation : « Il y a un quart de siècle que mon frère est mort pour la noble cause de l'Italie et que ma mère m'a arraché des griffes autrichiennes. »

« La noble cause de l'Italie »... Ce n'est pas la première fois qu'il emploie cette formule. Déjà, lors de son exil à New York consécutif à l'affaire de Strasbourg, il avait, à l'occasion d'une rencontre avec des réfugiés italiens, évoqué ses espoirs et rêvé à haute voix du jour où, conduisant les destinées de la France, les deux pays « seraient compagnons d'armes pour la noble cause de l'Italie ». A présent, c'est le chef d'État qui s'exprime. Un chef d'État en butte à des contraintes extérieures, à des oppositions intérieures, jusque dans la personne même de son ministre des Affaires étrangères. Alors, la noble cause de l'Italie, Louis Napoléon l'évoque désormais en termes moins ambitieux, plus restrictifs, à l'aune des intérêts bien compris de la France...

« Je veux l'indépendance, c'est-à-dire libérer l'Italie de l'influence autrichienne ; l'unité procurerait des difficultés en France à cause de la question romaine, et la France ne verrait pas avec plaisir surgir à son flanc une grande Nation qui pourrait diminuer sa prépondérance. »

Il précise à l'adresse de Walewski que l'indépendance procurera à la France des alliés puissants qui lui devront tout et ne vivront que de sa vie. Propos de circonstance ? Le débat est ouvert, et il n'est pas près d'être clos.

D'un côté, même si Louis Napoléon avait la conviction que l'indépendance de l'Italie conduirait tout droit à son unité, il était de bonne politique de le taire et de tout recouvrir du manteau de l'intérêt national, pour réchauffer les frileux. A l'inverse, il est vrai qu'une fois ouverte la boîte de Pandore italienne on entrait dans le domaine de l'imprévisible, Louis Napoléon devant comme les autres se contenter de suivre les événements, et de s'y adapter vaille que vaille. Comment ne pas douter cependant, quoi qu'on ait pu dire à ce sujet, que Louis Napoléon ait éprouvé tout le déplaisir qu'il était tenu d'exprimer, en voyant une Italie unifiée se substituer à la fédération d'États qu'il avait d'abord officiellement appelée de ses vœux. En tout cas, il ne fit jamais rien de décisif pour s'y opposer... Obligé pourtant à un savant jeu d'équilibre entre les contraintes de sa politique intérieure et les ambitions de sa politique extérieure, il a couru le risque de soustraire à son crédit le mérite de l'œuvre immense qu'il allait accomplir.

La présence française à Rome résume le problème auquel il était confronté. Pour l'emporter à Paris, il avait dû, dans la Ville éternelle, faire le contraire de ce à quoi il croyait et céder à toutes les exigences papales. Mais Rome, tout compte fait, n'était pas un boulet, bien qu'on ait longtemps cru le contraire. C'était aussi un gage entre les mains de Louis Napoléon, gage qui faisait de lui un partenaire obligé pour tous les protagonistes. En faisant débarquer ses troupes à Civitavecchia, en 1849, Louis Napoléon s'était acquis des suffrages en France : il avait aussi, et surtout, gagné le droit de s'asseoir à la table du règlement des affaires italiennes.

Ce règlement il va le préparer lentement, patiemment. Attendant l'occasion propice. Quand, en novembre 1855, il reçoit Victor-Emmanuel et Cavour, il ne découvre pas encore son jeu.

Pourtant l'Italie est au cœur de ses préoccupations, et toute sa pensée va vers elle.

En septembre 1857, il presse le tsar de menacer l'Autriche et d'obtenir la neutralité prussienne pour pouvoir attaquer, un jour, en Italie. C'est dire qu'il ne perd pas de vue son objectif, malgré les apparences. Apparences trompeuses, qui ne sont pas loin de lui coûter fort cher et qui vont compliquer les données psychologiques d'un dossier déjà passablement embrouillé.

Le 14 janvier 1858, un attentat fomenté et perpétré par quatre conjurés italiens manque de tuer le couple impérial en route pour une représentation exceptionnelle à l'Opéra. Les trois bombes lancées sur le cortège font huit morts et près de cent cinquante blessés. Eugénie et Louis Napoléon sont indemnes, mais l'affaire suscite une émotion considérable.

La motivation des terroristes était d'un simplisme déconcertant : tuer l'empereur, c'était à coup sûr favoriser le rétablissement de la République, qui ne manquerait pas, elle, d'intervenir en Italie.

Voilà Louis Napoléon bien embarrassé. Passons sur le sentiment d'amertume, voire de rage, que peut lui inspirer une telle tentative... venant d'un camp pour lequel il a déjà pris bien des risques. Tant les morts du 14 janvier que leurs assassins sont politiquement encombrants : comment justifier une intervention en faveur de gens qui s'en sont pris à votre vie et qui suscitent la réprobation générale ? La cause italienne a pris un coup dans l'aile, et l'affaire paraît mal enclenchée.

Dans l'immédiat, comme il faut bien faire quelque chose, Louis Napoléon laisse organiser tout un dispositif répressif, au demeurant aveugle, qui donne du moins à penser aux honnêtes gens qu'on n'entend pas se laisser faire. A sa tête, le général Espinasse, jusqu'en juin, fait l'affaire. Mais sur le fond, comment s'en sortir ?

Paradoxalement, c'est d'Orsini lui-même, le chef des conjurés, que va venir la solution. A-t-il compris son erreur ? A-t-il été informé de la détermination de Louis Napoléon et de la nécessité de l'aider ? Pietri, le préfet de police, bonapartiste de gauche, a-t-il joué le rôle d'entremetteur qu'on lui a prêté ? Toujours est-il que, du jour au lendemain, Orsini, qui voulait exterminer Louis Napoléon, en fait, subitement et publiquement, le suprême espoir de l'Italie et l'arbitre de sa cause.

Il adresse à l'empereur, coup sur coup, deux lettres que Jules Favre, son avocat, va rendre publiques, avec, à coup sûr, l'assentiment officiel :

« J'adjure Votre Majesté, écrit-il, de rendre à l'Italie l'indépendance que ses enfants ont perdue en 1849 par la faute même des Français. Qu'elle se rappelle que, tant que l'Italie ne sera pas indépendante, la tranquillité de l'Europe et celle de votre Majesté ne seront qu'une chimère. »

Ou encore :

« Prince, les racines de votre pouvoir tiennent à une souche révolutionnaire ; soyez assez fort pour assurer l'indépendance et la liberté, elles vous rendront invulnérable. »

Ou enfin :

« Les sentiments de Votre Majesté pour l'Italie ne sont pas pour moi un mince réconfort au moment de mourir. »

Quel retournement ! Non seulement la cible devient porte-drapeau, mais voilà l'assassin transformé en martyr ! La logique serait maintenant de gracier Orsini, après l'inévitable sentence de mort du tribunal. Louis Napoléon aussi bien qu'Eugénie sont favorables à cette idée... Mais ils se heurtent à une hostilité générale. Trop, c'est trop. Orsini meurt donc le 13 mars. Mais il a atteint son but, par des voies bien différentes de celles qu'il imaginait.

L'heure est maintenant aux préparatifs. Cavour, Premier ministre de Victor-Emmanuel, a compris que la situation était mûre. Les allées et venues d'intermédiaires se multiplient entre Turin et Paris, hors des circuits officiels, du moins du côté français.

Le 21 juillet 1858, a lieu à Plombières l'entrevue décisive entre Cavour et Louis Napoléon. Celui-ci est en cure dans les Vosges ; Cavour s'y rend dans le plus parfait incognito.

Ils se voient seuls, sept heures durant, sans témoin. Walewski, ministre des Affaires étrangères, ignore tout de la rencontre. Ils discutent tout d'abord à la résidence de l'empereur, puis au cours d'une longue promenade en phaéton. Et comme le temps presse, ils passent vite à l'élaboration d'un plan, comme deux conspirateurs, avec un certain cynisme mais aussi un brin d'enthousiasme. On comprend que les deux hommes en conçoivent quelque exaltation : à eux deux, ils sont en train d'inverser le cours de l'Histoire.

On prendra pour prétexte de la guerre une insurrection dans

le duché de Modène. Une fois la guerre gagnée par les Franco-Piémontais, le royaume du Piémont s'adjoindrait la Lombardie et la Vénétie, tandis que la France recevrait pour prix de ses bons offices Nice et la Savoie. Enfin, l'Italie constituerait, sous la présidence du pape, une confédération de quatre États : le Piémont, ainsi agrandi ; en Italie centrale, un royaume fait des Duchés et d'une partie des États pontificaux, royaume dont la couronne reviendrait au prince Napoléon Jérôme, qui aurait entre-temps épousé Clotilde, fille de Victor-Emmanuel ; l'autre partie des États pontificaux, qui resterait au pape ; le royaume des Deux-Siciles, où l'on se chargerait, s'il y avait du grabuge, de placer un membre de la famille Murat...

L'accord conclu, le reste de l'année fut occupé à compléter la préparation diplomatique de l'opération. Les choses ne se passèrent cependant pas aussi bien que l'aurait souhaité Louis Napoléon. Les ministres, enfin mis au courant, poussèrent les hauts cris.

Victoria et Albert, qu'il avait invités à Cherbourg, en août, pour inaugurer le nouveau port, ne montrèrent pas plus d'empressement à approuver le projet.

Par ailleurs, ni le voyage entrepris par Napoléon Jérôme à Varsovie pour proposer, à nouveau, une alliance au tsar, ni les travaux d'approche auprès du futur Guillaume Ier de Prusse ne donnèrent les résultats escomptés.

Pourtant, en janvier 1859, le scénario prévu fut assez bien respecté. Le jour de l'an, à la réception du corps diplomatique, Louis Napoléon s'adressa à l'ambassadeur d'Autriche en des termes peu équivoques, qui allaient faire le tour des chancelleries : « Je regrette que nos relations avec votre Gouvernement ne soient plus aussi bonnes que par le passé ; mais je vous prie de dire à l'Empereur que mes sentiments à son égard ne sont pas changés. »

Le 26 du même mois, on célébrait le mariage de Napoléon Jérôme et de Clotilde. Le 4 février, une brochure intitulée *Napoléon III et l'Italie*, rédigée par son cabinet, était mise en circulation.

L'affaire, cependant, ne parvenait pas à démarrer. Le 7 février, le Corps législatif, à l'ouverture de sa session, ne dissimula pas ses réticences à la perspective d'une guerre en Italie.

Dès lors, Louis Napoléon était d'autant plus enclin à gagner du temps que la désapprobation d'une grande partie de l'opinion s'accompagnait de la difficulté à trouver un bon prétexte pour déclencher les hostilités. Songea-t-il sérieusement qu'il pourrait arriver à ses fins en provoquant un congrès ? Dans ce cas, pour avoir quelque chance d'y obtenir gain de cause, il aurait fallu persuader l'Autriche de la réalité de ses intentions belliqueuses. Mais il lui était difficile de démontrer sa résolution alors qu'il devait simultanément donner des gages de pacifisme à son opinion intérieure. Bref, c'était la quadrature du cercle.

Dès la fin de janvier, à son cousin qui, lui, n'en pouvait plus d'impatience et ne dissimulait pas son embarras, il avait conseillé le calme :

« Dans tous les cas, il faut du repos aujourd'hui pour quelque temps, car la question est très mal emmanchée et l'opinion publique en Europe se monte toujours davantage contre moi et surtout contre toi, car l'on croit que nous voulons la guerre.

« Si le Piémont a l'air de chercher une mauvaise querelle, si de mon côté j'ai l'air d'approuver sa conduite dans son désir de la guerre, l'opinion publique en France comme en Europe m'abandonne et je risque d'avoir toute l'Europe sur les bras. »

Du coup, au discours du trône, le parti de la paix reçut une belle satisfaction : « L'état de l'Italie et sa situation anormale [...] inquiètent justement la diplomatie [...]. Ce n'est pas un motif suffisant de croire à la guerre [...]. La paix, je l'espère, ne sera pas troublée. »

Qu'il le crût ou qu'il tentât une habile manœuvre, Louis Napoléon joua dès lors la carte du congrès. Le principe fut proposé par la Russie. A deux reprises, dans la deuxième quinzaine de mars, Louis Napoléon tenta d'expliquer la situation à son turbulent cousin et de justifier son attitude :

« La Russie a fait la proposition du Congrès pour être utile à la France et au Piémont. Le résultat doit être d'isoler l'Autriche.

« Pour diviser mes ennemis et me concilier la neutralité d'une partie de l'Europe, il me faut témoigner hautement de ma modération et de mon désir de conciliation... On ne peut pas m'en vouloir de chercher à désunir toute l'Europe coalisée contre moi. »

Fort heureusement pour lui, l'intransigeance de Vienne va permettre de dénouer la situation. Au moment où Cavour est désespéré par ces atermoiements, l'Autriche a la bonne idée, le 20 avril, d'adresser — contre toute raison — un ultimatum au Piémont, lui enjoignant de désarmer. Situation idéale : l'Autriche passe pour l'agresseur ; la Russie et l'Angleterre ont toutes les raisons de rester neutres ; le traité franco-piémontais, signé formellement en janvier, va fonctionner à titre défensif. Et le 3 mai, le gouvernement français déclare la guerre à l'Autriche. Sur les murs de Paris, une proclamation de Louis Napoléon est affichée : « L'Autriche [...] a amené les choses à cette extrémité qu'il faut qu'elle domine jusqu'aux Alpes ou que l'Italie soit libre jusqu'à l'Adriatique. »

Cette fois, comme l'affaire est cruciale, Louis Napoléon entend s'impliquer personnellement. Il prend le commandement de l'armée. C'est une nécessité politique, mais aussi diplomatique : il veut dès que possible pouvoir négocier, en personne, sur place, selon le schéma qu'il n'avait pu, à son corps défendant, mettre en œuvre en Crimée.

L'expérience sera décevante : Louis Napoléon est trop avisé pour ne pas découvrir rapidement, sur le terrain, qu'il n'a rien du chef de guerre, habile, imaginatif, inventif, capable, d'une intuition, de renverser le cours d'une bataille. La guerre n'est pas sa spécialité, même si son *Manuel d'artillerie* a pu en créer l'illusion.

Au reste, on ne peut pas dire qu'il est bien servi. La volonté de garder le secret sur nos intentions guerrières avait conduit à l'absence complète de préparatifs militaires, et la pagaille était encore plus grande qu'à l'habitude : les services de santé, l'intendance, les approvisionnements, les équipements sont dans une situation lamentable. Louis Napoléon le déplore : « Nous ne sommes, dit-il, jamais prêts pour la guerre. »

Lui-même quitte Paris, le 10 mai. Les premières troupes avaient fait mouvement dès le 24 avril, mais il est resté pour veiller au vote par le Corps législatif d'un emprunt de 500 millions de francs destiné à financer l'opération. Les cinq opposants républicains, gênés, se sont réfugiés dans l'abstention, mais l'enthousiasme de la rue, des quartiers populaires, leur donne tort. Émile Ollivier allait le noter avec franchise : « Le peuple de Paris n'éprouvait pas nos scrupules et n'imita pas notre abstention : il approuva chaleureusement ; il se rangea derrière son empereur et non derrière ses députés, quoiqu'il les eût nommés pour faire de l'opposition. Ce me fut un avertissement que je n'oubliai pas. »

Au départ, ce sont quelque cent cinquante mille Franco-Piémontais qui vont se trouver confrontés à quelque cent vingt mille Autrichiens. Le nombre de ceux-ci passera bientôt à deux cent mille hommes placés sous le commandement personnel de l'empereur François-Joseph, dont la présence doit satisfaire Louis Napoléon, à qui s'offre la possibilité de négocier à tout moment.

Par chance, il s'avère vite que le commandement autrichien est au moins aussi médiocre que le français. Au lieu de se jeter sur le Piémont avant la jonction des troupes adverses, l'armée autrichienne attend, stupidement, que l'ennemi constitue son corps de bataille. Le 4 juin, c'est l'affrontement de Magenta : mêlée confuse, opérations décousues, mais rencontre que les Autrichiens, d'eux-mêmes, en décrochant, estiment avoir perdue. Leur retrait permet aux deux alliés d'entrer à Milan dans une atmosphère de ferveur populaire...

Dix-huit jours plus tard, dans un rapport de forces des plus indécis, les deux armées se retrouvent à nouveau face à face, à Solferino. C'est un scénario analogue qui se déroule : les Autrichiens reculent encore. La victoire a été payée au prix fort : dix-sept mille Français sont restés sur le terrain.

C'est à ce moment, où tout paraît pourtant bien engagé et la bataille pour la Vénétie inéluctable, eu égard aux engagements pris et aux résultats de ce qu'on croit n'être que la première partie de la campagne, qu'à la stupéfaction générale, et à la fureur des Piémontais, Louis Napoléon propose une entrevue à François-Joseph pour discuter d'un armistice.

Pourquoi diable s'arrêter ainsi en chemin, au mépris des accords passés ? N'était-ce pas s'exposer au reproche de n'avoir accompli qu'une partie de la besogne, n'était-ce pas perdre le bénéfice des efforts déjà consentis, n'était-ce pas enfin décevoir gravement toute la gauche française ?

Louis Napoléon, avec cette naïve franchise qui le caractérise parfois lorsqu'il décide de sortir de son mutisme, s'en explique dès son retour devant les corps constitués réunis pour la circonstance à Saint-Cloud :

« Après une glorieuse campagne de deux mois, la lutte allait changer de nature [...]. Il fallait accepter la lutte sur le Rhin comme sur l'Adige. Il fallait partout, franchement, me fortifier du concours de la révolution [...]. Pour servir l'indépendance italienne, j'ai fait la guerre contre le gré de l'Europe ; dès que les destinées de mon pays ont pu être en péril, j'ai fait la paix. »

En réalité, tout est dit.

Les deux premiers succès ne devaient pas faire illusion : l'armée autrichienne était à peine entamée ; désormais installée dans les places fortes de l'Italie du Nord, sa position était inexpugnable, d'autant que l'armée française, qui manquait de matériel adapté, était en proie au choléra et la dysenterie. De plus, Louis Napoléon avait été bouleversé par le spectacle du champ de bataille. Fleury lui-même, qui ne s'émeut pas pour rien, a exprimé son dégoût : « Ces boucheries ne sont plus de notre temps ! »

Surtout, plus que tout, la Prusse, subitement, menaçait de mobiliser sur le Rhin. Si elle attaquait dans l'Est, la route de Paris lui était grande ouverte. Il était hors de question de se battre sur deux fronts. Mieux valait donc prévenir que guérir.

Tout compte fait, et la situation étant ce qu'elle est, Louis Napoléon ne va pas si mal s'en tirer à Villafranca, où se négocie l'armistice. Celui-ci a calmé la Prusse tout en permettant à Louis Napoléon de s'exprimer en relative position de force... L'Autriche va céder la Lombardie à la France qui la rétrocède immédiatement au Piémont. Ainsi se trouvent appliqués, pour partie, les arrangements de Plombières. Mais pour partie seulement. Aussi, très logiquement, Louis Napoléon s'abstient de réclamer Nice et la Savoie qui avaient été promises à la France. Pour le reste, on est bien loin des résolutions vosgiennes. En Toscane, à Parme et à Modène, il est prévu de rétablir — oui, mais comment ? — les souverains que la révolution vient de chasser. De même, le pape doit retrouver l'intégralité de ses États. Enfin, pour faire bonne mesure et, comme il avait été envisagé avec Cavour, l'Italie constituera bien une confédération placée sous la présidence du pape. Mais ce que Cavour n'avait pas envisagé un seul instant, c'est que l'Autriche en serait, de facto, l'un des membres.

Cavour, furieux, démissionne, non sans avoir accusé Louis Napoléon de mauvaise foi. Victor-Emmanuel, qui sent bien que son ministre va trop loin, le désavoue. Il reste que l'affaire, ainsi interrompue, laisse partout un goût amer.

Le retour de Louis Napoléon est peut-être un peu moins triomphal que l'aller. A Paris, pourtant, la déception est largement compensée par la satisfaction de la paix retrouvée. Le 14 août a lieu le défilé de la Victoire. Et le 15, dans l'euphorie, Louis Napoléon signe le décret portant amnistie générale de tous les proscrits.

Que Louis Napoléon n'ait pas alors tenu toutes ses promesses envers l'Italie, ce n'est guère contestable. Il en est plus conscient que quiconque, et les raisons ne manquent pas de croire qu'il n'a pas renoncé à ses objectifs. On le reconnaîtrait bien là : les circonstances n'étant pas favorables, il a ralenti son effort et feint d'avoir oublié son intention première. Que les circonstances redeviennent favorables, et alors, quitte à changer radicalement de méthode, il repartira de plus belle... L'affaire italienne va donner une nouvelle illustration de cette manière d'agir qui n'appartient qu'à lui.

Car on aurait tort de croire qu'il n'est que le jouet des événements... Comme on aurait tort aussi de trop se fier à ses propos officiels. Sur l'Italie, il est seul. A Paris, pour tout le monde ou presque, c'est une affaire classée. En détrompant les esprits, il ne se créerait que des difficultés. En tout cas, ce n'est pas à l'ambassadeur d'Autriche qu'il va ouvrir son cœur : le 9 novembre 1859, s'adressant à Metternich, il joue l'homme dépassé par les événements :

« Mon idée fut grande et belle, mes intentions pures et désintéressées. En envahissant le Piémont, vous m'aviez offert un bon prétexte de réaliser un des désirs de ma vie : rendre l'Italie à elle-même. Je croyais avoir réussi à Villafranca, maintenant je vois que les difficultés se sont accrues et je suis au bout de mes ressources. »

En fait, il se sert des événements, et toujours dans le même sens. Et ce ne sont pas les événements qui manquent. Les États du centre de l'Italie s'insurgent, les États pontificaux se soulèvent, Garibaldi lance une expédition en Sicile. Partout, l'alliance du Piémont et de la révolution bouleverse les choses. A chaque fois, Louis Napoléon va laisser faire ou affecter l'impuissance... Il faut l'entendre jouer les innocents, auprès du même Metternich :

« J'ai tous les jours des lettres qui me prouvent que ce n'est pas le parti révolutionnaire proprement dit qui est à la tête de l'agitation. Ce sont des gens comme il faut et ils ont l'adresse de mettre en place tous mes anciens amis qui m'écrivent que le parti mazzinien n'a pas la moindre chance de réussir, que l'ordre ne sera pas troublé et que tout serait perdu si je les abandonnais. »

On ne saurait être plus hypocrite... pour la bonne cause ! En tout cas, l'agitation perdure et Louis Napoléon ne l'abandonne pas un instant. Comme l'a observé le député Darimon, « l'Empire marchait littéralement à la remorque du Piémont ». Au fur et à mesure que la cause de l'unité marque des points, Louis Napoléon veille à les entériner un par un, quitte à donner l'impression qu'il y est contraint et forcé, dépassé qu'il serait par le cours des choses.

Le traité de Zurich a consacré en novembre 1859 l'accord de Villafranca? Très vite, Louis Napoléon fait connaître qu'il se refuse à imposer par les armes l'application effective de ses clauses... Il ne faudra donc pas compter sur la France pour rétablir les anciens souverains en Toscane et à Modène, ou pour contrecarrer l'insurrection en Romagne pontificale. Le traité de Zurich prévoyait un congrès? Certain qu'il y sera isolé et que la cause de l'Italie, au vu des récents événements, risque de ne pas y gagner grand-chose, Louis Napoléon se charge de le torpiller.

En décembre 1859, son cabinet publie une brochure anonyme — mais dont l'origine réelle est secret de polichinelle — intitulée *le Pape et le Congrès*. Son contenu est explosif : il y est dit que le pouvoir spirituel du pape sera d'autant plus grand que son pouvoir temporel saura se réduire. Il est suggéré à cet effet que le pape s'en tienne à la souveraineté sur Rome et ses environs immédiats. Au cas où Pie IX pourrait affecter de ne rien entendre, Louis Napoléon lui écrit le jour de la Saint-Sylvestre pour l'inciter « à faire le sacrifice de ses provinces révoltées et à les confier à Victor-Emmanuel ».

Pie IX en conçoit une colère indicible qui le conduit à traiter Louis Napoléon de « menteur et [de] fourbe ».

Ce qui est sûr, c'est que le congrès n'a plus lieu d'être. La voie est ouverte pour une amputation des États pontificaux, avec la bénédiction de la France. Si l'on a encore quelque doute sur la détermination et la cohérence de la politique de Louis Napoléon, on notera de surcroît qu'il choisit ce moment pour renvoyer Walewski, jugé trop clérical.

Le Piémont et Cavour ont la route dégagée. Ils annexent à tour de bras, en appliquant toujours et partout, à l'image de leur allié, désormais discret mais si efficace, la méthode du plébiscite. C'est ainsi qu'au début de 1860, vérification ayant été faite de la volonté populaire, la Romagne, Parme, Modène, la Toscane, vont passer sous le contrôle piémontais. Manque, certes, la Vénétie. Mais du point de vue territorial, les gains du Piémont sont à peu près ceux qui avaient été prévus à Plombières. Dès lors, Louis Napoléon obtient la cession de Nice et de la Savoie que, fidèle lui aussi à sa méthode, il annexe après deux plébiscites triomphaux : 130 533 voix contre 235 en Savoie, 25 734 contre 260 à Nice.

Voilà donc que, sur les Alpes, l'empereur a rétabli les frontières naturelles de 1813. C'est un immense succès. Imagine-t-on que le Piémont aurait payé ce prix si, quoi qu'on ait dit, pensé ou écrit, Louis Napoléon n'avait pas en fait conduit après Villafranca, mais avec d'autres moyens, la même politique qu'auparavant ?

Cela étant dit, si les objectifs de Plombières ont été à peu près atteints, le séisme qui ébranle l'Italie ne s'arrête pas pour autant. Et cette fois, c'est un saut dans l'inconnu. Ni Cavour ni Louis Napoléon n'avaient probablement prévu que les choses iraient si vite. Plus personne ne dispose de tableau de marche. L'empereur improvise. Il rêve d'une réconciliation entre le pape et Victor-Emmanuel. Il cherche à ménager une transition en Sicile où Garibaldi et ses Chemises rouges ont soulevé l'île contre le roi de Naples, il propose l'indépendance de la Sicile qui pourrait passer alliance avec le Piémont. Mais tout s'accélère. Garibaldi est déjà à Naples.

Louis Napoléon, une fois encore, ne s'y oppose pas. A ce pauvre Metternich, il explique benoîtement : « L'ancien état de choses ne pouvait revenir purement et simplement : il fallait ou bien combiner adroitement le passé avec l'avenir ou bien laisser les événements se succéder sans y mettre la main. On n'a pas fait l'un, j'ai dû faire l'autre. »

Reste Rome. Rome qui pose un problème terrible, intérieur et extérieur. Louis Napoléon l'a dit au pape : « Jamais mes troupes ne deviendront un instrument d'oppression contre les peuples étrangers. » Il ne fera donc rien — il l'avait déjà annoncé — pour empêcher l'écroulement des États pontificaux. Mais il ne saurait se résoudre à abandonner la Ville éternelle et ses abords immédiats. Ses troupes d'ailleurs s'y trouvent. Que se passera-t-il donc si Garibaldi met à exécution son intention de marcher sur Rome ?

Cavour va lui sauver la mise. L'armée piémontaise fond sur Naples, via les États pontificaux, pour éviter le pire. Elle bat la petite armée de Lamoricière, un exilé du 2 Décembre, qui a rassemblé des volontaires de toute l'Europe catholique et qui combat pour le compte de Pie IX. On obtient alors de Garibaldi non seulement qu'il renonce à son projet, mais encore qu'il reconnaisse Victor-Emmanuel comme roi d'Italie. Des plébiscites consacrent la réunion au nouveau royaume de toute l'Italie du Sud, des Marches et de l'Ombrie. C'est là le tribut supplémentaire que le Piémont paie à Louis Napoléon.

L'empereur peut dès lors affirmer qu'il restera à Rome aussi longtemps que la réconciliation n'aura pas été scellée et qu'il n'aura pas obtenu toutes les garanties utiles pour la sécurité du pape. Réconciliation et garanties qui paraissent un moment à portée de main. Mais Cavour meurt en juin 1861, alors qu'il discutait avec Thouvenel un compromis prévoyant l'évacuation française contre l'engagement de respecter Rome. N'y a-t-il pas lieu de souligner ici que Louis Napoléon avait eu l'intuition de la seule solution possible — solution qui ne prévaudra que plusieurs décennies plus tard —, la réconciliation du pape et de l'Italie à la faveur de la réduction du pouvoir temporel à un reliquat symbolique?

Pour l'heure, l'unité italienne est faite et Louis Napoléon en est, objectivement, le principal artisan. Sans doute s'est-elle réalisée plus rapidement qu'il ne l'avait pensé. Est-ce une raison pour lui en refuser, comme trop souvent, le mérite? Son sentiment, il l'exprime à Victor-Emmanuel, dans des termes d'une rare noblesse: « Je pense que l'unité aurait dû suivre et non précéder l'union. Mais cette conviction n'influe en rien sur ma conduite. Les Italiens sont les meilleurs juges de ce qui leur convient et ce n'est pas à moi, issu de l'élection populaire, de prétendre peser sur les décisions d'un peuple libre. »

C'est vrai qu'il n'avait annoncé comme objectif de la France que l'indépendance de l'Italie et qu'il récolta son unité. Beaucoup lui en font le reproche: les faits n'ont pas seulement déjoué ses prévisions, ils ont aussi, croit-on généralement, contredit ses espérances. Disant cela, on est sans doute victime d'un effet d'optique. Que Louis Napoléon n'ait pas cru à la probabilité de l'unité, c'est certain, qu'il l'ait subie avec regret, c'est beaucoup plus douteux. Une Italie unifiée par les armes de la France n'eût pas été plus rétive à une alliance et à une protection françaises que la fédération à laquelle il avait songé...

En fait, Louis Napoléon traînait depuis 1849 le boulet romain et ne pouvait décemment opter pour une solution préjudiciable au pape, option qui lui aurait aliéné les catholiques français. Au fond de lui, il n'avait rien contre une Italie unie. Même si, on l'a constaté, il a tenu des propos contraires; propos officiels, imposés par les circonstances et les contraintes de l'heure. Mais quand, après la victoire de Magenta, dans une proclamation aux Italiens, il avait laissé parler son cœur, son discours n'était pas du tout le même: « Mon armée ne s'occupe que de contenir vos ennemis et de maintenir l'ordre intérieur. Elle ne mettra aucun obstacle à la manifestation de vos vœux légitimes. Volez sous les drapeaux du Roi Victor-Emmanuel. Ne soyez, aujourd'hui, que soldats, demain vous serez citoyens libres d'un grand pays. »

La guerre d'Italie a laissé souvent une impression d'inachevé, voire un goût d'amertume. Louis Napoléon aura été, du fait des circonstances, victime d'une terrible ingratitude. En vérité, l'Italie lui doit son existence. Sans lui, elle n'aurait ni construit son unité, ni même gagné son indépendance.

**
*

Si l'affaire italienne prête à controverses, l'expédition au Mexique n'en suscite à peu près aucune : elle est considérée quasi unanimement comme une lourde faute de Louis Napoléon, probablement comme la pire, car la moins compréhensible.

Un repli sans gloire, un souverain présumé fantoche indûment installé puis abandonné à un sort tragique, des pertes inutiles : bref, un bilan accablant, au vu duquel on s'est autorisé non seulement à déclarer l'entreprise folle mais encore à prétendre qu'elle procédait de la plus malencontreuse des mégalomanies. Pis encore : en parlant à son propos de « la grande idée du règne », Rouher eut un mot malheureux qui ouvrait largement les chemins de la dérision.

L'affaire appelle un jugement autrement nuancé. Le projet n'était pas si fou. Il procédait même d'une analyse fort intelligente et dénotait une capacité, qui inspire le respect, à profiter au mieux de circonstances favorables. Au demeurant, n'oublions pas que la France ne fut pas seule à intervenir au Mexique. Elle y alla avec l'Angleterre et l'Espagne, sans parler des contingents symboliques de la Belgique... et de l'Égypte. Le tort de Louis Napoléon fut d'accepter d'être seul, finalement, à prendre le risque de tirer les marrons du feu.

Le prétexte de l'intervention des trois nations est connu : la suspension du remboursement des rentes de l'État mexicain, qui lésait de très nombreux prêteurs européens. En fait, il y avait bien longtemps que les créanciers n'étaient plus payés. Mais, à l'occasion du retour au pouvoir, en 1861, de Benito Juarez, le non-remboursement était devenu la doctrine officielle.

Ce grief n'était pas le seul. Le sort des étrangers vivant au Mexique — outre les Américains, on y comptait de nombreux

Espagnols, Anglais et Français occupant une place importante dans le négoce — se dégradait de jour en jour : pillages, extorsions de fonds, viols devenaient le lot quotidien et les poussaient à réclamer l'intervention de leurs gouvernements. Depuis quelque temps déjà, l'idée d'une telle intervention cheminait. Outre la pression de leurs nationaux, les pays concernés subissaient aussi celle de certains Mexicains.

Toujours est-il qu'en 1860 lord John Russell proposa à la France, au nom de l'Angleterre, que les deux pays interviennent de concert en vue de promouvoir un gouvernement stable, plus respectueux du droit des gens... et qui paierait ses dettes. Au début, les Anglais pensaient pouvoir compter aussi sur les Américains, mais la guerre civile qui éclate alors aux États-Unis fait vite renoncer à leur concours.

Il y aura quand même un troisième partenaire : l'Espagne, sollicitée à la demande expresse de Louis Napoléon qui, lors de la signature de l'accord tripartite d'octobre 1861, peut s'estimer satisfait : il refait cause commune avec l'Angleterre — ce qui, après une période de relâchement de leurs relations, peut paraître porteur d'avenir ; il a ménagé un rôle à l'Espagne, initiative dont il est en droit d'espérer d'utiles retombées concernant le renforcement de la présence économique française dans la péninsule ibérique.

Il est clair que Louis Napoléon n'engage pas la France dans une telle expédition pour ces seules raisons ou pour la satisfaction de quelques prêteurs récupérant leurs créances. L'empereur pense en termes de géopolitique. Il n'a pas oublié son étude sur l'hypothèse d'un canal coupant l'isthme de Panama, avec la constitution d'un gigantesque entrepôt.

Il s'ouvre de ses projets dans une lettre à Palmerston, où il lui explique comment il envisage de participer à l'exploitation des immenses ressources du Mexique. Pour comprendre ce qu'était sa vision des choses, le mieux est encore de lui céder la plume. Un texte, écrit un peu plus tard, nous livre le fond de sa pensée :

« Dans l'état actuel de la civilisation du monde, la prospérité de l'Amérique n'est pas indifférente à celle de l'Europe, car c'est elle qui alimente notre industrie et fait vivre notre commerce. Nous avons intérêt à ce que la République des États-Unis soit puissante et prospère, mais nous n'en avons aucun à ce qu'elle s'empare de tout le golfe du Mexique, domine de là les Antilles et l'Amérique du Sud et soit la seule dispensatrice des produits du Nouveau Monde. Maîtresse du Mexique, et, par conséquent de l'Amérique Centrale et du passage entre les Deux-Mers, il n'y aurait plus désormais d'autre puissance en Amérique que celle des États-Unis. Si, au contraire, le Mexique conquiert son indépendance et maintient l'intégrité de son territoire, si un Gouvernement stable s'y constitue par les armes de la France, nous aurons posé une digue infranchissable aux empiètements des États-Unis, nous aurons maintenu l'indépendance de nos colonies des Antilles et celles de l'ingrate Espagne : nous aurons étendu notre influence bienfaisante au Centre de l'Amérique et cette influence rayonnera au Nord comme au Midi, créera des débouchés immenses à notre commerce et procurera les matières indispensables à notre industrie. »

L'analyse était-elle si sotte ? L'intention manquait-elle de générosité ? Le dessein péchait-il par incohérence ? Ce n'est pas si sûr.

La situation des États-Unis, empêtrés dans leur conflit intérieur, et par là contraints de renoncer provisoirement à une application jalouse de la doctrine de Monroe, créait une exceptionnelle occasion d'agir. Le Mexique était en état de décomposition avancée et son histoire récente se résumait à celle d'un dépeçage systématique par son puissant voisin qui avait annexé, au cours des années précédentes, le Texas, la Californie et le Nouveau-Mexique. Entre 1821 et 1850, le Mexique n'avait pas consommé moins de quarante-six chefs d'État et connu les régimes les plus divers, ce qui n'était pas la meilleure manière de résister aux appétits américains. Enfin certaines forces locales exprimaient leur lassitude devant la situation d'anarchie du pays, tandis que l'État anticlérical et xénophobe créé par Juarez, aux méthodes expéditives, ne paraissait que peu susceptible d'obtenir le consensus nécessaire. Quant à l'idée du profit à tirer d'un meilleur équilibre entre l'influence des États-Unis et celle des pays européens en Amérique centrale, elle semblait, comme on dit, tenir la route.

C'est bien ainsi que la jugeaient les Anglais qui, s'ils n'étaient pas décidés à y travailler directement, étaient tout prêts à en profiter, le moment venu. Palmerston le confie à lord Russell : « Quant à son idée de Monarchie, s'il pouvait la faire prévaloir, cela serait un grand bénéfice pour le Mexique et un bienfait pour tous les pays qui ont affaire avec le Mexique. Ce projet arrêterait aussi les Nord-Américains soit des États fédéraux ou confédérés dans leur tentative d'absorber le Mexique. Si le Nord et le Sud sont vraiment désunis et si on peut en même temps transformer le Mexique en Monarchie prospère, je ne connais pas de solution qui serait plus avantageuse pour nous. »

Très vite pourtant, il s'avère que l'affaire est appelée à mal tourner. Ses objectifs vont paraître rapidement suspects aux yeux de l'opinion nationale et internationale ; car l'opération sent la magouille financière, mal camouflée sous des dehors humanitaires. Les 10 millions de dettes dont on avait évoqué officiellement la récupération sont subrepticement devenus 60 ! Pis encore : s'y rajoutent 75 millions, prétendument dus au financier suisse Jecker, créance que contestent les Anglais, le prêt — dont le montant est d'ailleurs sujet à discussion — ayant été en réalité consenti personnellement à l'ancien président Miramon. En fait, Morny est passé par là. On prétend qu'il aura droit à 30 p. 100 des sommes remboursées. Il ne ménage bien sûr aucun effort pour en obtenir le paiement. L'effet produit est évidemment désastreux et la légitimité de l'intervention s'en trouve irrémédiablement affectée.

Quant à l'accueil du milieu local, qu'on supposait très favorable, il est beaucoup moins chaleureux que prévu. Si l'on imaginait pour les soldats alliés l'avance triomphale d'une armée de libération, on va vite être déçu. Il y a loin entre les descriptions fallacieuses des envoyés mexicains et la réalité... L'appui monarchiste dont on attendait monts et merveilles fait totalement défaut. Très vite, Saligny, représentant de la France auprès du corps expéditionnaire, s'en ouvre à Louis Napoléon :

« J'ai, Sire, la profonde conviction que dans ce pays les hommes à sentiments monarchiques sont très peu nombreux [...]. Depuis deux mois que les drapeaux alliés flottent sur Veracruz, et aujourd'hui que nous occupons les villes importantes d'Orizaba, Cordoba, Tehuacan, dans lesquelles n'est restée aucune force mexicaine, ni les Conservateurs ni les Monarchistes n'ont fait la moindre démonstration qui pût montrer aux Alliés qu'ils existent.

« Il sera facile à Votre Majesté de conduire le Prince Maximilien à la capitale et de le couronner Roi [...]. Mais ce Monarque n'aura rien pour le soutenir le jour où l'appui de votre Majesté viendra à lui manquer. »

Enfin, l'armée va rencontrer les pires difficultés, dans ce pays au terrain difficile et à peu près inconnu. Lorsque le général Forey sera ultérieurement nommé commandant en chef, on découvrira qu'il n'a même pas une carte du Mexique! Et Louis Napoléon écrira au maréchal Randon: « J'ai donné à Forey la seule carte du Mexique que j'avais; faites-la copier et lithographier, puis renvoyez-la moi. »

Cette impréparation est d'autant plus regrettable que les troupes françaises vont très vite se retrouver seules. A partir de Veracruz, le corps expéditionnaire franco-anglo-espagnol a fait mouvement vers Cordoba, Tehuacan et Orizaba. Dès lors que cette démonstration de force suffit à convaincre Juarez de signer un accord pour le paiement de leurs nationaux, les Anglais décident aussitôt de rembarquer et convainquent les Espagnols de les imiter. Pour les Français, les choses se présentent d'autant plus mal que Juarez a également passé un accord avec les Américains qui, en échange de nouvelles concessions territoriales, vont lui fournir armes et argent. A cause de renseignements erronés — Saligny est le seul à avoir discerné la vérité de la situation — Louis Napoléon décide de ne pas abandonner son projet, qui consiste à établir l'archiduc Maximilien, frère de l'empereur d'Autriche, sur un trône qu'on va créer pour la circonstance. Son ignorance du Mexique — l'ignorance générale — est vertigineuse: ainsi pensait-il que Puebla était une bourgade, alors qu'elle compte quatre-vingt mille habitants. Il faudra un premier échec puis soixante-deux jours de siège pour prendre la ville et ouvrir la route de Mexico.

Juarez ayant abandonné la capitale, on peut se donner l'illusion du succès. Forey en fait un compte rendu lyrique: « Sire, les soldats de la France ont été littéralement écrasés sous les couronnes et les bouquets [...]. La rentrée des troupes après la campagne d'Italie peut seule donner l'idée d'un pareil triomphe. »

Pourtant, Louis Napoléon, si loin soit-il, sent bien que l'affaire commence à sentir le roussi. Et il entreprend de chercher une solution politique qui ne serait pas forcément celle à laquelle il avait initialement songé. Il donne donc pour instruction à Forey de procéder à un virage à cent quatre-vingts degrés et de rechercher, le cas échéant, une solution politique avec tel ou tel partisan de Juarez — voire, pourquoi pas, avec Juarez lui-même. La dépêche ne laisse aucun doute à cet égard. Le commandant en chef est invité à chercher « un nom capable de rallier les partis opposés, même s'il fallait faire appel à l'un des chefs qui, trompés par leur patriotisme, seraient aujourd'hui dans les rangs de nos adversaires ».

C'est, effectivement, une bonne façon de se sortir de ce guêpier. Mais les circonstances vont en décider autrement et le piège va se refermer... Il est déjà trop tard : les instructions de Louis Napoléon vont mettre plusieurs semaines pour parvenir à leur destinataire. Entre-temps, Forey et Saligny ont déjà proclamé la monarchie.

Saligny — qui va d'ailleurs être rappelé — n'a déjà plus l'esprit critique qui lui avait fait déceler les dangers de l'affaire. Comme tous les autres responsables français sur place — et Bazaine en sera l'exemple typique — il est atteint de cet étonnant syndrome qui, cent ans plus tard, fera encore des ravages en Algérie : celui d'hommes capables, à Paris, de raisonner froidement, d'analyser objectivement une situation, et qui, une fois sur place, se laissent progressivement, insensiblement contaminer par le milieu au point d'en devenir les porte-parole et les instruments, d'en oublier le sens de leur mission et les intérêts de leur pays. Du fait de l'éloignement, le phénomène est sans doute encore plus fort au Mexique.

L'exotisme du lieu ensorcelle littéralement certains dignitaires français, qui en perdent toute raison. Plus d'un s'imagine en vice-roi. En attendant, on vit dans la munificence. Bazaine, qui a remplacé Forey, est le plus atteint. Malgré ses cinquante-quatre ans, il épouse une jeunesse locale de dix-huit ans, s'installe avec elle dans un palais, se plonge dans le luxe et s'adonne à l'intrigue. C'est de ces hommes que Louis Napoléon va tenir ses informations. Ces hommes qui vont jouer un jeu aussi personnel qu'insensé.

Un exemple parmi d'autres : Louis Napoléon, fidèle à une ligne de conduite dont il ne se départira jamais, veut que l'installation de Maximilien soit subordonnée à un plébiscite : le suffrage universel, encore et toujours. Nul ne prend la peine de lui expliquer qu'au Mexique, cette exigence est absurde. Non seulement il n'y a pas de listes électorales, mais il n'y a même pas d'état civil ! Qu'à cela ne tienne : Bazaine procède à une consultation auprès des maires, des magistrats, des notables et expédie le tout à Paris, qui s'en contentera et croira à l'adhésion populaire ! Voilà pour le plébiscite...

En juin 1864 — après que, pendant les mois précédents, on eut signé une convention financière et lancé un emprunt en faveur du nouvel État —, Maximilien, qui n'est certes pas un mauvais bougre, veut s'affranchir de la tutelle du clergé et des conservateurs. Il s'oppose à la restitution des biens de l'Église, et entreprend une réforme de l'armée, nécessaire mais fort mal ressentie. Du coup, il se met à dos ses seuls soutiens. Pour comble d'infortune, la fin de la guerre civile américaine favorise le passage de la frontière par des bandes d'anciens soldats qui vont renforcer la guérilla.

En 1866, Louis Napoléon se décide à arrêter les frais. Tout en feignant de considérer comme atteints ses objectifs économiques et commerciaux, il envisage pour la première fois, très clairement, un désengagement :

« Ainsi que j'en exprimais l'espoir l'année dernière, notre Expédition touche à son terme. Je m'entends avec l'Empereur Maximilien pour fixer l'époque du rappel de nos troupes afin que leur retour s'effectue sans compromettre les intérêts français que nous sommes allés défendre dans ce pays lointain [...].

« L'émotion produite aux États-Unis par la présence de notre Armée sur le sol américain s'apaisera devant la franchise de nos déclarations.

« Le peuple américain comprendra que notre Expédition à laquelle nous l'avions convié, n'était pas opposée à ses intérêts. »

Reste à savoir ce qu'on va faire de Maximilien. Lui-même songe un instant à abdiquer. Il y renonce, sur les injonctions de sa femme qui entreprend la tournée des capitales européennes pour chercher du secours. A Paris, le 13 juillet 1866, elle rencontre Louis Napoléon, inflexible, qui se prononce pour l'abdication. La pauvre femme en deviendra folle. Pour son malheur, elle survivra jusqu'en janvier 1927. Elle ne reverra jamais plus son mari.

Le coup de tonnerre de Sadowa confirme et hâte la décision de Louis Napoléon d'évacuer le Mexique : c'est chose faite au printemps 1867. La décision était sage : « Le jour, explique Louis Napoléon, où l'étendue de nos sacrifices m'a paru dépasser les intérêts qui m'avaient appelé de l'autre côté de l'océan, j'ai spontanément décidé le rappel de notre Corps d'Armée. »

Maximilien, par obstination, crânement, ou en désespoir de cause, a choisi, lui, de rester et de se battre jusqu'au bout. Replié sur Queretaro avec les rares troupes fidèles qui lui restent, il sera acculé à la reddition. On lui fera un procès. Il sera condamné à mort et fusillé. Louis Napoléon apprendra la nouvelle le jour même de la distribution des prix de l'Exposition universelle. Lui, d'habitude si maître de ses émotions, ne pourra dissimuler son trouble.

Douleur à la perte d'un homme qui l'avait accompagné dans cette grande aventure.

Rage impuissante devant un échec d'autant plus cuisant qu'il existait tant de chances de réussite.

Vertige devant les faiblesses de son armée, déployées au grand jour.

Appréhension du parti que vont tirer de ce revers tous les adversaires de l'Empire...

Le Mexique ne fut pas le seul objectif lointain de Louis Napoléon. Il y en eut d'autres, dont la poursuite produisit d'heureux résultats. Ainsi n'est-ce que justice de rappeler que Louis Napoléon a jeté les bases de ce qui sera l'Empire colonial français et qu'il a fait mieux qu'ouvrir la voie à l'œuvre de la IIIe République. Sa démarche, d'ailleurs, est placée sous le seul signe de la volonté et de l'audace, et l'aventure outre-mer qu'il propose à la France n'est pas, comme cela pourra être le cas plus tard, un dérivatif offert à des Français qu'on veut détourner de tentations revanchardes.

Dans ce domaine, cependant, comme dans bien d'autres, on s'est évertué à minimiser le rôle personnel qui fut celui de Louis Napoléon et le mérite qui lui revient.

A parcourir l'historiographie officielle, on serait tenté, en effet, de croire que l'expansion coloniale se fit, pratiquement, à son insu. Lavisse, sur ce point, s'est probablement surpassé. Il écrit, sans gêne apparente, que « l'initiative de quelques officiers fit, à peu de frais, du Sénégal et de la Cochinchine les amorces d'un Empire colonial français en Afrique et en Asie ». C'est faire peu de cas d'une politique qui n'a pourtant pas manqué de cohérence ; c'est passer sous silence tout ce qui se fit ou se prépara, de surcroît, dans le Pacifique, dans l'océan Indien, ou au Moyen-Orient.

Pourquoi omettre de signaler que la plupart des mesures intelligentes et novatrices prises par Louis Napoléon dans le domaine militaire concernèrent notre capacité d'intervention outre-mer ? La Légion étrangère, le corps d'infanterie de marine, les tirailleurs algériens, les chasseurs d'Afrique sont bien entraînés et particulièrement aptes aux coups de main. Par ailleurs, Louis Napoléon, soucieux de la modernisation de la marine, dont Chasseloup-Laubat lui avait démontré la nécessité, dégagea les crédits nécessaires pour la mise en chantier de gros cuirassés à hélices (quinze seront en service dès 1865) et de vapeurs-transports de troupes. Ces adaptations technologiques expliquent la redoutable efficacité des interventions françaises : la marine bombarde, l'infanterie débarque, et une fois le pays pacifié, on laisse quelques sous-officiers qui vont servir d'instructeurs à des soldats qu'on recrutera et qu'on formera sur place.

Mais Lavisse et ses émules feignent aussi d'ignorer le caractère profondément original du nouveau mode de relations qui s'instaure entre la métropole et ses colonies. Depuis le XVIIIᵉ siècle, les possessions françaises d'outre-mer étaient soumises au système du pacte colonial : elles n'exportaient que vers la métropole et n'importaient que de la métropole. Louis Napoléon a voulu rompre avec une formule aussi radicalement contraire tant à ses convictions libre-échangistes qu'à ce qu'il considère comme l'intérêt bien compris de l'ensemble français. Pour lui, à l'échelle de la planète, le bien commun, à commencer par celui de la France, exige que chacun puisse commercer avec le monde entier.

Dès 1861, on commença à reconnaître à nos colonies la liberté d'importation et d'exportation. Dès lors, toute la politique coloniale changeait de signification et d'objet. Les colonies n'étaient plus une chasse gardée ; leurs ressources naturelles pouvaient avoir d'autres utilisateurs que la métropole. Dans ce contexte nouveau, elles devenaient autant de points d'appui pour la contribution de la France à l'expansion du commerce mondial, conçue comme facteur de paix et de rapprochement entre les nations.

Adrien Dansette s'est demandé si l'engagement personnel de Louis Napoléon dans l'aventure coloniale n'avait pas d'autres motivations que l'intérêt économique. Dans la négative, n'aurait-il pu se contenter de prendre pied pacifiquement dans les territoires concernés ?

Il est bien possible en effet que l'empereur ait été sensible à la perspective de voir « le drapeau français victorieux en Europe, en Asie, en Afrique, en Amérique ». Mais les faits démontrent que,

271

fidèle à son habitude, il n'eut recours à la guerre que comme à un expédient. Au demeurant, les reproches qu'on lui adresse ne sont pas toujours cohérents : ne l'a-t-on pas accusé — à tort — d'avoir failli réduire à néant les efforts de ses amiraux en Cochinchine, en envisageant de se contenter d'un simple protectorat au lieu d'une prise de possession en bonne et due forme ?

Cette approche nouvelle des problèmes coloniaux, nul exemple ne l'illustre mieux que la politique conduite en Algérie, qu'inspire un maître mot : le développement. Ce sont des relations originales que l'empereur cherche à organiser avec ce territoire, sur d'autres bases que celles de dominant à dominé. Comprenant que l'Algérie avait une personnalité propre, il conçut l'idée d'en faire une entité distincte, qui serait reliée à la France par les aristocraties indigènes.

Dans des lettres restées fameuses — véritables programmes d'action — qu'il adressa successivement à Pélissier et à Mac-Mahon et qu'il rendit publiques, il développa des conceptions qui annoncent l'« Algérie algérienne ». Et d'abord en 1863 : « [...] L'Algérie n'est pas une colonie proprement dite, mais un royaume arabe. Les indigènes ont comme les colons un droit égal à ma protection et je suis aussi bien l'Empereur des Arabes que l'Empereur des Français. »

En 1865, il précisa sa pensée : « Ce pays est à la fois un royaume arabe, une colonie européenne et un camp français [...]. Cette nation guerrière, intelligente, mérite notre sollicitude. [...] Lorsque notre manière de régir un peuple vaincu sera, pour les quinze millions d'Arabes répandus dans les autres pays de l'Afrique et de l'Asie, un objet d'envie [...] ce jour-là la gloire de la France retentira depuis Tunis jusqu'à l'Euphrate et assurera à notre pays cette prépondérance qui ne peut exciter la jalousie de personne [...]. En résumé, je voudrais utiliser la bravoure des Arabes plutôt que de pressurer leur pauvreté. »

C'est dire que, pour Louis Napoléon, les Arabes étaient les égaux des Français ; ils devaient pouvoir occuper les plus hauts emplois, tout en demeurant régis par la loi coranique. Le rêve d'associer les deux populations sur un pied d'égalité ne le quitta jamais. Il se rendit lui-même à deux reprises en Algérie et, chaque fois, multiplia les gestes pour confirmer sa façon de voir. En 1860, Eugénie accepta de répondre à l'invitation qui lui avait été adressée d'assister à un mariage musulman ; l'initiative fit grand bruit. Lors du deuxième séjour, en 1865, Louis Napoléon reçut les notables arabes à sa table, invitation qui, à quelque temps de distance, s'ajoutait à la participation de plusieurs chefs algériens aux chasses de Compiègne et à d'autres festivités.

Cette façon de voir et de faire ne lui valut pas que des applaudissements dans la communauté française d'Algérie, qui lui reprocha d'être par trop favorable aux Arabes... et de ne rien comprendre à ses problèmes. Il est vrai que les sujets de contentieux ne manquaient pas : Louis Napoléon avait libéré Abd el-Kader ; il avait arbitré en faveur des autochtones certains conflits entre des colons et des tribus qui n'acceptaient pas la limitation de leurs terrains de parcours. En fait, partisan du développement économique, il n'entendait pas qu'on fasse de celui-ci le moyen ou l'alibi d'une exploitation systématique des indigènes par les Européens.

Tout à fait sceptique quant à la capacité d'un régime civil à gérer les choses de façon équilibrée, Louis Napoléon se résolut — sauf pour une brève interruption — à placer l'Algérie sous direction militaire, au grand dam des Français de là-bas. En tout cas, ceux-ci — qui étaient plus de deux cent mille en 1870 — exprimèrent sans ménagement une hostilité permanente à l'Empire, et furent parmi les premiers à se réjouir bruyamment de sa chute. Dès que fut connue la défaite de Sedan, on mit à bas avec beaucoup d'entrain les statues de cet empereur qui se voulait, aussi, et peut-être d'abord, celui des Arabes.

Attitude sans doute explicable, mais profondément injuste. Car, au-delà d'analyses et de choix politiques qui lui font honneur, Louis Napoléon fit beaucoup, fit énormément pour l'Algérie, espérant probablement dépasser les antagonismes par le remède miracle du développement économique.

Mais, avant cela, il eut un premier mérite : celui de compléter la conquête de l'Algérie et d'y créer les conditions de la paix. Comme l'écrit Alain Decaux, « on oublie trop que Louis-Philippe avait laissé une Algérie insurgée, dangereuse, que l'Empire pacifia ». De fait, de longues et difficiles opérations furent nécessaires pour achever enfin, en 1857, la conquête de la Kabylie et pour développer l'occupation française vers le Sud, prélude à la conquête ultérieure du Sahara... Au total, ce sont des territoires plus vastes que ceux conquis sous Louis-Philippe qui passèrent sous le contrôle de la France.

Puis, un peu moins de cent ans avant le plan de Constantine, Louis Napoléon lança un vaste programme de travaux publics, qui devait jeter les fondements d'un développement rapide. Le voyage de 1865 fut particulièrement important. Louis Napoléon y tint des propos on ne peut plus clairs ; s'adressant aux musulmans, il leur expliqua qu'il entendait les faire « participer à l'administration du pays comme aux bienfaits de la civilisation ».

Sereau raconte ainsi le voyage : « Il tint à voir de près les écoles, les travaux des ports d'Alger et d'Oran. Il pressentit l'importance future de la rade de Mers-el-Kébir. Il se renseigna sur les sondages effectués et fit exécuter une étude qui fixa à vingt-cinq millions, répartis sur cinq années, la dépense nécessaire pour en faire un port militaire complet et imprenable. »

Tout compte fait, en ce domaine comme en d'autres, les résultats ne furent pas, au moins dans l'immédiat, à la hauteur de l'effort consenti. Il est vrai que les éléments s'étaient déchaînés : le choléra, les sauterelles, la sécheresse, la famine sévirent tour à tour...

En Tunisie, toute proche, la route fut ouverte qui devait mener la IIIe République à la signature du traité du Bardo. C'est sous Louis Napoléon, en effet, que sont jetées les bases de ce qui sera le protectorat : tandis que les officiers français instruisent l'armée tunisienne, que des experts assistent le gouvernement local pour la gestion de ses finances, on obtient du bey la concession d'un réseau télégraphique dont les commerçants français seront les principaux utilisateurs.

L'œuvre de Louis Napoléon, si notable au Maghreb, n'est pas moins considérable en Afrique occidentale... Le mérite personnel de Faidherbe n'est pas contestable. Mais qui lui donna les moyens d'en faire la démonstration, sinon l'empereur, qui, après l'avoir nommé au poste de gouverneur du Sénégal en 1854, prit le parti de le maintenir en place dix années durant, alors que, pendant les quarante années précédentes, le poste n'avait pas eu moins de trente et un titulaires ? Attitude d'autant plus méritoire que les idées politiques de Faidherbe, hostile à l'Empire, étaient connues de tous. Le résultat, sur le terrain, fut à la mesure d'une attitude aussi sage.

En 1851, la France n'avait encore pris pied qu'à Saint-Louis, sur l'îlot de Gorée et dans trois petites stations de l'intérieur. En l'espace de quelques années, le Sénégal est soumis. Saint-Louis bénéficie d'importants travaux urbains, un lycée y est ouvert, le port de Dakar est creusé. Très vite, des routes s'ouvrent, des postes s'implantent. Parallèlement, on diffuse les techniques agricoles en encourageant tout particulièrement la culture de l'arachide, avec pour résultat le triplement de l'activité commerciale de Gorée et de Saint-Louis.

L'action conduite, porteuse d'avenir, engage le processus de la double pénétration de l'Ouest vers l'Est, par le Sénégal, et du Sud vers le Nord, par la Guinée. Simultanément, sont développés les comptoirs sur la Côte d'Ivoire, un protectorat est établi sur Porto Novo, tandis que de premiers jalons sont posés du côté du Dahomey.

Cependant, aucune entreprise ne fut plus conforme aux pensées profondes de Louis Napoléon, aucune ne rassembla autant de motivations chères à son cœur que le percement de l'isthme de Suez. Suez, pour lui, est une chance supplémentaire offerte au développement du commerce mondial, c'est une possibilité de restaurer notre influence sur le pays clé qu'est l'Égypte, c'est le moyen de contrôler une nouvelle route maritime de la plus grande importance et c'est l'occasion pour la France de donner au monde un témoignage de sa grandeur retrouvée.

A côté de Ferdinand de Lesseps, le rôle personnel de Louis Napoléon ne peut être minimisé. Il est d'autant plus évident et plus actif que Lesseps est cousin de l'impératrice. L'intéressé lui-même ne laissera planer aucun doute sur ce point : s'il a finalement réussi, c'est grâce au concours actif et à l'intelligence politique de l'empereur. Et l'influence de celui-ci trouve en quelque sorte sa démonstration dans l'échec ultérieur du projet de Panama.

Il a vraiment fallu déployer des trésors de diplomatie pour pouvoir lancer et conclure l'opération. Après Méhémet-Ali, la France ne pesait plus guère en Égypte ; elle va y retrouver graduellement sa place sous les règnes de Saïd puis d'Ismaïl Pacha. Il a fallu apaiser, désintéresser, neutraliser l'Angleterre qui multipliait les embûches : comment celle-ci aurait-elle pu ne pas s'inquiéter à la perspective du contrôle par les Français de la nouvelle route des Indes ?

Quel formidable défi technique et humain à relever ! Défis quotidiens, treize années durant. On a commencé, pratiquement, à creuser à la main, en emportant la terre dans des couffins, avant de pouvoir disposer de l'outillage moderne nécessaire. Les épidémies de choléra ont durement frappé. Mais Suez, à force de volonté et persévérance, sera une œuvre française, réalisée avec des capitaux français, par des ingénieurs et des techniciens français. Dès la création de la Société du Canal, son succès dans le public a été prodigieux : les petits porteurs se sont précipités, mus par l'appât du gain, sans doute, mais également par le sentiment de participer à une œuvre qui va marquer les siècles à venir.

En 1869, l'œuvre incomparable imaginée par Enfantin au nom des saint-simoniens est, sinon achevée, du moins utilisable. Moment de gloire, d'apogée que ce jour de novembre qui voit l'inauguration du canal par Eugénie, accompagnée de l'empereur d'Autriche, et du prince héritier de Prusse, du khédive... et d'Abd el-Kader.

Louis Napoléon, entre-temps, a veillé à ce que la France tire tout le bénéfice de cette nouvelle voie. Les négociations entreprises en 1862 pour la cession d'Obock ont abouti. La France s'est inspirée de la politique anglaise des dépôts de charbon. Le nouveau parcours va pouvoir trouver son aboutissement très loin vers l'est, à Saigon, nouvellement conquise.

Car la réussite est d'autant plus grande que d'autres initiatives ont été prises, pendant ce temps, pour conforter notre présence dans l'océan Indien et en Extrême-Orient.

Louis Napoléon avait soutenu à Madagascar les missionnaires français contre les Anglais. Il obtient, en 1862, la création d'un consulat de France à Tananarive, en même temps qu'il passe un traité de commerce avec le gouvernement malgache. Peu après, on lui octroie, fait capital, la cession de Diego-Suarez. En 1868, il complète ces avancées par l'obtention de droits supplémentaires — liberté de culte, possibilité pour les Français d'acheter des terres — qui préparent la prise de possession.

Plus fructueuses encore sont les opérations conduites en Asie. Timidement, sous la monarchie de Juillet, la France avait pris pied en Chine où, jusque-là, les Anglais s'étaient taillé la part du lion. Louis Napoléon a l'occasion de rétablir un semblant d'équilibre : profitant d'une expédition punitive décidée en 1858 par l'Angleterre à la suite de quelques dommages infligés par les Chinois à des missionnaires et des négociants, il décide de s'associer à l'opération. Dans un premier temps, le bombardement et la prise de Canton suffisent à obtenir un traité signé à Tien Tsin. Mais la paix ne dure pas. Le conflit reprend dans la province de Petchili. Français et Anglais prennent le fort de Tahou Tien Tsin, et remportent une bataille décisive à Palikao qui verrouillait l'accès de Pékin.

L'affaire fait grosse impression, d'autant que le général français Cousin-Montauban y prend une part déterminante. Le 5 octobre 1860, les Alliés occupent Pékin. Leur attitude y sera peu glorieuse. Par représailles, le général anglais Elgin décide en effet de faire brûler le Palais d'été. Pourtant, ce sont les Chinois qui sont contraints de présenter des excuses et de verser des indemnités. On les oblige, de surcroît, à accepter l'établissement de représentations diplomatiques étrangères — en particulier des légations à Pékin même —, à reconnaître les missions et à ouvrir des ports supplémentaires au commerce européen.

La France aura ainsi pris date : elle obtient en outre la concession de plusieurs voies ferrées, ainsi que la cession à bail de Kouang-tcheou et un droit de préemption sur l'île de Hai-nan. Les visées de Louis Napoléon sur l'Extrême-Orient sont manifestes. Elles portent aussi, avec des résultats encore plus probants, sur la péninsule indochinoise. Une fois encore, aucun plan précis n'a été défini. Mais il existe une volonté d'aller de l'avant qui trouve sa concrétisation au fur et à mesure que les occasions se présentent. Méthode qui en vaut bien d'autres et produit d'ailleurs ses effets : Louis Napoléon va donner à la France la Cochinchine et le Cambodge.

Comme d'habitude, tout commence par une expédition punitive. L'empereur annamite Tu Duc en a pris un peu trop à son aise avec les missions françaises et espagnoles établies sur son territoire. L'amiral Rigault de Genouilly, qui commande les forces franco-espagnoles, décide de couper la route du riz à l'Empire annamite en occupant les provinces du Sud. En février 1859, une semaine à peine suffit pour détruire le fort de Cap-Saint-Jacques et s'emparer de Saigon.

Ce qui se passe en Chine va alors le freiner : on lui enlève des troupes, et les opérations sont bientôt interrompues. Quand elles reprennent, sous le commandement des amiraux Charner et Bonard, les choses se passent si bien que trois provinces sont rapidement conquises : Bien Hoa, Gia Dinh et Dinh Tuong. Acculé à un traité de paix, Tu Duc consent le 5 juin 1862 la cession en pleine souveraineté des trois provinces, le paiement d'une lourde indemnité, l'ouverture de plusieurs ports au commerce français et la liberté du culte catholique.

Certains historiens déjà cités, soucieux de démontrer que non seulement Louis Napoléon n'a été pour rien dans la réussite mais qu'il a failli tout compromettre, ont fait grand cas d'un projet de traité expédié par l'empereur à ses amiraux, beaucoup moins contraignant que celui négocié sur le terrain. De fait, le texte en était différent. Plus doux sur certains points, et plus rigoureux sur d'autres, il prévoyait non pas une cession mais un protectorat sur les trois provinces concernées, et étendait ce protectorat à trois provinces supplémentaires: Vinh Long, Chau Doc et Ha Tien.

Qu'importe, on s'en tient finalement à la première version. Quand, en 1867, une insurrection locale déclenche une nouvelle campagne, on étend la conquête aux dimensions que Louis Napoléon avait envisagées. Désormais, toute la Cochinchine est française.

Dès lors que la France avait pris pied en Cochinchine, elle ne pouvait se désintéresser du Cambodge, ne fût-ce que pour mettre un terme à des troubles qui se produisaient sur la frontière. Une négociation, en forme de bras de fer, s'engagea avec le Siam, qui accepta finalement de troquer son droit de suzeraineté sur le Cambodge contre la cession de Battembang et d'Angkor. Du coup, le Cambodge passa à son tour sous le protectorat français. Pour préparer de nouvelles extensions, on mit sur pied des missions d'exploration où s'illustrèrent Doudart de Lagrée ou Francis Garnier: le Mékong fut remonté jusqu'à la Chine et le fleuve Rouge jusqu'au Yunnan.

Enfin, dans le Pacifique, Louis Napoléon s'efforça d'assurer la présence française. Dès 1853, la France prenait pied en Nouvelle-Calédonie, dont l'annexion devenait effective après une première tentative malheureuse en 1843 et malgré d'ultimes manœuvres anglaises...

Pour ses contempteurs systématiques, aucune des initiatives de l'empereur n'est à l'abri de reproche. Il en est pourtant qu'il paraît difficile d'attaquer. On oublie trop, en effet, que c'est à Louis Napoléon que nous devons la création des liens particuliers qui, aujourd'hui encore, unissent le Liban à la France. L'intervention qu'il décida en 1860 pour assurer la protection des chrétiens maronites a fondé les droits que la Société des Nations reconnut ultérieurement à la France dans cette partie du monde.

Partent de cette intervention les sentiments d'estime et de confiance qui ont conduit, depuis, tant de Libanais, dans les moments difficiles que l'Histoire ne leur a pas ménagés, à se tourner spontanément vers Paris.

L'affaire mérite d'être brièvement retracée, tant elle annonce ou préfigure, par ses modalités, les interventions postérieures. Tout commence en mai par le massacre de chrétiens par des Druzes, sans que le sultan veuille ou puisse rétablir la sécurité. On espère, dans un premier temps, pouvoir s'en tenir à une démonstration navale devant Beyrouth, à laquelle se joindraient les Anglais.

En juillet, de nouveaux massacres ont lieu à Damas, qui font plusieurs milliers de victimes. Dès lors, Louis Napoléon se résout à une intervention militaire dont il fait annoncer la décision aux Anglais par l'intermédiaire de Persigny.

L'Angleterre se méfie des suites politiques d'une telle opération. Elle provoque donc une conférence des cinq grandes puissances, au mois d'août. Celle-ci donne mandat à la France d'envoyer des troupes en Syrie... pour aider le sultan à y rétablir la paix, mais limite l'intervention à six mois et prévoit expressément que la puissance mandataire devra s'abstenir d'y rechercher quelque avantage que ce soit.

L'affaire qui ne viendra à son terme qu'en mai 1861, à la grande impatience du Foreign Office, sera militairement, psychologiquement, politiquement, un succès. C'est la France qui a mené le jeu : les massacres sont interrompus. Le sultan a dû, en outre, admettre que, désormais, le gouverneur du Liban serait obligatoirement choisi parmi les Ottomans de confession chrétienne.

Ces succès, ces avancées, ou du moins cette présence affirmée aux quatre coins du monde en viennent peut-être à indisposer les puissances. Toujours est-il qu'avant même le face-à-face final avec la Prusse, la France paraît décidément trop seule pour que l'évolution du Vieux Continent puisse s'effectuer selon ses vues. L'échec de la proposition, formulée en 1863, de tenir un congrès général sur l'Europe à l'occasion des graves événements de Pologne, marque un tournant décisif : si Louis Napoléon a pu jusqu'ici, tant bien que mal, imposer certaines de ses idées dans les Balkans, puis en Italie, il est désormais clair que l'Europe ne veut pas aller plus loin.

Les traités de 1815 sont porteurs d'injustices et de dangers, dont le cas de la Pologne est l'illustration la plus tragique. Si, à Vienne, on a consenti à lui reconnaître une identité de principe — elle est un royaume... dont le roi est le tsar —, ses emballements de 1830 ont eu pour conséquence de balayer ce timide statut.

Dès 1861, des manifestations pacifiques se développent dans le pays avec les encouragements du clergé. Elles sont sévèrement réprimées par les Russes. La tension est à son comble en 1862 avec la décision des autorités d'occupation d'imposer la conscription obligatoire : des centaines de milliers de Polonais entrent alors en révolte ouverte.

S'il y a échec de la France, il ne sera pas dû à une quelconque maladresse de Louis Napoléon. Celui-ci est évidemment de tout cœur avec les Polonais — traditions familiale et bonapartiste obligent — et brûle de leur être utile. Pour une fois, il pourrait bénéficier d'un réel consensus dans le pays, même si les mobiles des uns et des autres sont différents. A gauche, on est spontanément solidaire d'une nationalité opprimée et, en 1867, on le fera encore savoir bruyamment au tsar, en visite à l'Exposition universelle. Du côté de la droite catholique, c'est la communauté de religion qui prévaut.

Pourtant, Louis Napoléon sait qu'il serait insensé de se lancer dans une aventure militaire, dont on discerne mal quelles pourraient être les modalités et qui se situerait, de surcroît, dans un contexte diplomatique difficile. Si l'Angleterre est bien décidée à manifester son mécontentement, la Prusse, elle, fait cyniquement cause commune avec le tsar — lugubre prélude au pacte germano-soviétique de 1939.

En dépit des pressions dont il est l'objet, malgré son sincère désir d'aboutir, un jour, à l'indépendance de la Pologne, Louis Napoléon va s'efforcer de calmer le jeu. Déjà, en avril 1861, dans une note publiée par *le Moniteur,* il avait tenté de contenir les élans de son opinion publique, et marqué sa préférence pour une solution négociée. Ses propos envers le tsar étaient rien moins qu'inamicaux :

« Les événements de Varsovie ont été unanimement appréciés par la Presse française avec les sentiments de sympathie traditionnelle que la Pologne a toujours éveillés dans l'occident de l'Europe. Cependant, ces témoignages d'intérêt serviraient mal la cause à laquelle ils s'adressent, s'ils avaient pour effet d'égarer l'opinion publique en laissant supposer que le Gouvernement de l'Empereur encourage des espérances qu'il ne pourrait satisfaire. Les idées généreuses dont l'Empereur Alexandre n'a cessé de se montrer animé depuis son avènement sont un gage certain de son désir de réaliser les améliorations que comporte l'état de la Pologne, et il faut faire des vœux pour qu'il n'en soit pas empêché par des manifestations de nature à mettre les intérêts politiques de l'Empire russe en antagonisme avec les dispositions de son souverain. »

Cela n'avait pas contribué à détendre l'atmosphère. Dès lors, le 4 novembre 1863, il décide de jouer son va-tout et propose qu'un congrès général se saisisse du dossier polonais et l'élargisse à l'ensemble des problèmes européens. En effet, explique-t-il, « presque sur tous les points, les traités de Vienne sont détruits, modifiés, méconnus ou menacés ». Or, « les perfectionnements amenés par la civilisation qui a lié les peuples entre eux par la solidarité des intérêts matériels rendraient la guerre plus destructrice encore ».

Il est d'autant plus urgent, en conséquence, « de régler le présent et d'assurer l'avenir ».

Louis Napoléon proposa que ces grandes assises européennes se tiennent à Paris. Ce fut une fin de non-recevoir unanime. Le congrès, personne n'en voulait. Par la force des choses — et pas seulement du fait de Louis Napoléon — le système européen se trouvait déstabilisé, mais personne, à part lui, ne voulait rechercher les moyens d'une nouvelle stabilité.

L'empereur eut du moins le réalisme de ne pas en tirer comme conséquence la nécessité d'une intervention, dont il pressentait qu'elle pourrait tourner au désastre. A Napoléon Jérôme qui lui en faisait reproche, il répondit sans ambages : « Je n'ai pas fait la guerre pour la Pologne, l'intérêt français ne l'exigeait pas et je ne la ferai dans aucune éventualité analogue. »

La politique étrangère de Louis Napoléon a fait, en général, l'objet de jugements extrêmement sévères. Il est vrai que Sedan a tout occulté ; il est vrai aussi qu'il existe des chefs d'accusation, d'ailleurs souvent contradictoires.

Pour cuisante qu'elle soit, la défaite face aux Prussiens — qu'on tentera bientôt de relater et de comprendre — ne doit pas faire oublier un bilan plus qu'honorable. Sans doute cette défaite apparaît-elle comme d'autant plus inadmissible qu'elle semble ne pas correspondre à l'état réel des deux pays qui s'affrontent. A la faveur de sa victoire, la Prusse — l'Allemagne... — va devenir une grande nation, mais elle ne l'est pas encore, alors que la France l'est déjà et, faut-il le souligner, va le demeurer. N'oublions pas que l'emprunt lancé pour la libération du territoire sera couvert treize fois et que la France vaincue n'en reste pas moins une puissance mondiale. Or son rayonnement dans l'Europe des Balkans, son influence au Moyen-Orient, sa présence outre-mer sont à mettre, incontestablement, au crédit du second Empire : en 1870, la France est à la tête d'un domaine colonial d'un million de kilomètres carrés et de plus de cinq millions d'habitants. Sans vouloir se réfugier dans une comptabilité sordide, force est d'admettre que les mortifications de Sedan n'égalent pas celles de Waterloo. Si le pays est provisoirement amputé de l'Alsace et de la Moselle, il s'est agrandi de la Savoie et du comté de Nice. Surtout, on sent bien qu'il possède les moyens de son redressement. Pour la IIIe République, le chemin est tout tracé. On serait même tenté de dire que l'essentiel est déjà fait.

Le fond des critiques se situe probablement ailleurs. On reproche tout à la fois à Louis Napoléon de s'être entêté à conduire une politique des nationalités au mépris des intérêts de la France, et de l'avoir oubliée... au nom des mêmes intérêts. L'empereur a voulu, c'est vrai, concilier deux objectifs distincts, mais ceux-ci n'étaient pas forcément contradictoires, comme l'a prouvé l'expérience italienne. Quant à l'unité allemande, si elle est passée par la guerre, Bismarck en porte toute la responsabilité devant l'Histoire. La guerre n'était certes pas inévitable. C'est le chancelier qui l'a voulue ; c'est lui qui a engagé le processus infernal dont l'Europe subit encore les conséquences.

Porter au débit de Louis Napoléon d'avoir pressenti — plutôt que voulu — l'unité de l'Italie et d'avoir tiré les conséquences de la volonté de fusion des Allemands relève de la plus évidente mauvaise foi. Ce qui s'est passé se serait accompli en tout état de cause. Comment lui en vouloir d'avoir mieux que les autres compris les événements et d'avoir cherché à en maîtriser le cours ?

Le jeune Charles de Gaulle quand il rédige *la France et son armée* a pu sembler se joindre un instant au concert de ces critiques. Il observe en effet que « ... en favorisant la formation sur nos frontières de deux grandes puissances nouvelles, en contribuant à l'abaissement de la Russie et de l'Autriche, en laissant ébranler l'équilibre européen, l'Empereur préparait toutes les conditions d'un conflit où la France aurait à défendre, par ses seuls moyens, son sol et son avenir. »

Aussitôt, cependant, vient une précision : « Pour mener cette grande guerre nationale, il eût fallu une autre armée », ce qui signifie probablement que ses reproches s'adressent moins au choix politique qu'à l'insuffisance des moyens destinés à le mettre en œuvre. Le Général devait confirmer ce point de vue sans aucune équivoque, lors de la célébration déjà évoquée, du centenaire de Solferino, en légitimant avec solennité le choix même de Louis Napoléon : « ... Nos deux pays s'étaient trouvés ensemble les champions d'un principe aussi grand que la terre, celui du droit d'un peuple à disposer de lui-même dès lors qu'il en a la volonté et la capacité [...]. Depuis cent ans, toute une époque en aura été marquée. Sans doute est-il arrivé que ce grand but ait servi aux États ambitieux pour justifier les abus de leur force [...]. Mais il reste que l'organisation du monde ne saurait avoir d'autre base, à moins que l'homme soit finalement livré aux dictatures totalitaires. C'est la gloire de l'Italie de l'avoir prouvé en 1859. C'est la gloire de la France de l'avoir, en même temps, démontré. C'est la gloire commune de vos troupes et des nôtres d'avoir, ensemble, fait triompher cette loi nouvelle sur le champ de bataille de Solferino. »

Il existe d'évidentes raisons à l'ambiguïté des jugements portés sur les résultats de l'action extérieure du second Empire. Louis Napoléon ne trouva pas dans son armée les moyens nécessaires aux légitimes ambitions de sa politique. Cette politique, il était trop isolé pour la mener à bien.

Le caractère exceptionnel du destin de la France, il fut le seul à en avoir vraiment conscience. Il n'en a que plus de mérite d'avoir annoncé l'œuvre à construire, si l'on ne veut pas admettre qu'il en a jeté les fondements.

VII

LE RÉNOVATEUR

Dans le discours de Bordeaux, Louis Napoléon avait dit son projet pour la France. Il ne s'était pas contenté de faire rêver les Français : il leur avait détaillé, par le menu, ses intentions et ses espoirs. Sans doute le pays avait-il surtout retenu de son propos ce qui avait trait au problème de la forme du gouvernement : il avait en cela quelque excuse. Pourtant jamais encore un discours politique n'avait dessiné avec autant de netteté les contours de l'action future. Et jamais plus probablement un homme public ne parviendrait à accorder si parfaitement et si durablement ses actes avec ses paroles.

On avouera d'ailleurs ne pas savoir ce qui est le plus remarquable : les résultats de la politique conduite par Louis Napoléon ou son exceptionnelle fidélité aux principes qu'il avait posés et aux lignes d'action qu'il avait tracées dès l'abord. Finalement, le plus étonnant est peut-être qu'une œuvre aussi considérable n'ait jamais obtenu la consécration qu'elle méritait.

La France va connaître, en effet, en moins de vingt ans de règne, l'une des transformations les plus radicales de son histoire, peut-être la plus décisive de toutes. En 1852, elle était, comme on dit aujourd'hui, en état de sous-développement. Autour d'elle, des pays, des régions comme l'Angleterre, l'Allemagne rhénane, la Saxe, la Silésie avaient engagé leur révolution économique. Pour sa part, handicapée par son instabilité politique, retardée par la médiocrité de son personnel dirigeant, engoncée dans ses habitudes et ses préjugés, souffrant psychologiquement du contraste entre son passé si glorieux et son présent si médiocre,

285

elle était restée au bord du chemin. Ce n'était qu'une juxtaposition de provinces repliées sur elles-mêmes ; un pays où l'on avait du mal à circuler, communiquer, échanger, du fait de l'insuffisance des routes, des canaux et du réseau ferroviaire dont l'essor avait été comme étouffé dans l'œuf ; un pays où l'esprit d'entreprise se limitait à la spéculation foncière, faute d'un système bancaire efficace et cohérent ; un pays essentiellement paysan et rural, dont l'industrie chétive recherchait la tranquillité sous l'abri d'un protectionnisme frileux. Oui, telle est bien la nation dont, en dix-huit ans à peine, Louis Napoléon va faire la rivale directe de l'Angleterre pour le premier rang mondial. La nation qui, en 1855, et surtout en 1867, conviera le monde entier à des Expositions universelles où ses progrès économiques apparaîtront en pleine lumière.

Louis Napoléon n'a évidemment pas tout fait à lui seul. Ce serait absurde de le prétendre, mais moins absurde que de laisser croire, comme on l'a fait depuis cent vingt ans, que l'efflorescence de l'économie française entre 1852 et 1870 ne lui doit rien.

Il est plus que probable que, depuis longtemps en France, des capacités d'initiative immenses n'attendaient pour s'exprimer qu'une occasion propice. Encore fallait-il fournir cette occasion à tous ceux que les incertitudes du temps inclinaient à l'apathie. L'appréhension des lendemains, née de périodes successives de troubles, suffisait à expliquer la réticence des investisseurs et, pour engager la France sur la voie du développement économique, il fallait commencer par lui donner la stabilité.

Louis Napoléon, et lui seul, apporta l'apaisement et le sentiment de sécurité. Il faut lui en reconnaître le mérite. Et saluer comme il convient son premier bulletin de victoire présenté — il n'avait pas fallu attendre longtemps — à l'ouverture de la session législative de 1853 : « La richesse nationale s'est élevée à un tel point que la partie de la fortune mobilière s'est accrue à elle seule de deux milliards environ. L'activité du travail s'est développée dans toutes les industries. »

Dans le climat favorable ainsi créé, la réussite impliquait assurément une heureuse conjoncture mais celle-ci n'aurait pas été suffisante sans l'action de l'État. Certes, il existe peu de gouvernements aussi enclins que celui-ci à faire appel à l'initiative privée ; comme il n'en est probablement aucun à manifester autant de volontarisme, sans d'ailleurs jamais sombrer dans l'interventionnisme.

Quelle modernité dans la méthode alors retenue! Une méthode qu'on semble redécouvrir aujourd'hui, après tant de fâcheux errements. Louis Napoléon s'en est déjà expliqué: le gouvernement doit être « le moteur bienfaisant de tout l'organisme social ». L'État définit le cadre général, fixe l'objectif, donne l'impulsion, organise ce qui relève de lui, et pour le reste se borne à influencer, orienter, stimuler et corriger le cas échéant. Car c'est à l'initiative privée qu'il s'en remet pour tout ce qu'il y a à accomplir, veillant seulement à éviter les déviances et les égarements.

Combien est significatif que, pendant ces années de changements intensifs, où le rythme des travaux publics connaît une accélération sans précédent, les dépenses de l'État et, du coup, la pression fiscale restent, tout compte fait, rapportées à la croissance générale, dans les limites du raisonnable. Seul, parfois, le recours à des crédits extrabudgétaires donne une impression de surchauffe. Mais le phénomène reste limité.

Encore fallait-il organiser l'évolution de manière rationnelle. Or, précisément, ce qui frappe tout au long de cette période, c'est la cohérence qu'on impose à l'effort général, et qui lui fait gagner en efficacité. Cohérence mûrement réfléchie: elle était inscrite dans le discours de Bordeaux, et va se traduire quotidiennement dans les faits.

Après avoir créé les conditions de la confiance, Louis Napoléon, le rénovateur, entend donner à la France les moyens financiers de son ambition: c'est la révolution du crédit, qui met l'argent au service du développement. Ce développement suppose des soubassements immatériels et matériels. Soubassements immatériels du côté de l'enseignement, qui doit désormais fournir à la machine économique, à tous les niveaux, des hommes efficaces et compétents: on s'attache donc à les former plus et mieux. Soubassements matériels aussi, car les infrastructures adaptées aux nouveaux besoins font gravement défaut: c'est vers elles qu'il faut par priorité orienter l'argent. Enfin, si l'on veut nourrir son activité et stimuler son progrès, le pays doit s'ouvrir sur le monde et en finir avec un protectionnisme dépassé.

Pour Louis Napoléon, cependant, le développement économique n'est pas une fin en soi; il est au service des hommes. L'accroissement de l'activité, certes, crée des emplois et des revenus mais ne peut profiter à tous qu'à condition de surveiller la répartition des ressources. Il faut donc améliorer la vie, en changeant son cadre, et, par une politique sociale hardie, chercher à effacer les inégalités en commençant par les plus criantes, avec en point de mire, cette société nouvelle dont *l'Extinction du paupérisme* esquissait le dessin.

Quel programme! Louis Napoléon ne pouvait le réaliser totalement. Il a pu faire une bonne partie du chemin; en tout cas, il n'a jamais dévié de sa route.

Chacun s'accorde, à juste titre, à considérer que la révolution économique accomplie par le second Empire a commencé par une révolution du crédit. Révolution dans les comportements et révolution dans les procédures.

On aurait tort de s'en tenir à la contemplation morose du revers de la médaille: la spéculation, l'agiotage, l'affairisme, la corruption, les enrichissements fulgurants existent et sont souvent scandaleux. Difficilement évitables aux débuts d'une époque qui est si radicalement différente des précédentes et dont les règles nouvelles ne peuvent s'écrire que très progressivement, ces excès sont la contrepartie de changements dont les effets seront étonnamment, somptueusement, positifs.

« Enrichissez-vous! » avait dit Guizot. « Investissez! » lui répond Louis Napoléon. Ce n'est pas du tout la même chose. Si certains effets pervers du nouveau mot d'ordre peuvent ne pas valoir mieux que ceux de l'ancien, l'exhortation impériale — elle — va dans le sens d'un enrichissement, non pas seulement individuel, mais national, qui n'a connu jusqu'ici aucun exemple.

On aurait tort également d'engager un vain débat sur l'ampleur des mérites réels du régime et de son chef. L'un et l'autre ne sont pour rien dans la découverte des mines d'or de Californie, en 1843, et d'Australie, en 1851; le fait que c'est vers la France qu'afflue 44 p. 100 de cet or est tout de même significatif. Il est vrai aussi que les progrès des sciences appliquées, du machinisme et des moyens de communication vont produire leurs effets dans bien d'autres pays; encore fallait-il, pour ce qui concerne la France, saisir l'occasion offerte par ces progrès techniques, en créant le climat de tranquillité et de garantie contre les risques que réclament les investissements. Il est en tout cas indéniable que les capitaux ont d'emblée repris confiance: la rente

3 p. 100 qui était tombée à 32,5 en 1848 et qui, à la veille du coup d'État, en était à 54, est remontée à 86 dès 1852. Enfin, force est de reconnaître que, même s'il n'est ni un économiste ni un spécialiste des finances, Louis Napoléon, dans le cadre de son projet de « nouvelle société », a été le premier et le plus ardent défenseur de cette idée neuve et porteuse d'avenir que le développement du crédit et du capital passe par leur démocratisation.

L'empereur sait qu'il y a de l'argent disponible. Il mesure, d'autre part, tout ce qu'il y a à accomplir : des infrastructures désuètes ou insuffisantes à rénover, un outillage ancien et dépassé qu'on doit remplacer sans retard, à l'heure où tant d'inventions ou de découvertes, dans les domaines les plus divers — l'électricité, la traction à vapeur, la chimie, la fabrication de l'acier... — attendent encore des applications industrielles trop longtemps différées. Il en conclut qu'il faut impérativement trouver le moyen de faciliter la rencontre de l'argent et des entreprises privées ; que cet argent doit être mis au service de ce programme de travaux publics dont il ressent l'urgence et la nécessité.

Or, le système traditionnel du crédit ne peut répondre à cette attente, incapable qu'il est d'attirer et de mobiliser toute l'épargne disponible. La collecte de cette épargne enregistre des progrès, liés aux nouvelles circonstances politiques, mais ce léger mieux n'est pas à la mesure du problème. Les banques qui dominent le marché s'accommodent de leur sclérose : elles travaillent avec une clientèle restreinte, évitant le risque et manquant visiblement d'ambition.

Ce qu'il faut — et l'empereur retrouve là l'inspiration saint-simonienne que certains de ses proches se chargent d'entretenir —, c'est constituer des sociétés de capitaux faisant appel à l'ensemble du public. Puisant dans les réserves de l'ensemble des catégories sociales, et multipliant le nombre de leurs associés, ces établissements financiers nouveaux permettront de passer la vitesse supérieure.

En clair, il faut démocratiser le système, se tourner vers le petit épargnant et le faire participer à l'œuvre commune. Il ne sera plus nécessaire d'être riche pour contribuer à la croissance économique et financière et pour en partager les fruits.

Ces changements inouïs, l'État, sous l'impulsion de Louis Napoléon, va leur fournir un cadre législatif et réglementaire adapté. Pour le reste, il encouragera, il incitera, il persuadera...

289

En novembre 1852, les frères Pereire créent le Crédit mobilier, première des grandes banques d'affaires, et illustration la plus éclatante de ce nouveau cours des choses.

Un nouveau cours qu'ils vont longtemps symboliser tandis que les Rothschild incarnent l'ancien. Entre ces derniers et Louis Napoléon, aucun rapprochement spontané n'est possible : il y a le poids du passé — celui de l'Histoire, celui d'événements politiques plus récents —, il y a aussi une différence radicale de conception sur le rôle qui revient au système bancaire et sur les méthodes que ce système devrait désormais adopter... En Angleterre, Louis Napoléon s'est passionné pour l'histoire de Nathan Rothschild, celui des frères qui tenait la place de Londres. La puissance de cette famille l'a fasciné. On lui a expliqué que les Rothschild avaient leur propre système de courrier, qu'ils fondaient leur fortune sur des emprunts d'État, qu'ils finançaient ainsi la plupart des gouvernements européens, et qu'ils n'avaient pas été pour rien dans la chute de Napoléon Ier.

Ne pouvant compter sur James de Rothschild, aussi prudent à l'égard du régime que circonspect face aux idées modernes, Louis Napoléon doit trouver d'autres courroies de transmission dans le monde bancaire, et des hommes prêts à épouser ses idées.

Paradoxalement, les frères Jacob et Isaac Pereire — qui seront ses protégés et les meilleurs serviteurs de sa politique — n'ont pas toujours eu de mauvais rapports avec les Rothschild. Isaac Pereire a obtenu, par exemple, la participation de James dans la société qu'il créa pour construire et exploiter la ligne Paris-Saint-Germain. Mais la cordialité des relations ne résistera pas à la montée des Pereire.

C'est que le Crédit mobilier ne se propose pas seulement de rendre à ses clients les services bancaires habituels ; il a pour objectif de drainer une épargne nouvelle grâce à des émissions d'obligations dont le produit servira à financer des prêts aux entreprises. Il se propose également de commanditer directement les sociétés industrielles, en souscrivant leurs actions avant de les placer dans le public et de réaliser, avec les fonds ainsi recueillis, de nouvelles opérations.

Fort de ses nouvelles méthodes, qui lui valent bien entendu l'hostilité de la banque traditionnelle, l'établissement va connaître un immense succès, succès qui lui permettra de lancer sous la forme de sociétés de capitaux les entreprises les plus diverses :

chemins de fer, compagnies maritimes, forges, mines, constructions, banques, assurances... Il prendra aussi pour règle de souscrire à tous les emprunts publics et de participer au financement des grands travaux.

Les Pereire avaient rêvé de voir leurs obligations, une fois émises, servir directement de monnaie. C'était plus que n'en pouvaient supporter les représentants du monde financier traditionnel, qui obtinrent du gouvernement le refus de l'autorisation espérée. En 1857, la crise financière qui affecte toute l'Europe, et dont la fin de la guerre de Crimée est le signal, marque le début de leurs difficultés. Attaqué de différents côtés, victime d'une expansion trop rapide, contraint à des augmentations de capital qui l'épuisent, le Crédit mobilier se trouve au bord de l'effondrement en 1867. Il sera alors profondément remanié, à la faveur de l'éviction des deux frères Pereire, qui auront pu néanmoins se reconvertir.... dans la politique : ils ont été élus députés, l'un en Gironde, l'autre dans les Pyrénées-Orientales. En fait, quelques années plus tôt, devant les difficultés croissantes de l'établissement et le retour en force des financiers orthodoxes, Louis Napoléon avait déjà opéré un rapprochement avec les Rothschild qui, dans leur château de Ferrières, recevront en 1862 la visite de l'empereur.

A cette occasion, *le Monde illustré* nous donne à voir un Louis Napoléon vêtu d'un habit de fantaisie de couleur sombre, assez semblable par la forme au costume breton. Le drapeau flotte sur le château ; l'empereur visite toutes les pièces, admire les tapisseries, les collections, parcourt les écuries, le parc, et peut-être même — bien que l'histoire ne l'indique pas — les cuisines souterraines installées à un kilomètre du château et reliées à lui par le rail. Le repas est somptueux, présenté dans un service de porcelaine de Sèvres signé de Boucher. Après la chasse, les habitants des villages voisins, maires et curés en tête, se rassemblent dans la cour illuminée du château. Pendant la collation, les chœurs de l'Opéra de Paris chantent *l'Hallali du faisan* de Rossini, dirigé par le compositeur lui-même. On n'avait rien laissé au hasard.

Ému et flatté, Louis Napoléon, suivant l'usage allemand des grandes familles, planta là un arbre, un cèdre immuable et impérial qui traversa trois guerres et qui existe encore aujourd'hui.

Pourtant, en dépit des apparences, ce sont bien les Pereire qui ont gagné. Les techniques qu'ils ont mises en œuvre se sont définitivement imposées, et sont reprises par tous. De surcroît, leur participation à la réalisation de nombre des projets du régime aura été décisive.

Réplique du Crédit mobilier pour ce qui est de la terre et des immeubles, le Crédit foncier se constitue quant à lui par la fusion de trois banques foncières dont la création à Paris, Marseille et Nevers avait été autorisée par un décret du 28 février 1852. Favorisé par la loi de 1855 sur la transcription hypothécaire et le coup de fouet qu'elle donne aux opérations de crédit immobilier, le nouvel établissement, qui accorde aux propriétaires des prêts à long terme sur hypothèques, rend des services inestimables aussi bien dans le monde rural — il y joue le rôle d'un quasi-Crédit agricole — qu'auprès des propriétaires urbains, son action contribuant puissamment à la transformation des villes et à la relance du bâtiment.

Le crédit à court terme ne reste pas à la traîne : après le Comptoir d'escompte, qui date de 1848, on assiste à la création du Crédit industriel et commercial en 1859, du Crédit lyonnais en 1863, et de la Société générale en 1864, toutes ces nouvelles banques ne manquant pas à leur tour d'orienter l'épargnant vers les valeurs industrielles.

Au sommet du système, la Banque de France, qui absorbe les anciennes banques départementales et multiplie parallèlement le nombre de ses succursales, développe ses techniques de régulation, l'État se réservant le droit d'autoriser ou d'interdire les émissions de valeurs.

L'ensemble fonctionne avec une exceptionnelle efficacité : l'épargnant qui apporte son argent à une banque de dépôts peut recevoir en échange des titres de société émis sous le patronage des banques d'affaires. S'il souhaite s'en défaire, il les négocie à la Bourse.

Le climat de confiance, les encouragements de l'État, la modernisation du système bancaire, le spectacle de leurs premiers effets concrets, tout cela se conjugue pour aboutir à des résultats dépassant toutes les espérances. Les épargnants se mobilisent en masse, souscrivant aux émissions d'obligation, aux emprunts d'État, aux emprunts des villes. La société française, qui ne s'était jusqu'ici vraiment intéressée qu'à la terre, se précipite sur les nouvelles valeurs mobilières.

Évidemment, tout cela ne va pas sans incidents de parcours et sans excès. Dès 1852, Troplong notait : « Les créations ferroviaires quand elles ne sont pas échelonnées avec mesure, encombrent la place de valeurs aléatoires ; elles surexcitent la passion du jeu et font dégénérer les combinaisons du crédit en aliment pour l'agiotage. Le Gouvernement [...] ne veut pas être souillé, même de loin, par ces choses mauvaises. » De son côté, Louis Napoléon a parfois manifesté de l'humeur : c'est ainsi qu'il félicita l'auteur d'une pièce à succès, *la Bourse*, pièce où l'on décrivait sans aménité les profiteurs du système et dont l'empereur tint à faire savoir qu'elle exprimait ses propres sentiments.

Au total, cependant, l'actif l'emportait largement sur le passif : « Chaque année, a noté Leroy-Beaulieu, nos titres de rente descendaient dans une couche nouvelle et plus profonde de la population, on ne peut nier que ce fut en partie l'effet de ce système de souscription nationale. »

Ce qui est sûr, c'est qu'entre 1851 et 1870 la circulation fiduciaire aura triplé. La Bourse de Paris aura connu une expansion foudroyante et se sera imposée de surcroît comme le principal marché des grands emprunts d'État. Alors qu'en 1851 on y cotait 118 valeurs pour un montant global de 11 milliards, les chiffres seront passés en 1869 à 307 valeurs pour un total de 35 milliards de francs.

Ainsi, l'une des idées chères à Louis Napoléon l'avait emporté : l'argent n'est plus considéré comme chose honteuse mais comme un instrument du développement économique destiné aux entreprises. Les efforts en leur faveur ne se limitent pas à cela. En 1867, la grande loi sur les sociétés anonymes établit ce qui va être leur statut, un siècle durant, et dispense désormais leur création de l'autorisation préalable du gouvernement.

D'autres mesures sont prises pour favoriser l'activité. Si les banquiers font fructifier l'argent, ils ne sont pas les seuls à animer la vie économique. Louis Napoléon le sait, lui qui ne manque aucune occasion de visiter les usines et de s'y entretenir avec les cadres et les ouvriers.

Rien d'étonnant, dès lors, de le voir s'intéresser aux chambres de commerce. Un décret du 17 septembre 1851 les a déclarées « établissements d'utilité publique » ; il en créera en dix-huit ans vingt-quatre, venant s'ajouter aux cinquante-six qu'il avait trouvées à son arrivée. Parallèlement, il amorcera l'important réseau consulaire outre-mer qui s'épanouira sous la IIIe République.

Instruments d'un syndicalisme patronal embryonnaire, lieux de réflexion et d'action collective, les chambres commencent à jouer dans le domaine de la formation un rôle non négligeable qui explique l'intérêt que leur a manifesté l'empereur.

**

Car si, beaucoup plus tard, il sera démontré et compris que la qualité de la formation est, au moins autant que les infrastructures, déterminante pour le développement, ce n'est pas le moindre mérite de Louis Napoléon d'en avoir eu la prescience. Il est vrai que, dans son esprit, le développement de l'instruction publique procédait aussi d'une autre intention : conduire, progressivement, les milieux les moins favorisés sur les chemins de la culture.

Dans ce domaine, son œuvre, bien que considérable, est largement méconnue. Les républicains, après 1870, ont tout fait pour minimiser son action sur un sujet aussi délicat et l'ont toujours considérée et présentée comme leur réussite exclusive. Il n'en reste pas moins que l'homme qui avait commencé par accepter sans rechigner outre mesure le vote de la loi Falloux va laisser à la IIIe République un enseignement modernisé et ouvert dont, au prix de quelques extensions ou consécrations législatives, elle va tirer tout le bénéfice.

Quand, décidément, il sera difficile de passer sous silence l'apport de l'Empire, on ne manquera pas d'en détourner tout le mérite sur un homme qui, c'est incontestable, le partage largement : Victor Duruy.

En 1863, Duruy avait été le premier étonné d'entendre Louis Napoléon lui proposer de prendre en charge le ministère de l'Instruction publique. L'empereur l'avait rassuré en trois mots : « Ça ira bien. » Et Duruy d'ajouter : « Je n'ai jamais reçu d'autres instructions que ces paroles. »

C'est dire que Louis Napoléon, qui connaissait parfaitement les idées et les intentions de son ministre, y souscrivait, du moins n'en était aucunement effrayé. Au demeurant, il ne se contenta pas de lui laisser le champ libre. Il l'appuya et le protégea sans défaillance, fait d'autant plus méritoire que la politique qui va être conduite jusqu'en 1869 n'a pas pour seul objet de donner une forte impulsion à l'enseignement public ; elle cherche carrément à ralentir le développement de l'enseignement privé. Ainsi, les congrégations non autorisées se voient-elles bientôt interdire la création de nouveaux établissements.

Après 1870, Duruy, dont la personne posait donc un sérieux problème aux républicains, fut approché par eux et fort courtisé. Nul doute que, s'il avait cédé aux sirènes du ralliement, il eût pu reprendre le fil d'une carrière politique brillante. A la différence de Lavisse, qui avait fait partie de son cabinet, il s'y refusa. Qui plus est, il tint toujours à souligner « la part prise par l'empereur [aux] créations », et affirma hautement les mérites du régime qu'il n'avait pas eu honte de servir : « Lorsqu'il pourra être porté sur ces questions un jugement impartial, je crois qu'il est un Gouvernement à qui on rendra l'honneur d'avoir fait plus que les autres en faveur de l'instruction générale de ce pays, ce sera celui que vous accusez de n'avoir rien fait. »

La situation de l'enseignement au début de l'Empire n'avait, il est vrai, rien de particulièrement brillant. Dans le primaire, les maîtres étaient en nombre insuffisant, et mal payés. Louis Napoléon veilla à faire passer leur traitement moyen de 493 francs en 1846 à 600 francs sous sa présidence : d'autres augmentations intervinrent encore ultérieurement — on ne fut pas toujours aussi attentif, par la suite, à la nécessité de la revalorisation de la condition enseignante... Surtout, pour faire face à la pénurie, il créa par un décret du 31 décembre 1853 des postes d'instituteurs suppléants et adjoints.

L'essentiel est ailleurs. La loi de 1833 organisant l'enseignement primaire public était mal appliquée. Ce texte important, qui avait fondé les écoles normales, prolongeait les écoles primaires par des écoles primaires supérieures, imposant à toutes les communes d'entretenir une école, d'ailleurs réservée aux garçons. Au cas où les communes éprouveraient trop de difficultés à voter les centimes additionnels nécessaires pour financer l'accueil des enfants indigents était prévue l'intervention de centimes départementaux, complétée le cas échéant par une participation de l'État à prélever sur un crédit global. Il existait donc un maximum légal et financier d'admissibilité pour les plus pauvres.

Situation d'autant plus insupportable que le système fonctionnait mal : beaucoup de conseils généraux s'abstenaient de voter les aides auxquelles ils étaient astreints, empêchant du même coup le déclenchement des aides de l'État. Ainsi, plusieurs centaines de milliers d'enfants pauvres ne trouvaient pas accès à l'enseignement.

Avec l'appui de l'empereur, Duruy fit voter en 1867 une nouvelle loi, de nature à régler le problème. Les communes se virent reconnaître le droit d'établir la gratuité totale sous la réserve d'augmenter de 3 centimes leur contribution aux dépenses scolaires : cette condition remplie, l'assistance de l'État devenait automatique et définitive. Du coup, les admissibilités gratuites n'étaient désormais soumises à aucun maximum, de droit ou de fait. Dès les premiers mois d'application de la loi, la gratuité devint effective dans quelque huit mille communes et profita rapidement à quelque cent mille élèves.

Le ministre avait aussi annoncé très tôt sa volonté d'instaurer le double principe de l'obligation et de la gratuité générales. Ses collègues au gouvernement ne manquèrent pas de pousser de hauts cris. Le moment n'était pas venu... Fidèle à sa stratégie, Louis Napoléon préféra se borner à engranger ce qui pouvait l'être.

On renvoya donc le principe de l'obligation à des temps meilleurs, sans perdre de vue l'objectif qui dépendait en fait de la multiplication des écoles. Quant à la gratuité, on se fit une raison. Duruy reconnut lui-même qu'il ne tenait pas outre mesure « à ce qu'un fermier fût dispensé de payer 10 ou 12 francs par an de rétribution scolaire alors qu'il en donnait 10 à 12 000 à son propriétaire. »

L'empereur et son ministre purent d'autant plus aisément faire preuve de patience que la loi comportait une avancée décisive dans un autre domaine : toutes les communes étaient désormais tenues de créer une école de filles.

Les innovations dans le primaire ne se limitèrent pas à ces réformes : le souci de l'efficacité, la volonté de rapprocher l'éducation des réalités de la vie quotidienne conduisirent par exemple à introduire dans les écoles de filles la pratique des travaux à l'aiguille — treize mille maîtresses étant nommées à cet effet — ainsi que l'enseignement de notions élémentaires en matière de comptabilité agricole et d'hygiène. De même, le programme des écoles rurales se trouva enrichi par l'introduction de quelques notions de caractère économique. Parallèlement, les écoles normales furent dotées de terrains agricoles expérimentaux, « afin que la principale maison scolaire du département devienne comme une sorte de ferme modèle pour la petite culture ». Enfin, l'existence de cours pour adultes fut consacrée par l'octroi d'une indemnité légale aux personnes qui s'en chargeaient.

L'extension de la gratuité et l'augmentation du nombre des écoles primaires suscitèrent une assez vive irritation dans le clergé. Ce ne fut rien à côté des protestations que souleva de sa part la création d'un enseignement secondaire de jeunes filles : l'Église aurait souhaité conserver la maîtrise totale de ce secteur, dont la responsabilité ne pouvait incomber, d'après elle, qu'à des prêtres ou à des femmes. Ce n'était pas l'avis de l'impératrice qui contribua activement à imposer la réforme en faisant suivre par ses nièces espagnoles ce nouvel enseignement qui, à la fin de l'Empire, était dispensé à la Sorbonne et dans quarante-quatre villes de province.

L'enseignement secondaire devait connaître d'autres évolutions notables. Sur le plan pédagogique, d'abord : Duruy y rétablit les cours de philosophie, y imposa un enseignement de l'histoire contemporaine — qui, jusque-là, n'allait pas plus loin que 1815 — et réaménagea celui du dessin. Sur le plan des conditions d'accès, aussi : l'organisation du régime des bourses remontait à floréal an X, et brillait par son inefficacité. Les réformes introduites en 1848, sans qu'interviennent les rallonges budgétaires nécessaires, avaient créé une situation ubuesque : en 1853, sur un nombre de bourses théorique de deux mille quatre cents — quota notoirement insuffisant — on s'aperçut qu'il en était distribué moins de mille ! Il y fut remédié prestement.

Le plus important tenait à la réorganisation du cursus secondaire. Reprenant et adaptant une idée avortée de son prédécesseur Fortoul, Duruy sépara les voies littéraire et scientifique, créant pour celle-ci un « enseignement secondaire spécial ». Cette réforme, qui bénéficiait d'un appui énergique de Louis Napoléon soucieux de fournir les cadres, ingénieurs et contremaîtres indispensables à un appareil économique en pleine expansion, avait pour objet d'offrir aux enfants de tous les milieux, agricoles, industriels et commerciaux, une formation en rapport avec leurs perspectives de carrière.

Duruy l'explique en ces termes : « J'appelais cet enseignement "enseignement secondaire" parce qu'il s'élevait fort au-dessus des préoccupations de l'enseignement primaire et "spécial" parce que ma circulaire d'exécution précisait que si l'enseignement classique est le même partout, l'enseignement spécial doit varier dans beaucoup de villes selon le caractère de l'industrie dominante. »

En même temps que cette filière se mettait rapidement en place, une « École normale spéciale » destinée à en former les enseignants s'installait dans les locaux de l'ancienne abbaye de Cluny. Tout indique qu'il s'agissait d'une heureuse réforme : en 1870, le major de Polytechnique sortait des rangs de l'enseignement secondaire spécial.

Cette nouvelle voie eut contre elle d'être considérée par les républicains comme une création impériale — ce qui était vrai — et donc comme nocive — ce qui était faux. On laissa, après 1870, péricliter l'École normale spéciale, et l'on revint sur une innovation dont le caractère positif était avéré.

Duruy le constata avec amertume : « On a voulu préparer une fusion de l'enseignement secondaire spécial et de l'enseignement secondaire classique. Et on n'a plus ni l'un ni l'autre. »

Il faudra attendre le début du siècle suivant, et la loi Astier, pour renouer avec un choix si prometteur.

Ce ne fut pas là le seul effet aveuglant du sectarisme. On critiqua aussi, contre toute vraisemblance, le prétendu immobilisme impérial dans le domaine de l'enseignement supérieur. C'est pourtant à bon droit que Duruy a pu souligner que « l'Empire avait eu le temps d'inaugurer [...] une méthode nouvelle et féconde d'enseignement supérieur ».

Le nombre des facultés s'accrut : Nancy, Douai, Clermont-Ferrand, Poitiers, Marseille vinrent s'ajouter à la liste. Le Centre national des arts et métiers fut rééquipé ; l'École des langues orientales vivantes réorganisée ; une École supérieure d'agronomie implantée au Muséum.

Tandis que s'ouvraient des chaires ou des cours complémentaires orientés systématiquement vers les sciences nouvelles, vingt-six laboratoires furent construits et dotés d'un matériel moderne ; parallèlement, fut édifié l'observatoire météorologique de Montsouris. Louis Napoléon, qui a si souvent prélevé sur sa cassette de quoi aider les chercheurs en manque d'argent, suivait avec intérêt et passion les progrès de ces recherches. Comme l'a écrit Merruau dans ses *Souvenirs de l'Hôtel de Ville*, il s'était tracé à cet égard une ligne de conduite qu'il formulait ainsi : « ne rien condamner comme chimérique avant examen, faire éclore les idées fécondes que l'on accuse si souvent les Administrations de dédaigner et d'étouffer ».

Couronnement de cet effort, la création de l'École pratique

des hautes études, qui donna très vite des professeurs de renom à nos facultés, mais également à maintes universités et académies étrangères.

Au total, le bilan de l'action conduite est impressionnant. Les initiatives que prendra la IIIe République sont largement préparées, facilitées, anticipées. Il est absolument contraire à la vérité de soutenir que l'Empire, indifférent à l'évolution de l'enseignement public, a abandonné au clergé le soin d'assurer le minimum d'éducation compatible avec la stabilité sociale, et qu'il faut attendre 1870 — voire 1879 et le triomphe radical — pour voir enfin ouverts au peuple les chemins de l'instruction.

Œuvre originale, au demeurant, qu'Adrien Dansette a su caractériser: « Que l'œuvre du Ministre ait été laïque, il serait difficile de le contester, mais on s'est à l'époque profondément mépris sur la signification et l'importance de cette laïcité. Rien n'était plus sain, n'était plus conforme aux traditions nationales que le programme de Victor Duruy. Il voulait faire des Français attachés à leur commune, à leur région, à leur métier, la tête libre, les pieds solidement fixés au sol et les mains armées de leurs outils familiers (à l'inverse de Jules Ferry qui, plus ou moins consciemment, forma des citoyens du monde et non pas des Bretons ou des Lorrains)... »

Œuvre que d'irréductibles résistances, dont l'empereur et Duruy ne purent venir à bout, entachent malgré tout d'une impression d'inachevé. De cette occasion partiellement manquée, Dansette, une fois encore, tire une judicieuse conclusion: « Sans doute, sous la IIIe République, les conceptions idéologiques antireligieuses de Jules Ferry et de ses successeurs n'eussent-elles pas prévalu au même degré si l'instruction obligatoire et gratuite avait déjà été organisée selon les principes réalistes de Victor Duruy. »

Un système financier permettant la mobilisation de l'épargne, un enseignement largement rénové, il reste encore, dans le cadre de la politique de développement économique, à moderniser — ou à créer — des infrastructures adaptées. Et d'abord dans le domaine des transports où les perspectives ouvertes par le chemin de fer n'ont été jusqu'ici qu'imparfaitement exploitées.

La situation dont a hérité Louis Napoléon est franchement catastrophique. A la fin de 1851, la France compte en tout et pour tout 3 546 kilomètres de lignes en activité. Le retard sur l'Angle-terre est patent : 10 000 kilomètres ont été ouverts outre-Manche, 23 000 au total en Europe, 38 000 dans le monde. Il n'est pas jusqu'à la Belgique qui, toutes proportions gardées, ne nous devance largement : ses 850 kilomètres de voies, pour un territoire vingt fois moindre, lui permettent de relier utilement ses ports d'Anvers et d'Ostende à Liège et à la frontière allemande. Rien de tel en France. Car il y a pire encore que le retard quantitatif : les lignes sont dispersées et ne constituent aucunement l'amorce d'un réseau cohérent. Rien ne paraît annoncer la réunion de ces tronçons épars : l'exploitation des lignes est curieusement répartie entre vingt-sept compagnies, qui n'ont pas de rapport entre elles et dont les dimensions modestes limitent la capacité d'investissement et, partant, les ambitions... Ces compagnies connaissent d'ailleurs souvent de sérieuses difficultés pour survivre. Les faiblesses du système sautent aux yeux quand on observe que les tronçons censés préfigurer la liaison Paris-Méditerranée sont répartis... entre cinq compagnies !

Souvent, les effets de la crise du milieu du siècle sont mis en avant pour expliquer que le développement du transport ferro-viaire français soit demeuré si embryonnaire. En fait, c'est l'absence de volonté politique qui l'emporte sur toute autre raison. On a même l'impression, parfois, que les causes structurelles de ces retards ont été voulues, organisées.

Les gouvernements précédents ne paraissent pas avoir cru à l'avenir du chemin de fer. En 1837, les Chambres avaient bien été saisies d'un projet de réalisation d'un grand réseau ferroviaire. Mais Thiers, qui assumait alors la présidence du Conseil, avait tout fait pour doucher les enthousiasmes. N'avait-il pas affirmé « qu'il ne serait pas possible de construire plus de 20 kilomètres de lignes ferrées par an parce que la production nationale de fer ne suffirait pas à davantage » ? N'avait-il pas renchéri en prévoyant avec aplomb que « les chemins de fer ne pourraient rendre quelques services que pour les transports à petite distance et qu'ils ne permettraient jamais d'établir des relations régulières entre des villes éloignées » ?

Il est vrai que l'Académie des sciences, consultée, avait doctement considéré que l'idée de la réalisation d'un réseau général était totalement irréaliste. L'éminent savant qu'était Arago, qu'on avait retrouvé en 1848 au Gouvernement provisoire, s'était complu à noircir le tableau en mettant en garde les voyageurs contre les risques de fluxions de poitrine, de pleurésies et de rhumatismes qu'ils auraient à encourir dans les tunnels!

Ces théories imbéciles avaient déterminé jusqu'ici la politique des pouvoirs publics : le chemin de fer paraissait définitivement voué aux transports sur des trajets courts, d'intérêt purement local. On continuait donc le plus souvent à voyager en voitures attelées de chevaux, diligences ou malles-postes qui mettaient cinquante-cinq heures pour relier Paris à Lyon.

Louis Napoléon, comme tous les saint-simoniens, s'inscrivait en faux contre ces idées communément reçues. Au cas où l'on douterait de la force de sa conviction, il suffirait de rappeler que la plupart des décisions imposant une politique entièrement nouvelle en la matière furent prises pendant les quelques semaines de dictature qui séparèrent le coup d'État de la mise en place des nouvelles institutions. Les changements à promouvoir ne manquaient pas d'ampleur, et dès lors que l'opinion, abusée par tant de fadaises, y était probablement peu préparée, il fallait les imposer sans retard.

De fait, dès le 6 décembre 1851 — on n'avait pas perdu de temps! — Magne, le ministre des Travaux publics, convoquait les compagnies susceptibles de se voir concéder la construction d'un chemin de fer dans la banlieue. A la stupéfaction de leurs dirigeants, on ne leur laissait que vingt-quatre heures pour se décider. Et huit jours à peine après le coup d'État, on pouvait publier le décret prescrivant la construction, sur la rive droite de Paris, d'un chemin de fer de ceinture à l'intérieur des fortifications. Dès le 5 janvier, un autre décret autorisait la concession de la ligne Paris-Lyon.

Les principes de la nouvelle politique sont clairs et cohérents. De l'ancienne, on ne retient qu'un seul élément : c'est à l'initiative privée de prendre en charge la construction et la gestion des lignes. Mais l'État est désormais décidé à intervenir puissamment pour mettre les compagnies en mesure d'atteindre l'objectif général qu'il a fixé : doter la France d'un réseau organisé, homogène et d'une longueur suffisante. On fait passer à quatre-vingt-dix-neuf ans la durée des concessions, favorisant ainsi un amortissement rationnel des énormes investissements à réaliser. Pour permettre aux concessionnaires d'atteindre une surface financière suffisante, on les incite à se regrouper. Et pour leur assurer les moyens financiers indispensables, on garantit au capital engagé un intérêt minimum de 4 % pendant la moitié de la concession. Louis Napoléon se charge lui-même d'éliminer d'autres obstacles : il impose une simplification des règlements qui prévoyaient des clauses techniques aussi contraignantes qu'inutiles ; il prend sur lui d'autoriser des importations de rails anglais, la métallurgie française se montrant décidément incapable, au moins dans un premier temps, de satisfaire à la demande.

L'empereur presse son monde : rien ne va jamais assez vite à son gré. De fait, conformément à ses espoirs, les résultats ne se font pas attendre.

Dès 1852, la jonction avec la Belgique est réalisée et la ligne Paris-Strasbourg achevée. En 1853, Paris est reliée par chemin de fer à l'Allemagne. A la fin de l'année, Magne peut déjà exulter et, dans un rapport à Louis Napoléon, s'exclamer : « Cette immense amélioration, accomplie en un an après la proclamation de l'Empire, est le témoignage le plus éclatant de la confiance inspirée au pays par l'Empereur et de l'incroyable développement du crédit public qui en a été l'heureuse conséquence. »

Les années suivantes marquent de nouvelles étapes de l'œuvre entreprise : la ligne Paris-Marseille est prête en 1855 ; en 1856 sont ouvertes les lignes Paris-Tours, Bordeaux-Bayonne, Paris-Caen, Bordeaux-Toulouse. En 1858, la longueur du réseau a déjà quasiment doublé : 8 675 kilomètres de lignes sont en exploitation. Tout le territoire national est désormais innervé : Paris est reliée à tous les grands centres provinciaux, à l'exception de Brest qu'on n'atteindra qu'en 1860. Quant à la politique de fusion des compagnies, elle a progressivement porté ses fruits grâce au relais d'hommes comme Talabot : inaugurée par une série de décrets en mars 1852, elle a abouti à la constitution de six grandes compagnies assurant la gestion d'un réseau homogène, dont cinq subsisteront jusqu'à la création de la SNCF en 1937 : Est, Nord, Paris-Lyon-Marseille, Orléans, Ouest et Midi.

Dès lors, le moment est venu de passer à une deuxième phase de réalisation. En juin 1859, les conventions Franqueville enregistrent l'engagement des compagnies de construire un nouveau réseau qui ramifiera l'ancien.

Effectivement, à la fin du règne, le réseau français totalisera quelque 20 000 kilomètres. 111 millions de voyageurs l'empruntent. 44 millions de tonnes de marchandises sont transportées chaque année. L'Angleterre, avec ses 17 800 kilomètres, aura été rattrapée et largement dépassée. Parallèlement, le nombre des locomotives aura quintuplé.

Quels chantiers, il est vrai!

Les travaux mobilisaient des armées de travailleurs de tous les corps de métiers, jusqu'aux cuisiniers qui devaient à chaque inauguration, sortir le grand jeu : moutons à la broche, bœufs entiers, le tout largement arrosé de bière et de vin. Les ingénieurs domptaient tous les obstacles : vallées profondes ou bras de mer enjambés par des ponts métalliques et des viaducs, tunnels de plus en plus longs se jouant des montagnes : celui du Mont-Cenis, inauguré en 1870, aura 13 kilomètres de long.

Les Schneider, qui avaient acheté les mines et les forges du Creusot, produisaient en 1860 quatre-vingts locomotives par an et employaient dix mille ouvriers. Les fonderies d'Oullins, près de Lyon, les Wendel, à Hayange, dans l'Est, les Thierry Mieg à Mulhouse sortaient jusqu'à une locomotive par jour...

Ce formidable essor n'est pas allé sans quelques incidents de parcours. D'abord hésitante, l'opinion s'est enthousiasmée et la spéculation s'est déchaînée. Les Pereire se sont largement engagés dans une aventure où l'on n'est guère surpris de retrouver Morny. Celui-ci a pris la présidence d'une compagnie qui devait introduire les voies ferrées dans le Massif central. Les travaux sont longs et difficiles, et le « Grand Central » se trouve en 1857 au bord de la faillite ; il faut pour éviter le scandale une intervention du gouvernement, Rouher répartissant la concession entre les deux compagnies voisines.

Cet incident est vraiment peu de chose à côté de l'ampleur de la révolution économique et sociale que suscitent les opérations menées à bien. L'agriculture, qui vivait repliée sur les marchés locaux, l'industrie dont le comportement restait empreint d'une timide prudence, voient s'ouvrir de nouveaux débouchés qui les contraignent à s'enhardir et accélèrent leur expansion. Parallèlement, Paris et les grandes villes, désormais reliées entre elles, vont trouver de quoi alimenter leur développement réciproque.

Le rail aura engendré le trafic. Et le trafic aura déterminé prospérité et enrichissement. La vie de nombreux Français s'en trouve transformée. Les hommes, les idées, les denrées circulent. Les distances se raccourcissent. Les Français voyagent trois fois plus. Ils correspondent davantage, à la faveur du lancement du timbre-poste : neuf lettres au lieu de cinq par an et par famille. Les lectures elles-mêmes évoluent : les colporteurs continuent d'aller de village en village, mais Louis Hachette a déjà lancé ses bibliothèques de gare.

Le développement du télégraphe électrique a suivi celui du chemin de fer. Ses lignes furent d'ailleurs généralement implantées le long des voies ferrées, et il y avait quelque logique à coupler ainsi les deux entreprises. En 1849, la France ne possédait encore que 500 kilomètres de ces lignes, autrement plus développées en Angleterre, en Russie, en Allemagne et en Belgique ; on en était resté, paresseusement, au système aérien de télégraphe optique qui reliait Paris à vingt-neuf villes par l'intermédiaire de cinq cent trente-quatre stations, pour une longueur totale de quelque 5 000 kilomètres.

Dèjà, le prince-président avait encouragé l'extension du réseau électrique, qui était passé à 2 133 kilomètres pour dix-sept bureaux. Le 6 janvier 1852, un décret-loi ouvrit un crédit de 5 millions de francs pour accélérer encore les travaux.

Les résultats sont, là aussi, spectaculaires. En 1869, le réseau français disposait de 40 118 kilomètres et de mille soixante et onze bureaux. Les tarifs, d'abord très élevés, avaient été progressivement abaissés. Dès 1867, le nombre de dépêches privées, de l'ordre de neuf mille en 1855, avait dépassé les trois millions. La même année, de surcroît, avait été créé le réseau d'acheminement express du courrier par pneumatiques.

Sans apporter au système des transports un véritable bouleversement, l'amélioration du réseau routier n'a pas été négligée par le second Empire ; elle répondait à une évidente nécessité. Les routes étaient caillouteuses, souvent défoncées et semées d'ornières boueuses, causées par le passage continu des pataches. Avec le chemin de fer, le routage diminue, mais le rôle du réseau routier demeure important. Son aspect change. Si les routes nationales sont moins fréquentées, les routes départementales et, surtout, les chemins vicinaux trouvent une fonction nouvelle en devenant les affluents du rail — c'est, déjà, le mariage rail-route. Le transport routier est assuré à la fois par de grandes entreprises, et plus encore par les paysans eux-mêmes.

Du coup, l'effort d'amélioration des routes se porte principalement sur les routes secondaires. Elles deviendront alors, et restent encore aujourd'hui, le meilleur réseau d'Europe. On utilisa ce qu'il y avait de mieux pour les aménager, en particulier le procédé de l'Écossais John Loudon McAdam : on nivelle le sol soigneusement, on l'assèche, on répand des cailloux concassés, on remplit les interstices avec du sable mouillé et les véhicules, en roulant, aplatissent le sol eux-mêmes, en attendant la découverte du rouleau compresseur.

Un effort comparable a été consenti pour les voies navigables qui auraient pu sérieusement pâtir du développement des chemins de fer, alors qu'elles conservaient toute leur utilité. Il fallut parfois en convaincre l'opinion : n'avait-on pas réclamé l'assèchement du canal latéral de la Garonne... pour y installer un tronçon de la ligne de chemin de fer allant de Bordeaux à Sète ?

On construisit donc de nouveaux canaux et, surtout, on améliora la navigabilité des fleuves et des principales rivières canalisées ou praticables pour la navigation. Le volume des marchandises transportées passera ainsi de moins de 1,5 million de tonnes en 1848 à 2 millions en 1869, ce qui montre qu'on avait su réaliser entre les divers modes de transport un équilibre qui se détériora sous la IIIe République.

Le développement du transport maritime suivra de quelques années celui des chemins de fer. Louis Napoléon n'y est pas pour rien, qui a donné pour consigne de nous « rapprocher des autres continents ».

Comme le note La Gorce, « les voies ferrées qui venaient désormais mourir à l'extrémité des quais de nos ports inspiraient tout naturellement le désir de créer des communications plus étendues encore et d'abréger les distances maritimes elles-mêmes ». Il s'avérait donc opportun « de subventionner de grandes lignes de paquebots qui garantiraient aux voyageurs un transport sûr autant qu'accéléré et surtout seraient les messagers exacts, rapides et fidèles des correspondances privées ».

Dans ce domaine aussi, la situation léguée par les régimes précédents n'était pas fameuse. Thiers, qui n'en ratait décidément pas une, s'était prononcé contre la marine de fer et avait fait construire des bateaux en bois et à roue parfaitement inadéquats. Un projet de ligne Marseille-New York, subventionné par l'État, s'était soldé par un échec complet. L'armement français végétait. Nos ports manquaient de profondeur et leurs installations archaïques se trouvaient dépassées.

Convaincu de la nécessité de conduire de pair le renouveau de notre marine marchande et celui de notre flotte de guerre — entrepris hardiment sous la conduite de Chasseloup-Laubat — Louis Napoléon se résolut, sans exclure la possibilité de subventions d'État, à donner à la navigation civile un caractère industriel et capitalistique.

Au même moment, l'introduction, en 1860, de l'hélice amplifiait les performances des bateaux à vapeur, et c'est dans un contexte de progrès technique et de développement subséquent du trafic que s'opérèrent entre les petites sociétés qui existaient jusque-là les fusions nécessaires à la constitution de puissantes sociétés.

Ce fut d'abord la Compagnie des Messageries impériales, futures Messageries maritimes, qui progressivement assura le transport de la poste vers les pays d'Orient, puis des services réguliers, depuis Marseille, avec le Levant, l'Algérie, le Sénégal, l'Amérique du Sud, la Cochinchine, l'Océanie, le Japon. Ce fut le tour ensuite de la Compagnie générale maritime qui deviendra la Compagnie générale transatlantique, et qui, dès 1864, relia Le Havre aux États-Unis. Vint ensuite la société Paquet.

Simultanément, les ports étaient profondément modernisés : Marseille, avec ses 2 150 000 tonnes de trafic, Le Havre, avec son million de tonnes, mais aussi Bordeaux ou Nantes, tournés vers l'Amérique centrale, l'Amérique du Sud et l'Australie, ou encore Dunkerque et Brest.

Ainsi stimulée, la marine marchande française va passer sous le second Empire du quatrième au deuxième rang mondial. Son tonnage, de 668 130 tonnes en 1850, atteint le million à la fin du régime. Surtout, alors que les bateaux à vapeur ne représentaient pas plus de 13 200 tonnes à la veille de l'Empire, ils avaient atteint en 1870 20 p. 100 du tonnage, avec un total de cinq cents bâtiments.

Sur le plan économique, les heureux effets de ces politiques rondement menées et cohérentes sont aussi rapides que spectaculaires. Selon William Smith, le rendement total de l'industrie française augmenta de 73 p. 100 sous le second Empire, soit deux fois plus vite qu'en Angleterre, celui de l'agriculture progressant pour sa part de 60 p.100.

Après une longue période de marasme, la production industrielle ne cessa de croître sur un rythme extrêmement soutenu. Dès la période 1850-1857, son taux de croissance annuel — bâtiment inclus — dépassait les 5 p. 100.

En matière d'énergie, les données connues fournissent des indications allant dans le même sens: au début du règne, on comptait 7 290 machines à vapeur pour une force motrice de 90 000 chevaux-vapeur; à la fin, on en compte 24 787 pour 305 000 chevaux-vapeur. Au cours de la même période, la consommation de charbon a été multipliée par trois. Entre 1851 et 1856, la production de fonte a plus que doublé, celle des fers et aciers pratiquement triplé: elles dépassent respectivement 1,4 et 1 million de tonnes à la veille de Sedan.

La balance commerciale est constamment créditrice. Notre commerce extérieur, qui nous placera bientôt au deuxième rang mondial, augmente plus vite que celui de l'Angleterre, les échanges de produits métallurgiques qui progressent en quelques années de 90 p. 100 comptant évidemment pour beaucoup dans le total.

Sur la période de 1855 à 1859, les importations s'élevaient en moyenne à 1 732 millions de francs et les exportations à 1 894 millions. De 1861 à 1865, ces chiffres passent respectivement à 2 247 et 2 564 millions soit une progression en volume de 30 p. 100, dans laquelle les produits agricoles ne comptent d'ailleurs pas pour rien.

Car l'expansion de l'agriculture n'est pas moins remarquable. Il est vrai que l'engagement public y est particulièrement vigoureux. Le monde agricole ne bénéficie pas seulement des nouveaux débouchés que lui ouvrent la révolution des transports et l'application du traité de libre-échange, il engrange les effets positifs d'actions particulièrement efficaces sur son environnement. Le gouvernement multiplie les écoles d'agronomie et de chimie agricole qui vont contribuer à diffuser les innovations techniques, avec l'aide, à la base, des instituteurs formés à cette fin dans les écoles normales. Il distribue des primes de développement, et stimule l'innovation en organisant des concours agricoles. Il encourage la construction de chemins vicinaux. Les régions défavorisées ne sont pas oubliées: l'État y lance de grands travaux pour rendre à la culture des terres jusque-là inutiles. Les marais de Sologne, de la Brie, sont ainsi asséchés, de même qu'une partie de la Dombes; le boisement des Landes en pins est entrepris. Deux lois sont votées, en 1854 et 1858, pour encourager le drainage et les défrichements. Et les crédits sont là pour appuyer les textes.

Ces efforts transforment en profondeur l'agriculture française : seules, jusque-là, la Flandre et la Normandie pratiquaient l'agriculture intensive. La mise en jachère était utilisée un an sur trois dans le Nord, un an sur deux dans le Midi ; sous le second Empire, elle recule de près de moitié, tandis que les prairies artificielles gagnent rapidement du terrain. De nouvelles techniques se répandent : labourages profonds, assolements, chaulage, drainage ; l'emploi des machines agricoles tend à se généraliser.

Une relative prospérité s'établit. Elle est d'autant mieux venue qu'au début du règne on subit encore — avec des conséquences sans doute moins dramatiques qu'autrefois — les effets de calamités, telles que la maladie de la pomme de terre, de la vigne, des vers à soie, sans parler des terribles inondations de la Saône et du Rhône.

Les chiffres attestent les progrès accomplis. Compris jusque-là dans une fourchette de 10 à 12 quintaux à l'hectare, le rendement en blé va atteindre sous le second Empire une fourchette de 15 à 18 quintaux ; du coup, la récolte passe de 87 millions d'hectolitres en 1848 à 127 millions en 1869 ; sur la même période, la production de pommes de terre se hisse de 66 à 98 millions de quintaux, et celle de vin de 51 à 70 millions d'hectolitres.

Première conséquence heureuse pour l'ensemble de la population : la disparition définitive des disettes, la dernière s'étant produite en 1855. Pour le monde paysan, l'effet bénéfique concerne le revenu agricole qui commence par se stabiliser puis tend bientôt à s'accroître. Avant 1858, on a encore enregistré de mauvaises récoltes de céréales et de graves difficultés dans la viticulture. Mais, désormais, les hausses de prix agricoles vont compenser davantage les baisses de volume, car il n'y a plus comme autrefois un marasme industriel concomitant qui affectait aussi les ressources des consommateurs. Du coup, le paysan peut plus aisément étaler dans la durée les pertes des mauvaises années, et renforcer sa capacité de résistance.

Ainsi s'explique sans doute la fidélité que les masses paysannes témoignent à Louis Napoléon. Jusqu'à la fin, et même après, elles ont apprécié ses efforts en leur faveur, et pas seulement le climat de tranquillité qu'il avait su rétablir. Il n'y a donc rien d'étonnant dans le sentiment de nostalgie qu'elles éprouveront longtemps pour un régime qui aura fait beaucoup pour l'amélioration de leur sort : en réduisant d'abord des à-coups vécus comme autant de drames, en assurant ensuite une progression certes lente mais continue de leur niveau de vie.

Pour être moins visibles, les évolutions structurelles sont elles aussi très révélatrices du mouvement de modernisation de l'agriculture française à cette époque : la part de la population active employée dans l'agriculture tombe de 61 p. 100 en 1851 à 54 p. 100 en 1870...

Qu'en est-il pour le monde ouvrier ? A-t-il connu alors une amélioration parallèle de sa propre industrie ?

Un premier indice conduirait à en douter : il est établi que les prix industriels ont monté relativement moins vite que les prix agricoles. Frappé comme consommateur par la hausse des denrées alimentaires, l'ouvrier risquait fort de n'en pas trouver la contrepartie dans l'évolution de sa rémunération. De fait, la plupart des études observent que, si le salaire moyen s'est accru de 45 p. 100 pendant le règne de Louis Napoléon, cette augmentation, globalement, n'a pas fait plus que compenser le phénomène de la hausse des prix.

Phénomène tout à fait nouveau : de 1815 à 1851, les prix étaient restés stationnaires, parfois même orientés à la baisse, leur stabilité se conjuguant avec la stagnation des salaires. Désormais, l'inflation est là. En vingt ans, que ce soit là la cause ou l'effet, la masse monétaire va doubler. C'est un mouvement de caractère mondial, lié à la baisse générale de l'or, elle-même causée par la découverte des mines australiennes et californiennes. Certains facteurs conjoncturels expliquent telles ou telles flambées soudaines : ainsi en est-il de la guerre de Sécession, qui force l'Europe à s'approvisionner en coton aux Indes, où l'argent seul est reçu, d'où une nouvelle baisse de l'or.

Le mouvement, en tout cas, n'est pas continu. Se succèdent les escalades et les dégringolades. Ainsi, après les hausses très fortes en 1850 et 1857, qui ont porté l'indice des prix industriels à 140, on se retrouve à 115 en 1863. De même, après avoir atteint en 1864, en pleine guerre civile américaine, un sommet historique à 172, l'indice n'est plus que de 140 en 1870.

Inégale sur l'ensemble de la période, l'inflation ne frappe pas uniformément les diverses composantes de la classe ouvrière. Pour une grande partie de celle-ci, l'accès à des conditions de vie meilleures est incontestable. Pour d'autres, en revanche, notamment les femmes seules ou les ouvriers les plus âgés, le problème même de la subsistance se pose.

Prosper Mérimée, qui — comme on sait — ne s'émeut pas facilement, reconnaît, tout en faisant la part des choses, que, dans certains secteurs, la vie est particulièrement difficile. Ainsi, écrit-il, le 28 novembre 1856: « Les ouvriers se plaignent de la cherté des vivres et des logements, mais ils ne disent pas qu'ils ont autant d'ouvrage qu'ils en veulent et que leur journée se paie le double juste de ce qu'elle valait il y a dix ans. Le renchérissement de la vie matérielle n'est pas en proportion avec celui de la main-d'œuvre. Les gens très malheureux, ce sont les employés et les ouvrières qui font les chemises. Je n'ai guère de pitié que pour les femmes mais j'en vois de pauvres vieilles qui me fendent le cœur. »

Si le second Empire ne fut donc pas dans les villes le régime de la vie à bon marché, il est incontestable qu'il fut celui du plein emploi. C'est là un immense progrès, qui ne pouvait qu'induire une amélioration générale du niveau et des modes de vie. S'il subsiste des inégalités de répartition entre catégories ou entre régions, la masse de la population française est à présent mieux nourrie, mieux logée et mieux traitée.

Un certain nombre d'indications le confirment: il a été démontré, par exemple, que la proportion des conscrits déclarés bons pour le service, à critères pratiquement inchangés, s'était considérablement accrue; on remarque une augmentation de leur taille moyenne. La consommation de viande, produit dont pourtant le prix ne baisse pas, s'élève régulièrement, passant de 23 kilos par habitant et par an en 1852 à 26 kilos dix ans plus tard.

L'accès aux caisses d'épargne s'ouvre à des couches nouvelles. Entre 1852 et 1870, le nombre des livrets n'est pas loin de tripler : il passe de 742 889 à 2 079 141 ; et, d'après le bulletin de 1860 de la Chambre de commerce et d'industrie de Paris, 120 000 ouvriers sur les 416 000 que compte l'agglomération parisienne avaient pu en ouvrir.

Cependant, même si le bien-être se démocratise, la situation comporte de multiples imperfections. Louis Napoléon en était plus conscient que quiconque, lui qui faisait réaliser régulièrement des enquêtes pour tenter de quantifier — d'évaluer dirait-on aujourd'hui — les conditions de propagation du progrès. Ces imperfections, il allait s'attacher à leur porter remède par la mise en œuvre d'une politique sociale volontariste, dont on n'avait connu jusqu'alors ni équivalent ni précédent.

La politique sociale de Louis Napoléon : encore un domaine où seules sa volonté personnelle et son obstination peuvent expliquer l'originalité de la démarche et l'ampleur des résultats. En fait, le second Empire doit à son souverain d'avoir été le premier régime à entreprendre des actions soutenues et cohérentes, dignes du nom de « politique », sur un terrain jusque-là laissé en friche par la puissance publique, qui l'abandonnait volontiers à la bonne volonté patronale ou à la charité religieuse.

L'échec retentissant des quelques velléités sociales de la République de 1848, dont les contradictions s'achevèrent dans le sang, l'absence de tout nouveau progrès significatif dans les premières années de la IIIᵉ République, tout ce qui s'est passé immédiatement avant et après lui invitent à placer très haut les mérites propres à l'empereur. Pourtant, ses initiatives, quels que soient leur nombre et leur intérêt, n'obtinrent souvent pas mieux que l'indifférence polie ou l'étonnement agacé de la plupart de ses contemporains, quand elles ne provoquèrent pas leur effarement hostile. Mme Dosne, l'égérie de Thiers, a bien résumé la position des classes aisées devant tant de preuves de sollicitude pour la classe ouvrière : « Son dada, c'est le peuple. » A gauche, c'est sans complaisance qu'on observait ce réactionnaire sorti de son rôle, comportement que ne prisent jamais les professionnels de la politique. Les uns cherchaient à le contrer en faisant de la surenchère ; les autres, en délicatesse avec la classe ouvrière comme bien des républicains depuis certains événements d'un passé encore proche, ne trouvaient dans ce comportement jugé bizarre qu'un motif supplémentaire pour manifester leur opposition.

Il n'en reste pas moins qu'en 1870 la France va se trouver dans le domaine des lois et pratiques sociales largement en avance sur les autres nations de son temps, avance qu'elle va malheureusement très vite reperdre. La brièveté de l'expérience constitue l'une des explications du dédain dans lequel est tenue la politique sociale de l'Empire.

Ollivier, au treizième volume de ses Mémoires s'indignait

ainsi que cette œuvre soit restée aussi méconnue et dénigrée : « Avoir poursuivi d'une haine féroce jusqu'à l'assassinat le seul Souverain dont la préoccupation principale ait été d'améliorer la situation matérielle et morale des masses et de les affranchir de leurs servitudes traditionnelles, le seul qui, malgré les terreurs de ses conseillers, ait accordé aux travailleurs des droits refusés par la Révolution elle-même et relevé leur dignité en donnant à leur parole une autorité égale à celle des patrons ; avoir méconnu le créateur des sociétés de secours mutuel ; le protecteur du droit de coalition, le restaurateur du suffrage universel mutilé ; avoir préféré à l'ami couronné qui servait le peuple de tout cœur les bourgeois opportunistes qui s'en servaient sans cesse, cela restera, à l'heure de la véritable histoire, une des pages les plus laides des annales de la démocratie française. Ce jugement sera rendu plus sévère encore par la longanimité avec laquelle l'Empereur, méconnu, menacé dans son trône et dans sa vie par la plus noire ingratitude, continua son dévouement à ceux qui le déchiraient. Que de fois ne m'a-t-il pas dit dans nos conversations intimes : "Tâchez donc de me proposer quelque chose dans l'intérêt du peuple". »

Concrètement, la politique conduite s'articule en deux volets que la logique, mais non la chronologie, conduit à distinguer l'un de l'autre.

Premier volet, la politique « paternaliste ». Souvent financée par des prélèvements sur la liste civile, voire sur la cassette personnelle, elle est la traduction de sentiments de compassion envers les petites gens. Le but de Louis Napoléon a toujours été de mettre le développement économique à leur service. Il y est d'autant plus résolu que, d'après lui, la consommation ouvrière a son rôle à jouer dans la croissance ; et ne s'est-il pas écrié : « Nous ne produisons pas trop, mais nous ne consommons pas assez ! » Néanmoins, il sait bien que tout cela prendra du temps : des initiatives immédiates sont donc nécessaires pour anticiper les effets du développement ou pour en corriger les plus pervers. A cet égard, son imagination est débordante ; l'amélioration du sort des ouvriers est chez lui une véritable obsession, qui trouve souvent des points d'application tout à fait inattendus.

Une de ses premières décisions consiste à créer — aux frais de l'État — un corps d'aumôniers dispensant gratuitement les dernières prières, car la pensée qu'un pauvre puisse être enterré sans le secours de la religion lui paraît intolérable. Il charge le chimiste Mège-Mouriès de fabriquer une matière grasse susceptible de remplacer, à moindre prix, le beurre ; ce sera l'invention de la margarine. Il entreprend lui-même, ne laissant ce soin à personne d'autre, de mettre au point un poêle à combustion lente et à consommation réduite destiné aux plus pauvres.

L'idée des « restaurants du cœur », ou de quelque chose d'approchant, lui vient à l'esprit, plus d'un siècle avant Coluche. Le préfet de la Seine recevra ainsi de lui, en 1856, 100 000 francs pour installer des « fourneaux économiques », lesquels, en l'espace d'un mois, distribueront, d'après André Castelot, jusqu'à 1 244 656 rations.

Il imagine une caisse de compensation pour réduire les variations du prix du pain. Il ouvre les asiles de Vincennes et du Vésinet, pour soigner les ouvriers malades ; il lance successivement une société de charité maternelle pour les femmes, l'orphelinat du Prince Impérial, et la société du Prince Impérial, conçue pour fournir des crédits aux ouvriers dans le besoin en vue de l'acquisition d'outils. Il réforme les bureaux de placement. Il crée un service de soins à domicile dont l'exposé des motifs du décret impérial de 1855 instituant les asiles nationaux explique fort bien la raison d'être : « L'industrie a ses blessés, comme la guerre. Le chantier, l'atelier, qui, pour l'ouvrier, sont le vrai champ d'honneur, le renvoient bien souvent malade ou mutilé. L'hospice le reçoit à l'égal du soldat, et la société de secours mutuel l'aide maintenant à soutenir sa famille. Mais quand il sort de l'hôpital, assez rétabli pour ne pas y rester, trop faible cependant pour reprendre son travail, il traîne sa convalescence dans la misère. »

Louis Napoléon s'intéresse aussi au logement des ouvriers et affecte à son financement une partie des fonds de la dotation d'Orléans. Il s'y prend en deux temps, lançant d'abord les premières cités ouvrières qui ne connurent guère de succès, puis décidant de subventionner la création de logements à très bon marché par les établissements industriels, ce qui s'avéra de bien meilleure méthode.

Tout ce premier pan de l'action impériale peut prêter à sourire... voire à grincer des dents. C'est à lui sans doute que s'applique le mieux cette appréciation de Georges Duveau : « L'Empereur voulait que les ouvriers fussent bien nourris, bien logés, qu'ils eussent régulièrement du travail et qu'ils fussent à l'abri dans leurs vieux jours, mais la bonne volonté impériale errait parfois dans les nuées et ne se traduisait pas toujours en actes précis. »

Louis Napoléon en vint très vite à des mesures de plus profonde portée, requérant généralement la sanction législative.

Les diverses étapes du parcours qu'il eut à accomplir pour améliorer le sort des condamnés de droit commun donne une assez bonne idée de l'évolution de ses méthodes. Dans un premier temps, il laisse parler son cœur, d'autant plus prêt à l'entendre qu'il a été lui-même prisonnier ; il décide donc de mettre fin au port du boulet, d'adoucir les conditions d'incarcération et de développer dans les prisons l'assistance médicale. Dans un second temps, prenant conscience des limites de ses initiatives, il s'attaque aux problèmes de fond : le but est d'obtenir du législateur l'abolition de la « mort civile » qui privait de tous droits juridiques les condamnés aux peines les plus lourdes, et la réforme du Code pénal dans le sens de l'atténuation de ces peines. L'œuvre d'humanisation judiciaire est d'ailleurs considérable : elle compte l'aménagement de l'assistance judiciaire, en janvier 1851, la création du recours gracieux par un décret du 18 décembre 1852, celle de la liberté provisoire par la loi du 4 avril 1855.

Comme il avait souvent affaire à très forte partie, ses tentatives ne furent pas toujours couronnées de succès. Ainsi ne put-il l'emporter dans cette trop fameuse affaire du livret ouvrier. Dans ce livret que, depuis 1803, chaque ouvrier était obligé de porter sur lui, les changements d'emploi devaient être consignés, avec leurs motivations. C'est dire qu'une forte tête n'avait aucune chance de passer inaperçue et de se faire oublier. De plus, l'habitude avait été prise par les patrons, quand ils avançaient de l'argent à un ouvrier, de conserver ledit livret en gage, ce qui interdisait au débiteur de quitter son emploi et limitait singulièrement sa liberté d'expression. Il était donc aisé de comprendre les sentiments d'aversion des intéressés à l'égard de ce document, symbole d'une condition inférieure.

Dès 1854, Louis Napoléon avait interdit par décret de faire figurer sur le livret le moindre commentaire. C'était un premier résultat. En 1869, à l'occasion d'un discours au Conseil d'État, Louis Napoléon fit connaître son intention d'aller plus loin et proposa carrément la suppression du livret. Sa proposition, fort mal reçue, n'eut pas de suite ; il fallut attendre encore vingt ans pour qu'elle soit satisfaite.

D'autres initiatives ont des succès plus immédiats. C'est le cas, en 1866, lorsque Louis Napoléon adresse une lettre publique au ministre d'État en vue de la création d'une Caisse des invalides du travail. Il s'agit d'offrir aux travailleurs des villes et des champs la possibilité de s'assurer contre les accidents du travail entraînant une incapacité continue, l'assurance couvrant les affiliés et, en cas de décès, leurs veuves. Pour facultative qu'elle soit, l'institution représente un progrès incontestable. Avec les sociétés de secours mutuel que l'empereur avait déjà systématiquement encouragées, avec la loi de 1853 sur le droit à pension des fonctionnaires et agents de l'État, avec les textes apportant une garantie de l'État aux premiers embryons de caisses vieillesse, elle préfigure les systèmes généralisés qui, à partir de tels modèles, allaient plus tard se mettre progressivement en place. Dans un premier décret du 15 juillet 1850 posant les fondements de ces sociétés, Louis Napoléon avait exprimé ses intentions : le texte avait été préparé parce que « le Président de la République [avait] estimé qu'en groupant les travailleurs et en leur permettant de s'assurer contre les éventualités malheureuses, on contribuait à l'amélioration du sort des masses laborieuses ».

Le changement législatif le plus important intervient en 1864 et concerne le droit de coalition. En proposant de l'accorder aux ouvriers, Louis Napoléon entendait leur reconnaître le droit de grève, rompant ainsi avec une attitude frileuse et répressive adoptée par la Révolution et au moins partiellement confirmée par le premier Empire. La loi des 14-17 juin 1791 relative au délit de coalition avait proscrit toute entente sur les conditions de travail, même s'il n'y avait pas « le refus simultané de travail qu'on appelle grève ». En 1810, le Code pénal avait quelque peu libéralisé le système ; l'entente n'était plus réprimée, mais seulement sa manifestation par la grève.

L'initiative du changement procède de toute évidence de la volonté personnelle de l'empereur, et nul ne pourra jamais prétendre qu'elle fut arrachée par « le développement des luttes ». Si au début des années 1860, quelques voix s'étaient élevées pour réclamer l'abrogation des articles 414 et 415 du Code pénal, c'était par référence à l'expérience anglaise, expérience que Louis Napoléon avait implicitement invité certains responsables ouvriers à découvrir et imiter. Il avait subventionné le voyage d'une délégation ouvrière à l'Exposition universelle de Londres, souhaitant qu'il fût l'occasion de rencontres avec les riches et puissants syndicats britanniques. Non seulement Louis Napoléon n'avait pas cherché à dissimuler son patronage, mais il l'avait revendiqué : à leur retour, trois des chefs de la délégation furent décorés de la Légion d'honneur. Plus tard, il ne dut voir que des avantages à la publication par l'ouvrier Tolain d'un texte dit *Manifeste des Soixante*, dont les thèses correspondaient pour l'essentiel à sa propre pensée : « Le Suffrage Universel, peut-on y lire, nous a rendus majeurs politiquement, mais il nous reste à nous émanciper socialement [...]. Nous ne voulons pas être des clients ou des assistés, mais des égaux ; nous repoussons l'aumône, nous voulons la justice. »

Louis Napoléon avait par avance annoncé la couleur. En 1862 et 1863, il avait gracié plusieurs ouvriers arrêtés et condamnés en application des articles 414 et 415. Il s'agissait donc de mettre le droit en accord avec le fait. Lors de l'ouverture de la session législative de 1864, l'empereur posa lui-même le principe d'un projet de loi d'abrogation, en déclarant : « Adoucir la législation applicable aux classes ouvrières dignes de notre sollicitude, ce sera là un progrès auquel vous aimerez vous associer. »

Tout bien considéré, le débat politique aurait dû rester relativement calme, les deux principaux camps ayant peu de raisons de s'enflammer. Les uns, les conservateurs, pouvaient se résigner, sans enthousiasme, à accepter ce qu'ils considéraient comme un caprice de l'empereur. Quant aux républicains, il n'était pas interdit de penser qu'ils éprouveraient quelque difficulté à combattre un dispositif qui répondait si évidemment à une attente sociale et à leurs propres idées.

En fait, le projet fut on ne peut plus mal accueilli. A droite, de telles concessions à l'ennemi de toujours paraissaient inadmissibles ; quand le député Seydoux dénonçait le texte comme une « loi de guerre », il exprimait l'opinion de beaucoup. Les républicains choisirent la voie de la surenchère, réclamant par surcroît les droits d'association et de réunion, faute desquels le texte n'était, selon eux, qu'une coquille vide.

Ollivier, le rapporteur du texte, avait eu du mal à admettre l'hostilité de la gauche et, bien des années plus tard, exprimait encore son indignation rétrospective : « Qui donc obligeait l'Empereur à présenter, malgré la résistance de son Conseil d'État et de sa majorité, une loi sur les coalitions, s'il n'avait pas

316

l'intention sincère de les permettre réellement? [...] Il faut être bien fourbe pour prêter, même à ses ennemis, une aussi grossière et dangereuse fourberie [...]; en présentant une loi sur les coalitions, il voulait de bonne foi assurer aux ouvriers la liberté de leur travail; il obéissait à la même inspiration de cœur qui lui avait suggéré déjà tant de mesures favorables au peuple, objet constant de ses sollicitudes affectueuses. »

Ollivier avait compris la méthode de l'empereur, et avait fini par y adhérer. Face aux tenants du « tout ou rien », il acceptait l'idée que les choses devaient se faire « un petit peu chaque jour ». La suite des événements n'allait pas lui donner tort.

Le droit de réunion, en effet, devait être voté peu après. Droit général certes, mais dont les ouvriers devaient être les premiers bénéficiaires. Par ailleurs, à défaut d'être légalement reconnus, les syndicats firent l'objet en 1868 d'un « édit de tolérance ». Liberté était désormais laissée aux ouvriers de créer des chambres syndicales. Dans une lettre citée par William Smith, Varlin, qui sera l'un des chefs communards, décrivait à son ami Albert Richard la situation nouvelle à laquelle on avait ainsi abouti: « Quant à la situation légale, elle est bien simple [...] toutes nos sociétés sont en dehors de la Loi. Elles n'existent que par la tolérance administrative. Mais cette tolérance est tellement passée à l'état d'habitude, tellement ancrée dans les mœurs qu'il serait impossible à l'administration de revenir là-dessus. »

Louis Napoléon ne s'en tient pas là. Il fait encore disparaître du Code civil le fâcheusement célèbre article 1781, en vertu duquel, devant un tribunal, la déclaration du patron — même sans preuve — l'emportait par principe sur celle de son ouvrier ou de son domestique, dès qu'il s'agissait de la quotité des gages, du paiement du salaire de l'année précédente ou des acomptes donnés sur l'année suivante. La portée de cette décision dépassait largement ses simples effets pratiques: désormais il était clair — et solennellement proclamé — que patrons et employés étaient placés, enfin, sur un pied d'égalité. D'autres textes importants méritent encore d'être signalés: celui du 22 février 1851, qui régularise le contrat d'apprentissage, diminue les heures de travail et règle l'autorité du patron; celui du 29 décembre de la même année, relatif à la suspension du travail les dimanches et jours fériés; la loi du 1er juin 1853, enfin, qui organise les conseils des prud'hommes.

Ainsi, quelles que fussent les difficultés, les rebuffades et les vicissitudes politiques, l'intérêt de Louis Napoléon pour la classe ouvrière ne se démentit jamais. Son dernier secrétaire, qui l'assistait à Chislehurst, nous rapporte que, dans les tout derniers temps de sa vie, il travaillait encore à un projet de régime général de retraite qui aurait permis à chaque ouvrier de bénéficier d'une pension minimale à partir de soixante-cinq ans. Cette anecdote en dit long, nous montrant comment Louis Napoléon s'impliqua totalement dans son travail, mit sans cesse la main à la pâte, et ne laissa à personne le soin de concevoir, d'élaborer et même de rédiger les projets qui lui tenaient vraiment à cœur.

Il eut à cela d'autant plus de mérite que, faut-il le répéter encore, il ne trouva que fort peu d'alliés parmi les chefs d'entreprise. Le patronat de l'époque ne chercha jamais à comprendre l'intérêt de ses conceptions et aurait volontiers fait sienne cette appréciation désabusée du marquis de Circourt à un ami anglais : « Il a l'ingénuité perverse d'un fou et l'assurance d'un fataliste. » Il est vrai que souvent, à l'occasion de conflits entre patrons et ouvriers, l'administration était intervenue dans un sens qui était loin d'être défavorable à ceux-ci. N'aurait-on pu attendre de la part de ceux-là un peu plus de compréhension ?

Reste à savoir si la classe ouvrière sut gré à l'empereur de ses efforts. La réponse à cette question en appelle d'autres. Louis Napoléon pensa-t-il un moment s'attirer l'ensemble du mouvement ouvrier et réaliser un front dont certains, en mai-juin 1848, avaient rêvé ? C'est peu probable. Certes — et parfois non sans raison —, on a cru discerner la pression du pouvoir dans la constitution de tel ou tel mouvement ouvrier : on a parlé ainsi d'un « groupe du Palais-Royal », qui aurait été inspiré par Napoléon Jérôme. Les républicains ont eux-mêmes accrédité l'existence d'un danger quand ils ont suscité un *Manifeste des Quatre-Vingts* en réponse au *Manifeste des Soixante...*

Les conditions d'accession au pouvoir de Louis Napoléon avaient introduit comme un coin entre les républicains et la classe ouvrière, ce que reconnaissait Jules Favre en répondant en ces termes aux appels qui lui parvenaient de divers milieux populaires : « C'est vous, Messieurs les ouvriers, qui seuls avez fait l'Empire ; à vous de le renverser seuls ! » La dimension sociale de la politique impériale, prenant la gauche à revers, faisait naturellement de l'empereur le défenseur des opprimés.

Mais Louis Napoléon ne pouvait, dans l'isolement relatif qui était le sien, empêcher l'évolution inéluctable de l'Internationale qui, sous l'influence des idées de Marx, se dirigeait vers l'action révolutionnaire et le renversement de tous les trônes, y compris le sien. Pourtant, il faut bien se garder de considérer comme la marque de son échec la vague de grèves qui se produisit en 1869 et 1870. N'oublions pas qu'en Alsace on criait alors, et à la fois, « A bas les patrons, vive l'Empereur », que les mineurs de Carmaux, en achevant leur mouvement, acclamèrent le nom de Louis Napoléon, et que l'immense majorité des mineurs qui avaient fait grève au cours de l'hiver 1869 vota pour l'empereur au plébiscite de 1870.

C'est dire que les efforts de Louis Napoléon ont sans doute remué quelque chose au plus profond des masses. Cet ébranlement est d'autant plus intéressant à observer que, dans son désir sincère d'émanciper les ouvriers, Louis Napoléon avait recherché et trouvé une voie originale et personnelle, écartant le socialisme et rendant crédible le message d'un libéralisme tempéré, corrigé et ouvert au progrès social.

On peut toujours mettre en cause l'impartialité d'Émile Ollivier, lorsqu'il nous livre ce témoignage : selon lui, l'action personnelle du souverain permit « l'amélioration du sort matériel, intellectuel et moral du plus grand nombre par l'assistance, le travail assuré, la législation, plus et mieux que la liberté parlementaire ne l'aurait fait ».

Mais pour quelles raisons rejetterait-on le jugement formulé en 1877 par Jules Amigues, autre communard, dans la brochure qu'il rédigea sur *l'Empereur et les Ouvriers* : « Quiconque est de bonne foi, quiconque se rappelle ce qu'était, il y a trente ans, la condition des ouvriers des champs et de la ville et ce qu'elle était devenue à la fin de l'Empire, ne peut nier que l'Empereur n'ait accompli une véritable révolution économique au profit des travailleurs. »

Louis Napoléon ne s'intéressa pas seulement au niveau de vie des Français, il s'intéressa à leur cadre de vie. Illustration la plus spectaculaire de son action, exemple donné au reste du pays, la transformation de Paris dont il va s'occuper personnellement. Il donnera l'impulsion politique, présidera à la conception générale de l'opération, suivra jour après jour les étapes de la réalisation, surveillera, activera, houspillera, balayera un à un tous les obstacles.

Afin de manifester à tous son engagement, de se donner le moyen de tout contrôler, et de ne perdre aucun détail de l'objectif immense qu'il s'est fixé, Louis Napoléon fait installer et conservera en permanence dans son bureau un plan de la capitale où sont dessinés les rues, les avenues, les places et les squares en projet.

Il y a bien des raisons à cette implication totale de l'empereur dans l'entreprise. La première est d'ordre psychologique. Louis Napoléon est un homme concret. Les affaires de l'État, qui se présentent souvent à lui sous la forme de dossiers abstraits, ne lui apportent pas que des satisfactions, d'autant que l'expérience s'est chargée de lui apprendre la distance qui sépare l'ordre donné des conditions de son exécution. En revanche la transformation de Paris est un immense chantier qui se déroule sous ses yeux. Il peut voir, toucher, mesurer les progrès réalisés jour après jour, sachant qu'il en est le plus haut responsable.

Le souci de prestige n'est sûrement pas absent. Louis Napoléon veut une capitale à l'échelle de la gloire et du rayonnement qu'il espère pour la France. Il souhaite que Paris devienne la métropole de l'Europe et, pourquoi pas, la plus belle ville du monde.

Il y a aussi une volonté de cohérence. En faisant de Paris le cœur du réseau ferroviaire, le parti a été pris d'accroître la fonction de coordination de la capitale avec toutes les adaptations qui en découlent. C'est particulièrement évident sur le plan des échanges commerciaux : les gares sont comme de nouvelles portes par lesquelles passeront les marchandises. Il faut donc de larges voies pour permettre à celles-ci de circuler sans difficultés. Quant aux passagers, Louis Napoléon se garde de les oublier :

« La transformation de Paris, déclare-t-il, est le complément nécessaire d'un réseau de chemins de fer dont je veux couvrir la France et qui, en un temps donné et prochain, se souderont aux chemins de fer étrangers. Que deviendront ces flots de voyageurs jetés dans une ville qui n'est pas percée en vue de les recevoir ? Où seront les voitures pour les distribuer dans les divers quartiers et les hôtels pour les loger ? »

Autre avantage attendu : les grands travaux à accomplir donneront du travail et permettront d'assurer le plein emploi.

Dernière motivation, peut-être la plus déterminante, Louis Napoléon a conscience du caractère inéluctable du mouvement d'urbanisation lié au développement industriel. Les villes vont accueillir une population de plus en plus importante. Il faut qu'elles puissent s'y adapter, et rester en mesure d'offrir à la fois de quoi héberger, de quoi circuler et de quoi vivre dignement, et même agréablement.

Le pronostic est tout à fait exact. Entre 1846 et 1866, la population urbaine passera en France du quart aux trois septièmes de la population totale et, de quatre, le nombre des villes de plus de cent mille habitants s'élèvera jusqu'à huit.

En fait, toutes les agglomérations, à un titre ou à un autre, participent au mouvement.

Bien sûr, les villes du Nord croissent au rythme du développement industriel : la population de Roubaix va ainsi tripler sous l'Empire. Lille et Rouen seront profondément transformées.

Au Sud, le mouvement, pour n'être pas aussi spectaculaire, n'en existe pas moins : Bordeaux, par exemple, passe de cent trente mille à deux cent mille habitants. Que de transformations à Marseille ! S'y édifient tour à tour la basilique Notre-Dame-de-la-Garde, la cathédrale Sainte-Marie-Majeure, le Palais de Justice, la Bourse, la Préfecture ; de grandes percées — comme la rue Impériale, aujourd'hui rue de la République — viennent bouleverser le paysage urbain et, parallèlement, est créé à la Joliette ce qui deviendra le port moderne. Toutes proportions gardées, des efforts analogues sont entrepris dans bien d'autres villes, comme Montpellier, même si, pour elle, le grand projet de réunir le Peyrou au Lez et le Lez à la mer n'ira pas plus loin que la création de la rue Foch.

Lyon, dont la population passe de cent soixante-quinze mille à deux cent cinquante mille habitants, voit sa physionomie changer du tout au tout sous l'impulsion du préfet Vaïsse, lequel ouvre des voies nouvelles — la rue Centrale (1853) et la rue Impériale (1855) —, aménage le parc de la Tête d'Or et agence le développement de Vaise, des Brotteaux, de Perrache — devenu progressivement un nœud ferroviaire important — et de la Guillottière, qui se peuple d'ouvriers employés par les usines de construction mécanique.

Et comme, pour les classes les plus élevées, se crée progressivement une civilisation des loisirs, des stations thermales, climatiques, balnéaires vont connaître un essor sans précédent : Deauville, Biarritz, Arcachon, Plombières, Vichy, parmi beaucoup d'autres, se créent, se développent ou se rénovent à l'initiative et parfois sur les plans mêmes de Louis Napoléon, quand l'impératrice ou Morny ne s'en mêlent pas.

La sollicitude dont fit preuve Louis Napoléon pour les deux villes thermales qu'il fréquenta le plus assidûment vaut qu'on s'y arrête.

A Vichy, il fit dessiner de nouveaux plans pour l'établissement de cure dont la structure actuelle reproduit fidèlement le tracé. La troupe fut chargée par ses soins de remblayer les bords de l'Allier qui n'étaient alors qu'un marécage. La première liaison ferroviaire avec Paris, dont il s'occupa personnellement, contribua à lancer définitivement la ville.

A Plombières, dès son premier passage, l'empereur, comme nous le raconte encore Jean Kastener, « fut frappé du contraste qui s'offrait à ses yeux. D'une part, la notoriété de la station et la valeur thérapeutique de ses eaux, d'autre part le mauvais agencement de la ville et l'indigence des établissements thermaux. Aussi, considérant la chose non seulement sur le plan local mais encore sur le plan national, résolut-il de s'intéresser à l'avenir de la station ». Et de fait, il s'en occupa fort activement. A bien des égards, certains de ses séjours ultérieurs allaient ressembler aux visites d'un architecte sur ses chantiers : il traça de nouvelles voies, lança des opérations de captage de sources, décida la construction d'un nouvel établissement thermal et l'agencement d'un grand parc, aida à la création d'une nouvelle église en même temps qu'il faisait transformer le quartier haut de la ville. Entre 1856 et 1865, le coût total des travaux atteint 6 millions de francs-or ; l'investissement se révéla rentable : pendant la même période, le nombre des curistes allait quadrupler.

Mais il n'y en eut pas que pour les stations thermales ou touristiques. En fait, comme l'écrit Louis Girard, « il serait difficile de trouver une ville de quelque importance qui ne doive quelque chose à l'urbanisme du second Empire ».

L'exemple de Paris est décidément contagieux, bien que nulle part ailleurs les travaux d'aménagement n'aboutirent à des modifications aussi radicales. Certes, la modernisation de la capitale aurait été accomplie tôt ou tard. Cependant, comme nous le dit Adrien Dansette, « c'est le mérite de Napoléon III, précurseur des urbanistes contemporains, d'en avoir conçu la nécessité, de l'avoir entreprise et presque achevée en moins de vingt ans ».

Il est vrai que la situation de Paris, au début du second Empire, n'a vraiment rien d'enviable et appelle de grandes transformations. Avec son million d'habitants, la ville a gardé tout son pittoresque, comme vont bientôt le découvrir et le ressasser les adversaires des transformations: ses rues tortueuses, étroites, sales, mal éclairées ne manquent pas de charme. Et le fait que souvent, dans les mêmes rues des mêmes quartiers, les hôtels les plus luxueux jouxtent les taudis les plus sordides présente bien des avantages. Il n'en demeure pas moins qu'on en est resté dans la plupart des artères à l'éclairage à l'huile et que le gaz n'est utilisé que dans les quartiers les plus bourgeois. Ce sont les porteurs d'eau auvergnats qui ravitaillent la majeure partie des appartements, ceux qui ne disposent pas de l'eau à l'étage. En réalité, le Paris de l'époque est toujours celui de la Révolution.

C'est à un préfet de choc, énergique, intelligent, imaginatif, audacieux, gros travailleur, et peu soucieux de précautions administratives, qu'est revenu, chacun le sait, le soin de mettre en œuvre la volonté de Louis Napoléon.

Georges Haussmann a été déniché par Persigny, qui a su comprendre — et convaincre l'empereur — que l'homme avait toutes les qualités et tous les défauts nécessaires pour mener à bien cette mission importante. Persigny a lui-même expliqué et justifié son choix, de fort belle manière:

« Pour lutter, me disais-je, contre les idées, les préjugés de toute une école économique, contre des gens rusés, sceptiques, sortis la plupart des coulisses de la Bourse ou de la Basoche, peu scrupuleux sur les moyens, voilà l'homme tout trouvé. Là où le gentilhomme de l'esprit le plus élevé, le plus habile, du caractère le plus droit, le plus noble, échouerait infailliblement, ce vigoureux athlète, à l'échine robuste, à l'encolure grossière, plein d'audace et d'habileté, capable d'opposer les expédients aux expédients, les embûches aux embûches, réussira certainement.

« Je jouissais à l'avance à l'idée de jeter cet animal de race féline à grande taille au milieu de la troupe de renards et de loups ameutés contre toutes les aspirations généreuses de l'Empire. Je lui dis de suite et ouvertement pour quel poste et à quelle condition j'avais l'intention de le proposer à l'Empereur. Assurément, il était homme à comprendre aussi bien que personne le grand côté de l'opération et à en surmonter les difficultés, comme il l'a bien montré, mais à la vue, à l'odeur de l'appât, sans hésiter, il se jeta dessus avec fureur. »

De fait, Haussmann sera l'exécutant fidèle et dévoué de l'empereur, toujours prêt à répondre à ses fébriles exigences. Il attirera sur lui toutes les critiques, ayant décidé une fois pour toutes que la fin justifiait les moyens. Après tout, ne l'a-t-on pas appelé pour remplacer le préfet Berger parce que, précisément, celui-ci paraissait trop timoré ?

Haussmann travaille directement avec Louis Napoléon. Sa volonté de ne dépendre que de lui et de n'en référer qu'à lui rejoint le souci de l'empereur d'avoir prise constamment sur le dossier. C'est un ministre sans titre, encore qu'il eût aimé en avoir un, ne serait-ce que pour faciliter ses rapports — toujours orageux — avec le ministère de l'Intérieur.

Il sait remarquablement s'entourer : l'hydrologue Bertrand et l'ingénieur Alphand émergent du groupe d'architectes et de spécialistes qui constituent autour de lui un véritable état-major de guerre, avec lequel il mène son entreprise comme une action de commando, sans trop regarder sur les méthodes. Du moins est-il honnête : contrairement aux accusations qui ont été portées contre lui, son orgueil paraît assez grand pour l'avoir empêché de céder aux innombrables tentations dont il a dû faire l'objet.

Non sans mérite, Louis Napoléon le soutiendra contre vents et marées, pratiquement jusqu'au bout. Aller vite, comme le faisait son homme de confiance, n'était-ce pas pour lui la meilleure façon de frapper les esprits en prouvant l'efficacité du régime ? Il ne le sacrifiera finalement que sur l'autel de la politique. Mais l'essentiel de l'œuvre aura alors été accompli.

Tout cela allait coûter cher, très cher. Selon Haussmann lui-même, entre 1851 et 1869, la dépense totale se serait élevée à quelque 2 milliards et demi de francs-or. Ce n'était qu'un début. On sut cependant trouver des méthodes de financement originales.

Louis Napoléon ne souhaitait pas que l'on accrût la charge fiscale pesant sur les Parisiens. L'octroi était déjà assez lourd ; d'ailleurs, la progression de la population et des échanges avait augmenté son produit de manière significative. Il fut donc entendu que l'essentiel du financement proviendrait d'emprunts à long terme contractés par la ville et gagés par l'excédent de ses recettes sur ses dépenses, la perspective de la revente d'une partie des terrains expropriés paraissant à cet égard prometteuse.

Il fallut pourtant recourir aux subventions de l'État, et beaucoup plus souvent qu'on ne l'avait initialement prévu. Qu'il s'agisse de subventions ou d'emprunts, Louis Napoléon et Haussmann se trouvaient dépendre du bon vouloir du Corps législatif, qui avait à voter les unes et à autoriser les autres. Ce bon vouloir fit souvent défaut, des députés de province estimant qu'on dépensait trop pour la capitale. Bien avant l'Opéra Bastille, l'Opéra Garnier fut ainsi considéré par eux comme le summum du luxe et le symbole de l'inutile.

A vrai dire, la vue du pactole constitué par les salaires distribués, les profits réalisés et les indemnités d'expropriation encaissées pouvait faire naître un sentiment de convoitise.

De ce fait, Louis Napoléon et Haussmann en furent parfois réduits à utiliser des moyens détournés, parfois même de fort médiocres expédients : par exemple, la vente à des promoteurs d'une parcelle au sud du jardin du Luxembourg.

Il y eut plus grave. En 1858, un décret portait création de la Caisse des travaux de Paris, organisme qui pouvait émettre, en les gageant sur les terrains achetés puis revendus par la Ville, l'équivalent de bons du Trésor, ce qu'il fit sans aucune retenue. Plus tard, par le biais de « bons de délégation », Haussmann alla jusqu'à contracter des emprunts sans autorisation législative en passant par le truchement des banques, ou même, de façon plus contestable encore, par celui des compagnies concessionnaires des travaux. On imagine sans peine les réactions que pouvait provoquer le recours à de telles méthodes.

En 1865, le ministre des Finances écrivait à Louis Napoléon que « la Ville n'a pas de budget, parce qu'on ne connaît de manière exacte ni ses ressources, ni ses besoins ». Léon Say, propriétaire des *Débats*, et proche des Rothschild, n'allait pas tarder à présenter ses fort sérieuses *Observations sur le système financier de M. le Préfet de la Seine*, avant que ne soit publiée la brochure de Jules Ferry sur *les Comptes fantastiques d'Haussmann*.

Il n'empêche que tout cela servait une bonne et belle cause, pour difficile qu'elle soit. Près de vingt années durant, Paris va être transformée en un gigantesque chantier. On y circule partout au milieu des gravats, des entassements de matériaux, des terrassements et des échafaudages. Une caricature fameuse met en scène des touristes anglais perplexes devant tant de chambardements, l'un d'eux s'écriant : « C'est singulier, l'*Illustrated London News* ne nous a rien dit de ce tremblement de terre. »

Ce séisme, les Parisiens l'apprécient d'ailleurs d'autant moins qu'il est permanent et semble n'avoir pas de fin prévisible. Vivre dans le Paris de l'époque n'est pas toujours chose facile. Circonstance aggravante : une fois les travaux terminés, beaucoup d'anciens occupants sont en quelque sorte interdits de retour, et doivent, de gré ou de force, s'orienter vers de nouveaux arrondissements. Ainsi s'explique l'accueil plus que mitigé qu'on réserve à ces transformations.

Le souvenir du vieux Paris, insalubre, mais si « poétique » donne lieu à de nostalgiques évocations. Par exemple, dans le *Journal* des Goncourt, à la date du 18 novembre 1860, on lit ceci : « Je suis étranger à ce qui vient, à ce qui est, comme à ces boulevards nouveaux sans tournants, sans aventures et perspectives, implacables de ligne droite, qui ne sentent plus le monde de Balzac, qui font penser à quelque Babylone de l'avenir. »

Le travail à accomplir est pourtant nécessaire. Il s'agit d'abord de donner de nouvelles limites et une nouvelle organisation administrative à la ville. Celle-ci est alors limitée par les boulevards extérieurs où se trouvent les murs d'octroi ; Belleville, Vaugirard, Grenelle, Breteuil, Montmartre sont encore des villages : ils seront tous annexés. Dès 1860, les douze arrondissements d'origine sont redessinés et complétés : leur nombre passe à vingt ; l'opération donne à la capitale son aire actuelle et fait plus que doubler sa superficie. Paris est alors en mesure d'accueillir physiquement plus de trois millions et demi d'habitants.

Haussmann l'expliquera en 1870 : « Les travaux et percements exécutés dans l'ensemble de la ville ont précisément pour but de diminuer la densité de la population des anciens arrondissements et de rendre accessibles et, partant, habitables, tous les points de territoires annexés qui forment les arrondissements nouveaux. »

Louis Napoléon aurait souhaité aller plus loin et compléter Paris par l'ensemble du département de la Seine, soit huit arrondissements supplémentaires. C'était assez bien vu, car dans le schéma adopté, l'anarchie des banlieues, aux désordres de laquelle on voulait remédier, avait toutes les chances de se trouver seulement reportée au-delà des nouvelles limites. Mais les patrons concernés, dont les usines auraient été désormais incluses dans la zone de l'octroi, s'y opposèrent formellement. Et le projet dut être abandonné.

Cela dit, il ne fallait pas seulement agrandir. Il fallait décongestionner. Il fallait embellir.

Il fallait aussi assainir : si cette partie de l'effort n'était pas la plus spectaculaire, elle n'était pas la moins indispensable. Un vaste réseau d'égouts est donc créé, complété par un système d'irrigation et de drainage autorisant toutes les adductions utiles, système complexe et cohérent dont la mise en place fera reculer de manière décisive les épidémies.

De considérables travaux de voirie, incorporant la distribution du gaz, sont entrepris en vue d'améliorer la circulation. Un schéma rationnel est conçu tenant compte des accès routiers, fluviaux et surtout ferroviaires. S'ajoutant à de majestueux boulevards vont s'ouvrir de larges avenues, des rues spacieuses, bordées d'arbres et disposées en rayons à partir de vastes carrefours.

Sur la base de travaux et de projets antérieurs — la rue de Rivoli ayant été percée sous le premier Empire jusqu'à la hauteur du Palais-Royal — on a retenu l'idée d'articuler le schéma général autour de l'intersection de deux grands axes, à réaliser presque de bout en bout : l'un reliant la (future) Nation à l'Étoile, par le faubourg Saint-Antoine, la rue de Rivoli et les Champs-Élysées ; l'autre joignant la gare de l'Est à l'Observatoire, par le boulevard de Strasbourg, le boulevard Sébastopol, le boulevard du Palais et le boulevard Saint-Michel. Ces axes restent le fondement de l'organisation urbaine contemporaine.

Se raccorderont, directement ou indirectement, à cette structure cruciforme le boulevard Malesherbes, assurant une pénétration vers la place de la Concorde, une transversale allant de la place du Trône au bois de Boulogne et commençant par l'avenue Daumesnil et le boulevard Diderot, ainsi que les dessertes des quatre grandes gares — Nord, Est, Montparnasse et Austerlitz —, dessertes assurées notamment par l'ouverture des boulevards Magenta et Voltaire, de la rue de Turbigo, et de la rue de Rennes. Le centre de Paris n'est pas oublié, avec l'avenue de l'Opéra, alors dénommée avenue Napoléon ; bien d'autres itinéraires sont dessinés, notamment depuis les Invalides et le Champ-de-Mars en direction des quartiers de Maillot, Passy, Chaillot, désormais atteints par les avenues — aujourd'hui ainsi dénommées — du Président-Wilson, Georges Mendel et Henri Martin.

De grandes places carrefours sont appelées à jouer le double rôle de points de convergence et de redistribution : ce que sont encore l'Alma, la Bastille, la Nation, la République, l'Opéra, Saint-Augustin, Denfert-Rochereau, l'Étoile, bien sûr — d'où s'élanceront les douze voies prévues, dont l'avenue de l'Impératrice qui deviendra l'avenue Foch —, et la liste n'est pas exhaustive.

En même temps qu'elle se décongestionne, notamment par l'élargissement des ponts, la ville s'embellit. La volonté personnelle de Louis Napoléon est là pour imposer partout la création de squares et, quand c'est possible, l'aménagement de parcs : ceux des Buttes-Chaumont et de Montsouris, entre autres, sans parler du parc Monceau dont on finance l'acquisition. De façon quasi systématique, les avenues ouvrent des perspectives et débouchent sur des monuments.

Toujours présents aujourd'hui, ces monuments témoignent de ce qui fut fait alors : le Louvre, désormais achevé, l'église Saint-Augustin, celle de la Trinité, le Palais de justice, le Tribunal de commerce, les théâtres de la place du Châtelet, les Halles centrales et, bien sûr, l'Opéra, dont la construction commence en 1861. Louis Napoléon n'y verra jamais aucune représentation, et c'est Mac-Mahon, plus tard, qui l'inaugurera en catimini, comme honteusement, montrant ainsi sans le vouloir, combien la grande ombre de l'empereur demeurait étonnamment présente.

En même temps, sont mis en valeur Notre-Dame, l'Hôtel de Ville et le Louvre, unis aux Tuileries, grâce au dégagement de leurs abords. Sur son ancien emplacement, l'Hôtel-Dieu est totalement reconstruit.

Il s'agit donc d'une œuvre immense. Que valent les critiques qui lui ont été adressées ?

Nul besoin de s'étendre sur les plus stupides d'entre elles. En particulier celle qui traîne partout et selon laquelle ces grandes percées rectilignes répondaient exclusivement à des arrière-pensées stratégiques, permettant au pouvoir de réprimer au canon des émeutes du type de celles qui avaient emporté déjà deux régimes. De telles assertions ont la vie dure. Pourtant, dans ce Paris transformé — on n'allait pas manquer de s'en apercevoir — la possibilité existe encore de faire la révolution.

Au nom de l'esthétique, beaucoup d'autres censeurs ont qualifié de simpliste cette inclination, jugée quelque peu perverse, pour la ligne droite. Si l'on n'y avait pas sacrifié, de nombreuses et regrettables démolitions auraient pu ne pas avoir lieu. C'est là un grief dont il y a tout lieu de relativiser la portée, en écoutant, par exemple, ce qu'en dit George Sand : « Regrette qui voudra l'ancien Paris ; mes facultés intellectuelles ne m'ont jamais permis d'en reconnaître les détours quoique, comme tant d'autres, j'y aie été nourrie. Aujourd'hui que de grandes percées, trop droites pour l'œil artiste, mais éminemment sûres, nous permettent d'aller longtemps, les mains dans les poches, sans nous égarer et sans être forcés de consulter à chaque instant le commissionnaire du coin ou l'affable épicier de la rue, c'est une bénédiction que de cheminer le long d'un large trottoir... Pour mon compte, j'aime à reconnaître qu'aucun véhicule, depuis le somptueux équipage jusqu'au modeste sapin, ne vaut, pour la rêverie douce et riante, le plaisir de se servir de deux bonnes jambes, obéissant sur l'asphalte ou la dalle, à la fantaisie de leur propriétaire... »

On a dit aussi qu'il fallait profiter de l'occasion pour rejeter les gares à la périphérie, au lieu de se borner à les agrandir là où Louis-Philippe les avait installées. Ce reproche est-il vraiment fondé ? On voit bien aujourd'hui les inconvénients du rejet forcé, à d'assez longues distances, des aéroports. L'accès au centre de Paris demeure encore actuellement l'un des principaux arguments en faveur de l'usage du chemin de fer.

Il y a également les attaques portées contre le style architectural du second Empire. Louis Napoléon et Haussmann auraient confondu le grand et l'énorme, le bon goût et la richesse, le respect du passé et le pastiche. Quelle meilleure réponse à apporter que cette admiration universelle pour l'incontestable beauté de Paris, le Paris d'aujourd'hui dont on ne peut écarter, car il est présent partout, l'héritage de Louis Napoléon.

Mais le principal chef d'accusation, le seul contre lequel il est difficile de plaider, est celui de la scission qui s'opère progressivement entre un Paris riche et un Paris populaire. C'est un fait que les ouvriers n'ont pas les moyens de loger dans les nouveaux immeubles, aux loyers élevés, et se trouvent rejetés vers la périphérie, en particulier vers l'Est parisien, quand ce n'est pas vers la banlieue. Un ouvrier, Corbon, a décrit cette évolution :

329

« La transformation de Paris ayant fait refluer forcément la population de Paris vers les extrémités, on a fait de la capitale deux villes : une riche, une pauvre. Celle-ci entourant l'autre. La classe malaisée est comme un immense cordon enserrant la classe aisée. »

C'est là un échec. Échec dont on s'aperçoit, après coup, qu'il était d'autant plus difficile à éviter que, depuis plus d'un siècle, personne n'a trouvé la parade. En tout cas, Louis Napoléon eut conscience d'un mal dont il ne cessa de chercher le remède. Nul, après lui, n'y mit sans doute autant de moyens.

L'Empereur souhaitait en effet parvenir à un équilibre entre l'Est et l'Ouest, autant qu'entre la rive droite et la rive gauche. S'il s'employa à faire du bois de Boulogne un nouveau Hyde Park, il prit bien soin d'en créer le pendant avec le bois de Vincennes. De même, il rêva de faire de la place du Trône le symétrique de l'Étoile. N'y édifia-t-on pas en 1862 une structure décorative provisoire, qui devait être pour le second Empire l'équivalent de ce que représente l'Arc de triomphe pour le premier ? Le bilan des investissements réalisés dans les nouveaux arrondissements de l'Est parisien a de quoi impressionner : soixante-dix écoles, quinze églises, synagogues et temples, deux grands hôpitaux, sept marchés... et neuf casernes.

Au reste, Louis Napoléon tenta d'appliquer loyalement à Paris sa stratégie du logement ouvrier : il rêvait de maisons ouvrières modernes, hygiéniques, à des prix en rapport avec les salaires.

Ses rêves ne se sont pas tous concrétisés. Il reste que, partout dans Paris, il aura amélioré l'habitat, apportant l'air, l'eau, et la lumière. Est-ce si négligeable ?

L'œuvre est certes inachevée. Mais à qui la faute ? Il manquera deux pavillons aux Halles. Le percement du boulevard Haussmann ne sera pas conduit jusqu'à son terme... Bien des projets resteront dans les cartons. Pourtant l'empreinte laissée sur la capitale est considérable, tangible, indélébile.

On a assez dit que le Paris de 1852 était celui du siècle précédent. Qui ne voit, en se promenant dans les rues de la capitale, que celui de Louis Napoléon est encore le nôtre ?

Sur ce plan au moins, justice ne peut-elle lui être rendue ?

Son bilan, son compte rendu de mandat, Louis Napoléon eût

certainement souhaité pouvoir le dresser lui-même. Sans doute prévoyait-il que l'on chercherait à le dénaturer ou à en minimiser les aspects positifs. En 1868, décontenancé par l'agressivité des attaques qui l'empêchaient de gouverner, il souhaita prendre rendez-vous avec l'Histoire. Il jeta donc sur le papier le plan d'un roman qu'il n'aura pas le temps d'écrire.

C'est l'histoire d'un Français, M. Benoît, parti en 1847 pour l'Amérique. M. Benoît a parcouru le nouveau continent depuis l'Hudson jusqu'au Mississippi. De temps en temps, il a reçu quelques informations, plutôt malintentionnées, sur la situation de la France. Voulant se rendre compte par lui-même de la réalité des choses, il décide un beau jour de revenir au pays et débarque à Brest. Que voit-il? Que ressent-il devant toutes ces transformations dont il n'avait pas entendu parler outre-Atlantique?

Louis Napoléon ébauche ainsi lui-même la description de l'œuvre accompli sous son règne. Il en écrit seulement les têtes de chapitre, les événements et la mort ne lui ayant pas laissé le temps de rédiger le reste. Tel quel, ce simple plan a l'allure d'un testament politique.

Découvrons l'énumération à laquelle il procède; on comprend bien ce dont il fut le plus fier. Suivons donc M. Benoît:

« Il voit, vers la Mairie, la foule se porter aux élections. Étonnement du suffrage universel.

« Étonnement des chemins de fer qui sillonnent la France; du télégraphe électrique.

« Arrivée à Paris; embellissement. L'octroi porté aux fortifications.

« Il veut acheter des objets, qui sont meilleur marché, grâce au traité de commerce. Le fer moitié moins cher, etc.

« Il croit qu'il y a beaucoup d'écrivains en prison. Erreur.

« Point d'émeutes; point de détenus politiques: point d'exilés.

« Point de détentions préventives.

« Accélération des procès. La marque supprimée.

« La mort civile supprimée.

« La Caisse pour la vieillesse.

« Les aziles *(sic)* de Vincennes.

« Les coalitions.

« Police de roulage détruite.

« Réglementations abolies.

« Service militaire allégé, solde augmentée, médaille instituée, retraite augmentée.

« Réserve augmentant la force de l'armée.

« Fonds pour les prêtres infirmes.

« Contrainte par corps.

« Courtiers : un marchand qui envoyait un commis vendre ou acheter des marchandises était arrêté.

« Les Conseils Généraux. »

Pour tout autre que Louis Napoléon la présentation d'un tel bilan suffirait à assurer la renommée et la gloire. Mais s'agissant de lui, il n'en est malheureusement rien.

On ne s'en étonnera plus. Tout le monde connaît, car on en parle sans cesse, les libertés qu'il limita ; tout le monde oublie, car on omet souvent de le rapporter, qu'elles furent, le moment venu, rendues au peuple et notablement amplifiées. En 1870, au chapitre des droits fondamentaux, individuels et collectifs, il n'y a pas lieu d'écrire que la France a été délivrée d'un tortionnaire. On le vérifiera encore.

En tout cas, les progrès accomplis dans le domaine des droits sociaux sont indiscutables : droit de grève, droit de réunion, liberté syndicale de fait, abolition de dispositions anti-ouvrières dont nul ne s'était vraiment soucié jusque-là. L'esquisse d'une protection sociale a été dessinée, ou du moins sa nécessité reconnue. L'enseignement public a été amélioré et étendu. Surtout, la France s'est profondément et durablement modernisée.

Une décisive impulsion a été donnée par Louis Napoléon à la France. Il l'a fait changer de siècle. Aujourd'hui encore, nous vivons dans un cadre qu'il a conçu, voulu et créé et qu'il nous a légué.

Peu de chefs d'État dans l'Histoire ont laissé un tel héritage. Rarement, jamais sans doute, la France n'aura fait autant de progrès en aussi peu de temps.

Quand on mesure la puissance de notre pays en 1870, on enrage vraiment à la pensée de la défaite. Sedan est un scandale. Car la France n'est pas battue sur ce qu'elle est, c'est-à-dire un pays autrement plus avancé, autrement plus riche, autrement plus puissant que la Prusse. Mais comme on va le voir, la nation s'est refusée à utiliser les moyens de le prouver sur le champ de bataille.

Arenenberg sur le lac de
Constance.
Louis Napoléon et sa mère y
résident de 1817 à 1830.

Ham : Louis Napoléon y reste
prisonnier six ans.

A Ham, Louis Napoléon
disposait d'un bureau.
Il écrivait et recevait.

Pour s'évader, il emprunte les
habits de Pinguet dit Badinguet.
Il ne se défera plus de ce
sobriquet.

Collection Jean-Claude Lachnitt

Viollet

Viollet

Viollet

Le Creusot. Peu de différence entre ce marteau-pilon et ceux utilisés un siècle plus tard. En 1860, 10 000 ouvriers y étaient employés.

Viollet

Le 11 février 1865, l'empereur accompagné du vice-amiral Jurien de la Gravière visite les ateliers Christofle qui ont exécuté le surtout de table pour l'empereur du Mexique.

L'Illustration / Coll. Assemblée nationale

Les chemins de fer ont été l'objet de toutes les attentions de l'empereur. La gare d'Orsay est aujourd'hui transformée en musée.
Viollet

La gare du Nord. C'est seulement le 13 juin 1990 qu'y fut apposée la plaque « Place Napoléon-III ».

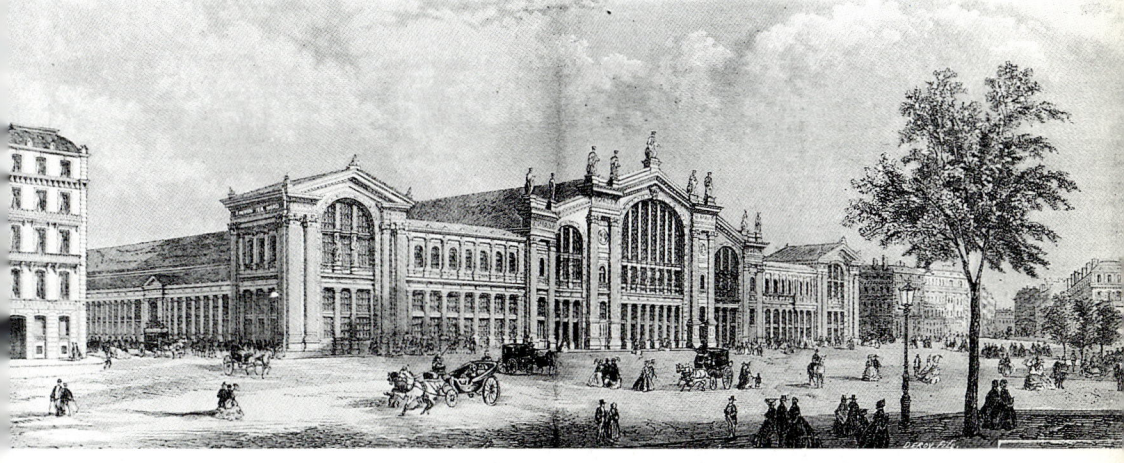

Viollet

Le 6 septembre 1868, l'empereur se rend au camp de Châlons. Sur la locomotive, il assiste à une première : l'huile de pétrole remplace le coke (50 % d'économie).
L'Illustration / Coll. Assemblée nationale

Victor Duruy,
ministre de
l'Instruction publique.

Viollet

Pasteur (1822-1895)

Viollet

Persigny,
ministre de l'Intérieur.

Viollet.

Décembre 1867 : ouverture du cours de physique pour les jeunes filles à la Sorbonne, après Troyes et
Orléans, malgré les protestations de Mgr Dupanloup.

Viollet

Déjà une batteuse à vapeur.

L'Illustration / Assemblée nationale

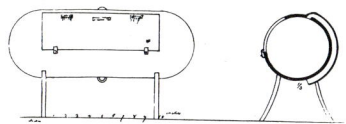

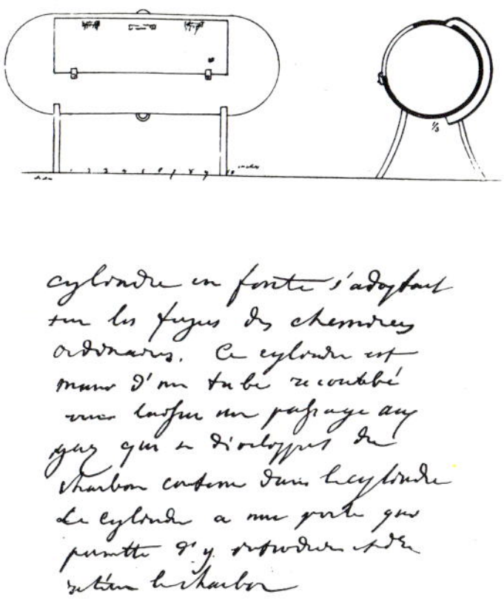

cylindre en fonte s'adaptant sur les tuyaux des cheminées ordinaires. Ce cylindre est muni d'un tube recourbé une laissant un passage au gaz qui se développent du charbon contenu dans le cylindre ce cylindre a une porte qui permet d'y introduire et de retirer le charbon

L'empereur conçoit un chauffage économique.

Collection Jean-Claude Lachnitt

17 septembre 1860. Le couple impérial, à bord de *l'Aigle*, se dirige vers Alger. En touchant le sol de l'Algérie, l'empereur s'écrie : « Ma première pensée se porte vers l'armée qui a accompli la conquête de ce vaste territoire. »

L'Illustration / Coll. Assemblée nationale.

1852. L'empereur rend sa liberté à Abd el-Kader interné en France, qui se conduira alors en ami en 1860 et 1870.
Viollet

1850. Louis Napoléon à Cherbourg. De 1852 à 1870, la France et l'Angleterre se sont partagé la maîtrise des mers.
Musée de la Marine.

Septembre 1860 : en Algérie, les Arabes baisent les mains du couple impérial.

L'Illustration / Coll. Assemblée nationale.

L'Opéra de Paris en travaux. Louis Napoléon ne le verra jamais achevé.

Viollet

Louis Napoléon
inaugure
la cité ouvrière
de Rochechouart.

Viollet

L'empereur remet
à Haussmann les plans
des grands travaux.

Viollet

C'est la dernière photo de l'empereur prise en décembre 1872
à Chislehurst (Angleterre), quinze jours avant sa mort.

Collection Jean-Claude Lachnitt

Tout à l'enthousiasme — et aux délices — du progrès, elle ne va pas se donner l'armée dont elle a besoin. Lancée dans les réalités nouvelles, elle en a oublié d'autres, hélas incontournables... Et paradoxalement, la France aura été victime de la liberté que lui a rendue Louis Napoléon.

VIII

LE LIBÉRAL

Les historiens du second Empire admettent tous l'idée d'un passage, plutôt subi que voulu, d'un régime autoritaire vers un régime libéral, leur bel accord ne venant à se briser qu'au moment d'en dater précisément l'origine : 1860, pour les uns, année des premières « concessions » visant à améliorer le fonctionnement du Corps législatif ; 1867, 1869 ou 1870 pour les autres, dont les arguments ne manquent jamais de pertinence, chacune de ces années correspondant à des innovations, toutes fort significatives.

La thèse de Jacques Rougerie est un peu différente : se succéderaient deux périodes, celle d'un bonapartisme « fort », marqué d'un « pli réactionnaire », régime d'ordre (sans être pour autant un régime de l'Ordre) qui dure jusqu'en 1857, puis celle, plus originale, où se développeraient les idées proprement louis-napoléoniennes, et qui culminerait (ou se pervertirait) dans un ultime avatar libéral.

Mais, pour les uns comme pour les autres, la cause est entendue. Il est admis et reconnu une fois pour toutes qu'un régime autoritaire se serait progressivement assoupli, « libéra-lisé ». Cette évolution serait due à toute une série de causes convergentes, à rechercher du côté de l'affaiblissement politique, et même physique, de Louis Napoléon.

Une telle métamorphose aurait été imposée en quelque sorte par les déboires extérieurs et par la montée concomitante des oppositions. La déchéance physique de l'empereur ajouterait un élément d'explication à la résignation dont il fait preuve quand il lui faut desserrer son étreinte.

Ainsi présenté, l'« Empire libéral » est donc le fait du renoncement d'un homme que sa chance et ses forces abandonnent, qui n'a plus ni les moyens ni l'envie de lutter, et qui laisse, en désespoir de cause, les événements décider à sa place.

On a déjà pu constater qu'après le milieu des années 60 le régime semble effectivement entré dans une phase critique. L'affaire mexicaine a frappé les esprits, et l'évolution de la situation italienne n'a certes pas compensé, aux yeux de l'opinion, les effets négatifs de Sadowa. Au surplus, depuis 1865, l'essor économique paraît s'essouffler. Les entreprises ne parviennent plus à drainer tout l'argent disponible. Évoquant l'en-caisse de la Banque de France, qui paraît dérisoirement inutile, certains vont jusqu'à parler d'une « grève du milliard ». Façon de souligner — ce qui n'est pas inexact — que la confiance n'est plus aussi grande qu'auparavant.

Pourtant, avant que de se résoudre à admettre cette thèse de la dénaturation forcée du régime, il y a au moins deux questions préalables à trancher : l'état de santé de Louis Napoléon a-t-il effectivement été à l'origine d'un affaiblissement de sa capacité à maîtriser les événements dans l'ordre intérieur ? La libéralisation — à laquelle il se serait, dans l'affirmative, trouvé contraint — était-elle en contradiction avec sa volonté profonde ?

La santé de Louis Napoléon, nous l'avons vu, lui a toujours posé des problèmes, et cela depuis sa naissance et sa petite enfance. Adolescent et jeune homme, il a pu faire illusion, après la rude formation d'Augsbourg et de Thoune, qui avait aguerri son corps tout en forgeant son caractère. Las, six années de captivité dans des conditions déplorables ont laissé des traces : frappé d'anémie il a pâti pendant de longues années d'un « flux hémorroïdal considérable », et a souffert de douleurs chroniques aux cuisses et aux articulations des pieds, douleurs qui s'amplifiaient sous l'influence du froid — d'où l'habitude qui était la sienne de vivre dans des pièces surchauffées.

De quelle époque datent les premiers symptômes d'une altération de ses fonctions rénales ? Les avis divergent, certains les faisant remonter à 1863. Des crises survinrent — c'est probable — en 1864, lors d'un voyage en Suisse, et surtout en 1865 — c'est sûr — lors d'un séjour au camp de Châlons. Par elles-mêmes, ces imprécisions sont révélatrices... En fait, il fallut attendre 1870 pour obtenir un diagnostic précis. Jusque-là, on se contenta, selon le mot de Darimon, de précautions plus hygiéniques que médicales.

Louis Napoléon n'aimait guère les médecins et se défiait encore plus de la médecine. Il avait généralement recours aux praticiens du quartier des Tuileries, lesquels ne diagnostiquaient qu'indispositions passagères et prescrivaient en conséquence. L'empereur ne fut ni le premier ni le dernier homme d'État à être soigné avec tant de légèreté. Il eut sans doute le tort de s'en remettre trop aveuglément aux bons soins de son brave docteur Conneau, fidèle entre les fidèles, dont le dévouement absolu ne compensait malheureusement pas l'incompétence. Il y eut plus grave. Non seulement on ne fit rien pour traiter le mal, mais on se lança gaillardement dans des thérapeutiques manifestement contre-indiquées.

L'existence d'un calcul vésical était au moins plus que probable. Cependant, on envoyait le malade à Vichy. Comme l'a écrit, avec un certain luxe de précautions, le docteur Constantin James : « Vainement, l'Empereur demanda aux eaux de Vichy un soulagement qu'elles devaient d'autant moins lui procurer qu'elles agissaient au contraire dans le sens du mal, en augmentant le volume du calcul par de nouvelles couches. » Même si cette théorie de l'aggravation fut très contestée, on le sait, il reste que les résultats de ces séjours furent décevants et qu'ils n'empêchèrent pas les crises : on dut ainsi interrompre la cure de 1867 pour rapatrier d'urgence Louis Napoléon à Saint-Cloud.

Après coup, il est facile d'imaginer ce qu'il a enduré. Une fois les faits connus dans le détail, Rouher, par exemple, le 11 janvier 1873, eut ce cri du cœur : « L'autopsie a démontré les terribles ravages faits dans la santé de l'empereur par les maladies de 1866, 1867, 1869. Les deux reins et l'intérieur de la vessie étaient gravement attaqués. Issue du résultat de ces désordres irrémédiables, la pierre était ancienne et de lente formation ; elle était énorme. »

Comment ne pas éprouver quelque émotion à la pensée des souffrances que ce malheureux souverain a stoïquement supportées, sans doute pendant plus de dix années ? Dans le choix de leur dissimulation intervient sûrement le contrecoup, plus ou moins conscient, de préoccupations politiques. L'empereur ne pouvait

337

pas être malade parce qu'il ne devait pas l'être. Girardin a bien résumé la crainte générale des conséquences incalculables que pouvait avoir la simple confirmation des difficultés de santé de Louis Napoléon. En 1866, les bruits colportés sur la gravité présumée du mal ayant eu pour effet une baisse des fonds d'État, il écrit :

« ... Si la maladie de l'Empereur venait à traîner en longueur et s'il était démontré qu'il ne peut plus prendre part aux affaires du pays, un coup terrible serait porté à la dynastie. Les partis hostiles auraient du temps devant eux pour organiser la résistance. L'impuissance de l'Empereur serait un prétexte tout trouvé pour demander le retour au régime parlementaire et à la responsabilité des Ministres. Ces idées trouveraient bien vite de l'écho dans l'opinion. Avant que l'Empereur eût rendu le dernier soupir, l'Empire serait ébranlé sur ses bases. »

Il faut donc prendre en compte les conséquences politiques de la maladie. Comme toujours en semblables circonstances, on dément, et, dans le cas d'espèce, on ne mentira vraiment que sur le tard. Ollivier le dira : « Je jure que mes collègues et moi, nous ignorions la maladie de l'Empereur. » En 1866, on invite l'empereur à s'exhiber et à se montrer au peuple dans sa calèche — ce qui produit des effets contraires à ceux qui étaient escomptés car, ainsi, chacun peut découvrir sur son visage les stigmates de la souffrance.

Alors, on sévit : par exemple, un avertissement est infligé au *Courrier de la Vienne*, à l'occasion d'un article exprimant, selon les censeurs, « l'intention manifeste et mauvaise de répandre, contrairement à la vérité, des alarmes sur la santé de l'Empereur ».

Toutes ces précautions se révèlent inutiles. Les problèmes de santé de Louis Napoléon sont devenus un secret de polichinelle. En 1869, il faut recourir à la sonde pour le faire uriner. On continuera contre toute raison à parler officiellement de rhumatisme. Le *Journal officiel* s'en mêle : « Des bruits alarmants ont été répandus sur la santé de l'Empereur. Ces bruits sont inexacts. Les douleurs rhumatismales de Sa Majesté tendent à disparaître. Une enquête est ouverte dans le but de découvrir les propagateurs d'une nouvelle qui ne peut être attribuée qu'à de regrettables manœuvres. »

Le même jour, *l'Indépendance belge* publie d'autres informations qui, elles aussi, se veulent rassurantes, mais ont le mérite de l'exactitude : « Il y a une amélioration dans la santé de l'Empereur. Un sondage a été pratiqué et a donné des résultats favorables. » Rochefort, dans les colonnes de son journal, se tord de rire et se déchaîne : « Sonder un rhumatisme ! Jamais, depuis *le Médecin malgré lui*, on n'avait assisté à une médication pareille ! »

Cette cruauté, comment le malade pourrait-il ne pas en souffrir ? Songe-t-on, dans de semblables circonstances, à celui qui souffre, qui lutte contre la mort, qui, pour être homme d'État, n'en est pas moins homme, et qui dans son combat désespéré reçoit de tels coups ? Y songeait-on, un peu plus de cent ans plus tard, quand un hebdomadaire français, quelques semaines avant la fin de Georges Pompidou, publia une photographie à la « une » qui lui annonçait sa disparition ?

Il est certain que Louis Napoléon, depuis qu'il sent progresser un mal dont il ignore la nature, songe à la mort, dont il pense visiblement qu'elle peut le saisir à tout moment. Partant pour l'Algérie en 1865, il décide de confier la régence à Eugénie, ce qui, en temps ordinaire, ne serait aucunement justifié : il n'y court aucun danger particulier, ne quitte pas le sol français, et les communications avec la métropole sont faciles. Pourtant, il fait plus encore : il rédige son testament, le 24 avril. Et le ton pathétique du propos qu'il adresse à son fils confirme la conscience qu'il a de la gravité de son état : que son fils « n'oublie jamais la devise : "Tout pour le peuple français". »

Il poursuit : « Le pouvoir est un lourd fardeau parce que l'on ne peut pas toujours faire le bien qu'on voudrait et que vos contemporains vous rendent rarement justice ; aussi faut-il pour accomplir sa mission, avoir en soi la foi et la conscience de son devoir. »

Puisqu'il lui reste si peu de temps, son devoir est d'aller vite et de réaliser plus rapidement que prévu ce qu'il avait choisi d'accomplir sans excès de précipitation. C'est probablement la première, et la principale conséquence de la maladie de l'empereur. Loin d'affaiblir sa détermination, elle la renforce. D'autant que, pour lui, désormais, il ne s'agit pas seulement de parachever une œuvre à soumettre au jugement de la postérité, mais aussi d'affirmer le trône qu'on va laisser à un successeur, si jeune encore. De cet affermissement de sa volonté, on trouve la preuve dans le fait que tout ce qu'il entreprend dans le sens de ce qu'on appelle la libéralisation relèvera de sa seule initiative, contre le sentiment et l'avis de ses proches et de son entourage. Sa solitude est plus grande que jamais après 1865 : car, des deux hommes qui auraient pu l'aider dans cette voie un, Morny, est mort, l'autre, Napoléon Jérôme, a achevé de se déconsidérer.

La deuxième conséquence politique de la maladie, c'est que, face aux espoirs de toutes les oppositions qui croient pouvoir se préparer à la curée, Louis Napoléon est confronté à des difficultés encore plus grandes qu'auparavant. Qu'ils espèrent ou redoutent ses initiatives, partisans présumés et adversaires déclarés vont considérer ses gestes les plus réfléchis comme autant de concessions et de preuves de faiblesse. L'empereur n'en aura que plus de difficultés à tenir ferme le gouvernail. Quoi qu'on en ait dit, l'immobilisme lui eût probablement causé moins de difficultés.

Reste à s'interroger sur la troisième conséquence potentielle. les capacités personnelles de l'empereur sont-elles affaiblies ? Nombre d'observateurs, parmi les plus indulgents, estimèrent que, si l'intelligence de l'empereur ne fut pas affectée, il n'en alla pas de même de sa volonté.

On pourrait se contenter d'opposer à de telles affirmations le fait qu'en 1860, au moment où se situerait l'inflexion du régime, Louis Napoléon se trouve dans la force de l'âge et que sa condition physique est plus qu'acceptable ; ou encore, que c'est beaucoup plus tard que ses crises seront traitées au chloral, avec les effets de somnolence apathique que provoquera ce traitement. Mais le point important, c'est que tous les témoins s'accordent à reconnaître qu'il a toute sa tête. Certes, au fur et à mesure que la douleur se fait plus présente, plus lancinante, plus fulgurante, il a tendance à négliger volontairement l'accessoire pour s'en tenir à l'essentiel.

Émile Ollivier qui, à partir de 1867, est en contact permanent avec Louis Napoléon note que : « L'Empereur est évidemment ignorant des choses et ne s'en préoccupe pas [...]. C'est la confiance personnelle qui l'entraîne, et entraîné, pour le détail, il laisse faire ceux qu'il écoute. » Quitte, relève-t-il, à prétendre ensuite « qu'on l'a trompé ». Ce disant, Ollivier pense à Rouher. Et, pensant à lui, il se laisse probablement conduire par la haine qu'il voue à un homme qui, c'est vrai, joue alors un rôle considérable, se présente comme un rival encore heureux, et constitue le dernier obstacle sur sa route vers le pouvoir.

Si l'on peut admettre cette description d'un Louis Napoléon rassemblant ses forces sur les questions principales, par quelle aberration pourrait-on le considérer comme dominé par les événements et par son entourage ? Qui ne s'aperçoit que, s'il a parfois un moment de faiblesse, il sait, ensuite, reprendre en main ce qu'il a provisoirement lâché, notamment dans le domaine de la politique intérieure dont il a toujours conservé la maîtrise ? Dira-t-on jamais assez que tout ce qu'il a fait et va faire le sera contre ceux qui sont supposés le « tenir » ? Ne faut-il pas dès à présent reconnaître que cet homme, sans doute éprouvé et fatigué, et prétendument découragé et désillusionné, s'il connaîtra des échecs comme celui de la loi militaire — mais à part lui-même, qui en voulait ? —, mènera finalement le navire à bon port en réussissant cette gageure de réaliser son programme de libéralisation, tout en se retrouvant, en 1870, plus fort que jamais.

Sur l'influence de Rouher, Ollivier se méprend. Rouher n'est qu'en apparence le vice-empereur que l'on a décrit. Il ne se substitue en aucune manière à Louis Napoléon. En fait, celui-ci l'utilise pour lever, l'une après l'autre, toutes les hypothèques. C'est le plus grand service qu'aura rendu cet homme, qui peut en inscrire à son actif beaucoup d'autres aussi nombreux que considérables.

Ministre chargé de la parole, avocat de l'ensemble des ministres, il tient le Corps législatif comme personne. Sa connaissance magistrale des dossiers et la précision de son éloquence lui permettent de regrouper les majorités incertaines, en usant à la fois auprès des députés de la menace et de la séduction. Il défend tout, même l'indéfendable, et reste donc indispensable. Après la mort de Billault, il devient le véritable chef du gouvernement.

Profitant de son dévouement et de sa fidélité sans faille, Louis Napoléon joue avec lui un jeu subtil, en le contraignant à défendre une politique qui manifestement n'a pas sa faveur — car il est tout entier acquis à l'esprit de 1852 — et en l'usant jusqu'à la corde, pour finalement confier à d'autres la charge de développements ultérieurs que son ministre, à son corps défendant, n'aura pas peu contribué à préparer.

***

Le moment est précisément venu de s'interroger sur les rapports entre l'Empire et la notion de liberté. Il s'agit de se demander s'il existe effectivement un « Empire libéral » dont l'inspiration serait en contradiction avec ce qui l'a précédé. La question est d'importance : de sa réponse dépend le point de savoir si Louis Napoléon a subi l'évolution des choses ou si cette évolution était inscrite dans son projet initial.

Revenons donc à cette année 1860, celle où pour les uns tout commence, et où, pour les autres, se dessinent à tout le moins les linéaments de ce qui va s'accomplir. C'est une année qui correspond précisément à l'apparent apogée du régime — même si les difficultés sont en germe. Louis Napoléon a été, l'année précédente, vainqueur en Italie. Il s'est senti assez fort pour amnistier, sans aucune exception, les proscrits du 2-Décembre. Il a jugé possible de prendre la mesure la plus impopulaire qui soit : le traité de commerce avec l'Angleterre. Rien de cela n'est subi. Tout est voulu. Pourquoi en irait-il autrement s'agissant de la politique de libéralisation ?

Cette politique marque-t-elle à proprement parler une rupture ? La réponse à cette question passe par certaines précisions d'ordre sémantique, qu'on empruntera à l'historien Jacques Rougerie qui en quelques lignes de brillante facture, fait clairement apparaître que, dans le domaine des libertés, les libéraux de l'époque et Louis Napoléon ne parlent pas tout à fait le même langage :

« Il faudrait, nous dit-il, s'entendre sur le sens des mots. Il y a d'un côté les libertés des "Libéraux"; leur libéralisme est un système précis, qui a vécu ses beaux jours sous la Monarchie constitutionnelle, fondé sur le respect des libertés "individuelles", reposant en fait sur la supériorité politique des élites, culminant avec le régime parlementaire. Et il y a de l'autre, dans un registre absolument différent, les libertés napoléoniennes, des échanges, de la grève (voire, si dénaturé qu'il soit, le suffrage universel), libertés non moins essentielles, non moins "nécessaires"; mais elles sont celles précisément que les "Libéraux" ont toujours inébranlablement refusées; ils ne les connaissent pas, elles ne sont pas de leur monde. »

Si l'on accepte cette distinction, force est de convenir que Louis Napoléon n'a pas attendu 1860 pour mettre en œuvre sa propre conception des libertés.

Le rétablissement, dès 1851, du suffrage universel en est la première illustration... Cela lui a valu aussitôt des réactions de haine de la part des vaincus du 2 Décembre. Guizot en fut le meilleur interprète, et laissa transparaître du même coup son mépris pour le régime : « On réprime une émeute avec des soldats, on fait une élection avec des paysans. Mais les soldats et les paysans ne suffisent pas. Il y faut le concours des classes supérieures qui sont naturellement gouvernantes. »

Pour sa part, Louis Napoléon, en vrai démocrate, croit à la souveraineté du peuple. A ceci près que, selon lui, pour éviter l'anarchie, la démocratie doit s'incarner dans un homme, qui en est l'initiateur et le garant. De ce point de vue, 1860 n'est donc pas un tournant mais, sur une ligne droite, le point de départ d'une accélération qu'autorise le bon fonctionnement du régime. C'est sur cette ligne qu'il convient de situer la politique de libre-échange, l'aide aux nationalités ainsi que les multiples décisions prises dans le domaine des libertés économiques et sociales, qu'il s'agisse de l'abolition de la contrainte par corps en matière de dettes, de la première reconnaissance du droit de grève, de l'agrément des syndicats ou de l'aménagement du livret ouvrier...

Dans toutes ces matières, Louis Napoléon ne fait que poursuivre le développement logique du « projet impérial ». La seule novation, c'est qu'il constate à présent qu'il a suffisamment attendu, qu'il a trop et trop longtemps concédé au parti de l'Ordre, et que le « pli réactionnaire » du régime doit désormais disparaître.

Cela dit, on peut à bon droit se demander si Louis Napoléon envisageait de donner un jour, par surcroît, satisfaction à la conception des libéraux en matière de libertés. Ces libertés que Thiers, dans un grand discours prononcé en 1864, allait décrire comme autant de nécessités : la liberté individuelle, la liberté de la presse, la liberté de l'électeur, la liberté de l'élu, la liberté parlementaire.

Voilà en effet une importante question car, en cas de réponse négative, on pourrait valablement prétendre — pour reprendre encore une expression de Rougerie — qu'il y aurait bien contradiction entre « l'Empire des Libéraux » et le « Libéralisme impérial ». Mais, précisément, la réponse ne paraît pas négative.

Une phrase que Louis Napoléon prononça en 1853 devant le Corps législatif doit retenir l'attention : « La liberté n'a jamais aidé à fonder d'édifice politique durable, elle le couronne quand le temps l'a consolidé. »

Le « couronnement de l'édifice »! L'expression allait faire fortune. Tout le problème était donc de savoir quand, pour l'empereur, le moment serait venu. Il était clair qu'à ses yeux la liberté « libérale » était seconde, mais seconde dans l'ordre d'écoulement des choses et nullement secondaire.

A l'ouverture de la session de 1861 du Corps législatif, Morny se chargea d'expliciter la pensée de Louis Napoléon : « La liberté politique est le couronnement de toute société civilisée, elle grandit la Nation et le citoyen, il est de notre honneur d'en favoriser la durée et le développement, mais elle ne s'implante définitivement qu'avec l'ordre et la sécurité. »

Dès lors, le calendrier retenu n'offre pas de surprises : d'abord les libertés économiques et sociales, puis les libertés civiles, ensuite et enfin les libertés politiques. Bref, c'est bien à une synthèse qu'aspirait Louis Napoléon, à terme, entre les valeurs du bonapartisme, dont il était à la fois le théoricien et le praticien, et les valeurs libérales, dans toute la mesure de la compatibilité des unes et des autres.

Comment s'étonner de cette volonté de synthèse ? Si Louis Napoléon avait théorisé le bonapartisme, une bonne partie de sa formation était d'inspiration libérale. Il n'avait pas pu rester insensible à l'attrait des institutions britanniques. Sans doute espérait-il pour la France une solution originale, un modèle nouveau qu'eût pu favoriser une évolution des mœurs politiques.

Espoir fou ? Peut-être, si l'on mesure l'écart entre les tenants d'une démocratie directe, qui risque toujours de virer au césarisme, et ceux d'une démocratie représentative, laquelle fait volontiers fi de la souveraineté réelle du peuple, entre les libertés collectives et les libertés individuelles, entre deux modes d'organisation de la société qui ont chacun leur logique et leur cohérence. Cet espoir fou, pourtant Louis Napoléon fut bien près de le réaliser, même s'il pensa sans doute longtemps que ce ne serait pas à lui de tenter l'impossible.

Pour une fois, on peut accorder quelque crédit aux propos que Paléologue dit tenir de la bouche d'Eugénie. Pour sa part, l'impératrice refusait d'admettre que l'Empire pût être compatible avec la liberté. Elle concédait que l'empereur, sans croire la chose possible pour lui-même, prévoyait de reporter sur son fils la tâche de rétablir l'ensemble des libertés politiques.

Mais voilà, la maladie vient. Il faut presser le pas. Les

circonstances s'y prêtent ; favorables d'abord, beaucoup moins par la suite. Toute l'histoire de ce qu'on appelle l'Empire libéral se trouve ainsi résumée.

*

En 1860, on n'en est pas là, même si les mesures prises ne sont pas négligeables. Leur impact psychologique est immense. Pour les uns, c'est l'annonce d'une chute prochaine. Ainsi, Carnot déclare-t-il : « En abandonnant son principe, l'Empire se suicide. » Pour d'autres, la manœuvre est habile. Gambetta, par exemple, estime que l'Empire vient de faire « un demi-tour à gauche ». D'autres restent circonspects et attendent la suite, c'est le cas d'Ollivier, qui déclare à Morny : « De ce jour, vous êtes fondés ou perdus. Vous êtes fondés si c'est un commencement, perdus si c'est une fin. »

C'est Morny, précisément, qui a définitivement convaincu Louis Napoléon que le moment était venu. Ses mobiles, il est vrai, ne sont pas ceux de l'empereur. Là où Louis Napoléon voit l'occasion de faire progresser un grand dessein, son demi-frère est guidé par le simple souci de s'adapter aux événements. Il pense qu'il vaut toujours mieux canaliser ce qu'on ne saurait empêcher. On ne peut éviter, selon lui, que les grognements du Corps législatif, qu'il perçoit depuis son perchoir, ne se transforment en grondements. Grondements que pourrait encore amplifier un résultat défavorable aux prochaines élections, prévues pour 1863. Il lui semble donc souhaitable de jeter du lest.

Au sein du Corps législatif, et dans une grande partie de l'opinion, les sujets de mécontentement ou d'inquiétude ne manquent pas. Le traité de libre-échange avec les Anglais — dont le principe n'a même pas été soumis aux députés — est perçu par certains comme un véritable coup d'État commercial ; les patrons de la métallurgie et du textile entretiennent une véritable agitation, excitant sans relâche les représentants des circonscriptions concernées. Quant à la politique italienne, elle suscite de plus en plus d'appréhension de la part des milieux catholiques, que la perspective de l'unité de la péninsule mobilise beaucoup moins que le souci de maintenir les prérogatives du pape dans ses États. Or, on n'en prend guère le chemin ; pourquoi dès lors accepter ces pertes en vies humaines, qui se chiffrent en dizaines de milliers… et 500 millions de dépenses, si les résultats à attendre sont si manifestement contraires à ceux qu'on espère. Entre le régime et les forces catholiques conservatrices, les relations se tendent. Des évêques prennent publiquement le parti de Pie IX contre Louis Napoléon au point que, dans l'entourage de celui-ci, on envisage désormais très sérieusement de soutenir systématiquement les instituteurs contre les curés, ce qui va d'ailleurs se passer. A gauche, l'autre opposition, renforcée par le retour massif des proscrits, reprend du poil de la bête, mais n'envisage pas une seconde de combler le vide créé, à droite, par d'éventuelles défections.

Le Corps législatif est à la fois le réceptacle et le diffuseur de tous ces mouvements d'insatisfaction. Au début de 1860, il exprime — avec l'aide inattendue de Fould — la volonté d'obtenir une réduction des dépenses militaires et, plus généralement, l'extension de son contrôle financier. Les débats, notamment budgétaires, deviennent autant d'occasions d'allusions, d'interrogations, et de critiques à peine voilées qui, avant la lettre, prennent l'allure de véritables interpellations.

La session de 1860 est particulièrement difficile. Elle culmine avec un vote qui surprend : lorsqu'est proposée la ratification de l'élection, à l'occasion d'une consultation partielle, d'un candidat officiel qui avait battu un clérical, il ne se trouve que 123 voix contre 109 pour satisfaire à ce qui aurait dû n'être qu'une formalité.

Dès lors, Morny s'active. Il propose à Louis Napoléon un train de décisions dont il attend qu'elles calmeront le jeu. Des modifications à apporter au règlement du Corps législatif donneraient aux députés le droit d'amendement et le droit d'interpellation, et prévoieraient la faculté pour les ministres à portefeuille de venir défendre leur politique dans l'enceinte du Corps législatif, sans que pour autant un vote défavorable puisse les contraindre à la démission.

Le Mémoire de Morny, remis entre les mains de Louis Napoléon, parvint à Walewski, qui ne manqua pas de le transmettre à Thiers, dont il avait quelque peine, décidément, à oublier le rôle de mentor. Thiers — fort de ce souvenir — suggéra plutôt de rétablir le droit d'adresse. Louis Napoléon retint cette suggestion, dont il n'est pas certain qu'on lui ait indiqué l'inspirateur.

Le 22 novembre 1860, il exposa aux ministres les réformes qu'il projetait. Ce fut à une voix près — celle de Walewski —

l'unanimité contre le projet. Louis Napoléon décida de passer outre... Le 24 novembre 1860 fut publié le décret qui traduisait ses résolutions.

Première résolution : le droit d'adresse est rétabli. A l'ouverture de chaque session, le Sénat et le Corps législatif pourront délibérer et voter une adresse en réponse au discours du Trône prononcé par l'empereur. Les Chambres en débattront en présence des représentants du gouvernement, qui pourront donner toutes explications utiles sur sa politique et ses projets.

Deuxième décision : des ministres sans portefeuille, accompagnés des membres du Conseil d'État, viendront présenter et défendre les projets de loi devant le Corps législatif. Pour bien marquer l'importance et le sérieux de ce geste, ce sont trois personnalités particulièrement éminentes qui sont désignées : Baroche, Billault et Magne — un trio de choc.

La troisième innovation porte sur les conditions d'exercice du droit d'amendement, qui sont substantiellement élargies.

L'année suivante, deux sénatus-consultes compléteront ces décisions. Le premier, en date du 1er février 1861, traite de la procédure de discussion devant les deux Chambres, et précise que le compte rendu sténographique intégral des débats sera publié au *Moniteur* dès le lendemain de chaque séance. Le second, pris le 31 décembre 1861 — sur les instances de Fould, dont les arrière-pensées sont évidentes —, a une portée encore plus considérable. Il modifie de fond en comble les procédures parlementaires en matière financière, dans le sens du renforcement du contrôle exercé par le Corps législatif : le budget ne sera plus voté en bloc par ministère mais par section. Surtout, le gouvernement n'aura plus le droit d'ouvrir par décret, pendant les vacances de l'Assemblée, des crédits pour dépenses extraordinaires.

Tout ce faisceau de mesures est évidemment de très grande conséquence, sur le plan pratique et politique. La vie parlementaire s'en trouve radicalement transformée. Rarement dans l'histoire, elle a atteint une telle intensité et une telle liberté dans l'expression. Émile Ollivier le constate avec ravissement : « Dans aucune Assemblée républicaine ou monarchique, les actes du Gouvernement n'ont été discutés avec autant de liberté et un tel éclat de talent. »

Dans cette affaire, le mérite de Louis Napoléon est d'autant plus grand qu'il n'ignorait certainement pas l'ampleur des difficultés supplémentaires auxquelles il allait devoir faire face. De ce côté-là, il ne sera guère déçu.

La discussion de la première adresse, en 1861, permet l'expression de très vives critiques contre la politique italienne de l'empereur. En mars, sur le même thème, les choses vont encore plus loin : des amendements d'inspiration cléricale ne sont repoussés dans les deux Chambres que par des majorités inhabituellement étroites : 158 voix contre 91 pour le Corps législatif, 79 voix contre 61 pour le Sénat.

La session de 1862 sera aussi agitée que celle de 1861. Plus que jamais, le débat budgétaire est l'occasion de traiter une à une toutes les questions d'actualité. Les trois ministres sans portefeuille suffisent à peine à la tâche, passant une bonne partie de leur temps à répondre à des questions qui ressemblent de plus en plus à de véritables mises en cause. Les critiques émises ne débouchent sur aucune sanction concrète ; mais, paradoxalement, il semblerait que leur vigueur s'en trouve encore accrue, faute du garde-fou que pourrait constituer la perspective d'une mise en jeu effective de l'existence du gouvernement. L'opinion commence à s'intéresser aux travaux parlementaires : il y a de plus en plus de monde dans les tribunes du Corps législatif. On s'arrache les comptes rendus des séances.

Tout le monde sent bien, aussi, que le processus est à son début, et que les mesures prises n'auraient guère de sens si elles demeuraient isolées. L'équilibre du système ancien a été rompu : reste à donner son équilibre au système nouveau. Pour l'heure, en tout cas, faute d'un gouvernement susceptible de jouer le rôle de fusible, c'est l'empereur lui-même — ou plutôt, sa politique — qui se trouve en première ligne, exposé aux coups. Et les coups ne manquent pas. D'autant que l'expédition mexicaine est loin de ravir les deux Chambres. Tous les prétextes sont bons pour en exprimer de l'humeur.

On a déjà évoqué à ce propos l'affaire Cousin-Montauban qui vit s'opposer Louis Napoléon et le Corps législatif et qui donna la mesure de l'influence que pouvaient exercer désormais les parlementaires.

Devant l'ampleur des réactions hostiles au projet d'une dotation annuelle accordée au comte de Palikao, les ministres — relayés d'ailleurs par Cousin-Montauban lui-même — avaient proposé le retrait du texte. Louis Napoléon ne voulut d'abord pas en entendre parler. Il fit publier dans *le Moniteur*, le 23 février 1862, une lettre à Cousin-Montauban où il exprimait son irritation, prenant tout cela de haut et annonçant le maintien du texte : « Les grandes actions sont le plus facilement produites là où elles sont le mieux appréciées et les nations dégénérées marchandent seules la reconnaissance publique. »

On sait que rien n'y fit. Louis Napoléon, pour la première fois, se trouvait confronté à une alternative peu réjouissante : se soumettre ou dissoudre. Il préféra laisser la législature aller à son terme, abandonnant le dernier mot au Corps législatif.

La dissolution, beaucoup l'attendaient cependant, depuis le fameux décret de 1860, considéré comme un simple prélude. Toutes les dénégations de Billault avaient été impuissantes à en dissiper l'illusion... Et pourtant, pouvait-on raisonnablement dissoudre pour 50 000 francs par an à accorder au comte de Palikao, pour une affaire à la fois dérisoire et contestée ?

Le changement, Louis Napoléon souhaite en fait le conduire à son rythme : il importe donc que les élections aient lieu à leur heure. Même si, apôtre d'une évolution rapide, Morny, en prononçant le discours de clôture de la législature, martèle ses arguments : « Un gouvernement sans contrôle et sans critique est comme un navire sans lest. L'absence de contradiction aveugle et égare quelquefois le pouvoir et ne rassure pas le pays. »

Les élections du 31 mai 1863 furent certainement moins mauvaises qu'on ne les ressentit à l'époque. Les chiffres étaient loin de ceux de 1857, mais compte tenu du climat du moment et de la redoutable alliance qu'avaient constituée cléricaux et républicains — l'immorale coalition comme la baptise Persigny — les deux millions de voix des opposants et leur trentaine de sièges restaient finalement dans le domaine de l'acceptable. Comme l'a écrit Pierre de La Gorce, la nouvelle Chambre n'était pas vraiment une Chambre libérale, mais c'était déjà une « Chambre émancipée ». Face à l'union libérale qu'en désespoir de cause Thiers, Montalembert et Jules Simon avaient fini par constituer, Persigny n'avait, il est vrai, reculé devant aucun moyen : redécoupage des circonscriptions et circulaires quasi hystériques aux préfets. Dans le pensum laborieux qu'il s'inflige — genre difficile pour tout ministre de l'Intérieur quand les résultats à commenter ne sont pas aussi bons qu'espéré — il explique que « pour la première fois depuis dix ans, une coalition s'est formée entre opinions rattachées au gouvernement antérieur et sur quelques points, elle a réussi à surprendre le suffrage universel ».

Il n'en paya pas moins de son poste un insuccès relatif qu'amplifiait le désastre électoral de Paris.

Un remaniement s'ensuivit : Billault prit le ministère d'État, flanqué de Rouher comme adjoint. Baroche devint ministre de la Justice. Autre fait notable, Victor Duruy se vit confier l'Instruction publique.

Ouvrant la première séance du Corps législatif au lendemain des élections, Louis Napoléon n'y fit pas mauvaise figure : « Le Corps Législatif, déclare-t-il, a été renouvelé pour la troisième fois depuis la fondation de l'Empire et, pour la troisième fois, malgré quelques dissidences locales, je n'ai qu'à m'applaudir du résultat des élections. Vous m'avez tous prêté le même serment. Il répond de votre concours. »

Malheureusement, survient le décès brutal de Billault, créant un vide difficile à combler. L'empereur en fut doublement affecté ; à titre personnel d'abord, et parce qu'il sentait bien qu'il perdait, dans la dure partie qu'il avait à jouer, un de ses plus précieux partenaires... Il s'en ouvrit à Eugénie : « Je suis profondément affligé de la mort de ce pauvre M. Billault, c'est pour moi une perte irréparable, surtout dans le moment actuel [...]. Je supprimerai, je crois, le Ministère d'État et je chargerai Rouher de toute la défense parlementaire. »

Celui-ci ne sera pas de trop. Thiers est revenu dans l'arène politique. En janvier 1864, il a prononcé son discours sur les « libertés nécessaires ». Désormais, il faudra compter avec lui. Comble d'infortune, Louis Napoléon va bientôt perdre Morny, qui s'éteint le 10 mars 1865, un autre collaborateur qui lui aurait été particulièrement utile, dans les temps difficiles qui s'annoncent. Il est vrai que va bientôt sonner pour Émile Ollivier l'heure d'entrer en scène...

Émile Ollivier ne ressemble à aucun autre homme public de son temps. C'est bien là le drame : lui qui devait représenter les générations nouvelles et les entraîner derrière lui, en apportant un sang neuf au régime, est en fait un homme seul.

Pourtant, Louis Napoléon ne s'est pas trompé sur son compte. L'homme de la synthèse à laquelle il rêve, c'est bien Émile

Ollivier : un républicain, un démocrate, mais libéré progressive-ment de tout lien d'allégeance, sensible aux aspirations populaires et prêt à adhérer au grand dessein de l'empereur.

« Le Bonapartisme, a-t-il déclaré, est le seul obstacle que la révolution ait su opposer à la réaction, de là sa popularité. Tout y est : la révolution, le peuple qui sont les principes. La réaction qui est le risque. Le Bonapartisme qui est une référence à ceux-là est l'ennemi de celle-ci. »

Cette conviction, Émile Ollivier se l'est forgée peu à peu. Elle ne repose sur rien de vil. On ne saurait douter de son profond désintéressement, de sa sincérité et de son courage.

Si le pouvoir seul l'intéressait, il aurait eu mille occasions d'y parvenir plus tôt. Lorsqu'il y accède, ses idées sont moins que jamais faciles à défendre, les comportements manichéens n'ayant rien perdu de leur vigueur. Il ne dévie pas pour autant de sa route, se résignant à passer pour un renégat aux yeux des uns, et pour un arriviste aux yeux des autres.

Henri Bergson, qui lui succédera à l'Académie française, trace de lui ce portrait :

« En toute circonstance, qu'on lui parlât du passé ou du présent, de ce qu'on faisait ou de ce qu'on pourrait faire, la même question revenait sur les lèvres de M. Émile Ollivier : où est le droit ? Où est le devoir ? Qu'exige, qu'eût exigé la justice ? [...]

« A aucun prix il n'eût utilisé, même pour des fins pratiques les plus hautes, les parties basses de la nature humaine, la cupidité, l'égoïsme, l'envie. Il était l'artiste qui voudrait tout droit sculpter son idéal dans le marbre, sans passer par l'intermédiaire de la terre glaise où l'on se salit les mains... [...] Par-delà les partis, sa pensée allait à la France. »

Paul Reynaud n'a probablement rien compris au personnage quand il écrit : « Son tort, à lui, fut d'être au pouvoir lorsque l'heure fatale a sonné S'il ne s'était pas rallié à l'Empire, s'il n'avait pas, comme nous disons aujourd'hui, participé trop tôt, Émile Ollivier aurait été l'un des grands hommes de la IIIe Répu-blique [...]. Parce qu'à ce moment de l'histoire, il fut en haut de l'édifice, c'est lui qui fut foudroyé. »

En réalité, tout porte à penser que, fait comme il l'était, Ollivier a choisi de participer sans songer un instant à son intérêt personnel, mais par conviction et par devoir.

Il vient pourtant de fort loin. C'est un républicain de 1848, un vrai, un pur.

Après les journées de février, à vingt-trois ans, il s'est retrouvé préfet des Bouches-du-Rhône. Voilà donc un tout jeune homme, à peine sorti de l'adolescence, à la tête d'un département aussi turbulent dans une époque aussi confuse : on croit rêver... Les Marseillais eux-mêmes n'en reviennent pas. Il fait, en tout cas, de son mieux, parlant pour exalter les uns, calmer les autres, et tentant d'organiser les choses. Il ne tiendra pas plus de quelques semaines. Assez pour apprendre beaucoup, et mesurer la longue distance qui sépare si souvent le discours et les actes.

Il reprendra sa profession d'avocat... Cela ne l'empêchera d'ailleurs pas d'avoir à souffrir du 2-Décembre. Son père, Démosthène Ollivier, est arrêté, incarcéré, promis à la déportation. Le fils aurait pu en concevoir de l'amertume ; il saura oublier.

C'est une intelligence exceptionnelle, peut-être desservie par une sensibilité à fleur de peau ; il a l'orgueil de sa conviction, orgueil qui se teinte parfois d'une ombre de vanité. On a pu dire qu'il était un romantique attardé dans une époque positiviste. Il est enthousiaste, de temps en temps naïf, et peut-être trop optimiste.

Morny avait vite remarqué cet élu de 1857, l'un des plus brillants du groupe des cinq opposants. Le président du Corps législatif n'avait pas tardé à le trouver différent des autres et peu à son aise au sein du vieux parti républicain. Et, de fait, Ollivier est convaincu que la révolution mène tout droit au despotisme. Il est devenu peu à peu indifférent à la forme des régimes et ne croit plus qu'à la liberté. Alors, pourquoi pas l'Empire ? A lui peut-être de le transformer, de le transfigurer.

Louis Girard assure qu'il n'a pas seulement Benjamin Constant pour modèle, mais que, toute révérence gardée, il n'a pas exclu de jouer dans la politique française un rôle analogue à celui de saint Paul pour le catholicisme.

Ce qui le détermine, c'est plus et mieux qu'une ambition, c'est une mission. Le mot qui s'applique le moins à sa démarche est bien celui de ralliement. Ollivier ne s'est pas rallié à Louis Napoléon. Venant d'horizons opposés, les deux hommes sont allés l'un vers l'autre ; les chemins qu'ils ont choisi d'emprunter se sont croisés et leur rencontre n'implique pour aucun d'eux un quelconque reniement.

Comme si chacun pressentait les risques de fausse interprétation, l'heure du rendez-vous sera longtemps différée. C'est une véritable danse d'amour qu'ils vont interpréter tous deux, reportant à beaucoup plus tard une association à laquelle tout les destine.

Et pourtant, dès 1861, comment pourrait-on douter un seul instant du caractère inéluctable de leur entente?

Après un discours d'une extrême violence du député Keller sur l'Italie, c'est Ollivier qui prend la parole, soutenant la politique de l'empereur — comme il a défendu l'année précédente le traité franco-anglais — puis, emporté par son éloquence, adjurant Louis Napoléon de conduire la France sur la voie de la liberté. Huit ans avant l'échéance, il annonce qu'il accepte d'y participer. Il faut lire et relire ces phrases, dont Ollivier lui-même rapporte qu'il les prononça avec une sorte de « transport intérieur » :

« Sire, quand on est acclamé par trente-cinq millions d'hommes, quand on est acclamé parmi les Souverains, quand la destinée a épuisé pour vous toutes ses faveurs, il reste encore une joie ineffable à connaître, c'est, repoussant les conseillers pusilla-nimes, d'être l'initiateur courageux et volontaire d'un grand peuple à la liberté [...]. J'en réponds, le jour où cet appel serait fait, il pourrait bien se trouver encore dans le pays des hommes fidèles aux souvenirs du passé ou absorbés par les espérances de l'avenir, mais le plus grand nombre approuverait avec ardeur. Quant à moi, qui suis républicain, j'admirerais, j'appuierais, et mon appui serait d'autant plus efficace qu'il serait totalement désintéressé. »

A l'époque, Morny n'arrête pas, comme on dit, de le « travailler au corps ». C'est superflu; et inutile. Superflu, parce qu'Ollivier sait fort bien ce qu'il veut et où il va. Inutile, parce que l'opération séduction du président du Corps législatif n'est pas de nature à modifier le comportement qu'il s'est choisi. Nul n'a besoin de le solliciter pour qu'il réponde à Thiers, après le discours de celui-ci sur les « libertés nécessaires », discours où s'exprime une préférence pour un souverain qui règne et ne gouverne pas. Ollivier va s'en démarquer nettement : « Je réclame la responsabilité des Ministres sans exclure celle du Chef de l'État. »

On ne saurait dire plus clairement qu'il veut un empereur responsable. Dans son livre *le 19 Janvier*, il explicitera ultérieurement sa pensée : « La responsabilité de l'Empereur porte sur la direction de l'ensemble, celle des ministres sur la part qu'ils ont prise à cette direction et en outre sur l'exécution et le détail. La responsabilité de l'Empereur ne pouvant être mise en action que par un plébiscite ou par une révolution, est la reconnaissance constitutionnelle de la souveraineté populaire (…) La responsabilité ministérielle, qui ne s'impose que par des coups de majorité, est la reconnaissance des droits politiques des Assemblées. »

En 1865, il va plus loin, en votant l'adresse. Dans un discours resté fameux, le 27 mars, il condamne les tentations d'immobilisme tout en affichant sa disponibilité : « Quant à moi, mon parti est pris. Le jour où le souverain entrera dans la voie libérale politique avec autant de décision qu'il est entré dans la liberté civile et sociale, ce jour-là […] je ne serai pas hostile, je serai favorable. Car je n'hésite pas à le déclarer hautement dès aujourd'hui. Mon vœu le plus sincère, mon vœu le plus ardent, c'est que le gouvernement de l'Empereur se consolide par la liberté. »

On commence à parler très sérieusement de son accession à un ministère dans une combinaison dont Morny aurait pris la tête. Il ne veut pas alors en entendre parler, et adoptera la même attitude, en décembre 1866, lorsque Walewski lui déclarera tout de go : « L'Empereur m'a chargé de vous offrir le Ministère de l'Instruction Publique avec délégation générale comme orateur du Gouvernement devant les Chambres. »

Ollivier s'est expliqué sur ces deux refus successifs : « Les élévations soudaines, imprévues, sont précisément le propre du pouvoir absolu ; dans les Gouvernements libres, les premiers emplois ne sont accessibles qu'à ceux qui, après un stage plus ou moins long, ont obtenu la confiance de l'opinion. »

Ce qu'il pense sans doute, c'est qu'il serait moins efficace en menant, de l'intérieur, une œuvre de libéralisation qu'en travaillant, hors du gouvernement, à lui susciter des concours.

Pourtant, le contact a été enfin noué.

Émile Ollivier fait partie d'une commission que préside l'impératrice et qui est destinée à améliorer le sort des jeunes détenus, pour lesquels on se propose de substituer à la prison l'envoi en colonies agricoles. A ce titre, il s'est rendu aux Tuileries le 27 juin 1865, et, profitant de l'occasion, Louis Napoléon, qui feint d'être passé par hasard, s'arrange pour le rencontrer et pour engager avec lui une première conversation. L'empereur en retire la meilleure des impressions. L'homme lui plaît : il lui a paru sincère et désintéressé.

Très vite, la nouvelle de l'entretien se répand et les spéculations vont bon train. On imagine que cela doit agacer au plus haut point Rouher qui n'est pas pour rien dans cette note très sèche qui paraît au *Moniteur* du 13 septembre et tente de mettre un terme aux rumeurs : « Les journaux s'évertuent depuis quelque temps à prédire du changement dans les hommes et dans les choses du gouvernement. Nous sommes autorisés à déclarer que ces bruits sont sans fondement et inventés par la malveillance. »

Du moins est-il clair que désormais Rouher et Ollivier se livreront une lutte sans merci. C'est sans doute à Rouher qu'Ollivier pense lorsqu'il prend au début de 1866, avec quarante-trois autres signataires, l'initiative d'un amendement à l'adresse qui obtiendra soixante-trois voix et qui demande la poursuite (ou la reprise ?) des réformes libérales : « La France, fermement attachée à la dynastie qui garantit l'ordre ne l'est pas moins à la liberté qu'elle considère comme nécessaire à l'accomplissement de ses destinées. Aussi, le Corps Législatif croit-il être l'interprète du sentiment public en apportant au pied de votre Trône le vœu que votre Majesté donne au grand acte de 1860 les développements qu'il comporte. »

Il n'y a rien là qui soit de nature à choquer Louis Napoléon. D'ailleurs, celui-ci accomplira bientôt un geste qui n'est pas dépourvu de portée, en étendant le droit d'amendement et en créant une indemnité de 12 500 francs par session, ce qui est une façon, qui en vaut bien une autre, de reconnaître le droit des députés à une certaine indépendance. Chacun sent bien qu'on s'oriente vers des moments décisifs.

Défendant l'amendement à l'adresse de janvier 1866, qui préconisait « un sage progrès de nos institutions », Ollivier reste sur la position qu'il avait ainsi exprimée l'année précédente : « Céder ne suffit pas, il faut céder à propos, ni trop tôt, ni trop tard [...]. Pour l'Empire, je le crois, il n'est pas trop tôt, il n'est pas trop tard : c'est le moment. »

Cependant, la voie se fait pour lui de plus en plus étroite. Thiers déploie toute son habileté pour occuper l'espace laissé libre entre les bonapartistes autoritaires et les républicains. Le Tiers Parti qu'il s'attache à constituer tend à recruter à l'endroit même où Ollivier pourrait espérer trouver des partisans dans la phase décisive de la libéralisation.

355

De leur côté, les tenants de l'autoritarisme serrent les rangs, et se montrent tout aussi capables d'attirer vers eux certains membres du « marais » ; et, bien entendu, le programme libéral a tout pour leur déplaire.

Les résultats des élections municipales et départementales les ont affolés ; c'est à leurs yeux la conséquence d'une politique de faiblesse, dont ils sont convaincus que Thiers, leur bête noire, sera finalement le seul bénéficiaire.

De la part d'Ollivier et de ses amis, l'amendement à l'adresse était une façon de laisser ouvert le champ du possible. Il est clair que, pour l'instant, Ollivier ne peut être d'un grand secours.

Louis Napoléon en arrive donc très vite à la conclusion qu'il va devoir mener seul, ou pratiquement seul, la deuxième phase de l'opération lancée en 1860. Dans l'immédiat, mettre Ollivier en avant ne servirait à rien, sinon sans doute à le disqualifier définitivement. D'ailleurs, l'empereur n'est pas encore en totale harmonie avec l'ancien préfet de Marseille. L'emploi du verbe « céder » dans le récent discours d'Ollivier a dû lui écorcher les oreilles. Il ne s'agit pas pour lui de céder : il n'y a rien à céder ; et pas l'ombre d'une contradiction entre ce qui va se faire et ce qui a été accompli. Louis Napoléon l'affirmera avec force : « Si je prends l'initiative des réformes, cela ne condamne en aucune façon le passé. » Tout cela doit être très clair. Or, il ne semble pas qu'Ollivier en soit encore totalement convaincu. Raison de plus pour attendre.

Le 10 janvier 1867, les deux hommes se revoient et se parlent longuement. Cette conversation leur permet de prendre ensemble la mesure de ce qui les sépare encore. Lorsqu'ils se quittent, ils sont tous les deux conscients que leurs routes, pendant un certain temps encore, resteront séparées quoique parallèles. Pour ne se rejoindre, le cas échéant, que plus tard...

C'est ce qu'explique Émile Ollivier en analysant leurs rapports : « Je suis résolu à appuyer l'évolution libérale que médite l'Empereur dans la forme qu'il voudra. Cependant, il est grandement intéressé, s'il m'emploie, à m'utiliser sous la forme qui me permettra de lui rendre le plus grand nombre de services. Or, plus j'y réfléchis, plus j'incline à penser que c'est sous celle de chef de la majorité. »

C'est dire qu'il va falloir attendre au moins les prochaines élections. Pourtant, tout le monde alors croit à l'arrivée imminente au pouvoir d'Émile Ollivier. Quand les faits détromperont cette attente, on ira jusqu'à parler de « journée des dupes ». On en tirera même argument pour dénoncer une fois encore la prétendue indécision de l'empereur ou sa pusillanimité.

Accusations qui font sourire quand on sait la force de la tourmente qu'il va devoir affronter et l'ampleur des décisions qu'il va lui falloir imposer.

La première épreuve qui l'attend est celle du Conseil des ministres. Le 17 janvier, il y expose ses projets. C'est un tollé général. L'impératrice a déjà manifesté son hostilité ; les ministres font chorus. Rouher insiste : on fait fausse route en cherchant à prendre des initiatives de politique intérieure alors que les difficultés traversées n'ont d'autre origine... que la politique étrangère. Il y a de l'orage dans l'air... Agacé de ne trouver aucun soutien, Louis Napoléon lève la séance après avoir concédé : « Nous en reparlerons. » On n'en reparlera pas.

Ollivier écrit à l'empereur une lettre de nature à conforter sa détermination : « Sire, on me dit que vos ministres s'opposent avec la plus grande vivacité à votre dessein magnanime et qu'ils s'efforcent de vous le faire abandonner [...] je vous conjure de ne pas vous laisser ébranler, je vous conjure de ne pas tomber dans le piège qui consistera à reprendre par le détail ce que vous aurez concédé en principe. »

Fidèle à sa manière, intrépide dès lors qu'il est résolu, Louis Napoléon va au plus droit ; et brûle ses vaisseaux.

Le surlendemain même de la réunion du Conseil dont chacun attend les suites, il fait publier par *le Moniteur* une lettre qu'il adresse à Rouher et qui contient tout un programme ; un programme d'ampleur cataclysmique. On y trouve non seulement l'annonce de mesures capitales dans le domaine de la procédure parlementaire, mais, qui plus est, la formulation d'un plan particulièrement ambitieux dans le domaine des libertés civiles.

Le droit d'adresse est supprimé, et remplacé par un droit d'interpellation permanent, encore que « sagement réglementé » : il faudra cinq signatures pour que soit enregistrée l'interpellation, puis l'accord de deux bureaux sur cinq au Sénat et de quatre bureaux sur neuf au Corps législatif pour que sa discussion puisse être engagée.

Par ailleurs, s'il est nettement rappelé que la solidarité entre ministres n'existe pas et que les ministres dépendent « uniquement du Chef de l'État », il est admis que chacun d'eux pourra participer aux débats du Corps législatif en vertu d'une délégation spéciale.

Louis Napoléon annonce qu'il soumettra bientôt deux textes essentiels au vote du Corps législatif. Le premier attribuera aux tribunaux correctionnels le jugement des délits de presse, et mettra donc un terme au régime d'exception. Le second, prévoira et organisera le droit de réunion, « en le contenant dans les limites qu'exige la sûreté publique ».

Ces mesures constituent, explique Louis Napoléon, « le couronnement de l'édifice élevé par la volonté nationale ».

Parallèlement, Louis Napoléon a demandé la démission de tous ses ministres. Seul, Rouher est assuré de rester en place : c'est à lui que la lettre est adressée, et c'est à lui de mettre en œuvre ces instructions. Cruauté nécessaire — à qui d'autre faire appel ? — mais cruauté indiscutable — car chacune de ces directives, Louis Napoléon le sait mieux que quiconque, met Rouher à la torture. Qu'importe, l'empereur est bien décidé à ne rien tenter qui puisse apparaître comme un désaveu du passé. Alors, il doit bien se résoudre à faire appliquer par les uns, qui n'en peuvent mais, les idées des autres.

Certains paragraphes de la lettre du 19 janvier n'en ont que plus de saveur :

« Jusqu'ici vous avez dû lutter avec courage en mon nom pour repousser des demandes inopportunes et pour me laisser l'initiative des réformes utiles lorsque l'heure en serait venue. Aujourd'hui, je crois qu'il est possible de donner aux institutions de l'Empire tout le développement dont elles sont susceptibles et aux libertés publiques une extension nouvelle sans compromettre le pouvoir que la Nation m'a confié.

« Le plan que je me suis tracé consiste à corriger les imperfections que le temps a révélées et à admettre les progrès compatibles avec nos mœurs car gouverner, c'est profiter de l'expérience acquise et prévoir les besoins de l'avenir. »

Walewski, depuis la présidence du Corps législatif, a quelques raisons de pavoiser, les idées reprises par l'empereur n'étant guère éloignées des siennes. Nombreux sont ceux qui pensent que, tout en faisant écarter Ollivier, il est parvenu à s'en servir. Mais Ollivier, de son côté, ne cache pas sa satisfaction. Il se console d'autant plus aisément de rester à l'écart qu'il sait bien que son heure n'est pas encore venue ; le programme proposé lui convient tout à fait : « Ils voulaient m'employer, s'écrie-t-il, et c'est moi qui les ai employés, pour ma cliente "la liberté". »

Pour l'heure, c'est à Louis Napoléon de se battre, et tout seul. A l'occasion de son discours du Trône, en février, le Corps législatif va lui réserver un accueil exécrable. Tant de froideur le déconcerte, le déconcentre même. Il lit mal son discours, bute sur les mots, ses papiers tremblent dans ses mains. Les républicains pensent qu'il n'en fait pas assez, les bonapartistes qu'il en fait trop, et les amis de Thiers qu'il cherche à les prendre à revers... Et puis, au-delà des mesures qu'il vient de prendre, il y a toutes celles qui se profilent à l'horizon, et ce projet de loi militaire dont pratiquement personne ne veut.

Mais l'empereur fait front, et va jusqu'au bout de sa logique... Les réformes se mettent en place et se développent. Un sénatus-consulte du 14 mars renforce les droits du Sénat qui pourra désormais, avant la promulgation définitive d'une loi, la renvoyer pour un nouvel examen devant le Corps législatif. Et, mesure hautement symbolique, on rétablit la tribune pour les députés, qui n'auront plus ainsi à parler de leur place.

Rouher ne met pourtant aucun empressement à avancer sur la voie choisie. Il goûte peu de jouer le rôle de la victime expiatoire et de servir de cible à tous les mécontents. Il encaisse mal, en particulier, une charge d'Ollivier qui, le 12 juillet, évoquant les réformes, s'écrie : « On n'y a mis ni conviction, ni entrain. On a rechigné, protesté, rogné, atténué ; au lieu de donner une apparence libérale aux dispositions restrictives, on a donné une apparence restrictive aux dispositions libérales. » Cherchant à marquer sa confiance au ministre d'État, Louis Napoléon lui confère alors la grand-croix de la Légion d'honneur.

On n'a rien vu encore. La bataille de la loi sur la presse prend des proportions épiques. A gauche, Jules Favre, déchaîné, fait dans la surenchère. La droite bonapartiste s'oppose à toutes les dispositions du texte. Et les ministres, eux-mêmes hostiles au projet, pressent Louis Napoléon d'y renoncer. Celui-ci n'accepte aucune reculade et exprime sa détermination : si la loi est rejetée, le Corps législatif sera dissous. Tout le monde en apparence est contre lui, mais il sent l'opinion favorable. Finalement, son audace et son obstination payent : la loi sera votée le 11 mai 1868. L'autorisation préalable et le système des avertissements sont supprimés. La presse est libérée. Mais, étonnant paradoxe — un de plus —, Louis Napoléon ne se sera tant battu que pour donner aux journaux le droit de l'accabler d'injures. Désormais, par sa grâce et pour sa disgrâce, la presse ne l'épargnera jamais.

Peu de temps après, la loi sur les réunions publiques est votée à son tour. Les réunions sont autorisées à condition qu'on n'y fasse pas de politique — sauf, fort heureusement, en période électorale... Ollivier apprécie : « L'Empereur avait pris son parti [...]. Comme il se piquait de démocratie, il comprenait que ce droit est la liberté vraiment démocratique. »

Voilà donc une œuvre courageuse et de grande conséquence, fruit de la seule volonté de Louis Napoléon. Il était en droit de revendiquer sinon le mérite du moins la responsabilité de ses efforts. Peine perdue : dans son entourage même, on pense qu'il a laissé aller, qu'il s'est fait déborder, qu'il a dérapé.

Rouher le note, avec un certain reste de prudence : « Nos amis [...] s'écrient : on ne sent plus la main du Gouvernement ; il n'y a plus ni unité ni énergie dans l'Administration. »

Antienne décidément bien connue : on n'est plus gouverné ! Certains perdent même la mesure, tel Fould qui s'écrie : « Il faut se débarrasser de lui. »

Ce qui est sûr, c'est que la violence de l'opposition parisienne croît au même rythme que la libéralisation. On en arriverait à croire que sa vigueur est proportionnelle aux satisfactions présumées qu'on lui donne. Il est vrai qu'elle ne se fait pas faute d'exploiter toutes les libertés nouvelles que consent le régime. En fait, elle distille un climat de haine. Et elle agit au grand jour. Le 10 mai 1868, le prince impérial est l'objet d'un affront en pleine cérémonie de remise des prix du Concours général. A l'appel du nom du fils Cavaignac, le prince impérial se lève pour remettre son deuxième prix de version latine à un lauréat qui reste obstinément assis. Le 2 décembre, Gambetta, avocat de Delescluze — poursuivi pour avoir organisé l'agitation autour de la commémoration du sacrifice du député Baudin — prononce, en fait de plaidoirie, un véritable réquisitoire contre l'Empire. Le soir même, Louis Napoléon évoque l'incident devant l'impératrice, et sans que l'on sache si cela procède de son inclination pour la litote, de son sens de l'humour ou d'une touchante naïveté, il a cette interrogation : « Qu'avons-nous fait à ce jeune homme ? »

On en arrive ainsi à l'échéance électorale de 1869. En janvier,

Louis Napoléon, dans un ultime discours devant le Corps législatif, situe l'enjeu : « La Nation, convoquée dans ses comices, sanctionnera la politique que nous avons suivie ; elle proclamera, une fois de plus, par ses choix qu'elle ne veut pas de révolution mais qu'elle veut asseoir les destinées de la France sur l'intime alliance du pouvoir et de la liberté. »

L'empereur n'a plus rien à cacher, et Émile Ollivier peut à bon droit remarquer qu'il s'agit là du premier discours « dans lequel il montre quelque compréhension de la liberté. Il l'accepte avec ses excès ».

Les excès, ce n'est pas ce qui va manquer... Dans son discours, l'empereur avait d'ailleurs lui-même relevé que la presse et les réunions publiques avaient créé une atmosphère d'« agitation factice ». Factice ou non, cette agitation fut vite portée à son comble, pour atteindre des sommets de violence. Pour la première fois, des candidats déclaraient ouvertement leur hostilité à la dynastie. A Paris, les réunions rassemblèrent jusqu'à vingt mille personnes ; on assista à des scènes d'émeutes et l'on vit s'élever des barricades.

Finalement, les résultats ne furent pas si mauvais pour Louis Napoléon. Les oppositions républicaine et conservatrice étaient devancées d'un million et demi de voix. Si elles l'emportaient dans Paris et les grandes villes, en revanche les campagnes étaient restées fidèles. Sur les soixante-quatorze élus républicains, l'« opposition de renversement » ne comptait guère qu'une trentaine d'élus, soit autant que les partisans de l'Empire autoritaire — les « Mamelouks » — sur les quelque quatre-vingts bonapartistes déclarés. Il existait donc parmi le reste des deux cent quatre-vingt-douze nouveaux députés, l'ébauche d'une majorité potentielle.

Quelle majorité et pour quoi faire ? Rien n'était vraiment clair.

Plutôt que de s'avancer en terrain découvert et de faire connaître aussitôt ses préférences, Louis Napoléon décida d'attendre la formation d'un groupe appuyé sur un programme stable. Il estimait en effet que ce n'était pas à lui de lever les hypothèques, attitude qui présentait quelque risque, en particulier celui de faire croire une fois de plus, à son irrésolution. Parmi d'autres, La Valette s'y laissa prendre, en observant : « L'Empereur ne dit pas ce qu'il veut, parce qu'il ne sait pas ce qu'il veut. » En fait, comme l'a fort bien souligné William Smith, Louis

Napoléon pensait que le meilleur moyen de répondre aux vœux des députés consistait à leur donner les moyens de les exprimer. Cette manière de faire s'avéra efficace.

Faisant fi des délais que lui offrait la Constitution, Louis Napoléon convoqua rapidement le Corps législatif pour une courte session, consacrée en principe à la vérification des pouvoirs. C'est là qu'Ollivier entre en scène. Le 28 juin 1869, il réunit cent seize députés sur le texte d'une interpellation qui évoque notamment « la nécessité de donner satisfaction au sentiment du pays en l'associant de manière plus efficace à la direction de ses affaires », et qui réclame « la constitution d'un ministère responsable devant l'Empereur et la Chambre ».

Louis Napoléon saisit la balle au bond. Il accepte le programme des cent seize et fait lire par Rouher un message au Corps législatif. Rappelant que l'empereur « avait montré plusieurs fois combien il était disposé dans l'intérêt public à abandonner certaines prérogatives », ce message annonce son intention d'étendre à nouveau le droit d'interpellation ; de faire procéder au vote du budget par chapitres ; d'établir une plus grande solidarité entre le Corps législatif et le gouvernement à la faveur, notamment, de la suppression de l'incompatibilité entre les fonctions ministérielles et l'exercice d'un mandat parlementaire ; de soumettre obligatoirement au Corps législatif les modifications de tarifs contenues dans les traités internationaux et de prévoir la présence systématique des ministres devant les Chambres.

Le soir même, très logiquement, Rouher démissionne en compagnie de tous les ministres. Louis Napoléon ne fait pas immédiatement appel à Ollivier, préférant désigner un gouvernement intérimaire dirigé par Chasseloup-Laubat. Il n'était sans doute pas convaincu que les choses fussent arrivées à maturité ; et puis il jugeait nécessaire d'attendre que la réforme constitutionnelle soit chose faite.

Le 6 septembre 1869 était publié le sénatus-consulte amendant la Constitution de 1852. Tout s'y trouvait : le Corps législatif partageait désormais avec l'empereur l'initiative des lois ; maître de son règlement, il élisait son bureau, et bénéficiait de nouvelles règles de procédure budgétaire. Les deux Chambres se voyaient reconnaître un droit illimité d'interpellation. Les tarifs douaniers ne pouvaient devenir obligatoires qu'en vertu d'une loi. Enfin — innovation qui n'était pas la moindre en dépit de sa relative ambiguïté — les ministres devenaient collectivement « responsables » même s'ils continuaient à ne « dépendre » que de l'empereur.

Ollivier pouvait légitimement exulter : « Depuis douze ans, on me vilipende pour avoir cru l'Empire compatible avec la liberté. La preuve est faite et la question jugée. J'ai atteint mon but. La première partie de ma vie politique est close. Une autre va commencer ! »

Il restait à organiser une majorité pour fonder un gouvernement.

Louis Napoléon est décidé à prendre son temps pour réunir toutes les conditions du succès. Mais il est plus que jamais résolu. A Forcade qui émet un doute : « La France n'est pas faite pour la liberté », il répond, impavide : « Elle s'y fera. »

Il est vrai que, désormais, quelques-uns de ses proches, et parmi ceux qui comptent le plus, ont fini par se convaincre que la démarche de l'empereur est la bonne. C'est le cas de Fleury, de Maupas. Persigny lui-même a évolué. Cet homme, parfois si brutal et malhabile, saisit souvent mieux que d'autres la réalité des situations ; il sait discerner l'intérêt de celui qu'il considère comme son maître, lequel ne l'a pas si bien traité ces derniers temps... Il n'en a que plus de mérite à déclarer, s'adressant à Ollivier :

« L'Empereur n'a qu'à persévérer résolument dans les voies libérales qu'il a ouvertes, mais en appelant à lui toute une nouvelle génération jeune, forte, intelligente et surtout courageuse et convaincue. Quant aux hommes du 2-Décembre, comme moi [...] notre rôle est fini. »

C'est bien ce que pense Ollivier. Il ne veut ni faire du neuf avec du vieux, ni surtout apparaître comme le bras séculier et le porte-parole de Thiers. Celui-ci ne vient-il pas d'observer avec quelque satisfaction : « J'ai vu peu d'Assemblées qui fussent plus que celle-là près de mes opinions » ? Ollivier déclare donc : « Si j'entre aux affaires, je ne parviendrai pas comme chef du Tiers Parti, réunion de braves gens rétrogrades et peu démocrates. J'y parviendrai comme chef des générations nouvelles. »

Au cours de l'été, son analyse de la situation et sa détermination vont trouver à s'exprimer dans des circonstances aussi plaisantes qu'inattendues. Ollivier est en cure à Vittel, et la fanfare communale, comme à l'habitude, lui donne une aubade. En guise de remerciements, il lui sert tout à trac un petit discours, qui est un véritable chef-d'œuvre politique, et dont le contenu — notons-le — est très proche de ce que pense depuis toujours Louis Napoléon :

« Je vous remercie, dit-il, de votre fidèle souvenir ; je l'accueille avec d'autant plus de joie qu'il ne s'adresse pas à ma personne mais à la grande cause que je représente.

« Il existe dans notre pays deux partis, excessifs, violents, dont je m'honore d'avoir mérité la haine. Dans le premier, sont ceux qui ne veulent pas avancer et qui rêvent une dictature perpétuelle. Dans le second se placent ceux qui veulent avancer trop vite, et qui, d'une manière hypocrite ou déclarée, ne conçoivent le progrès que par la révolution. Je me suis placé entre les deux et depuis vingt ans mon effort a été d'exciter les uns et de retenir les autres, de combattre à la fois et avec la même ténacité et la dictature et la révolution. Aussi, comme ceux qui se placent entre deux armées furieuses, j'ai été le point de mire des attaques, des calomnies venues des deux côtés opposés.

« Je persévérerai néanmoins. La petite poignée médiatrice a grossi, et la France entière s'unira bientôt à vous pour réduire à l'impuissance les exagérés de l'ordre et les exagérés de la liberté.

« En envoyant à la Chambre mon digne ami Buffet et M. de Dommartin, l'un des cent seize, le département des Vosges s'est associé à la politique que je n'hésite pas à appeler la seule politique nationale.

« Persévérez mes amis, et si l'on vous accuse de tiédeur, de mollesse, si l'on vous dit que les réformes considérables, décisives que nous venons d'obtenir, sont peu de chose, et qu'il faut tout ou rien, répondez, mes amis, vous qui vivez dans la familiarité de la nature, qu'aux champs rien ne s'opère avec fureur et par à-coups brusques. Ce n'est pas aussitôt après que le grain a été mis en terre que la moisson mûrit. Il faut des jours, des semaines, des mois ; il faut le froid et la pluie et le soleil.

« N'écoutez donc jamais ceux qui voudraient laisser pourrir sur pied la moisson mûre, ni ceux qui maudissent Dieu, parce qu'il ne leur donne pas la moisson bénie au lendemain du jour où le grain a été mis en terre. »

*
**

C'est le 1er novembre qu'entre Louis Napoléon et Ollivier a lieu un entretien qui est tout près d'être décisif. Auparavant, les deux hommes avaient échangé une correspondance, Ollivier ayant pu expliquer à l'empereur qu'il souhaitait être appelé au pouvoir et chargé expressément de constituer autour de lui un ministère.

Les deux hommes se rencontrent à Compiègne, dans des conditions rocambolesques. Ollivier prend le train, déguisé afin de déjouer la vigilance des journalistes. Il le raconte plus tard à sa femme : « Je suis parti à 8 heures, la tête enveloppée dans un cache-nez, mes lunettes enlevées. Maurice Richard m'accompagnait, il est allé prendre mon billet pour que personne ne m'aperçût. A Compiègne, je suis sorti dans le même accoutrement. A la porte, le secrétaire de l'Empereur, Pietri, m'a donné un petit coup sur le bras ; je l'ai suivi. Nous sommes montés en voiture, sommes entrés par une cour intérieure et à dix heures un quart, sans que personne m'eût aperçu, j'ai pénétré dans le cabinet de l'Empereur. Il est venu vers moi, m'a remercié de m'être dérangé, puis il a fait apporter deux tasses de thé, je lui ai servi le thé, il m'a servi le sucre, nous nous sommes assis devant la table. »

Louis Napoléon et Ollivier vont alors se jauger, sans prendre de véritables engagements. Il s'agit surtout de mesurer leurs exigences réciproques.

Louis Napoléon ne veut pas entendre parler d'une entrée au gouvernement de Girardin et de Napoléon Jérôme, qu'il considère « comme deux esprits faux ». Sur ce point, semble-t-il, il obtient des assurances. Ce n'est pas le cas lorsqu'il suggère le maintien à son poste de Forcade-Laroquette, qui est ministre de l'Intérieur dans le gouvernement intérimaire : il lui semble pourtant que cela contribuerait à rassurer les bonapartistes, et puis il ne serait pas fâché de pouvoir compter sur un libre-échangiste de poids dans la perspective du débat sur la reconduction du traité franco-anglais.

Les deux hommes se quittent sans avoir rien tranché... Mais Ollivier est désormais résolu à imposer ses conditions. Adoptant une tactique que ne désavouerait pas Louis Napoléon lui-même, il gagne sa propriété de Saint-Tropez et décide d'attendre. L'empereur lui écrit le 7 : « Nous sommes bien près de nous entendre », admet-il ; bientôt il cède, en décidant de nommer Forcade au Conseil d'État.

La voie est libre. Il était temps. Car l'agitation est dans les esprits, et il faut en finir avec cette période d'incertitude. Rochefort a encore fait des siennes. Il a été emprisonné pour ses écrits diffamatoires sur la famille impériale. A une élection partielle, le 22 novembre, il se fait pourtant élire député. Louis Napoléon décide alors de le faire libérer. C'est un geste qui ne manque pas de panache. C'est aussi une nouvelle illustration de la mansuétude qui lui est coutumière.

Le 29 novembre s'ouvre la première séance officielle de la nouvelle législature. Et Louis Napoléon s'adresse au Corps législatif. Il remarque d'abord, avec peut-être un soupçon de lassitude, « qu'il n'est pas facile d'établir en France l'usage régulier et paisible de la liberté ». Pourtant, il le confirme, telle est bien son ambition. Dans ce qui est davantage qu'une belle envolée oratoire, il annonce ce que sera la nouvelle donne constitutionnelle et politique, et procède au partage des rôles : « La France veut la liberté, mais avec l'ordre ; l'ordre, j'en réponds. Aidez-moi, Messieurs, à sauver la liberté. Entre ceux qui prétendent tout conserver et ceux qui aspirent à tout renverser, il y a une place glorieuse à prendre. »

Le 26 décembre, Louis Napoléon écrit à Ollivier la lettre au libellé si longtemps attendu : « Je m'adresse avec confiance à votre patriotisme pour vous prier de me désigner les personnes qui peuvent former avec vous un cabinet homogène représentant fidèlement la majorité du Corps Législatif. »

Le 2 janvier 1870, le ministère Ollivier est en place. Il n'a probablement ni l'allure ni le dynamisme qu'aurait exigé la situation. Ollivier a le titre de garde des Sceaux, Daru est aux Affaires étrangères, Lebœuf à la Guerre, Chevandier de Valdrome à l'Intérieur et Buffet aux Finances. L'impératrice réserve à la nouvelle équipe un accueil glacial ; cependant, dit-elle, « les Ministres qui ont la confiance de l'Empereur sont sûrs de ma bienveillance ».

Louis Napoléon avait beau avoir affirmé qu'il ne voulait que « des Ministres qui aiment le peuple », en fait, une partie du cabinet paraît avoir été recrutée dans l'ancienne rue de Poitiers. Thiers peut se frotter les mains et même exprimer quelques louanges qui sont autant de flèches empoisonnées : « Les opinions que je représente, juge-t-il, sont assises au banc des Ministres. » Pis encore : ce ministère « est le successeur de celui de Guizot, vingt ans après ».

De fait, Ollivier a peut-être péché par imprudence en appelant à lui certains hommes dont il ne pouvait attendre beaucoup de fidélité. Et peut-être aussi par pusillanimité, en écartant d'autres hommes capables de gagner à sa cause une plus large partie de l'opinion parlementaire.

Le 10 janvier 1870, devant le Corps législatif, Émile Ollivier lance un appel solennel à tous les partis : « Personne ne peut refuser son concours à la constitution d'un gouvernement qui donne le progrès sans la violence et la liberté sans la révolution. »

Du moins, la sincérité d'Ollivier ne peut être mise en doute. Bergson est dans le vrai, lorsqu'il propose ce raccourci saisissant de ses sept mois de pouvoir : « Le 2 janvier 1870, il inaugurait l'Empire libéral. Sept mois plus tard devait venir la catastrophe. Mais pendant ces sept mois la France s'achemina de jour en jour, presque d'heure en heure, vers ce parfait équilibre entre la liberté et l'autorité auquel elle aspirait depuis si longtemps. Le grand honnête homme qui était au pouvoir pratiquait les maximes et appliquait les principes qu'il avait professés dans l'opposition... »

Pourtant, très vite, les épreuves vont se succéder et les difficultés s'accumuler.

Passe encore pour l'hostilité des républicains, qui était prévisible, et dont Gambetta se fait le véhément interprète : « A nos yeux, déclare-t-il, le suffrage universel n'est pas compatible avec la forme de gouvernement que vous préconisez. Entre la République de 1848 et la République de l'avenir, vous n'êtes qu'un pont et ce pont, nous le franchirons. »

Plus inattendue est l'ampleur de la terrible bataille qui s'engage sur le problème du libre-échange. Le Corps législatif a obtenu la constitution d'une commission d'enquête sur les conséquences des traités commerciaux, enquête dont il y a tout lieu de redouter les débordements démagogiques.

De surcroît survient, dès le 10 janvier, l'affaire Victor Noir. Pour Louis Napoléon et pour le nouveau gouvernement, cette affaire tombe on ne peut plus mal. Tous les ingrédients d'un mélange explosif s'y trouvent réunis ; pas un ne manque à l'appel : un assassinat dans des circonstances mal éclaircies ; un membre de la famille de l'empereur directement impliqué ; un mobile à rechercher dans un problème de presse ; la mort d'un journaliste. Que faut-il de plus pour que le scandale dégénère en une affaire d'État susceptible de mettre à bas le régime ? Qu'importe si Pierre Bonaparte, fils de Lucien, au caractère irritable et violent, a été généralement tenu à l'écart de la Cour et de l'entourage ?

Qu'importe de savoir s'il a pu être provoqué et s'il n'a pas forcément sorti le premier son arme?

Il reste qu'un cousin de l'empereur a adressé à Rochefort, dont les écrits lui avaient déplu, le court billet suivant : « J'habite tout bonnement 59, rue d'Auteuil, et je vous promets que si vous vous présentez on ne vous dira pas que je suis sorti. » Il reste que, recevant deux journalistes dont il pensait qu'ils étaient les témoins de son adversaire, Pierre Bonaparte a trucidé l'un d'entre eux. Il reste que, le 12 janvier, les obsèques de Victor Noir sont l'occasion d'un immense rassemblement dont on peut longtemps craindre qu'il ne tourne à l'émeute. Jugé par la Haute Cour, Pierre Bonaparte sera acquitté, mais condamné aux dépens. Et l'effet psychologique de l'affaire aura été désastreux.

Voilà donc bien de terribles baptêmes pour le nouveau gouvernement.

Paradoxalement, Louis Napoléon souffre moins de ces difficultés que le gouvernement lui-même. Il a pourtant décidé de jouer loyalement le jeu, quoi qu'il puisse lui en coûter. Ainsi, les réunions du Conseil des ministres ont complètement changé d'allure. Jusque-là, même lorsque l'empereur était seul de son opinion — et l'on sait que cela se produisait fort souvent —, c'était son avis qui prévalait. Désormais, la voix de Louis Napoléon ne compte plus que pour une et comme, par déférence, on le laisse voter le dernier, généralement la position du Conseil est déjà arrêtée et la décision prise quand vient son tour de faire connaître son sentiment... Par ailleurs, l'empereur n'est pas maître d'un ordre du jour que les ministres arrêtent à leur guise ; et des Conseils de cabinet se réunissent encore, hors de la présence du souverain.

Pourtant, Louis Napoléon est comme fortifié par les circonstances.

Il faut reconnaître que les nouveaux textes constitutionnels, souvent rédigés à la hâte, sont truffés de dispositions ambiguës ou contradictoires, donnant lieu à des discussions sans fin. Un effort de clarification s'impose. C'est l'empereur qui va en prendre l'initiative. Le 21 mars 1870, il écrit à Ollivier dans ce sens :

« Je crois qu'il est opportun [...] d'adopter toutes les réformes que réclame le Gouvernement constitutionnel de l'Empire, afin de mettre un terme au désir immodéré de changement qui s'est emparé de certains esprits et qui inquiète l'opinion en créant l'instabilité [...]. Aujourd'hui que des transformations successives ont amené la création d'un régime constitutionnel en harmonie avec les bases du plébiscite, il importe de faire rentrer dans le domaine de la loi tout ce qui est plus spécialement d'ordre législatif, d'imprimer un caractère définitif aux dernières réformes, de placer la Constitution au-dessus de toute controverse et d'appeler le Sénat [...] à prêter au régime nouveau un concours plus efficace. »

Un mois plus tard, le sénatus-consulte du 20 avril fonde ce qu'on a appelé l'Empire parlementaire. Le changement principal concerne les mécanismes de la responsabilité gouvernementale. Désormais, si l'empereur continue de révoquer les ministres, leur responsabilité peut être mise en cause devant le Corps législatif. Mais il y a aussi autre chose : le Sénat, qui devient une deuxième Chambre législative, perd du même coup sa fonction constitutionnelle. Ce point est capital : il signifie que la nation récupère le pouvoir constituant qu'elle avait jusque-là délégué ; de fait, un nouvel article prévoit que « la Constitution ne peut être modifiée que par le peuple sur la proposition de l'Empereur ».

Ainsi, alors qu'on imaginait l'empereur exsangue, dépouillé, réduit à des fonctions honorifiques, voici qu'est affirmé, confirmé, exalté son lien quasi mystique avec le peuple. Un système parlementaire est mis en place, mais cela n'empêche nullement que l'homme dans lequel s'est reconnue la nation peut continuer d'entretenir avec elle un dialogue singulier, au-dessus de tous les autres pouvoirs, en particulier lorsqu'il s'agit de les organiser, voire de les contenir. Pouvait-on plus clairement signifier que l'Empire libéral — ou parlementaire — ne se faisait ni sans Louis Napoléon ni, a fortiori, contre lui ?

L'empereur entend pousser plus loin son avantage : il veut que, sans conteste et une fois pour toutes, soit admis et reconnu que le nouveau cours des choses est le fruit de sa volonté. Quel meilleur moyen de le démontrer que de le faire dire par le peuple ? C'est le peuple qui a fondé le régime en 1852. Ne convient-il pas de l'interroger à nouveau ? Il faut donc un plébiscite pour avaliser les dispositions du sénatus-consulte d'avril et, tant qu'on y est, puisque telle est la règle du jeu, on s'efforcera d'élargir — sans excès — la question.

Le coup est évidemment magnifiquement joué. Tous ceux qui se figuraient pouvoir réduire Louis Napoléon au rôle de potiche ne tardent pas à prendre la mesure de leur erreur. Une fois de plus, on l'a sous-estimé.

A partir de là, une bataille s'organise. Contre le principe même du plébiscite, d'abord. Mais c'est déjà un combat d'arrière-garde. Le moyen, au moment où tout le monde a le mot de liberté à la bouche, de refuser au peuple le droit de s'exprimer? Et lorsque Gambetta choisit comme ligne de défense l'idée que « le suffrage universel n'est compatible qu'avec la République », chacun sent bien que la formule est creuse, ne démontre rien et constitue surtout un aveu d'impuissance. Plus subtile et plus difficile à parer est la proposition que formule Daru, probablement manipulé par Thiers, de ne recourir au plébiscite, dans l'avenir, qu'après l'assentiment du Corps législatif. Dans l'immédiat, on ferait donc contre mauvaise fortune bon cœur mais, pour plus tard, le recours au plébiscite serait verrouillé, placé qu'il serait sous le régime de l'autorisation parlementaire préalable. Du coup, l'ultime prérogative de l'empereur deviendrait purement théorique, perdant sa signification politique et son caractère quasi sacramentel.

Curieusement, Napoléon Jérôme tombe dans le piège, pourtant grossier, et approuve la proposition de Daru. Une fois de plus, son cousin doit le rappeler à la raison : il n'est pas question, en cas de plébiscite, de passer d'abord devant le Corps législatif. Pour le cas où la leçon n'aurait pas encore été comprise, il lui confie : « Je sombrerai peut-être, mais debout et non pourri. »

De fait, Louis Napoléon passe outre à toutes les oppositions qui se manifestent à l'intérieur même du gouvernement. Trois ministres, Buffet, Daru, puis Talhouet, démissionnent. Rien n'y fait. Le plébiscite aura bien lieu.

Finalement, Louis Napoléon se contente d'une question relativement précise, renonçant à charger la barque. Sans doute se dit-il que ses adversaires, dans le feu de leur passion, veilleront eux-mêmes à donner à la consultation sa signification pleine et entière. C'est bien ce qui se passera.

Le texte soumis au vote est ainsi rédigé : « Le peuple approuve les réformes libérales opérées dans la Constitution depuis 1860 par l'Empereur avec le concours des grands Corps de l'État et ratifie le Sénatus-consulte du 20 avril 1870. » Il est accompagné d'une proclamation de Louis Napoléon aux Français : « En apportant au scrutin un vote affirmatif, vous conjurerez les menaces de la révolution ; vous assoirez sur une base solide l'ordre et la liberté, et vous rendrez plus facile, dans l'avenir, la transmission de la Couronne à mon Fils. Vous avez été presque unanimes, il y a dix-huit ans, pour me conférer les pouvoirs les plus étendus ; soyez aussi nombreux aujourd'hui. »

C'est dire que Louis Napoléon place haut, très haut, la barre. Sans doute ne croit-il pas lui-même possible de parvenir à un tel résultat. En tout cas, un bon observateur de la politique de l'époque, Rémusat, estime qu'avec 5 millions de oui, 3 millions d'abstentions et 2 millions de non, l'empereur s'en sortirait fort bien. Et pourtant, très vite, il apparaît que les choses se présentent mieux, beaucoup mieux. Les républicains hésitent entre le non et l'abstention. Chez les légitimistes, c'est à peu près la même attitude, encore que bon nombre d'entre eux optent pour le oui. Chez les libéraux non bonapartistes la plus grande confusion règne : Thiers annonce son abstention, mais le démissionnaire Buffet votera oui. Oui aussi, même s'ils pensent non, pour les tenants de la vieille droite conservatrice. Quant aux bonapartistes autoritaires et aux « cent seize », ils se rejoignent pour voter oui, et vont accepter — qui l'eût cru ? — de se côtoyer dans les comités électoraux. Louis Napoléon doit contempler avec satisfaction un pareil amalgame : tout lui indique que l'avenir n'est pas en train de se construire sur la négation du passé.

Une fois de plus, la campagne va se placer sous le signe de la violence. Les arguments échangés volent au plus bas. Mais les résultats dépasseront les prévisions les plus optimistes.

Après un moment d'inquiétude que provoquent les chiffres des grandes villes connus les premiers, Louis Napoléon prend conscience de l'ampleur du succès : c'est un véritable raz de marée.

Les « oui » totalisent 7 336 434 voix et les « non » 1 560 709 ; il y a 1 900 000 abstentions.

L'empereur peut être satisfait : « J'ai mon chiffre », dit-il. Ce chiffre, bien entendu, c'est celui de 1852. La boucle est bouclée. De son côté, Gambetta, exprimant à la fois le sentiment général et celui d'une opposition totalement décontenancée, s'écrie : « C'est un écrasement, l'Empereur est plus fort que jamais. »

Ollivier semble croire que cette victoire lui appartient. Il est bien le seul ; il y a contribué, et rien de plus. Celui qui a joué et gagné, c'est Louis Napoléon. En tout cas, il est le principal bénéficiaire de l'opération.

Mais qu'Ollivier puisse penser un seul instant être l'artisan du succès suffit à accroître la vindicte de l'impératrice à son égard. On croirait, au lendemain des législatives de 1968, assister aux prémices de la pénible suspicion réciproque qui va si malheureusement affecter, pour un temps, les relations du général de Gaulle et de Georges Pompidou. L'impératrice désigne Ollivier : « Regardez-le ! Ne dirait-on pas qu'il croit nous avoir sauvés ? »

Une grande cérémonie est organisée pour proclamer les résultats. Louis Napoléon y prend la parole. Non sans habileté, il note que si les résultats du plébiscite ont une portée autrement plus large que la simple acceptation de son dispositif, cela n'a pas été de son fait : « Le plébiscite n'avait pour objet que la ratification par le peuple d'une réforme constitutionnelle. Dans l'entraînement de la lutte, le débat a porté plus haut. Ne le regrettons pas. »

Il tire, solennellement, la leçon du scrutin :

« Les adversaires de nos institutions ont posé la question entre la Révolution et l'Empire.

« Le pays l'a tranchée en faveur du système qui garantit l'ordre et la liberté. Aujourd'hui, l'Empire se trouve affermi sur sa base. Il montrera sa force par sa modération [...]. Il ne déviera pas de la ligne libérale qu'il s'est tracée [...]. Débarrassés des questions constitutionnelles qui divisent les meilleurs esprits, nous ne devons plus avoir qu'un but : rallier autour de la Constitution que le pays vient de sanctionner les honnêtes gens de tous les partis [...].

« Nous devons plus que jamais envisager l'avenir sans crainte. »

Il est vrai qu'un tel succès n'a rien de conjoncturel. Il éclaire et donne tout son sens à l'action conduite depuis 1860. Les réformes décidées par Louis Napoléon n'ont nullement altéré l'architecture de l'édifice fondé en 1852. La synthèse opérée entre des principes apparemment contradictoires est celle dont il a toujours rêvé. Il n'y a pas un Empire libéral succédant à un Empire autoritaire. L'Empire est un ; il s'est construit peu à peu.

IX

LE VAINCU

La chute de Louis Napoléon n'est due qu'en apparence aux événements extérieurs.

En fait, c'est de l'intérieur que tout est venu. La France a préparé elle-même sa défaite. Par aveuglement et par veulerie. Parce qu'elle s'est illusionnée sur sa capacité à faire front. Parce qu'elle a refusé de consentir l'effort nécessaire à la défense de ses intérêts. Elle en tiendra pour responsable un régime dont le chef est presque seul à avoir eu conscience de l'urgente nécessité des mesures à prendre mais qui, du fait même de la libéralisation, n'était plus capable de les imposer par voie d'autorité.

L'empereur est-il du moins coupable d'avoir créé les conditions du conflit dont la France va sortir ébranlée ? On l'a prétendu. Contribuer à l'indépendance de l'Italie aurait affaibli l'Autriche ; l'affaiblissement de l'Autriche aurait ouvert la voie aux ambitions de la Prusse ; le processus de l'unification allemande aurait inéluctablement impliqué une guerre franco-prussienne.

Les choses ne sont pas si simples. L'affaiblissement de l'Autriche est tout relatif. Quant à la montée en puissance de la Prusse, elle se serait produite en tout état de cause. L'unification allemande était inscrite dans la nature des choses ; et si Bismarck a choisi la guerre pour l'obtenir, c'est qu'il était convaincu — voilà tout le drame — que la guerre la hâterait, que les Français accepteraient de se battre sans s'en donner les moyens.

Par tempérament, Louis Napoléon se sentait sans doute

beaucoup plus proche de la Prusse que de l'Autriche. Son inclination pour celle-là, sa répulsion pour celle-ci tenaient à son expérience vécue. Enfant, jeune homme, il a trouvé accueil en pays allemand, c'est en langue germanique qu'il a fait ses études, et son séjour à Augsbourg ne lui a laissé que de bons souvenirs. En revanche, plus tard, les Autrichiens l'ont pourchassé, devenant très tôt à ses yeux les symboles de l'oppression. Comment donc s'étonner que cet apôtre du principe des nationalités ne reste pas insensible devant la volonté de la Prusse... de mettre ce principe en pratique, et éprouve quelque peine à comprendre et apprécier l'étonnante mosaïque que constitue la « double monarchie », ce conglomérat rassemblant par la force Allemands, Hongrois, Italiens, Tchèques et tant d'autres populations...

Il a donc suivi avec intérêt, et même avec faveur, les efforts de la Prusse pour remplacer l'Autriche à la tête du mouvement d'union des peuples allemands. Aux postes de commande de la Confédération germanique, la vieille Autriche avait vu sa position — que lui avaient conférée les traités de 1815 — contestée par la Prusse autoritaire et militariste, d'une part, le courant national et libéral, d'autre part. Cette conjonction des extrêmes avait vite été en proie à ses contradictions : en 1848, la révolution voulut offrir au roi de Prusse la couronne d'une petite Allemagne, dont l'Autriche se serait trouvée évincée. Le roi refusa le cadeau car il pensait parvenir au même résultat par une autre méthode, le dispensant de toute concession à l'air du temps. Pourtant, l'« Union restreinte » qu'il tenta par lui-même de constituer autour de son pays dut être dissoute sous la pression autrichienne. La Prusse en éprouva un sentiment d'humiliation. Il était aisé de prévoir qu'un jour ou l'autre viendrait le temps d'une grande explication entre les deux pays.

Cela parut encore plus clair au début des années 1860 quand Guillaume Ier puis Bismarck arrivèrent tous deux aux affaires pour constituer le redoutable tandem que l'on sait. Ni l'un ni l'autre ne faisaient mystère de leurs intentions. Le roi estimait que « qui veut gouverner l'Allemagne doit la conquérir ». Quant à son ministre, il avait la conviction que tout cela ne se réglerait pas « par des discours et des révolutions, mais par le fer et le sang ». Et de préciser, au cas où il aurait pu y avoir encore un doute quant à ses projets vis-à-vis de l'Autriche : « Il n'y a pas de place pour deux ; il faut que l'un de nous deux plie ou soit plié. »

Les deux hommes en tout cas n'eurent de cesse de réorganiser l'armée. Ils décidèrent l'incorporation de tous les conscrits pour un service de quatre ans. Bismarck ne s'embarrassa d'ailleurs pas de scrupules excessifs : puisque la Chambre des représentants refusait de voter les crédits militaires, il les promulgua quatre fois, par décret.

Le maréchal comte von Moltke avait été placé dès 1857 aux commandes de l'armée. Il y mit en œuvre avec compétence et efficacité la volonté de son roi et les instructions de son gouvernement. Cet homme à la tête d'oiseau de proie, au nez d'aigle, aux lèvres minces et serrées, au menton décharné, n'est pas un militaire comme les autres. Remarquable organisateur, il sait admirablement utiliser les nouveaux moyens de communication : les chemins de fer, le télégraphe. La guerre contre les Autrichiens sera, de son fait, la première guerre scientifique.

Dans l'immédiat, l'armée prussienne va pouvoir tester sa nouvelle puissance dans un conflit où, ô paradoxe, elle se trouve alliée avec l'Autriche contre le petit Danemark. Il s'agit pour les deux pays de récupérer le Schleswig et le Holstein, d'abord parce que les Allemands y sont majoritaires, et aussi, pour ce qui concerne la Prusse, parce que cela devrait permettre de creuser un canal de la Baltique à la mer du Nord, réalisation particulièrement utile et opportune.

En deux temps et quelques mouvements, le Danemark fut bousculé et se vit imposer, en octobre 1864, à Vienne, un traité de renonciation aux territoires convoités. Malgré tout, les difficultés que souleva le partage des dépouilles entre les deux vainqueurs tendaient à indiquer que leur affrontement n'était que partie remise...

Sur le fond, Louis Napoléon estimait la récupération justifiée. Pour qu'il l'approuvât pleinement, encore eût-il fallu cependant qu'un plébiscite confirmât l'adhésion des populations concernées à leur nouveau sort... Il n'en fut rien, et la France ne manqua pas de rappeler — sans rien faire de plus — qu'en Italie les populations avaient été consultées. Pourtant, comme l'a noté Adrien Dansette, si « cette annexion était dans la logique de la conception allemande du principe des nationalités, fondée sur l'idée de race, elle était inadmissible du point de vue de la conception française fondée sur la volonté populaire ».

Mais on n'en était qu'aux hors-d'œuvre ; le plat de résistance allait suivre. Or, Louis Napoléon attendait avec intérêt la confrontation de la Prusse et de l'Autriche.

« Croyez-moi, confiait-il à Walewski en 1865, la guerre entre l'Autriche et la Prusse est une de ces éventualités inespérées qui semblent ne devoir se produire jamais, et ce n'est pas à nous de contrarier ces velléités belliqueuses qui réservent à notre politique plus d'un avantage. »

Il est vrai que cette guerre, si elle survenait, aurait pour premier effet de débloquer une situation européenne qui depuis quelques années ne paraissait plus susceptible d'évolution. Louis Napoléon avait bien l'intention de tirer tout le parti possible de la déstabilisation qui ne pouvait manquer de s'ensuivre. En recherchant, éventuellement, sur une carte de l'Europe redevenue mouvante, quelques gains territoriaux

De plus, on ne doit pas l'oublier, le problème de la Vénétie occupe une place de choix dans l'esprit de Louis Napoléon. La Vénétie, à l'époque, est encore et toujours autrichienne. Il l'a pourtant promise à Cavour et aux Italiens lors de l'entretien de Plombières, et veut tenir sa promesse. Parjure une fois, le jour du coup d'État, il entend bien, devant l'Histoire, ne pas l'être une deuxième fois. Or, s'il n'a pu parvenir à ses fins en 1859, c'est parce que la Prusse menaçait, après Solferino, de faire cause commune avec l'Autriche. Désormais leur front est en passe de se rompre : il y a là, pense-t-il, une occasion qu'il n'a pas le droit de ne pas saisir. Ce sera la meilleure des occasions de revivifier ce principe des nationalités qu'il considère plus que jamais comme d'actualité. La polémique qui, au printemps de 1866, l'opposera à Thiers en donne ultérieurement une preuve manifeste.

A l'occasion du vote annuel du contingent militaire, Thiers va, en effet, prononcer le 3 mai de cette année un grand discours de politique étrangère. Défendant les traités de 1815, il estime qu'il convient de s'opposer aux desseins prussiens et d'abandonner l'Italie à son sort, et fait reproche à l'empereur de parrainer une alliance italo-prussienne.

Son discours produira, comme on dit, une forte impression, notamment lorsqu'il prophétise : « Et alors, permettez-moi de vous le dire, s'accomplira un grand phénomène vers lequel on tend depuis plus d'un siècle : on verra refaire un nouvel Empire germanique, cet Empire de Charles Quint, qui résidait autrefois à Vienne, qui résiderait maintenant à Berlin, qui serait bien près de notre frontière, qui la presserait, la serrerait ; et pour compléter l'analogie, cet Empire au lieu de s'appuyer, comme au seizième siècle sur l'Espagne, s'appuierait sur l'Italie.

« Non, ajoute-t-il, ce n'est pas une vieille politique, c'est une politique éternelle qui conseille de ne pas créer autour de soi de grandes puissances... »

Il lance cet avertissement : « Allez, allez partout en France, allez dans les petites villes et les villages et vous verrez si cette politique qui tendrait à rétablir l'ancien Empire germanique en plaçant le pouvoir de Charles Quint dans le Nord au lieu du Sud de l'Allemagne, si ce pouvoir, aidé par l'Italie, serait populaire en France. »

Louis Napoléon ne peut laisser un tel discours sans réponse. Il va y répliquer sur-le-champ. Trois jours plus tard, à Auxerre, il félicite les habitants de l'Yonne de détester autant que lui les traités de 1815 dont d'autres, rappelle-t-il, voudraient faire la base de notre politique étrangère. Il se déclare heureux d'être ainsi venu à la rencontre des travailleurs des villes et des champs, chez qui il redécouvre le vrai génie de la France.

Son discours sera mal accueilli : la majorité de l'opinion voulait la paix et n'aimait pas la Prusse...

**

Pour l'heure, Louis Napoléon s'interroge sur la meilleure manière de tirer avantage des événements qui se préparent.

Il laisse venir Bismarck à sa rencontre — un Bismarck qui, pour la circonstance, paraît assez mal à l'aise dans sa position de demandeur. Rien, en effet, ne peut être entrepris par lui contre l'Autriche sans la neutralité française. Il lui faut s'assurer de celle-ci.

En octobre 1865, les deux hommes vont s'en entretenir en tête à tête. La Cour est à Biarritz pour profiter d'un automne enchanteur et permettre à l'empereur de trouver un peu de repos après la cure éprouvante de Vichy. On y invite le président du Conseil prussien au vu et au su de tous. Rien à voir avec le secret et les précautions d'il y a sept ans, à Plombières.

Bismarck n'est certes pas un inconnu en France. Il y a été ambassadeur et a su séduire malgré ses manières parfois un peu brutales. Ce passionné, cet impulsif, sait aussi se contrôler et se montrer le plus charmant et le plus accommodant des compagnons.

377

A Biarritz, entre les deux interlocuteurs, le contraste est criant, et devrait suffire à alerter l'entourage. Bismarck est le cadet de Louis Napoléon. Sept ans les séparent, mais bien d'autres choses encore. Ses gros sourcils en broussaille renforcent le regard dur et audacieux de ses yeux bleus lumineux. C'est un colosse d'un mètre quatre-vingt-huit qui s'applique alors à aligner modestement son pas sur celui d'un homme aux petites jambes et aux longs bras, au visage ravagé, aux joues effondrées, aux yeux vitreux, épuisé par la souffrance et les médications. Car Louis Napoléon va à ce moment fort mal. Il est affaibli par des pertes de sang, il est en pleine anémie. Des crises douloureuses dans le bas-ventre le laissent sans énergie. Rien de tout cela n'échappe à Bismarck. Il note ce manque de vivacité, et le flottement de l'esprit, toutes choses auxquelles l'entourage semble rester aveugle et sourd. Il pressent le parti qu'il pourra en tirer...

La confrontation des deux hommes apparaît ainsi comme l'un de ces événements qui transforment en inéluctable destin une histoire encore non écrite. Elle est comme une révélation pour Bismarck, dont la venue se plaçait sous le signe du doute et de l'humilité et qui va repartir plein de certitude et de détermination. Car avant l'entrevue, qui s'est déroulée dans sa majeure partie sur une terrasse au bord du rivage, Bismarck était pour le moins inquiet, persuadé que la pensée de Louis Napoléon comportait de mystérieux desseins qu'il était d'ailleurs venu découvrir... Pour la bonne cause, c'est-à-dire celle de l'Allemagne, il était peut-être prêt à écouter cet homme qui s'exprimait encore avec l'accent allemand. Désormais, à ses yeux, le dialogue a perdu toute importance. D'autant qu'ils se sont dit peu de choses. Louis Napoléon est resté dans le vague. N'ayant pas encore établi sa religion, il n'a pas parlé de compensations, soit qu'il n'ait rien à demander, soit qu'il estime prématuré, sur le moment, de le faire.

Visiblement, il ne veut s'engager formellement envers aucun des deux futurs belligérants, cherchant à obtenir de chacun d'eux des garanties en cas de victoire. Il occupe une position de force, et estime ne pas avoir à se découvrir trop tôt. D'ailleurs, la déclaration de guerre n'est pas pour demain, et le conflit promet d'être long et indécis, comme le lui ont assuré ses généraux. Ceux-ci ne pronostiquent-ils pas pour la plupart la victoire de l'Autriche ?

Dès lors que les choses se passeraient comme chacun semble le penser, tout serait si simple : il empêcherait l'écrasement des

Prussiens et obtiendrait en récompense une rectification de frontières sur le Rhin. Alors, pourquoi s'engager à fond tout de suite?

Après coup, lorsque les faits auront déjoué toutes les prévisions, y compris les siennes, on voit bien que c'est à ce moment et à ce moment seulement qu'il était en position de force, puisque Bismarck avait besoin d'assurances de sa part et qu'il était prêt à les payer au prix fort. Or, sur le principe des compensations, Louis Napoléon se montre à Biarritz tout à fait évasif. Pour jouer sur les deux tableaux, il a choisi sur ce point la prudence.

Il en dit assez, cependant, pour que Bismarck prenne le chemin du retour avec une triple certitude: Louis Napoléon n'a pas conclu d'alliance avec l'Autriche; il est sans doute prêt à favoriser l'alliance de l'Italie avec la Prusse, et celle-ci peut désormais s'engager entièrement contre l'Autriche sans craindre de voir l'armée française se déployer sur le Rhin.

Peu après avoir quitté Biarritz, Bismarck écrira: « Avant de le voir, j'avais peur. Depuis, je suis rassuré. Derrière son mystère, il n'y a rien… L'Empereur des Français est une grande incapacité méconnue. »

Biarritz s'avérera donc, après coup, un échec diplomatique pour Louis Napoléon. Un échec qui aurait pu être réparé dans les semaines suivantes. Mais pourquoi aurait-on alors changé de stratégie, rien ne semblant de nature à remettre en cause les éléments de l'analyse sur laquelle elle se fondait?

Ainsi, lorsque Bismarck, peu avant le déclenchement des hostilités, offre formellement à la France le Luxembourg et les bords de la haute Moselle, Louis Napoléon élude la proposition. Quelle raison aurait-il de l'accepter alors qu'il peut espérer bien davantage?

Son action suit son cours logique. Il conseille à Victor-Emmanuel de s'allier aux Prussiens. Parallèlement, il obtient des Autrichiens la promesse de l'abandon de la Vénétie. De ce côté-là, les choses sont claires: quoi qu'il arrive, il aura apporté la Vénétie aux Italiens; certes, l'alliance italo-prussienne ne vaut que pour trois mois. Même dans cette hypothèse, le résultat est atteint: le retour de l'Italie à la neutralité ne la priverait pas des territoires de Venise.

Dès lors, semble-t-il, Louis Napoléon est en droit d'attendre avec sérénité les événements. Il peut se cantonner dans une neutralité attentive, laisser se développer le conflit et, à l'instant qu'il jugera le plus propice, imposer sa médiation. Alors, un choix lui sera offert, s'agissant de gains territoriaux : une partie de la Rhénanie, le Luxembourg, la Belgique peut-être. Et il sera en mesure d'imposer une réorganisation de l'Allemagne en trois tronçons, dont la taille variera en fonction de ce qui se sera passé sur le terrain militaire : la Prusse dominera, grosso modo, les États du nord du Main, l'Autriche ceux du sud, et l'on prévoira entre les deux un État tampon.

*
**

Dans toute cette affaire, on a beaucoup critiqué le machiavélisme de l'empereur, le caractère sournois de ses manœuvres, et son double jeu. On a prétendu qu'il s'était « pris les pieds dans le tapis » qu'il avait lui-même tissé. Il s'agit là d'un de ces jugements a posteriori qui n'honorent pas toujours leurs auteurs.

En réalité tout l'échafaudage reposait sur cette poutre maîtresse : le conflit devait être long et indécis.

Comment en vouloir à Louis Napoléon de l'avoir cru quand c'était l'opinion générale ? Maintenant encore, on peut se perdre en conjectures devant le spectacle d'une armée autrichienne, si brillante face aux Italiens qu'elle a écrasés sur terre à Custozza, le 24 juin, et sur mer, peu après, à Lissa, et qui s'avère incapable, malgré le concours de la Bavière, du Hanovre et de la Saxe, de contenir la poussée prussienne. Il est vrai que le meilleur des militaires autrichiens se trouve sur le front italien et que, face au formidable instrument guerrier conçu par Moltke, les forces opposées aux Prussiens et leur commandement laissent beaucoup à désirer. Si l'on ajoute à cela que le fusil prussien tire cinq coups pendant que l'autrichien n'en tire qu'un, l'événement paraît plus aisément explicable.

Quoi qu'il en soit, c'est la surprise générale, quand, le 3 juillet 1866, les Autrichiens sont sévèrement battus à Sadowa. Le généralissime autrichien Benedek avait reçu l'ordre de Vienne d'engager une bataille défensive entre l'Elbe et la Bistriz ; son armée de deux cent vingt mille hommes a été coupée en deux par les Prussiens, et quarante mille soldats ont trouvé la mort.

La nouvelle produit dans toute l'Europe l'effet d'un coup de tonnerre, encore que les conséquences n'en sont pas aussitôt mesurées : on va même trouver des Français pavoisant leurs fenêtres pour fêter une si belle victoire du principe des nationalités.

Louis Napoléon, même s'il n'en laisse rien paraître, a tout de suite conscience de la gravité de l'événement et de ce qu'il représente comme danger pour la France. La situation créée n'a strictement rien à voir avec celle qu'il pouvait raisonnablement escompter.

En 1906, quarante ans après Sadowa, Eugénie aurait ainsi confié à Maurice Paléologue le souvenir qu'elle conservait d'un si pénible moment : « C'est dans ce mois de juillet que s'est fixé notre destin. Oui, l'Empereur a reconnu devant moi son erreur, mais il n'était plus temps de la réparer. Un soir, surtout, je me promenais seule avec lui dans une allée de Saint-Cloud. Il était complètement désemparé ; je ne pouvais lui arracher un seul mot ; ne trouvant plus rien à lui dire, je sanglotais. »

Pourtant, au premier abord, tout ne paraît pas trop mal tourner… L'un des scénarios initialement imaginés commence à se dérouler comme prévu. Dès le 4 juillet, l'Autriche fait appel à la médiation de la France. Il a dû en coûter beaucoup à François-Joseph de s'avouer ainsi vaincu, lui qui tient le roi de Prusse en si piètre estime. Comme l'a noté Charles de Gaulle, pour « l'empereur humilié en 1866, l'Allemagne prussienne apparaissait, comme au seigneur d'un château croulant, le palais neuf de son régisseur malhonnêtement enrichi ».

Le problème tient évidemment au fait que la médiation française se présente dans des conditions beaucoup moins favorables que celles qui avaient été imaginées. La Prusse est en position de force ; elle n'a aucun intérêt à un armistice rapide, et veut obtenir tout son dû avant de déposer les armes. Quant à la France, quels profits peut-elle légitimement retirer de l'affaire, quelles garanties peut-elle obtenir pour le futur ? Son intervention diplomatique, dans un contexte aussi limpide — un vainqueur et un vaincu — ne vaut pas très cher. Ce sont des bons offices qu'on lui propose, non une médiation dont l'évidence serait imposée.

Le ministre des Affaires étrangères, Drouyn de Lhuys, a le mérite de comprendre fort bien tout cela : une simple médiation « amicale » se bornerait à tirer les conséquences — assurément néfastes — de la situation qui vient d'être créée. Pour y parer, on doit faire évoluer cette situation, et modifier le jeu. Il faut donc une médiation « musclée ». Pour l'imposer, le ministre propose une démonstration militaire sur la frontière et, afin d'appuyer politiquement la manœuvre et de démontrer qu'on est prêt à aller jusqu'au bout, il suggère de convoquer le Corps législatif en session extraordinaire.

Bismarck confirmera, plus tard, combien le ministre des Affaires étrangères avait vu juste : « Un petit appoint de troupes françaises sur le Rhin, uni aux corps nombreux de l'Allemagne du Sud, eût mis les Prussiens dans la nécessité de défendre Berlin, d'abandonner tous leurs succès en Autriche. »

L'impératrice plaide pour cette solution. Elle a senti la menace de l'orgueil et de la volonté de puissance de la Prusse. Elle a très bien compris le danger que fait courir à l'Europe son esprit dominateur. Elle sent qu'un jour ou l'autre celle-ci s'en prendra à la France :

« Jamais, dira l'ambassadeur d'Autriche, depuis que je connais le couple impérial, je n'ai vu l'Empereur si inexistant, ni l'Impératrice prendre nos intérêts à cœur avec tant d'acharnement et de zèle. »

De son côté, Eugénie se lamente : « Ma voix n'a aucun poids et je suis à peu près seule de mon avis. On exagère les dangers d'aujourd'hui pour nous faire oublier ceux de demain. »

Effectivement, en Conseil des ministres, Rouher et d'autres que lui plaident contre la solution de Drouyn de Lhuys. Le ministre de l'Intérieur, La Valette, est particulièrement véhément : n'est-ce pas l'empereur lui-même qui a préconisé l'alliance italo-prussienne ? Comment dès lors intervenir sans paraître se renier ?

L'empereur s'est retiré, sans se prononcer. Le tour du débat a pu donner à penser que Drouyn l'avait emporté. Fausse impression. Pendant la nuit, peut-être Louis Napoléon a-t-il fait l'objet d'une ultime pression de la part des adversaires de la démonstration armée ? Toujours est-il que, le lendemain, la convocation du Corps législatif ne paraît pas au *Moniteur*. La France ne bougera pas. Officielle médiatrice, elle ne sera en fait que simple spectatrice. Plus encore que celle de Sadowa, c'est la date du 5 juillet 1866 qui s'inscrit au calendrier comme une journée noire pour la France.

Pourquoi Louis Napoléon a-t-il renoncé à intervenir ? Traverse-t-il alors une phase de crise physique particulièrement aiguë, qui amoindrit sa capacité de décision ? C'est plus que probable : il venait de quitter précipitamment Vichy. On avait dû le sonder et il était rentré à Saint-Cloud pour y prendre le lit, sur l'ordre de ses médecins. L'ambassadeur de Prusse, Goltz, en informa son gouvernement par télégramme chiffré : « J'ai trouvé l'Empereur secoué, presque brisé... Il paraît avoir perdu sa boussole de route. »

Autant la maladie n'affecte en rien sa résolution sur le moyen et le long terme, autant dès qu'il y a lieu de prendre des mesures immédiates, le sort paraît suspendu à l'état de son mal. Il maintient ainsi fermement son cap sur le plan de la politique intérieure, mais en politique étrangère, où les réponses doivent être souvent données dans l'instant, son état de santé peut provoquer des dommages.

Il est possible, aussi, qu'il n'ait guère cru aux affirmations du maréchal Randon, qui se faisait fort d'amener immédiatement quatre-vingt mille hommes sur le Rhin et deux cent cinquante mille dans les vingt jours, et qu'il les ait considérées comme autant de rodomontades.

Ce qui est certain, c'est qu'il a déjà conscience des insuffisances de l'armée française, une conscience angoissée face au nouveau défi auquel, immanquablement, elle va se trouver confrontée.

Enfin, n'est pas à exclure une réaction d'orgueil de sa part à l'idée de sembler fléchir devant les tenants de ce parti proautrichien qui l'a toujours combattu et qu'il n'est guère tenté de satisfaire.

Quoi qu'il en soit, et comme il n'était que trop prévisible, les conditions de la paix vont être dictées par la Prusse. Lors des négociations préliminaires de Nickolsburg, le 26 juillet, que confirmera la paix signée à Prague un mois plus tard, il est décidé de procéder à la dissolution de la Confédération germanique, ce qui revient à exclure complètement l'Autriche des affaires allemandes. Une Confédération de l'Allemagne du Nord est immédiatement constituée, dotée d'une armée et d'un budget communs, dont le roi de Prusse devient le président héréditaire. Enfin, la France reçoit de l'Autriche la Vénétie qu'elle rétrocède à l'Italie.

Louis Napoléon a donc obtenu du moins satisfaction sur un premier point. Les apparences sont encore sauves. Il est vrai qu'il est allé de lui-même au-delà des demandes initiales de Bismarck qui, pour relier entre elles les provinces prussiennes, souhaitait s'approprier les seuls territoires intermédiaires représentant quelque trois cent mille habitants. Or, Bismarck s'en voit offrir dix fois plus, avec l'annexion du Hanovre, du Hesse-Cassel, du Nassau et de Francfort.

Sans doute l'empereur espère-t-il que la bonne volonté dont il a fait preuve lui permettra de trouver pour la France quelques-unes des « compensations » sur lesquelles il croit se souvenir d'avoir obtenu, à Biarritz, un accord de principe.

Ce sera pire que peine perdue. Non seulement Bismarck ne donnera rien mais, ne reculant devant aucune déloyauté, aucun coup bas, il va se servir de l'affaire pour placer la France en posture d'accusée sur la scène internationale et contribuer à son isolement. Il parviendra aussi à persuader l'opinion française que l'empereur et avec lui son pays ont subi une grave offense tout en sombrant dans le ridicule.

Un première demande fut promptement introduite par Drouyn de Lhuys : elle portait sur certains territoires de la rive gauche du Rhin — donc des territoires allemands — et sur le Luxembourg dont on voulait, dans un premier temps, obtenir pour le moins la démilitarisation.

Bismarck refusa. Mieux, il fit publier son refus dans un journal français, *le Siècle* — divulgation qui avait notamment pour but de montrer aux États allemands du Sud combien un rapprochement était souhaitable avec la Prusse s'ils ne voulaient pas, un jour, se trouver sans protection face à de tels appétits. Drouyn de Lhuys paya de son poste ce qu'on affecta de considérer comme une gaffe. En fait, on avait été dupé. On décida pourtant de revenir à la charge.

Cette deuxième tentative paraissait poser moins de problèmes, car elle était conforme aux suggestions mêmes de Bismarck. Quand celui-ci avait refusé la première sollicitation française, il s'était ainsi exprimé devant Benedetti : « Monsieur l'Ambassadeur, ce serait la guerre entre nos deux pays. Je n'oserai même pas en parler au Roi... Il ne peut être question de vous céder une terre allemande ; mais regardez autour de vous, les pays où l'on parle français ; il y a le Luxembourg ; il y a la Belgique. »

Tout semblait donc indiquer non seulement qu'on avait obtenu le feu vert dans cette double direction mais que, de surcroît, Bismarck avait implicitement sinon formellement confirmé son engagement sur les compensations. Il est vrai qu'on n'était pas informé de ce que le ministre prussien disait, à peu près

au même moment, à un général italien, de passage à Berlin :
« Louis veut un pourboire ! »

Pourboire ! L'intention méprisante est évidente. Mais n'y
a-t-il pas lieu de noter qu'un pourboire, en bonne sémantique,
désigne une gratification facultative ?

En tout cas, lorsque Bismarck reçoit à nouveau Benedetti
venu lui demander « le concours de ses armées au cas où l'Empereur des Français serait amené par les circonstances à conquérir la
Belgique », il lui demande de rédiger de sa propre main une copie
de la communication pour la montrer au roi. Il met cette copie
dans sa poche et l'y conserve jusqu'au jour... de juillet 1870, où il
pourra démontrer pièce à l'appui — en la faisant publier dans le
Times — que Louis Napoléon lui avait alors proposé un pacte
déloyal.

Troisième et ultime demande française : le Luxembourg, dont
l'acquisition devait être pour le moins tentée. Mais on n'obtint rien
d'autre que l'évacuation du pays par les troupes prussiennes, qui
s'y trouvaient d'ailleurs sans titre puisqu'elles s'étaient installées là
au nom de la Confédération germanique, désormais dissoute.

Le bilan n'est donc vraiment pas fameux. Quand vient le
moment de le dresser dans un texte connu sous le nom de
circulaire La Valette — le ministre qui assurait l'intérim de
Drouyn, en attendant l'arrivée de Moustier, qui abandonnait
l'ambassade de Constantinople —, Louis Napoléon s'efforce de
présenter les choses de manière avantageuse. L'intérêt de ce texte
réside dans le fait surtout que Louis Napoléon, peu dupe de ses
propres assertions, y indique sa volonté de donner à la France le
moyen d'affronter la nouvelle donne. En même temps qu'une
manière de démenti au reste de son propos, c'est la preuve qu'il a
parfaitement compris les dangers qu'on voit désormais poindre à
l'horizon.

Il commence pourtant par rappeler que la situation antérieure
n'était guère plus brillante, insistant sur la puissance de l'ex-
Confédération germanique, « qui comprenait avec la Prusse et
l'Autriche quatre-vingts millions d'habitants, s'étendant depuis le
Luxembourg jusqu'à Trieste, depuis la Baltique jusqu'à Trente,
nous entourait d'une ceinture de fer et nous enchaînait par les plus
habiles combinaisons territoriales ».

Il relève certains éléments de satisfaction : « La coalition des
trois coins du Nord est brisée. Le principe nouveau qui régit

l'Europe est la liberté des alliances. Toutes les grandes puissances sont rendues les unes et les autres à la plénitude de leur indépendance, au développement régulier de leurs destinées... »

Il fait valoir que la situation nouvelle résulte de la force des choses : « Une puissance irrésistible, faut-il le regretter ? pousse les peuples à se réunir en grandes agglomérations en faisant disparaître les États secondaires. »

Toutefois, concède-t-il, « il y a dans les émotions qui se sont emparées du pays, un sentiment légitime qu'il faut reconnaître et préciser. Les résultats de la dernière guerre contiennent un enseignement grave et qui n'a rien coûté à l'honneur de nos armes : ils nous indiquent la nécessité, pour la défense de notre territoire, de perfectionner sans délai notre organisation militaire ».

Si dur que soit pour lui le choc de Sadowa, Louis Napoléon a le mérite de ne pas rester indéfiniment prostré. Il est conscient des dangers que court désormais la France et de ce que pourrait être la suite des événements. Dès lors, sa religion est faite : il faut, et au plus vite, donner au pays les moyens de sortir victorieux d'un conflit avec la Prusse ou, mieux encore, prévenir l'affrontement par la démonstration d'une puissance militaire nouvelle susceptible de dissuader les évidentes velléités bellicistes d'un voisin devenu encombrant et redoutable.

Il y a longtemps, d'ailleurs, que Louis Napoléon s'était convaincu de la nécessité de procéder à une totale réorganisation de l'armée française. En Italie, il avait été effaré par l'état de désordre qu'il avait pu constater lui-même. Depuis lors, les choses ne s'étaient guère améliorées. Toutes les bonnes résolutions prises sur l'instant avaient été oubliées. Pourtant, n'est-ce pas Louis Napoléon qui, s'adressant aux généraux de l'armée d'Italie le 14 août 1859, leur avait dit : « Que le souvenir des obstacles surmontés, des périls évités, revienne souvent à votre mémoire car, pour tout homme de guerre, le souvenir est la science même ».

Pour ne rien arranger, la guerre du Mexique vient de vider nos arsenaux ; elle a compromis le moral de la troupe ; et quand il a été question de mobiliser sur le Rhin, on s'est vite aperçu que cela n'irait pas de soi. Surtout, la rapidité de la victoire prussienne a démontré chez l'adversaire une force qu'on ne lui soupçonnait pas.

Jusqu'ici, Louis Napoléon s'était contenté de quelques replâtrages. Il est vrai que l'opinion, la classe politique, les généraux eux-mêmes restaient persuadés que notre armée était la meilleure d'Europe. Du coup, on avait renoncé à exiger davantage d'un Corps législatif qui trouvait qu'on en faisait déjà bien assez. Louis Napoléon s'était contenté d'imposer le chassepot, de faire adopter le canon à tube rayé et de mettre à l'étude un projet de mitrailleuse.

Pour modestes qu'ils fussent, ses efforts n'étaient pas sans mérite car nul en dehors de lui n'en reconnaissait vraiment la nécessité. En témoigne l'étonnement de Victor Duruy, lorsqu'il entend l'un de nos maréchaux se moquer des canons allemands qui se chargent par la culasse : « On ne tire que trop de coups de canon [...]. Ce sont des mouvements d'horlogerie qui se détraquent. »

A présent, Louis Napoléon sait que la situation appelle des réformes autrement radicales, et que c'est probablement une question de vie ou de mort.

Déjà, lors de sa captivité au fort de Ham, il s'était prononcé pour un service militaire personnel et universel à court terme, avec une forte armée de réserve, c'est-à-dire pour une transposition du système prussien qui, du fait de notre avantage démographique, nous aurait assuré une supériorité permanente. Il n'a pas changé d'avis : la seule solution, pense-t-il, est d'en venir à la nation armée, « le nombre ayant désormais une importance décisive à la guerre ». Pour cet homme acquis à l'idée que la différence entre les nations se situe sur le terrain économique, il n'est peut-être pas si facile d'expliquer alors à tous que « l'influence d'une nation se mesure au nombre d'hommes qu'elle peut mettre sous les armes ».

Notre situation n'est guère favorable. La Prusse, pays de vingt-deux millions d'habitants, a réussi en 1866 à mettre sept cent mille hommes sur le pied de guerre. La même année, la France, pays de trente-six millions d'habitants, ne dispose que d'une armée active de trois cent quatre-vingt-cinq mille hommes, dont cent mille en Algérie, au Mexique ou à Rome.

C'est dire qu'il faudrait revoir le système de fond en comble. Est toujours en vigueur la loi de 1832 sur le recrutement, loi injuste et dépassée, qui fait du service militaire une sorte de loterie. Chaque année, le Corps législatif fixe les chiffres du contingent — cent mille, en règle générale, cent quarante mille en cas de conflit

— après quoi les Français de vingt ans sont conviés à tirer au sort. Les mauvais numéros sont enrôlés pour sept ans, les bons sont libérés de toute obligation. Le remplacement à prix d'argent est autorisé, Louis Napoléon ayant été l'un des premiers à dénoncer cette « traite des blancs, le droit pour un riche d'envoyer un homme du peuple se faire tuer à sa place ». Combien de Français ne comptent-ils pas ainsi parmi leurs aïeux un grand-père ou un arrière-grand-père qui donna son sang parce qu'il n'avait pas tiré le bon numéro ?

Pourtant tout le monde, ou presque, est satisfait du système. En juillet 1866, Louis Napoléon se heurte ainsi au maréchal Randon, qui estime que tout va pour le mieux. Ce n'est pas l'opinion de l'empereur. Dès son retour de Vichy, en août, il a réuni autour de lui un groupe de travail comprenant le maréchal Niel, ouvert aux idées de réforme, les généraux Lebrun et Castelnau, ainsi que le fidèle et inévitable Fleury. Leurs premières réflexions débouchent sur la constitution d'une haute commission de réforme de l'armée, commission de vingt-trois membres où figurent tous les grands noms de l'armée, le prince Napoléon Jérôme, Rouher, Fould et quelques représentants du Conseil d'État. Présidée par l'empereur en personne, la commission se réunira régulièrement du 30 octobre au 12 décembre.

Louis Napoléon ne cache à personne l'objectif à atteindre : on doit en venir au service universel, et donc astreindre au service toute la classe des conscrits. Il faut en outre, à côté de l'armée active, constituer une garde mobile de quelque quatre cent mille hommes.

Le projet qui sera arrêté au terme des travaux de la commission est déjà en recul par rapport aux intentions de l'empereur. On retient le principe d'une armée de huit cent quatre-vingt-quatre mille hommes : tout le contingent — cent soixante mille hommes — serait incorporé, soit pour six ans dans l'active, soit pour quelques mois dans la réserve, en fonction des résultats du tirage au sort ; une garde nationale mobile serait instituée où les jeunes — qu'ils viennent de l'active, de la réserve ou qu'ils soient exonérés — devraient servir pendant trois ans ; chaque année auraient lieu un ou deux appels de huit jours pour la garde mobile. Le système du remplacement serait maintenu, mais les remplacés seraient affectés à la garde mobile.

Le 20 janvier 1867, Niel, qui incarne la nouvelle politique, succède à Randon. Niel a six ans de plus que Louis Napoléon. Sorti de Polytechnique dans le génie, il s'est illustré à Constantine. Il a fortifié Paris en 1841 et 1842. En 1849, il a été blessé devant Rome. Nommé général, on l'a chargé d'une mission délicate auprès de Pie IX, mission qui ne fut pas étrangère au revirement du pape dont un « motu proprio » annonça alors quelques concessions aux idées libérales. Il était à Sébastopol et à Solferino, où son corps d'armée reçut tous les coups. C'est pour ces exploits que Louis Napoléon lui a donné son bâton de maréchal.

Les choses ne semblent donc pas trop mal parties. Mais voilà que s'élève contre le projet un formidable tir de barrage. Dans les milieux les plus divers, l'opposition à la réforme prend d'énormes proportions.

Pour le comprendre, il faut se souvenir d'abord que l'anti-militarisme est, à l'époque, fort répandu : des hommes aussi différents que Littré, Michel Chevalier... ou Déroulède ne croient pas à l'utilité de l'armée.

La France, qui est devenue riche, semble ne se soucier que de ses intérêts matériels. Les industriels craignent la raréfaction de la main-d'œuvre résultant d'une nouvelle méthode de conscription. Les financiers appréhendent le coût du programme et les impôts nouveaux que sa mise en œuvre rendrait nécessaires. Paul Guériot nous éclaire sur la mentalité de l'heure en rapportant que « lors des élections de 1869, sur plus de sept cents candidats, vingt-deux seulement eurent le courage dans leur profession de foi de ne pas faire allusion à une réduction possible des effectifs ».

Certes, la vue des uniformes, bonnets à poil, colbacks, chapkas emplumées, buffleteries éclatantes, brandebourgs d'or et d'argent, sabretaches, fourragères, tout cela déclenche encore les sentiments cocardiers des Français, mais ne les conduit pas pour autant à soutenir le projet de l'empereur. Au contraire, il semble n'y avoir pour eux aucune raison de modifier le statu quo.

Les militaires ne sont pas les derniers à refuser le changement. Trochu s'exclame : « Une telle armée serait nationale, c'est ce qu'il ne faut pas. » Randon renchérit : « Cette proposition ne nous donnera que des recrues. Ce sont des soldats qu'il nous faut. » Changarnier, lui aussi, exprime son opposition. Selon le prince de Joinville, le nouveau mode de recrutement « écrasait outre mesure la race qui donne, hélas, quelques signes d'épuisement, et [...] tuait la poule aux œufs d'or ».

Quant aux républicains, ils avaient transposé au domaine extérieur l'inepte théorie de l'« invisible sentinelle », qui leur avait valu de si brillants résultats à l'intérieur : en cas de danger, assuraient-ils, on pourrait compter sur la « levée en masse » et l'« esprit de patriotisme ».

Dans l'entourage de l'empereur, l'hostilité au projet avait gagné certains proches qui estimaient, comme tout le monde, que la France n'était pas la Prusse et qu'elle n'accepterait jamais un système militariste. Son vieil ami Émile de Girardin affirmait que « toucher à la loi française pour la prussifier, ce serait ameuter 600 000 familles, 4 200 000 personnes ! » Émile Ollivier, dont le rapprochement devenait pourtant de plus en plus certain, laissait tomber : « De ce projet, les ennemis de l'Empire se réjouissent, ses amis sont consternés. »

Il fut vite clair que le Corps législatif n'accepterait pas le texte. Des pétitions circulaient, maires et députés subissaient de fortes pressions. La perspective des prochaines élections se trouvait là pour incliner les plus fidèles au refus. A gauche, on était ravi de recevoir des mains de l'adversaire une telle arme de combat. De l'autre côté, on redoutait les réactions du monde paysan à l'idée même de la conscription. 1869, c'était demain.

Vouloir se conformer, avant tout, aux sentiments réels ou supposés des citoyens : comportement aussi vieux que la démocratie mais qui, sous prétexte de la défendre, aboutit à la dévoyer. N'existe-t-il pas des circonstances où l'homme public a le devoir de précéder l'opinion ? Si c'est dans l'intérêt national, l'opinion ne retiendra que provisoirement contre lui ce décalage momentané. A l'inverse, s'il la suit et que les choses tournent mal, elle sera la première à lui faire reproche de ne pas avoir osé lui montrer le chemin. Mais à l'époque, qui ose oser ?

Louis Napoléon mesure, lui, toute l'importance de l'enjeu ; il est décidé à aller jusqu'au bout.

A Ollivier, qui lui a fait part de ses préventions, il rétorque : « Je sais que ce projet est impopulaire. Il faut savoir braver l'impopularité pour remplir son devoir. »

Pourtant, l'empereur accepte un geste de conciliation. Il laisse retoucher le projet avant même son dépôt : le service sera ramené de six ans à cinq ans dans l'armée active... Mais rien n'y fait. Le Corps législatif nomme une commission hostile au texte. Dans le pays, la contestation ne fait que croître : à deux élections partielles, des candidats favorables à la réforme sont battus. Pis, le rapporteur du projet est lui-même battu au conseil général.

Et la discussion s'éternise...

Pitoyable débat! Piteuse discussion au cours de laquelle on voit les représentants que la France s'est donnés préparer par aveuglement son malheur. Le Corps législatif a bien mérité en ces jours-là la reconnaissance de Bismarck. Tous les Français devraient garder en mémoire le honteux florilège des déclarations de ceux qui ont alors inconsciemment décidé d'envoyer notre armée à la boucherie et de livrer aux Prussiens l'Alsace et la Moselle.

A tout seigneur tout honneur, écoutons d'abord celui dont tant de lycées, tant d'artères portent encore le nom, celui dont on fera le « libérateur du territoire »: l'ineffable Monsieur Thiers. Celui-ci, tout en affectant de soutenir le projet revu et corrigé, prétend que l'armée prussienne est beaucoup moins nombreuse qu'on le dit:

« On vous présente des chiffres de douze cent, de treize cent mille hommes comme étant ceux que les différentes puissances de l'Europe pouvaient mettre sur pied. Quand on vous les a cités, ils vous ont fait une impression fort vive. Eh bien! ces chiffres-là sont parfaitement chimériques. Je le dis parce qu'il faut rassurer notre pays. Il ne faut pas que les paroles qui sont prononcées ici le persuadent qu'il court des périls effroyables. »

Donc, « qu'on se rassure, notre Armée suffira pour arrêter l'ennemi ».

Écoutons Jules Simon:

« Pour moi, je ne crois pas la guerre prochaine car la Prusse n'a pas d'intérêt à faire la guerre à la France.

« D'ailleurs, précise-t-il, je ne suis pas partisan des armées permanentes [...]. Nous vous demandons sans ambages de supprimer l'armée permanente et d'armer la Nation... »

Écoutons cet autre futur héros de la République renaissante, Jules Favre: « Je repousse la loi pour qu'il soit dit en Europe que la Chambre ne se contente pas de vœux stériles pour la paix, mais que quand on lui met dans la main un bulletin de vote, elle sait en user et que ce n'est pas seulement un vœu mais un acte qu'elle entend accomplir. »

Et encore: « On vous dit qu'il faut que la France soit armée comme ses voisins, que la sécurité est attachée à ce qu'elle soit embastionnée, cuirassée, qu'elle ait dans ses magasins des monceaux de poudre et de mitraille... Ma conscience proteste contre de semblables propositions... Je suis convaincu que la Nation la plus puissante est celle qui serait le plus près du désarmement. »

Écoutons Joseph Magnin : « Je repousse la loi parce qu'elle est une surcharge imposée à la population. »

Et encore : « Les armées permanentes sont en théorie jugées et condamnées. Je crois que dans un avenir prochain, elles disparaîtront. »

Écoutons Ernest Picard : « Par quelle aberration le Gouvernement peut-il songer à chercher les forces de la France dans l'exagération du nombre d'hommes ? [...] Je vous conjure, dans l'intérêt de la France de repousser ce projet de loi. »

Écoutons Garnier-Pagès : « Le militarisme est la plaie de l'époque ! Qu'est-ce que la force matérielle ? ... Le budget de la guerre nous mène à la banqueroute. C'est la plaie, c'est le chancre qui nous dévore ! »

Écoutons Eugène Pelletan : « Pas d'armée prétorienne ! » Ou encore : « Une invasion est-elle possible ? On s'indignerait si je formulais une prévision semblable, et on aurait raison. »

Écoutons Émile Ollivier : « Les armées de la France, que j'ai toujours trouvées trop nombreuses, vont être portées à un chiffre exorbitant. Mais pourquoi donc ? Où est la nécessité ? Où est le péril ? Qui nous menace ?... Que la France désarme et les Allemands sauront bien convaincre leurs Gouvernements à l'imiter. »

Écoutons encore Jules Favre qui admoneste Niel : « Vous voulez donc, s'écrie-t-il, faire de la France une caserne ! » Et la réponse du ministre prend une pathétique résonance, quand on connaît la suite : « Prenez garde d'en faire un cimetière ! »

Rouher lui-même n'est pas en l'occurrence d'un grand secours. Il ne manifeste aucune faveur pour une réforme dont il perçoit surtout les inconvénients politiques immédiats, et cache à peine ses réticences devant le Corps législatif, lors de la session d'automne 1867.

Le ministre d'État est d'autant plus écouté qu'il vient de parler sobrement et de façon apparemment sincère de l'affaire mexicaine, évoquant « la faillibilité humaine qui rend périssables les plus étudiées des combinaisons conçues par l'homme ». Alors on le croit quand il assure que l'expédition au Mexique n'a pas affaibli l'armée, que la France reste l'arbitre de l'Europe, que l'Allemagne n'est que la juxtaposition de la Prusse, de l'Autriche et d'États secondaires, et donc qu'il n'y a rien à craindre.

Comment, dès lors, chacun ne penserait-il pas que l'empereur doit se tromper, que son état de santé lui obscurcit le jugement et le rend exagérément pessimiste?

Louis Napoléon sait, sent cela. Il souhaite en finir, quitte à devoir recourir à des moyens extrêmes. Décidé à briser la résistance qu'on lui oppose, il veut qu'on se batte sur la totalité du projet. Mais déjà Niel faiblit: Rouher l'a convaincu qu'il faudrait aller à la dissolution, après laquelle on risque de se retrouver avec un Corps législatif encore plus hostile et malintentionné:

« Une dissolution, explique-t-il, serait funeste [au] système de Gouvernement, le pays touché dans un de ses intérêts vitaux prendrait feu; l'opposition compacte, disciplinée derrière un mot de ralliement si simple, enlèverait le corps électoral. »

L'argument est imparable. Alors, Louis Napoléon cède. Il pense à la dissolution, mais il doit bien se rendre à l'évidence: il n'a pas, il n'a plus les moyens politiques d'atteindre son objectif. Sa tristesse et sa déception dépassent toute limite. La conscience du drame qui approche l'accable et le déchire.

C'est à l'occasion de son discours du Trône de novembre 1867, que l'empereur met les pouces: il y annonce l'abandon du projet initial. « Mon Gouvernement, déclare-t-il aux députés, vous proposera des dispositions nouvelles qui ne sont que de simples modifications à la Loi de 1832 mais qui atteignent le but que j'ai toujours suivi: réduire le Service pendant la paix et l'augmenter pendant la guerre. »

Cette loi qui sera votée le 14 janvier 1868 est effectivement une simple mise à jour du texte de 1832, dont elle conserve le système des « bons numéros »: le contingent restera à la discrétion du Corps législatif. Seule innovation qui subsiste, au moins sur le papier, la garde mobile; mais celle-ci est complètement dénaturée: ses appels ne pourront excéder une journée; ce sera une armée fantôme, sans instruction, sans encadrement, sans équipement.

Pour comble de malheur, Niel va bientôt mourir sans avoir pu entreprendre la mise en œuvre de la loi. Lebœuf qui lui succède négligera de l'appliquer. Il est vrai que les moyens budgétaires adéquats ne lui seront jamais consentis.

Ce qu'il y a de plus grave, c'est qu'au terme d'une longue

année de débats, le pays est encore plus convaincu qu'auparavant de l'invincibilité de son armée.

*
**

« Le véritable auteur de la guerre, a dit Montesquieu, n'est pas celui qui la déclare, mais celui qui la rend nécessaire. »

La guerre de 1870 n'était pas inévitable. Louis Napoléon — même s'il était seul à voir clair — était trop conscient de l'infériorité relative de nos armes pour avoir pu la souhaiter un seul instant.

En juillet de l'année fatale, la princesse de Metternich, qui relève de couches, a reçu la visite du couple impérial. Elle en a retiré la conviction que « l'Empereur et l'Impératrice sont effondrés à l'idée d'une guerre ». De fait, il n'y a pas lieu d'accorder une once de crédit à l'analyse de ceux qui prétendent que Louis Napoléon cherchait dans une victoire militaire le moyen de raffermir un Empire ébranlé. Paris ne cessait de manifester sa mauvaise humeur à l'égard du régime. Mais l'opposition dans la capitale pouvait-elle faire oublier les résultats du plébiscite, et la conclusion qu'en tirait Gambetta : « L'Empereur est plus fort que jamais » ?

En revanche, c'est un fait établi que Bismarck voulait cette guerre, l'estimant nécessaire pour accélérer et rendre irréversible l'union de l'Allemagne. Il est possible qu'il fût le seul à la vouloir. Il était l'un des seuls à pouvoir la déclencher. Cela a suffi.

Jocelyn-Émile Ollivier nous le rapporte : « Quand, après la mort de Guillaume Ier et de Frédéric III, l'étoile de Bismarck commença à pâlir, il s'efforça de démontrer au peuple allemand que c'était à lui seul et non à son Souverain que devait être attribuée la gloire d'avoir déchaîné le conflit qui s'était terminé par la proclamation de l'unité allemande. »

Bismarck dans ses Mémoires, a lui-même explicitement reconnu qu'il portait la pleine responsabilité du conflit : « J'ai toujours considéré qu'une guerre contre la France suivrait fatalement une guerre contre l'Autriche... J'étais convaincu que l'abîme creusé au cours de l'histoire entre le Nord et le Sud de la patrie ne pouvait pas être plus heureusement comblé que par une guerre nationale contre le peuple voisin qui était notre séculaire agresseur... Je ne doutais pas qu'il fallût faire une guerre franco-allemande avant que l'organisation générale de l'Allemagne eût pu être réalisée. »

Après Sadowa, la querelle sur les compensations a gravement détérioré les relations franco-prussiennes. Bismarck le sait. Il l'a voulu et s'en est réjoui. Ses efforts pour préparer patiemment, méticuleusement, la guerre n'ont pas été vains. Mais on n'avait rien vu encore. A partir de 1868, dès le moment où le chancelier estime son pays prêt pour la grande explication finale, il ne rate désormais aucune occasion de friction : de l'affaire du Luxembourg à celle des chemins de fer belges, tout lui est bon pour défier la France, son opinion publique et provoquer son gouvernement.

Un nouveau prétexte va lui être offert avec le problème que crée la vacance du trône d'Espagne.

A tort ou à raison, la France considérait l'Espagne comme une sorte de chasse gardée : ses intérêts économiques y étaient dominants depuis le financement par des capitaux français de la construction du réseau de chemins de fer espagnol et Louis Napoléon s'intéressait de très près à la situation de la péninsule : il lui arrivait de rêver — bizarrement — à une union ibérique rassemblant Espagnols et Portugais.

C'est dire que la France ne pouvait raisonnablement se désintéresser des conditions de dévolution de la couronne d'Espagne. Déjà, pour des raisons évidentes, elle avait fait écarter la candidature d'un membre de la famille d'Orléans et tenté, sans succès, d'imposer un prince portugais.

Lorsque, sur les représentations de l'ambassadeur de France, Bismarck acquiert la certitude que Paris considérera comme absolument inacceptable la candidature d'un prince allemand, il comprend qu'il détient là un « casus belli » idéal et pousse de tout son poids en ce sens. Pour Paris, en effet, une telle solution est à tous égards intolérable : la France ne pourrait exercer aucune influence sur le nouveau roi, et se sentirait comme encerclée par les Allemands.

Henri Bergson dans le discours de réception que nous avons déjà cité, note lucidement : « Il est hors de doute que la candidature de Leopold de Hohenzollern fut suscitée par Bismarck en vue d'amener un conflit entre l'Allemagne et la France. »

De fait, quand la nouvelle de cette candidature parvient en France, le 3 juillet 1870, elle produit l'effet d'une bombe.

A Paris, on est d'autant plus choqué par ce qu'on considère comme une véritable félonie que depuis son arrivée au pouvoir, le 2 janvier, Émile Ollivier peut croire avoir fait de son mieux, face à une opinion publique réticente, pour améliorer les relations franco-prussiennes et diminuer les tensions. On est d'autant plus surpris que, le 30 juin encore, comme nous le rapporte Jocelyn-Émile Ollivier, « Thiers, qui aimait tant à jouer au prophète, affirmait que l'Allemagne ne cherchait pas à troubler le monde et qu'elle avait à sa tête un homme supérieur partisan de la paix ».

Dès le lendemain de l'annonce de la candidature, Ollivier dépêche notre ambassadeur à Ems, où se trouve le roi de Prusse, pour lui faire connaître la réaction de la France. Le gouvernement prussien prétend alors tout ignorer de l'affaire ; la reine d'Angleterre paraît contrariée, sans plus. Quant au Conseil des ministres espagnol, il fixe au 20 juillet — comme si de rien n'était — la date de l'élection de Leopold de Hohenzollern par les Cortès.

Dans le contexte d'alors, où l'excitation et l'exaspération générales n'épargnent ni les parlementaires ni la presse, Louis Napoléon s'efforce de garder la tête froide et cherche les voies de la conciliation. Non qu'il soit moins indigné que les autres ; mais il sait les risques que court le pays et il a parfaitement lu dans le jeu de Bismarck. Recevant l'ambassadeur d'Espagne, il s'en ouvre à lui très clairement : « Comment pouvez-vous imaginer que Monsieur le Comte de Bismarck qui a organisé tout cela de longue main pour nous provoquer, laisserait passer l'occasion ? »

Gramont, le ministre des Affaires étrangères, n'a probablement pas l'accord de l'empereur lorsqu'il fait devant le Corps législatif cette déclaration martiale : « [...] Nous comptons à la fois sur la sagesse du peuple allemand et l'amitié du peuple espagnol. S'il en était autrement, forts de votre appui et de celui de la Nation, nous saurions remplir notre devoir sans hésitation et sans faiblesse. »

En tout cas, ce qui est dit a bien passé. Même Gambetta a applaudi. La France paraît résolue, et l'on va en tenir compte.

Guillaume Ier n'a pas les mêmes raisons que Bismarck de vouloir à tout prix un conflit avec la France. Il demande donc discrètement au père de Leopold, son cousin, de retirer la candidature de son fils au trône d'Espagne. Ce que fait ledit cousin.

Guizot de s'exclamer alors : c'est « la plus belle victoire diplomatique que j'aie vue de ma vie ». De fait tout l'échafaudage du chancelier s'écroule. Bismarck a d'ailleurs prétendu qu'il aurait eu alors la tentation de démissionner. Pour le malheur général, il ne le fit pas. Mais tout paraissait devenir plus serein.

Pourtant l'opinion française et une partie de la Chambre ne considèrent pas comme suffisante l'annonce du retrait. Ce n'est pas Leopold mais son père qui s'est exprimé. Le gouvernement prussien, qu'on soupçonne d'être l'instigateur de toute l'affaire, n'a pris aucun engagement officiel. Il faut l'obliger à se prononcer.

Le 12 juillet, en l'absence d'Ollivier, et sans que Louis Napoléon s'y soit opposé, un Conseil restreint, tenu à Saint-Cloud, décide d'adresser au roi de Prusse un télégramme lui demandant des garanties pour l'avenir. Gramont avait expliqué tout uniment qu'une telle demande ne manquerait pas de « fortifier » le gouvernement devant l'opinion et devant les Chambres.

Cette initiative a souvent été considérée comme une grave faute. Il ne faut pas oublier d'abord, comme l'a noté l'ambassadeur britannique, lord Lyons, que « dans cette affaire, le Gouvernement Français n'était pas à la tête de l'opinion, mais la suivait ». Ensuite et surtout, que la guerre ne résulta pas de la réponse même de Guillaume Ier mais de la présentation tronquée qu'en fit Bismarck.

Il est clair que si cette occasion n'avait pas déclenché le conflit, le chancelier en aurait créé une autre, puis une autre encore, aussi longtemps qu'il ne serait pas parvenu à ses fins.

De son côté, Émile Ollivier, qui n'assistait pas au Conseil restreint de Saint-Cloud, est consterné. Lui aussi pense à démissionner ; son désarroi est sincère, mais il pèse le pour et le contre et ne veut pas desservir la France. Comme nous l'explique Bergson : « Désavouer l'acte de l'Empereur, c'était, au cas où la guerre éclaterait, avoir déclaré, avoir déclaré solennellement, devant l'Europe et devant l'Histoire que l'Empire était agresseur et que la France était dans son tort. C'était aussi laisser la place libre à un Ministère de Droite, qui attendait dans la coulisse, et qui eût été un Ministère de guerre. En restant, on pouvait essayer de réparer le mal. Par le fait, Ollivier le répara dans la mesure du possible, puisqu'il obtenait du Conseil des Ministres, quelques heures après, la décision ferme de ne pas maintenir la demande d'un engagement pour l'avenir si l'on se heurtait à un refus du Roi de Prusse. »

Rien d'irrémédiable n'était encore accompli. Guillaume Ier est visiblement agacé par la demande qui lui est transmise. Pour autant sa réponse est rien moins que belliqueuse. Dans le résumé de sa journée qu'il transmet à Berlin le 13, il fait savoir qu'il a appris le désistement et qu'il l'a approuvé.

Quand il lit ce texte, Bismarck est atterré. Alors, cyniquement, il en rédige une nouvelle version, tronquée, qui va sonner le
glas des espoirs d'apaisement.

« Après que les nouvelles de la renonciation du Prince héritier de Hohenzollern eurent été communiquées au Gouvernement
Impérial Français par le Gouvernement Royal Espagnol,
l'Ambassadeur Français à Ems a exigé encore de Sa Majesté
l'autorisation de télégraphier à Paris que Sa Majesté le Roi pour
tout l'avenir s'engageait à ne plus jamais donner son autorisation si
les Hohenzollern devaient poser de nouveau leur candidature.
Là-dessus, Sa Majesté le Roi a refusé de recevoir encore une fois
l'Ambassadeur et lui a fait dire par l'adjudant de service que Sa
Majesté n'avait rien de plus à communiquer à l'Ambassadeur. »

Transformée en provocation par la volonté de Bismarck, la
dépêche d'Ems, largement diffusée par ses soins, eut l'effet
escompté sur l'opinion française. A Paris, dans la journée du 13, la
foule est dans la rue, s'excite contre la Prusse et réclame la guerre.

Le gouvernement est chahuté. Gramont déclare à Louis
Napoléon et à ses collègues « que le Ministère ne pourrait pas se
maintenir s'il se présentait à la Chambre, le lendemain, sans avoir
reçu une concession précise de la Prusse ».

Tout se passe comme Bismarck l'a espéré et voulu. Sa
dépêche a fait l'effet d'un camouflet. Le 14, l'Empereur parle
encore en Conseil d'un congrès général, qui aurait à évoquer la
question des garanties. Ollivier s'accroche à cette idée ; un texte
est rédigé. Louis Napoléon, le soir, voit s'attrouper les Parisiens et
les entend crier : « A Berlin ! »

Le 15, au cours d'un nouveau Conseil, Ollivier reconnaît à
son tour : « Si nous portions notre déclaration à la Chambre, on
jetterait de la boue sur nos voitures et on nous huerait. » A peu
près au même moment, les Parisiens lancent des pierres dans les
vitres anciennes de l'ambassade de Prusse.

Le sort en est jeté ; dans la nuit du 15 au 16, Thiers fait voter,
par 245 voix contre 10, les premiers crédits pour la mobilisation de
la garde mobile et pour la guerre. « Nous avons fait, déclare-t-il,
tout ce qu'il était honorablement et humainement possible de faire
pour éviter la guerre... Notre cause est juste... Elle est confiée à
l'armée française. »

Pourtant, la situation diplomatique n'est pas favorable, loin
de là. Bismarck a joué assez habilement pour que la France fasse

figure... d'agresseur. L'Allemagne du Sud, en dépit de nos espoirs, choisit le camp de la Prusse et la Bavière s'apprête à mobiliser. Il n'y a rien à attendre, du moins dans l'immédiat, de l'Autriche où joue contre la France l'influence hongroise dans la double monarchie, conséquence indirecte de la défaite de Sadowa dont l'« établissement » autrichien est tenu pour responsable. Rien à attendre non plus de l'Italie, avec laquelle Rome reste une pomme de discorde — l'évacuation, le 19 août, de la Ville éternelle intervenant beaucoup trop tard.

Ollivier, exténué, a pourtant la tragique imprudence de laisser entendre que cette guerre, il l'accepte « d'un cœur léger ». Ce n'est pas ce qu'il a vraiment dit. C'est ce qu'on a retenu.

Louis Napoléon, lui, n'a pas le cœur léger. Bientôt, sur le chemin de la Lorraine, et de la guerre — dont la déclaration est notifiée le 18 à Berlin —, il sera salué de gare en gare, par des foules qui crient: « Vive l'Empereur! Vive le Prince Impérial! Vive la France! »

Sans doute éprouve-t-il des sentiments analogues à ceux que, soixante-huit ans plus tard, au retour de la désastreuse conférence de Munich et face à la même allégresse, traduira Édouard Daladier dans une formule aussi lapidaire que triviale. L'empereur montra plus de tenue: « L'enthousiasme, écrit-il à Gramont, est une belle chose, mais parfois bien ridicule. »

Cette guerre est probablement perdue avant même d'avoir commencé. De Gaulle expliquera pourquoi, allant comme d'habitude, en traits fulgurants, droit à l'essentiel: « La mobilisation, ordonnée le 14 juillet, a porté le 5 août à la frontière 250 000 hommes; 60 000 sont dans les dépôts ou en Algérie, ou à Rome. Et nous n'avons rien d'autre qui puisse, de plusieurs mois, offrir quelque solidité. Encore ces forces sont-elles organisées, armées, transportées au milieu du pire désordre, car les grandes unités n'existent pas en temps de paix, il faut les constituer de toutes pièces à la frontière, leur désigner des états-majors, faire sortir des arsenaux leurs canons, leurs caissons, leurs parcs, les doter à l'improviste de services et de matériels. Pendant ce temps, l'ennemi amène aux premiers chocs 500 000 hommes, organisés à l'avance en corps d'armée et divisions, garnit ses dépôts de 160 000 soldats et lève une solide landwehr de 200 000 hommes. »

Les effets conjugués de l'imprévoyance, des autosatisfactions et des lâchetés qui ont empêché la réorganisation de l'armée française apparaissent très vite, dans toute leur dimension, même si certains mettront quelque temps à s'incliner devant l'évidence.

Gramont n'a-t-il pas expliqué qu'il s'était décidé à la guerre « avec une confiance absolue dans la victoire » ?

Thiers lui-même, Thiers qui, après la défaite, soutiendra devant la commission d'enquête qu'il savait que la France n'était pas prête, est en réalité convaincu du contraire : tous ses propos de l'époque en apportent la démonstration.

Il n'est pas jusqu'à Niel qui, avant de mourir en août 1869 des suites de l'opération à laquelle l'a acculé le même mal que l'empereur, n'ait été persuadé de laisser à la France, malgré l'échec du projet de réforme, une armée apte à la protéger... Quelle erreur ! Et le nombre n'est pas seul en cause. Notre infanterie est probablement intrinsèquement meilleure que l'infanterie allemande ; elle fera d'ailleurs des prodiges. Mais, outre que la supériorité de l'artillerie ennemie compensait largement cette différence de valeur, la mobilité de l'armée allemande, qui vit sur le pays et n'a pas à traîner d'encombrants convois, lui donne un grand avantage stratégique. Techniquement, les Prussiens sont également en avance : ils disposent d'une cartographie supérieure en qualité et savent, eux, s'en servir. Enfin, leur armée est tout entière tendue vers l'offensive. Elle a retenu la leçon de Clausewitz, et s'en tient à de simples et solides principes : mépriser la forme des manœuvres et les opérations subsidiaires ; marcher droit, toutes forces réunies, jusqu'à la principale armée adverse pour obtenir au plus tôt un avantage décisif et poursuivre vigoureusement cet avantage jusqu'à la victoire.

Comme si l'éclatante disproportion des moyens alignés par les deux pays ne suffisait pas, d'autres facteurs vont encore aggraver la situation et compromettre cette résistance minimale aux premiers chocs qui aurait permis, en stabilisant provisoirement les choses, d'en venir à une solution négociée ou d'espérer l'entrée en lice ultérieure d'alliés potentiels jusque-là attentistes.

On s'aperçoit vite que pouvoir civil et pouvoir militaire ne parviennent pas à délimiter leurs champs d'intervention respectifs : le comble de la confusion sera atteint à Sedan quand l'armée de Mac-Mahon, blessé, se retrouvera dotée... de deux commandants en chef : l'un désigné par le maréchal lui-même, l'autre nommé par le gouvernement. Entre le politique et le militaire, tout se mêle et s'entremêle, au détriment de l'un et de l'autre. Les décisions sont prises au hasard de l'évolution du champ de bataille et, pis encore, les considérations politiques l'emportent parfois sur les données stratégiques.

Le cas de Bazaine qui va bientôt concentrer entre ses mains le commandement suprême — retiré à l'empereur — illustre bien cet état de choses. La façon dont il manœuvre est-elle vraiment le fait d'un chef militaire ? A le voir faire ou, plutôt, à le voir ne rien faire, on a l'impression que, dans ces circonstances dramatiques, son principal objectif consiste non à combattre l'adversaire mais à préserver le capital que constituent à ses yeux les effectifs placés sous son autorité directe afin de pouvoir, le cas échéant, se trouver en bonne posture à la table des marchandages.

D'où vient que certains chefs militaires, de qualité assurément médiocre, se montrent encore plus timorés qu'à l'ordinaire ? Est-ce une punition que la providence inflige à Louis Napoléon pour avoir favorisé la promotion d'un certain nombre d'incapables ? N'a-t-il pas eu le tort d'écarter des hommes de valeur ? Certains le prétendent comme Joachim Ambert, qui fut général, député, écrivain, historien :

« Napoléon III devait périr par les Généraux. Il y avait aussi dans son passé une terrible nuit, c'était celle où il fit arracher de leur lit les Chefs les plus aimés de l'Armée, les Cavaignac, les Changarnier, les Lamoricière et tant d'autres dont les noms sont inutiles à rappeler. Ces vaillants Capitaines avaient bien mérité de la patrie, ils représentaient l'Armée Nationale, leurs noms se rattachaient à la conquête de l'Algérie, ils avaient vaincu l'émeute dans les rues, ils souffraient de leurs blessures et cependant, on les emprisonna sous un prétexte politique...

« Leur arrestation fut le germe fatal qui conduisit Napoléon III à sa perte. Il ne put remplacer ces Généraux frappés dans la force de l'âge, à l'heure où l'homme est dans toute sa puissance.

« Pendant cette marche funèbre qui le conduisit de Châlons à Sedan, l'Empereur Napoléon III reporta sans doute sa pensée sur cette nuit de décembre 1851 où il avait décapité l'Armée. Il entendit des voix lointaines qui lui disaient : "Varus, rends-moi mes légions !" »

Louis Napoléon est parti aux armées le 28 juillet. Discrètement. Il a pris le train à la petite gare de Saint-Cloud, dans une atmosphère dépourvue d'entrain. Il est vrai qu'il a lui-même prévu que ce serait « long et difficile ». L'accompagne son fils, à qui on a taillé un uniforme à la mesure de ses quatorze ans.

Ce départ est une erreur. Dans l'état de santé où il se trouve, Louis Napoléon ne sera jamais là-bas que d'une piètre utilité. Tout indique qu'il ne pourra longtemps exercer la réalité des fonctions de commandant en chef. Compte tenu des risques que le conflit fait courir au régime, sa présence à Paris, comme chef d'État, serait de beaucoup plus utile, au cas où tout tournerait mal, hypothèse qu'il n'a jamais écartée. Trop nombreux sont ceux qui pensent que Louis Napoléon a au moins en commun avec son oncle d'être condamné à la victoire pour survivre. A quoi bon, dans ces conditions, renforcer cette impression en liant si explicitement son sort à celui de nos armes ? S'il n'avait pas quitté la capitale, Louis Napoléon aurait été moins personnellement impliqué dans nos revers éventuels et mieux placé pour prendre, sur le plan intérieur et extérieur, les mesures qu'auraient exigées les événements. Il aurait pu par exemple, le moment venu, nommer un gouvernement d'union nationale capable de rassembler toutes les énergies. Alors que, dans l'éloignement où il se trouve, ses tentatives pour appeler tel ou tel resteront sans aucun effet.

Louis Napoléon a bien expliqué que la présence d'un chef « magnétise ses troupes sur le terrain ». En est-il si convaincu lui-même ?

En tout cas, l'impératrice n'a rien tenté pour retenir son mari. De la même façon qu'elle s'opposera avec force à toutes ses velléités de retour. Ayant obtenu la régence, il est clair qu'elle veut donner à sa fonction sa pleine signification et en tirer tout le parti possible.

L'apparente indifférence d'Eugénie aux tortures physiques que subissait son mari a de quoi surprendre. A l'époque, elle n'est pas mieux informée que les autres de la nature du mal dont souffre l'empereur, lequel, lors de son exil à Chislehurst, confiera à l'urologue sir Henry Thompson : « Si j'avais su que j'étais atteint de la maladie de la pierre, jamais je n'aurais déclaré la guerre. » On peut absoudre le manque de curiosité de l'impératrice, qui eût pu exiger de connaître les résultats de la consultation de ces sommités médicales qu'étaient les Nélaton, Ricard, Fauvel, Germain Sée et Corvisart, consultation qu'on mit sous pli scellé dans un tiroir de secrétaire ! Mais comment comprendre qu'Eugénie, témoin depuis des années de tant de souffrances et sachant l'empereur traité au chloral, ait pu le laisser partir vers le front ? Elle n'ignorait rien des souffrances de l'empereur, ayant souvent contribué à sauver la face dans maintes circonstances officielles. Car le martyre de Louis Napoléon est souvent difficile à dissimuler : dans les moments de crise son visage s'altère, ses traits se tendent, il ne peut réprimer quelques gémissements.

Une explication est souvent avancée : l'attitude d'Eugénie serait celle d'une femme qui a aimé et qui a été trompée. Pour elle, les douleurs que son mari endure dans le bas-ventre, et tout ce pus et ce sang, c'est le coup de pied de Vénus, c'est le passage de la justice immanente. Ne l'aurait-on pas entendue maugréer : « Il n'a que ce qu'il mérite... c'est la vengeance de Dieu » ?

Des sentiments de cette nature ne sont peut-être pas complètement absents de l'esprit d'Eugénie, mais ils n'ont rien d'essentiel. De même, il n'y a pas lieu de croire à la thèse, soutenue par certains, de la concrétisation d'un vieux marché entre époux : le pouvoir contre la fidélité conjugale. Eugénie a voulu la régence, et pas seulement pour exercer un pâle intérim, prête qu'elle était à aller très au-delà des pouvoirs qui lui étaient reconnus et à violer la légalité. Son but est d'imprimer au régime certaines évolutions qui lui paraissent nécessaires, en tenant compte, justement, de l'état où se trouve son mari...

L'a sûrement beaucoup frappée une confession de celui-ci qu'elle ne relatera que beaucoup plus tard, alors que, presque centenaire, silhouette noire, menue et digne, appuyée sur une canne à pommeau d'argent, elle égrenait de tristes souvenirs : « Il ne se croyait plus capable de supporter le fardeau si lourd du pouvoir suprême... Il avait pris et n'avait confié qu'à moi seule la résolution d'abdiquer, vers l'année 1874, lorsque le Prince Impérial serait en âge de monter sur le trône... »

Quelles étaient donc les évolutions qu'Eugénie jugeait nécessaires ?

D'abord, et quoi qu'il arrive, donner un coup de barre à droite et contenir autant que faire se pouvait une libéralisation que — comme tant d'autres — elle attribuait à l'affaiblissement physique et moral de Louis Napoléon.

Ensuite, et surtout, s'adapter à une situation mouvante. L'empereur pouvait disparaître à tout moment, le risque étant d'autant plus grand qu'il affrontait l'ennemi en première ligne. Il fallait que la régence puisse alors tenir le pouvoir d'une main ferme, et de toute façon assurer en cas de défaite la continuité de l'État. Et si, d'aventure, l'empereur parvenait à tirer son épingle du jeu, qui peut dire qu'Eugénie ne l'eût pas persuadé d'abdiquer pour raison de santé, prête à continuer de jouer un rôle de premier plan en préparant l'accession au trône de son fils?

Pour complexe qu'il soit, ce comportement n'a rien de condamnable et n'est pas comme on l'a dit, l'indice d'une volonté de puissance. Il y a tout lieu de croire qu'Eugénie n'avait pas d'autre objectif que d'assurer, dans l'intérêt supposé de la France, la pérennité de la dynastie.

Ainsi peut-on le mieux expliquer sa conduite au cours de cette période et le soin qu'elle apporte à magnifier le comportement militaire du prince impérial.

Le rôle qu'elle a ainsi imposé à Louis Napoléon, celui-ci va le payer de tortures sans nombre.

Arrivé à Metz le soir du 28, complètement épuisé, il constate aussitôt que tout va très mal: la mobilisation laisse beaucoup à désirer et les approvisionnements font défaut. Quelques jours plus tard, sa première impression confirmée, il écrira: « Tout n'est que désordre, incohérence, retards, dispute et confusion: l'armée est privée de tout, les magasins sont vides, et le chaos est devenu un spectacle coutumier. »

Sur le terrain, les constatations d'un jeune officier rejoignent, en les illustrant, celles de l'empereur. Il s'agit du commandant Vidal qui, le 17 août, trois jours après son arrivée au camp de Châlons, placé à la tête de quatre compagnies au lieu des six annoncées, prévient son père: « Nous sommes foutus! » « Ces paroles m'étaient dictées, écrit-il, par la froide appréciation de tout ce que je voyais: absence de commandement; allées et venues incessantes de troupes débandées, d'hommes isolés, de fricoteurs; ordres donnés à tort et à travers; distributions irrégulières, incomplètes ou nulles; composition plus qu'hétérogène des troupes réunies au camp de Châlons et qui en faisait un troupeau plutôt qu'une troupe et surtout une inquiétude générale qui donnait aux physionomies un air morne, abattu [...]. Lorsque le général Lacretelle prit le commandement de la division, le 27 août, il réunit les Chefs de Corps, s'informa de la position des régiments, de leurs besoins, donna ses instructions, en un mot, fit ce qui n'avait jamais été fait par personne, et cette sollicitude jeta un rayon d'espoir au milieu de l'accablement général au double point de vue physique et moral. »

Du côté des choix stratégiques, cela ne va guère mieux. Au Conseil de guerre que Louis Napoléon a immédiatement réuni, Mac-Mahon déclare vouloir attaquer. Bazaine préconise la défensive et Lebœuf ne sait que recommander. Finalement, il est décidé de donner la priorité à la Lorraine et de laisser l'initiative à l'ennemi, alors qu'on aurait pu utilement s'avancer sur le Rhin et la Moselle. On s'en tiendra à un coup de main sur Sarrebruck, qui sera d'ailleurs bien mené, mais non exploité.

Dès les premiers jours, Louis Napoléon a du mal à dissimuler à ses soldats l'état de délabrement physique dans lequel il se trouve. Il passe de longues heures à cheval, une sonde dans la vessie, le corps garni de serviettes pour éponger des pertes qu'il ne peut maîtriser. La façon dont il supporte son calvaire relève de l'héroïsme, s'accordent à dire encore aujourd'hui les médecins. Lorsque la souffrance est trop forte, son fils l'aide à descendre de cheval, il enlace de ses longs bras un tronc d'arbre, inclinant le front sur l'écorce dans laquelle il enfonce ses ongles pour tenter d'oublier sa douleur.

Que de temps perdu! Or voilà que les Prussiens passent à l'attaque. En deux jours à peine, ils s'assurent le contrôle de l'Alsace. Le 4 août, Moltke — il en est le premier étonné — s'empare de Wissembourg. Le 5, Strasbourg tombe. Frossard qui a attendu en vain l'aide de Bazaine est battu à Forbach.

C'est un double désastre. La guerre a pris en peu de temps un cours dramatique. Louis Napoléon, qui souffre toujours le même martyre et sent bien que son prestige est entamé, n'a plus qu'une pensée : protéger Paris. Mais comment ? En résistant dans Metz, en prenant position entre Nancy et Frouard, ou en rassemblant toute l'armée à Châlons ?

Le prince Napoléon Jérôme, Lebrun et Castelnau le poussent à envisager son retour à Paris. Bien que l'idée de quitter ses soldats lui répugne et le fasse hésiter, il finit par s'y résoudre, comprenant qu'il sera plus utile dans la capitale, et que sa présence y devient même indispensable.

Eugénie, informée du projet, s'y oppose en des termes d'une grande vivacité : « Avez-vous réfléchi à toutes les conséquences qu'amènerait votre rentrée à Paris sous le coup de deux revers ? Pour moi, je n'ose prendre la responsabilité d'un conseil. Si vous

vous y décidez, il faudrait au moins que la mesure fût présentée au pays comme provisoire. »

Il est clair que le retour de Louis Napoléon contrarie les plans de l'impératrice, qui souhaite par ailleurs que Bazaine prenne le commandement. Sa façon de voir semble partagée par les dignitaires du régime. Ollivier déclare : « L'Empereur est un obstacle à la victoire. Il ne peut pas commander et empêche qu'un autre commande à sa place » ; voilà pour Bazaine. De leur côté, Persigny, Rouher et Baroche expriment ensemble le vœu que l'empereur reste au front pour partager la victoire finale ; voilà pour empêcher son retour.

« Donc, conclut l'impératrice, qu'il reste aux Armées puisque c'est son devoir et que son retour inquiéterait plus qu'il ne réconforterait. Mais qu'il n'exerce plus aucun commandement ! » C'est ce qui va se passer.

Un bonheur n'arrive jamais seul. Elle a convoqué les Chambres le 9. Le jour même, le Corps législatif renverse Émile Ollivier.

Acte doublement dérisoire : si le Corps législatif croit ainsi prendre sa part au redressement nécessaire, il se berce d'illusions ; et s'il entend désigner un premier bouc émissaire, il commet une bien piètre injustice. Car après un semestre à peine d'activité, le gouvernement Ollivier ne peut être raisonnablement tenu pour responsable de l'état de l'armée. Au pire, on peut reprocher à son chef, en tant qu'homme politique, d'avoir eu sa part dans une responsabilité collective dont le Corps législatif ne peut lui-même s'affranchir ; d'ailleurs, n'est-ce pas celui-ci, bien plus que le président du Conseil, qui a entraîné le pays dans la guerre ?

Au mépris des lettres patentes qui définissaient ses pouvoirs de régente, Eugénie dévoile alors son jeu en constituant un nouveau gouvernement très marqué à droite, où l'on retrouve, revenu en force, tout le personnel politique de l'empire autoritaire et que dirige Cousin-Montauban. Peu après, sur proposition de Thiers et de Gambetta, Bazaine est promu par acclamations. Dans la foulée, Jules Favre propose la déchéance de l'Empereur, mais, bien qu'elle se situe dans la logique des décisions précédentes, sa proposition n'est pas retenue.

Louis Napoléon, lui, ne se fait guère d'illusions sur le sens de tout ce qui vient de se produire. A Leboeuf il confie, avec un reste d'humour : « Nous sommes destitués tous les deux. » Le 13, il remet son commandement à Bazaine.

Dès lors, il ne sait plus que faire. Commence pour lui un long chemin de croix au cours duquel aucune souffrance, aucune humiliation ne lui sera épargnée.

Spectacle pitoyable que celui d'un empereur rongé par la souffrance et errant comme une âme en peine ; d'un empereur qui encombre, qui dérange et n'a plus de prise sur rien ; d'un empereur abandonné, qu'on observe furtivement avec quelque pitié et parfois même avec une pointe de mépris. Que peut-il faire, entre un gouvernement qui veut qu'on le sache aux armées et des chefs militaires qui ont d'autant moins envie de l'entendre que, s'il parle, c'est pour constater leurs erreurs... C'est en vain que son secrétaire particulier, Franceschini Pietri, adresse à Eugénie une dépêche confidentielle, implorant son rapatriement sanitaire.

Le 14, il quitte Metz. L'impératrice lui a fait dire à nouveau que « s'il revenait à Paris, on lui jetterait à la face plus que de la boue ».

Le 17, bagage inutile et encombrant, il est à Mourmelon. Napoléon Jérôme est là, qui lui lancera avec une certaine cruauté, et peut-être le secret espoir de le voir se ressaisir, car la régence n'a rien pour lui plaire :

« Vous ne commandez plus l'armée, vous ne gouvernez plus, que faites-vous ici ? (...) »

— C'est vrai, lui répond Louis Napoléon, j'ai l'air d'avoir abdiqué. »

Le voilà qui, brusquement, semble prendre des résolutions : Trochu est à Châlons. Louis Napoléon veut lui confier Paris et y faire retour avec lui. Plutôt que ne penser qu'à Metz, il faut couvrir la capitale : telle est sa conviction.

Eugénie ne veut pas en entendre parler ; elle ne craint pas seulement la fin de sa régence, mais une insurrection : « L'Empereur ne doit pas rentrer, il ne rentrera pas... en tout cas pas vivant. » Et elle le lui fait savoir, cette fois, sans aucun ménagement : « Ne pensez pas à revenir à Paris si vous ne voulez pas déchaîner une épouvantable révolution... On dirait que vous quittez l'armée parce que vous fuyez le danger. »

Et Cousin-Montauban de doubler cet avertissement par une dépêche plus officielle : « L'Impératrice me communique la lettre par laquelle l'Empereur annonce qu'il veut ramener l'armée de Châlons sur Paris. Je supplie l'Empereur de renoncer à cette idée qui paraîtrait l'abandon de l'Armée de Metz. »

Meurtri et découragé, Louis Napoléon télégraphie en retour : « Je me rends à votre opinion. » Autour de lui, il confie : « La vérité, c'est qu'on me chasse. On ne veut plus de moi à l'Armée, on ne veut plus de moi à Paris. »

Cependant, Mac-Mahon est assez bon pour accepter sa présence. Alors, il reste auprès de lui, et tente, une dernière fois, d'éviter le pire.

De toute évidence, le gouvernement veut lancer Mac-Mahon et l'armée de Châlons au secours de Bazaine dont on feint de croire qu'il déborde d'activité et qu'il attire ainsi à lui le maximum de forces ennemies. En fait, la position que, par paresse, a choisie Bazaine est rien moins que favorable. Stratégiquement, c'est une erreur. Lui porter secours présente désormais beaucoup trop de risques.

Quand Mac-Mahon commence à faire mouvement, Louis Napoléon obtient que Reims soit sa première étape : de là, on peut aller tout aussi bien vers Metz que vers Paris. Et quand Rouher vient auprès d'eux plaider la solution gouvernementale, Louis Napoléon retrouve assez de force pour argumenter et le convaincre de la nécessité du retour de l'armée sur Paris. Mais, bien que gagné à cette idée, Rouher ne réussira pas à imposer son nouveau point de vue.

Bazaine ayant fait connaître qu'il a l'intention de faire mouvement vers Montmédy, Mac-Mahon décide de s'y rendre. Le mot d'ordre est simple : « Sauver Bazaine ».

Louis Napoléon continue de suivre, et se traîne, sans conviction, sans espoir, harcelé par la douleur, abruti par l'opium : « Je suis à bout, dit-il, ah ! si je pouvais mourir ! »

Il a cependant la force d'écrire au maréchal : « Pour moi, qu'aucune préoccupation politique ne domine autre que celle du salut de notre patrie, je veux être votre premier soldat, combattre et vaincre ou mourir à côté de vous, au milieu de mes soldats. »

Et le voici à Sedan, où Mac-Mahon se retrouve bientôt enfermé. Louis Napoléon ne veut pas en partir. Il va chercher la mort à défaut de la victoire. Au plus fort de l'affrontement, il se déplace d'un endroit à l'autre, sans but, au pas de son cheval.

Spectacle cruel, shakespearien. Encore Richard III, quand il erre sur le champ de bataille a-t-il pu se battre et courir sa chance. Louis Napoléon ne s'est pas vu offrir la moindre opportunité. Il est hors du jeu, vaincu sans doute avant même que le sort de la bataille ne soit définitivement dessiné...

Le docteur Auger a raconté ces moments : « De huit heures à midi, je n'ai pas quitté l'Empereur. Les obus et les boulets sifflaient [...] à nos oreilles ou éclataient sous nos pas [...]. Un moment, l'Empereur met pied à terre derrière une petite haie. Un obus vient à éclater à dix pas de lui. Si cet homme n'était pas venu là pour se faire tuer, je ne sais en vérité ce qu'il venait y faire. Je ne l'ai pas vu donner un seul ordre pendant toute la matinée. »

Émile Zola a compris toute la densité dramatique de ces instants. Il en rend compte : « Les balles sifflent, comme un vent d'équinoxe ; un obus avait éclaté en le couvrant de terre. Il continua d'attendre. Les crins de son cheval se hérissaient, toute sa peau tremblait dans un instinctif recul devant la mort qui, à chaque seconde, passait sans vouloir ni de la bête, ni de l'homme. Alors, après cette attente infinie, l'Empereur, comprenant que son destin n'était pas là, revint tranquillement. »

Plus tard, dans son exil, Louis Napoléon a décrit les sentiments qui l'habitaient, expliquant comment, « témoin impuissant d'une lutte désespérée, convaincu que, dans cette fatale journée, sa vie comme sa mort était inutile au salut commun, il s'avançait sur le champ de bataille avec cette froide résignation qui affronte le danger sans faiblesse, mais aussi sans enthousiasme ».

Peu après le drame, il a confié à Eugénie : « Il ne m'est pas possible de te dire ce que j'ai souffert et ce que je souffre [...] j'aurais préféré la mort à une capitulation désastreuse [...]. »

Pourtant, la capitulation, c'est lui qui va la décider, dans un sursaut d'autorité. La bataille est perdue et il est devenu inutile d'aggraver encore des pertes terribles. « Assez de sang perdu », soupire-t-il. On retrouve là l'homme de Solferino, de Montebello, celui qu'a dépeint Canrobert : « Il était presque muet tant la douleur le terrassait : c'était la vue du carnage et non sa propre douleur physique. Les Généraux Ducrot et Verge se demandèrent s'il ne fallait pas regretter d'avoir montré le champ de bataille à l'Empereur. »

Louis Napoléon fait hisser le drapeau blanc au sommet de la citadelle. Au roi de Prusse, stupéfait d'apprendre qu'il se trouve là, il adresse un simple billet :

« Monsieur mon frère,

« N'ayant pu mourir à la tête de mes troupes, il ne me reste plus qu'à remettre mon épée entre les mains de Votre Majesté.

« Je suis de Votre Majesté le bon frère.

Napoléon »

Ambert décrit ainsi la terrible scène finale : « Seul dans un fauteuil de la Sous-Préfecture de Sedan, sous un toit brisé par les obus, entouré de morts et de mourants, il remit son épée à un Aide de Camp chargé de la déposer aux mains du Roi de Prusse. »

Il lui reste à prendre une dernière grande décision, une décision dont les motivations, les implications, les conséquences vont passer inaperçues dans la dramatique confusion du moment et la cadence échevelée des événements ultérieurs. Une décision dont le mérite, depuis l'heure de l'interminable hallali, n'a jamais été reconnu.

Bismarck, qui n'a rien d'un sot, pose immédiatement la vraie question, la question fondamentale : cette épée que remet Louis Napoléon, quelle est-elle ? Celle de l'empereur ou celle de la France ? C'est, avec sept décennies d'avance, le choix de 1940 entre l'armistice et la capitulation. Est-ce la France qui se rend ou tout ou partie de son armée ? La reddition est-elle un acte politique qui engage la nation toute entière, ou simplement un acte militaire imposé à une fraction de l'armée du fait de sa défaite sur une partie du champ de bataille ?

Bismarck accourt donc en personne auprès de l'illustre prisonnier, pour recueillir de sa bouche la réponse à cette question fatidique. Leur tête-à-tête a lieu le 2 septembre.

Bismarck propose à Louis Napoléon de négocier. Lui-même y a tout intérêt. Il a gagné. D'ores et déjà, il sait que ses buts de guerre sont atteints. A l'intérieur de ce qui va devenir l'Allemagne, la victoire remportée en commun donne un coup d'accélérateur puissant et décisif au processus d'unification. Et le succès prussien ne peut que se traduire par des gains territoriaux sur la France. Satisfait dans tous les domaines, le chancelier est assez fin politique et suffisamment renseigné pour ne pas pressentir ce qui risque de se produire bientôt à Paris : la révolution. Or, non seulement il exècre les révolutions, mais il peut aussi craindre qu'un nouveau gouvernement, pour asseoir sa légitimité en s'opposant à l'ennemi, ne décide de poursuivre les hostilités. L'issue finale ne ferait alors guère de doute. Mais que d'efforts à consentir, de retards à accepter, de dépenses à financer, de vies humaines à sacrifier, alors que le résultat est déjà à portée de la main ! Au demeurant, le marché — pour une fois — doit lui paraître plus qu'équitable : en traitant avec l'empereur, la Prusse offre à celui-ci la garantie du pouvoir. Dès lors que l'empereur signe la paix, la Prusse veillera — et obtiendra par la seule menace de ses troupes — que la légitimité du signataire ne soit pas remise en cause.

Louis Napoléon n'ignore rien de tout cela. La tentation doit être forte : qui n'y aurait cédé ? En acceptant le marché, il peut sauver l'Empire. Les bonnes raisons ne manqueraient pas, qu'il serait aisé de mettre en avant, l'intérêt national pouvant facilement camoufler, même aux yeux des plus farouches adversaires de l'Empire, l'intérêt dynastique.

Pourtant, Louis Napoléon refuse. L'épée qu'il a remise, déclare-t-il au chancelier, n'est que celle de l'empereur. Aucun pourparler ne peut être engagé avec lui : « Je suis, dit-il, prisonnier de guerre. »

A ce moment précis, il a choisi de sacrifier l'Empire au nom de la France. Il a renoncé à rester le souverain par la grâce de la Prusse. Il a refusé de rentrer aux Tuileries, fût-ce en empereur autoritaire, dans les fourgons de l'ennemi.

Alors Bismarck l'interroge : « Qui a pouvoir de négocier ? » Et Louis Napoléon de répondre : « Le Gouvernement actuellement existant. »

On a bien lu : le gouvernement actuellement existant. C'est-à-dire le gouvernement en place, qui pourrait être un autre demain ; ce serait alors à celui-ci de se prononcer. Louis Napoléon n'a pas voulu sacrifier ses soldats pour réserver l'avenir. Il n'aura pas voulu davantage lui faire insulte, fût-ce en contrepartie de son maintien aux affaires.

En d'autres termes, Louis Napoléon signifie à Bismarck que la France continue.

Il s'est trouvé au moins un historien pour comprendre et saluer la grandeur de ce geste. C'est Adrien Dansette qui résume ainsi les choses : « Plus grand dans l'effondrement de la fortune que dans l'éclat de son destin, cet Empereur qui toujours rechercha les suffrages populaires, s'efface dans un héroïsme obscur et passif que la foule ne peut comprendre. »

On pourrait sans doute dire davantage. Le refus de Louis Napoléon est le premier acte de la revanche de la France.

X

LE RÉPROUVÉ

Il reste au vaincu de Sedan avant que la mort ne le délivre, à parcourir un second et long chemin de croix : prisonnier à nouveau, puis exilé encore, il va devenir aux yeux des Français, lentement mais inexorablement, une sorte de pestiféré.

Après son entretien dramatique avec Bismarck, Louis Napoléon a rencontré tour à tour Moltke puis le roi Guillaume. On lui a choisi comme lieu de détention le château de Wilhelmshöhe, près de Cassel, qui appartint un moment au roi Jérôme. Il n'a fait lui-même qu'une simple demande : qu'on le fasse passer par la Belgique, afin de lui éviter la vue des convois de soldats français captifs ou débandés. Le voyage, fait par petites étapes, sera pourtant effroyable : il souffre dans sa chair et croise quand même, pour son malheur, nombre de ses soldats désemparés, méprisants, hostiles.

« Cette marche fut un supplice », allait-il écrire bientôt à Eugénie. Il voit défiler à côté de sa voiture les canons français qui avaient été pris l'avant-veille. On dirait que, progressivement, il comprend les raisons de la défaite. Il convoque son aide de camp, le général Lepic : « Je vous prie de vous rendre à Paris le plus vite possible. Voyez l'Impératrice, voyez les Ministres, voyez tout le monde. Racontez ce que vous avez vu, dites la vérité entière, complète. La vérité seule peut expliquer la catastrophe. Seule, elle peut nous faire absoudre. »

C'est à Verviers, où il doit prendre le train pour l'Allemagne qu'il apprend la chute du régime. Le choc est d'autant plus terrible qu'on ne lui fournit aucune indication sur le sort qui a pu être réservé à l'impératrice.

413

Le voilà bientôt à Cassel, pratiquement à destination. Les Allemands sont corrects, comme à l'habitude : le roi n'a-t-il pas recommandé, par télégramme, « tous égards de la part des autorités et une attitude convenable du public » ?

Malgré une pluie violente, une foule assez nombreuse stationnait aux abords de la gare. Le général-comte de Monts — il aura fallu que le gouverneur de la ville soit d'origine française ! — est là pour l'attendre, accompagné de hauts fonctionnaires et de hussards. Une compagnie d'infanterie rend les honneurs. Louis Napoléon salue. Il monte en voiture, pour se rendre au château distant de six kilomètres. Sait-il, l'ex-empereur, que le fils unique du général-comte de Monts est tombé au champ d'honneur à Saint-Privat sous les balles françaises ?

Au château, les premiers jours sont terribles. Il est sans nouvelles d'Eugénie et de son fils et il est en droit d'imaginer le pire. Comme si le destin voulait l'accabler encore, voilà qu'il découvre dans un salon un grand portrait de sa mère, devant lequel il s'abîme en méditations. Lui-même se souvient peut-être qu'il a gambadé en culotte courte, dans ce palais, à quatre ans, lorsqu'il séjournait chez son oncle.

Le 16 septembre arrive enfin la lettre, tant attendue, d'Eugénie lui apprenant qu'elle se trouve avec leur fils en Angleterre. Ils sont sains et saufs. Il en éprouve un immense soulagement accompagné d'un regain d'affection pour cette femme et ce fils qui sont tout ce qui lui reste. Eugénie, installée dans un hôtel d'Hastings, ne tarde pas à connaître ses souhaits ; ils sont simples car il semble ne plus aspirer qu'au repos :

« Lorsque je serai libre, je voudrais aller vivre avec toi et Louis dans un petit cottage avec des bow-windows et des plantes grimpantes. Je me suis amusé à faire un budget qui correspondrait à ce que nous pourrions avoir de revenus, je te l'envoie... »

Son sens pratique, décidément, prend toujours le dessus. C'est dans le même esprit qu'il organise sa vie : une vie de prisonnier.

Guillaume Ier avait tenu à ce qu'il soit bien traité. Il le fut, encore que sans grâce excessive, pendant les cent quatre-vingt-quinze jours qu'allait durer sa captivité à Wilhelmshöhe : les Allemands qui le gardaient étaient, il est vrai, persuadés qu'il avait voulu la guerre et qu'il était responsable de la mort des leurs. Son état de santé s'est amélioré. Dans l'appartement de six pièces qui a été mis à sa disposition, il se repose, il lit, il écrit, il fait des patiences. Les journées sont longues, même s'il a toute liberté pour recevoir.

Il a refusé que l'impératrice vienne partager son sort. Pour d'autres raisons, il n'a pas voulu voir Napoléon Jérôme. En revanche, il a demandé au grand quartier général allemand que les maréchaux prisonniers puissent le rejoindre : Canrobert, Bazaine, Lebœuf viendront ainsi auprès de lui. Par ailleurs, il reçoit la visite quasi quotidienne d'une personnalité allemande, Mels-Cohn, qui vient recueillir ses confidences. Il faut croire que Louis Napoléon n'a rien perdu de sa force de séduction : le texte résultant de ces entretiens sera en fait un véritable plaidoyer bonapartiste.

Bientôt la politique doit reprendre ses droits.

Bismarck a gardé deux fers au feu. Il a deux interlocuteurs possibles pour négocier. Il est prêt à aller au plus offrant pour peu qu'on lui offre des garanties : le nouveau gouvernement en place à Paris ou l'Empire — on verrait bien le moment venu, dans ce dernier cas, si ce serait avec l'empereur, l'impératrice ou quelque mandataire qu'il faudrait discuter et traiter.

Louis Napoléon n'avait plus les mêmes raisons qu'à Sedan de se montrer intraitable : le gouvernement de Paris ne repose sur aucune base légitime. Les hommes du 4-Septembre ne peuvent se réclamer de la moindre approbation populaire, alors que lui-même reste auréolé du succès du plébiscite.

De surcroît, Louis Napoléon est convaincu que le coup d'État a pour origine un complot (et une trahison) de Trochu. Convaincu aussi que la situation va évoluer : « Des choses terribles se passeront en France, on les réprimera, on les punira, mais on n'en détruira pas les racines. »

Dans son entourage, on le presse, on le conjure de traiter. Il répond fièrement : « Tant que le sort de Paris n'aura pas été décidé, il ne faut rien dire ni faire qui aurait l'air de nuire dans un intérêt dynastique à la Défense Nationale. »

Soumission à la fatalité ? Volonté de ne rien faire qui soit attentatoire à son honneur ou aux intérêts de la France ? Toujours est-il qu'il se confiera en ces termes à l'impératrice : « Je t'avoue que je me laisse aller aux événements sans faire de vœux bien ardents pour qu'ils tournent à notre profit. »

Ce ne sont pourtant pas les tentatives qui vont manquer.

Bismarck lui envoie un émissaire, Helwitz, bruyant, bavard, qui se répand en indiscrétions. Louis Napoléon ne juge pas utile de poursuivre. Sans doute, cette fois-ci, n'est-il pas dupe de Bismarck qui a tout intérêt à brouiller les cartes, pour tirer parti de la confusion. Il commence à connaître ce genre de manœuvre, et très lucidement il met en garde les plus empressés :

« On prétend que les conditions que le Roi de Prusse nous ferait seraient meilleures que celles qu'il imposerait à la République, mais pour que cela fût évident pour tout le monde, il faudrait qu'il eût d'abord formulé ses prétentions vis-à-vis du Gouvernement de la Défense Nationale, et tant qu'il ne l'aura pas fait de manière ostensible, les Républicains diront toujours que leur programme était de ne céder ni un pouce de notre territoire, ni une pierre de nos forteresses. »

Aussi ne donnera-t-il pas suite au projet conçu dans des conditions assez légères, mais en liaison avec les Prussiens, par un certain Régnier. Celui-ci se proposait de convaincre les commandants des places de Strasbourg et Metz de déposer les armes au nom de l'empereur, pendant que l'impératrice, s'appuyant sur les forces ainsi rendues disponibles, aurait repris le pouvoir et signé le traité de paix. La capitulation de Metz, le 29 octobre, rendit d'ailleurs vaines ces spéculations. Les espoirs fondés sur Bazaine et son armée étaient désormais définitivement évanouis.

Pourtant, on continuait à penser au moyen d'élire une nouvelle Assemblée, voire de réunir les conseils généraux en Assemblée nationale. Il fallut même que Louis Napoléon intervienne, quelques semaines plus tard, pour persuader Eugénie de renoncer au projet qu'elle avait formé de se rendre en France pour y tester la popularité du régime déchu : « Après le rôle que nous avons joué en Europe, lui écrivait-il le 2 décembre, toutes nos actions doivent avoir un caractère de dignité et de grandeur en rapport avec la situation que nous avons occupée ; nous ne pouvons donc pas risquer de ces dangers qui prêtent au ridicule comme d'être arrêtés par quatre gendarmes. Or, dans l'état actuel des choses, si tu allais en France, ce serait le premier risque que tu courrais. »

Entre-temps, les deux époux s'étaient brièvement retrouvés, Eugénie ayant séjourné à Wilhelmshöhe du 30 octobre au 1er novembre. Ces retrouvailles avaient sans doute été quelque peu éprouvantes ; Louis Napoléon et Eugénie se revoyaient pour la première fois depuis le départ de Saint-Cloud et ce face à face permettait à chacun de mesurer dans le regard de l'autre l'étendue de leur drame et de leur déchéance. Les liens entre les époux en sortirent encore renforcés. Le ton des lettres qu'ils échangeaient en fut profondément modifié. Le 19 décembre, Eugénie s'exprimait ainsi en des termes qu'elle n'avait plus employés depuis longtemps :

« Ma tendresse et mon affection ne font qu'augmenter pour toi. Je voudrais, au prix de bien des sacrifices, te rendre la vie plus douce que les circonstances ne l'ont faite jusqu'à présent, mais plus tout se rembrunit et plus nous devons croire que tout a une fin, les bons comme les mauvais jours. Je t'aime tendrement. A toi pour toujours. »

Ensemble, ils avaient eu le temps de former quelques projets d'avenir. Leur choix d'un lieu d'exil se porta finalement sur l'Angleterre après qu'ils eurent songé à Trieste puis à Arenenberg — solution dont ils pensèrent, à tort ou à raison, qu'elle n'aurait pas l'agrément des puissances. Il est vrai qu'outre-Manche la situation matérielle de l'impératrice, d'abord précaire, s'était singulièrement améliorée. Les débuts avaient été très difficiles, assez difficiles en tout cas pour que la princesse Metternich, son amie, écrive que « Sa Majesté est installée misérablement ». Quelques Anglais, des aristocrates ou des bourgeois, s'étaient émus de cette détresse. L'un d'eux, M. Strode, avait mis à sa disposition le manoir de Camden, sis à Chislehurst, dans le comté de Kent, à dix-huit kilomètres de Londres, pour un loyer symbolique de 6 000 francs par an. Ce qui avait décidé l'impératrice, c'était la petite église catholique du village dont le clocher dominait le cimetière, si calme. Une église catholique dans un village anglais ! Eugénie s'accrocha donc à ce village, à cette église, à ce cimetière paisible... Était-ce prémonition ?

Quoi qu'il en soit, pour l'impératrice, le prince impérial et leur suite, quelle bénédiction que cette nouvelle demeure ! Eugénie venait tout juste d'y emménager quand elle avait revu son mari prisonnier.

Bientôt se profila l'espoir d'une proche libération. Aussi longtemps que la guerre continuait, Louis Napoléon pouvait être un atout dans le jeu de Bismarck — car un terrible moyen de pression à l'égard du gouvernement français. Louis Napoléon avait pu craindre que la situation ne s'éternisât. Comme il le confiait dans une lettre à Émile Ollivier : « Dans quel épouvantable état se trouve notre malheureux pays. Je ne sais comment cela finira car personne ne veut faire la paix, ou plutôt n'ose la signer. »

Mais les événements vont se précipiter. Le 29 janvier 1871, l'armistice intervient. Dans la foulée, des élections sont organisées le 8 février pour désigner une Assemblée susceptible de ratifier le futur projet de paix. Louis Napoléon craint, à juste titre, que cette Assemblée ne s'érige en Assemblée constituante. Il lance donc, le même jour, une proclamation aux Français, leur faisant valoir que ce qu'ils ont fait eux-mêmes, eux seuls peuvent le défaire ; son texte ne manque pas de force :

« Quant à moi, meurtri par tant d'injustices et d'amères déceptions, je ne viens pas réclamer les droits que, quatre fois en vingt ans, vous m'avez conférés [...]. En présence des calamités qui vous entourent, il n'y a pas de place pour l'ambition personnelle [...]. Mais mon devoir est de m'adresser à la Nation comme son véritable représentant et de lui dire :

"Tout ce qui est fait sans votre participation directe est illégitime. Il n'y a qu'un Gouvernement issu de la souveraineté nationale qui, s'élevant au-dessus de l'égoïsme des partis, ait la force de cicatriser vos blessures, de rouvrir vos cœurs à l'espérance." »

La réponse de l'Assemblée, réunie à Bordeaux, est on ne peut plus sèche. Les députés confirment sa déchéance, et le déclarent « responsable de la ruine, de l'invasion et du démembrement de la France ».

Désormais il ne sert plus à rien. Bismarck accepte enfin d'obtempérer aux injonctions de Guillaume Ier qui souhaitait depuis longtemps sa libération.

Le 19 mars, Louis Napoléon quitte Wilhelmshöhe. A ses compagnons de captivité qui voudraient le suivre en Angleterre, il objecte : « Je serai un simple particulier. » Sur le quai de la gare, il apprend la nouvelle de l'insurrection de la Commune : « Deux révolutions devant l'ennemi ! » murmure-t-il avec résignation. Il embarque aussitôt sur le yacht du roi des Belges et débarque le 20 à Douvres où l'attendent l'impératrice, le prince impérial et ô surprise, une foule nombreuse. Quelques larmes coulent alors sur ses joues... Après s'être reposée à Londres, la famille impériale arrive le soir même à Camden Place.

C'est un lourd bâtiment de brique, reconstruit sur l'emplacement du château de l'antiquaire Camden, contemporain de Jacques Ier.

Louis Napoléon avait de quoi ne pas s'y sentir totalement dépaysé. Dans le parc, se dressait la copie de *la Lanterne de Diogène* que Bonaparte avait fait ériger à Saint-Cloud, là où allaient avoir lieu bien des rencontres historiques à la fin de la IVe République et au début de la Ve. Les boiseries de la salle à manger provenaient de la démolition du château de Bercy où la reine Hortense et Louis Napoléon avaient fait halte avant de quitter la France. Sur la façade de Camden Place, il y avait même une grosse horloge qui avait appartenu à l'ancêtre du précepteur du prince impérial, Filon.

Plusieurs familles de la Cour des Tuileries avaient déjà rejoint l'impératrice à Chislehurst, les Aguado, les Clary, les Bassano, les Davillier, les Saulcy. A Londres s'étaient regroupés les Murat, la duchesse de Montmorency, le duc de Mouchy, Jérôme David... Les anciens ministres Rouher, Chevreau, Clément Duvernois étaient à Richmond. Une petite cour se reconstitua ainsi, complétée par les inévitables Conneau, Corvisart, Pietri et Filon : il y eut, en comptant les dames d'honneur de l'impératrice jusqu'à soixante-deux personnes à résider à Camden Place.

On s'organisa très simplement, ayant de quoi vivre dignement, mais sans excès : Louis Napoléon avait vendu une propriété romaine qui lui restait encore, le « palais des Césars », tandis qu'Eugénie avait réalisé une partie de ses bijoux et quelques biens qu'elle avait conservés en Espagne.

Louis Napoléon s'était fait aménager un bureau particulièrement exigu. C'est là qu'il entreprit de rédiger un mémoire « sur les causes de la capitulation de Sedan », mémoire où il n'adresse aucune critique aux chefs militaires et s'applique à se justifier sans accuser personne.

L'empereur recevait l'après-midi. Son ami lord Malmesbury avait été le premier de ses visiteurs. Il accueillit en particulier Rouher, élu en 1872 à la Chambre, et Gladstone, le Premier ministre. Pour tromper la monotonie des jours, il faisait les cent pas, fumant cigarette sur cigarette. Le dimanche, le couple se rendait à la messe à pied ; l'empereur serrait des mains. A la maison, on faisait de la musique, on jouait au billard ou on tirait l'épée dans la salle à manger transformée en salle d'escrime. Louis Napoléon se rendait souvent à Londres : discret et modeste, il prenait son train en toute simplicité et descendait, comme n'importe quel autre banlieusard, à Charing Cross. En fait, il était devenu un personnage très populaire à Chislehurst : fidèle à son habitude, il ne négligeait pas de distribuer quelque argent. Son souci d'assimilation le poussait même à assister aux rencontres de cricket, ce qui, pour un continental a toujours été méritoire.

Cette façon de prendre les choses avait de quoi séduire les Anglais qui se montraient amicaux et chaleureux.

Leur reine avait fait preuve à son endroit de tous les égards possibles. Quelques jours à peine après l'arrivée de Louis Napoléon à Chislehurst, elle lui avait dépêché le prince de Galles pour l'inviter à Windsor. Il s'y était rendu avant de recevoir à son tour Victoria à Camden Place. Il eut d'autres visites et fit même, avec Eugénie et Louis, quelques déplacements.

Cela dit, Louis Napoléon et Eugénie menaient l'existence d'un couple bourgeois à la retraite, reportant tous leurs soins sur leur enfant. Un couple de plus en plus uni, au demeurant, comme l'avait annoncé cette autre lettre d'Eugénie à son époux, écrite à l'occasion d'un déplacement qu'elle avait effectué en Espagne au temps de sa détention.

« Cher ami, c'est aujourd'hui l'anniversaire de notre mariage. Il se passera tristement, loin l'un de l'autre, mais du moins, je puis te dire que je te suis bien profondément attachée. Dans le bonheur, ces liens ont pu se relâcher. Je les ai crus rompus, mais il a fallu un jour d'orage pour m'en démontrer la solidité, et plus que jamais je me souviens de ces mots de l'Évangile : "La femme suivra son mari partout, en santé, en maladie, dans le bonheur et dans le malheur." Toi et Louis, vous êtes tout pour moi. Être réunis enfin, ce sera le but de mes désirs. Pauvre cher ami, puisse mon dévouement te faire oublier un instant les épreuves par lesquelles ta grande âme a passé. Ton adorable mansuétude me fait penser à Notre-Seigneur. Crois-moi, tu auras aussi ton jour de justice. »

Il est temps de se demander si alors, au plus profond de l'abîme, Louis Napoléon espérait encore revenir au pouvoir. Autour de lui, on ne pensait évidemment qu'à cela. L'étroite surveillance dont, à Chislehurst même, l'empereur déchu faisait l'objet de la part d'espions de Thiers renforçait cette conviction. Louis Napoléon lui-même avait paru ne pas décourager ces spéculations. Il suivait avec attention les affaires de la France et il pouvait ainsi écrire à Ollivier :

« Mon rôle est facile ; je dois attendre les événements, ne jamais être une cause de trouble, mais un point de ralliement contre l'anarchie. »

Et pour imaginer une sorte de réédition des Cent-Jours, il n'y avait d'ailleurs pas que quelques rêveurs. Ollivier lui-même croyait encore aux chances de l'empereur. Il l'écrivait, le 15 mars 1871, depuis son propre exil, à son ami Gravier qui en doutait : « Je ne suis pas de votre avis que les Bonaparte sont absolument finis. Leur retour est difficile, peut-être lointain, mais nullement impossible. Selon moi, une monarchie en France n'est viable que si elle est démocratique [...]. C'est pourquoi on n'en aura jamais fini avec eux tant qu'une autre dynastie populaire n'aura pas trouvé le moyen de s'acclimater en France. »

La discrétion que, pour éviter de gêner le gouvernement britannique, s'imposait Louis Napoléon dans le commentaire des événements de sa patrie, empêche de connaître avec précision sa façon de voir. Tout au plus, trouve-t-on la trace d'un persiflage à l'encontre de Thiers : « Je souris en voyant M. Thiers finir à force de gouvernement personnel à mettre sous pieds les libertés personnelles dont il avait fait son cheval de bataille. »

S'agissant de la Commune, le sentiment de Louis Napoléon n'est sans doute guère différent de celui qu'exprimait Émile Ollivier en renvoyant les deux camps dos à dos.

Deux de ses lettres traduisent bien cette position. La première a été adressée à Ernest Adelon, le 29 mars 1871 :

« Ces insurgés finissent par m'émouvoir malgré leur sotte et cruelle scélératesse, par la décision qu'ils mettent dans leur action tandis que le Gouvernement me fait pitié et plus encore cette Assemblée. Évidemment, aucun d'eux n'est dans la vérité et elle seule donne de la force.

« L'Assemblée et Thiers ont été nommés pour détruire la République et débarrasser le pays des hommes du 4 septembre. Au lieu de remplir ce mandat, fanatisés par leur haine commune contre l'Empire, ces deux éléments se sont réunis et n'ont songé qu'à frapper l'ennemi vaincu. »

Un mois plus tard, une lettre à un autre de ses correspondants, Bourelly, explicitait encore son propos :

« La victoire de Versailles est certaine, mais elle peut être plus ou moins prochaine ou plus ou moins sanglante.

« [...] Ce que je trouve beaucoup plus immoral que la révolte du 18 mars, c'est qu'elle soit combattue par les hommes du 4 septembre. En quoi le 18 mars est-il moins légitime ? Et de quel droit l'Assemblée s'insurgerait-elle contre la Commune ? Les élections de la Commune n'ont été ni moins libres ni moins légales [...]. On n'est pas plus dans la légalité et le droit à Versailles qu'à Paris [...]. Il n'y aurait qu'un moyen de remettre tout sur pied, c'est de se remettre dans le Droit en consultant la Nation, par un appel au peuple sur le Gouvernement qu'elle entend adopter. »

Il n'en demeure pas moins que, progressivement, la France confortait ses nouvelles institutions. Après l'échec des velléités de restauration monarchique, Thiers ne récusait pas, implicitement, l'alternative à laquelle voulait le contraindre Ollivier — la République ou l'Empire — mais il avait fait son choix et c'était la République. De surcroît, pour divisés qu'ils fussent, de nombreux Français semblaient du moins se retrouver pour faire de Louis Napoléon un bouc émissaire commode. Les ennemis du jour oubliaient parfois leur querelle pour exprimer ensemble l'opprobre dont ils s'accordaient à couvrir l'ex-souverain. Les textes qui circulent ici et là donnent une idée de la violence du ressentiment qui, encouragé ou non, se manifeste alors à l'encontre d'un homme que l'on traîne dans la boue et que l'on voue aux gémonies, le considérant comme responsable de tous les malheurs et de leurs suites. On ne retiendra qu'un de ces libelles, à titre d'exemple, qui se propose de raconter l'histoire de ce « fripon, lâche et assassin, désigné sous le nom de Napoléon III, et plus communément sous celui de Badinguet, fils de ses père et mère, neveu du grand oncle, né on ne sait où, engagé volontaire en qualité de fourbe, parjure et assassin des peuples, le 2 décembre 1851 ».

C'est une édifiante biographie :

« Inscrit au Collège Militaire, fieffé coquin, dissolu, ambitieux, libéral en paroles, jésuite, conspirateur, transfuge, policeman, prisonnier, tout cela pour faire de l'argent. Républicain enragé (1831), depuis Président de la République Française, grâce à une étrange méprise du peuple (1848). Assassin de la République romaine (1849). Bourreau des Amis de la Liberté et de la République Française à laquelle il avait prêté serment (1851). Auteur de la farce : "L'Empire, c'est la Paix" (1853), partage de ses rapines avec ses compagnons du coup d'État. Auteur du coup d'État. Auteur du plébiscite de la liberté de se taire et de payer, récompense aux libéraux en prison, déportations, exécutions. Servitude et plate adulation envers le Pape et Cie. Expédition de Crimée pour affermir son trône chancelant (1854), même jeu en Italie, peur du spectre rouge (1859). Expédition fantastique décidée par le fidèle et loyal de Morny et Cie au Mexique (1862). Affaires et tripotages de Bourse, association avec un autre oiseau de proie : Bismarck, dont ce dernier vautour seul profite. Merveille du Chassepot par son valet de Failly (1866). Abrutissement essayé sur le moral des Français, protection des cocottes et chevaliers d'industrie de tout genre (1867). Couronnement de l'édifice, afin d'assurer sa succession à sa progéniture putative. Guerre de Prusse. Apothéose, honte et capitulation de Sedan (1870). »

Louis Napoléon n'ignorait rien de ce déchaînement de haine. S'il en souffrit, il s'attacha à le laisser peu paraître. Il prenait les choses avec beaucoup de philosophie et de noblesse, comme le rapporta, quelque quarante ans plus tard, l'impératrice.

« Quand nous étions heureux, j'ai toujours vu l'Empereur simple et bon, charitable et miséricordieux. Quand les malheurs nous ont accablés, il a porté la mansuétude et le stoïcisme jusqu'au sublime. Jamais un mot de plainte, de blâme ou de récrimination.

« Souvent, je le suppliais de se défendre, de repousser les malédictions dont il était l'objet, d'arrêter ce torrent d'injures qui se déversait continuellement sur nous.

« Il me répondait avec placidité : "Non, je ne me défendrai pas. Certaines catastrophes sont si douloureuses pour une Nation qu'elle a le droit d'en rejeter, même injustement, la faute sur son Chef.

« Un monarque, un Empereur surtout se dégraderait en cherchant à se disculper car il plaiderait sa cause contre son peuple." »

Mais il était écrit qu'à la différence d'Eugénie, Louis Napoléon n'aurait pas à supporter trop longtemps les injures dont on l'accablait.

L'été 1872, passé en partie dans l'île de Wight, marqua le commencement de la fin. Dans un climat familial assombri par la perspective du départ du prince impérial, qui devait entrer à l'Académie militaire de Woolwich, la santé de l'empereur, après une assez longue période de rémission, vint de nouveau à s'altérer.

En juillet 1872, Louis Napoléon consulta le chirurgien sir Henry Thompson, qui avait opéré avec succès le roi des Belges et dont la méthode consistait à concasser le calcul. On convint d'une nouvelle séance à Noël, qui devait préluder à l'opération.

Plus actif que jamais, le malade cherchait dans le travail à tromper sa souffrance. Il avait entrepris la rédaction d'une étude sur la création d'une « Cour des arbitrations » habilitée à proposer sa médiation dans les conflits internationaux. Avec l'aide d'un économiste, il s'efforçait d'élaborer un plan de suppression de l'octroi en France (octroi qui devait d'ailleurs subsister jusqu'à la Seconde Guerre mondiale). Il avait aussi repris la rédaction d'un projet visant à assurer une retraite de 365 francs aux travailleurs âgés de soixante-cinq ans. Et la mise au point d'un appareil de chauffage capable de réduire de moitié le besoin en combustible occupait toujours son esprit. Sa mécanique intellectuelle, orientée vers la solution de problèmes concrets, était donc en bon état de marche.

Le 2 janvier 1873 eut lieu la première opération qui parut se solder par un succès. Bien que la douleur ait nécessité l'administration d'opium, on crut pouvoir tenter, le 6, une nouvelle intervention pour tenter d'extraire les débris de la pierre. Le malade en sortit très fatigué. Son pouls comme son visage indiquaient l'aggravation de son état. Pourtant, Louis Napoléon ne se plaignait pas. Le lendemain, il demanda simplement à l'impératrice : « Où est Louis ? ». Elle lui répondit qu'il était retourné à Woolwich et qu'elle allait lui demander de venir : « Non, non. Il travaille. Je ne veux pas qu'on le dérange. »

Comme il paraissait aller mieux et qu'il fallait aller jusqu'au bout, sir Henry Thompson décida une troisième intervention. Mais tout à coup, l'état du malade s'aggrava à un point tel qu'on imagina le pire et l'impératrice exprima le désir d'en informer elle-même son fils. Mais les médecins lui demandèrent de ne pas s'éloigner… On appela l'abbé Goddard qui administra l'extrême onction.

L'impératrice annonça à Louis Napoléon la venue imminente de leur fils que le comte Clary était parti chercher d'urgence à Woolwich. L'empereur en éprouva sans doute une dernière joie, mais c'était trop tard. Les deux derniers mots qu'il prononça furent « Louis. Sedan. » Il s'éteignit sans avoir revu son fils, dans la matinée du 9 janvier, à 10 h 45.

Louis arriva peu après pour découvrir le corps sans vie de son père. Il tomba à genoux après avoir embrassé sa mère, quitta la pièce et, se faisant raconter les derniers moments de l'empereur, il éclata en sanglots.

Dans la poche de la dernière redingote que Louis Napoléon aura revêtue, on retrouva le portefeuille en cuir dont il ne se séparait jamais. Blanchard Jerrold, qui l'avait rencontré souvent à Chislehurst et allait écrire le premier grand livre à lui être consacré, en a décrit le contenu. Il y avait, nous dit-il, [la] « dernière lettre de sa mère (tachée et froissée, quand nous l'avons vue, par la mer de Boulogne), quelques lettres de l'Impératrice, l'écriture enfantine de son fils et une collection bizarre de dessins populaires de saints et d'autres morceaux de journaux qui lui ont été envoyés de temps en temps, très souvent par les plus humbles de ses sujets ».

Dans sa lettre écrite à l'âge de cinq ans, le prince impérial exprimait toute sa tendresse pour son père : « Mon cher papa, je vous adore et j'ai le cœur bien gros quand vous n'êtes pas là. »

En Angleterre, c'est un véritable deuil national. Un quart d'heure a suffi pour qu'à Londres se répande la nouvelle. Les messages de condoléances ne tardèrent pas à affluer. Apportés par le télégraphe, ils viennent de toutes les Cours d'Europe ; d'Italie, arrivent — enfin — des marques de reconnaissance pour le libérateur de 1859 ; et puis, venant de toute la France, c'est l'expression des sentiments des amis et partisans, grands ou petits, illustres ou inconnus.

Mais le témoignage le plus émouvant est peut-être encore le deuil silencieux du village de Chislehurst : habitants vêtus de noir, visages affligés, boutiques fermées depuis l'annonce de la mort jusqu'aux funérailles.

Le lendemain du décès, le prince de Galles, accompagné d'un de ses officiers, se rend à Camden Place et y embrasse le prince impérial. Arrive le comte Chouvalov en mission en Angleterre et qui a reçu, par télégraphe, du tsar Alexandre l'ordre d'exprimer ses condoléances. Puis ce sont le prince Christian, gendre de la reine Victoria, le prince et la princesse de Saxe-Weimar, le comte d'Aquila avec le prince Louis de Bourbon, son fils. Quelques heures plus tard, les exilés français arrivent à Chislehurst et assistent à la messe dite par l'abbé Goddard dans la petite église Sainte-Marie. A Londres, dans tous les offices religieux, les sermons prennent pour thème la mort de Louis Napoléon. La duchesse de Sutherland, grande maîtresse de la maison de la reine, vient s'informer de la santé de l'impératrice. Le lord-maire, les ambassadeurs, les ministres sont là pour signer le registre funèbre.

Au moment même où l'impératrice charge son fils de diriger les obsèques, une *Marseillaise* aussi poignante qu'inattendue est chantée dans le parc. Ce sont des réfugiés de la Commune venus rendre hommage à l'empereur.

D'autres Français se pressent le jour suivant. Parmi eux, Eugène Delessert apportant une caisse de terre des Tuileries.

Après l'autopsie pratiquée le 10 janvier par le docteur Bardon-Anderson, le corps est embaumé le 11. La pierre retirée de la vessie de l'empereur a la taille d'un œuf de pigeon. Elle sera exposée au musée de Compiègne.

Dans la chapelle ardente qui a été dressée, Louis Napoléon repose, revêtu de l'uniforme de général de division, l'épée au côté, le képi à ses pieds, avec sur sa poitrine, à la fois, le grand cordon et la croix de chevalier de la Légion d'honneur, la médaille militaire, la médaille de la Campagne d'Italie et le glaive de Suède.

Au-dessus de ses mains croisées, un crucifix de nacre et de part et d'autre le portrait de l'impératrice et celui du prince impérial. A la main gauche, il porte l'anneau de son mariage et la bague qu'avait au doigt Napoléon Ier lorsqu'il mourut à Sainte-Hélène.

Sur les draperies noires du fond de la grande galerie de Camden Place se détache une grande croix blanche surmontée des armes impériales et du « N » couronné. Le prince impérial a tenu à ce que son père reposât sous les couleurs de sa patrie et ce sont des drapeaux tricolores qui forment la voûte.

Le 14 janvier à 11 heures, le prince impérial pénètre dans la chapelle ardente, suivi du prince Napoléon Jérôme, du prince Louis Lucien, du prince Joachim Murat, du prince Achille Murat, du duc de Mouchy et retrouve la princesse Clotilde, la princesse Mathilde, la princesse Achille Murat et la duchesse de Mouchy. Si la reine Victoria, pour des raisons protocolaires, n'a pu venir en personne, ses fils, le prince de Galles et le prince Arthur, et leur beau-frère le prince Christian, la représentent.

Avant le défilé du public — plus de vingt mille personnes, estime-t-on — le prince impérial, qui maîtrise difficilement son émotion, a ces simples mots: « N'est-ce pas que c'est une apothéose ? » Rouher est là. C'est lui qui dicte le procès-verbal de la mise en bière : le corps de l'empereur est placé dans un cercueil de bois d'orme doublé de plomb. On ferme le cercueil. Sur le couvercle soudé on fixe la plaque où figurent ces mots :

NAPOLÉON III
Empereur des Français
né à Paris le 20 avril 1808
mort à Camden Place
Chislehurst
le 9 janvier 1873
R.I.P.

Le lendemain, 15 janvier, ce sont les funérailles. Plusieurs milliers de personnes y participent, des personnalités les plus illustres jusqu'aux plus simples des particuliers : un représentant de la famille royale d'Angleterre, deux maréchaux de France, un amiral, vingt-sept anciens ministres, quinze généraux, quatorze députés, trente-cinq anciens préfets, deux cents membres du Sénat, du Corps législatif, du Conseil d'État, du corps diplomatique mais aussi trois mille Français de toute condition, un coiffeur, un boulanger, un ouvrier, des cordonniers. Canrobert, malgré l'avis de son médecin, est venu. On le sait très malade et tout le monde salue son courage.

Le gouvernement a interdit à tous les militaires en activité de faire le voyage, et même les officiers d'ordonnance ayant servi l'empereur n'ont pu enfreindre cette interdiction.

De Camden Place à l'église où va être déposé le cercueil, huit cents policemen forment une haie. Le tombeau, en granit d'Aberdeen, a été offert par la reine Victoria.

La dépouille de Louis Napoléon allait rester à Chislehurst jusqu'au 9 janvier 1888. A cette date, Eugénie s'installa à Farnborough, dans le Hampshire, où elle acheta une maison et fit construire une église que devait desservir une communauté de religieux français. Dans la crypte, deux tombeaux avaient été aménagés : celui de Louis Napoléon et celui du prince impérial, tué par les Zoulous en 1879. L'impératrice ne devait les rejoindre qu'en 1920.

Né au temps de la splendeur du premier Empire, Louis Napoléon après vingt-sept ans d'exil, six ans de prison et un peu

427

plus de vingt et un ans de pouvoir, repose toujours, cent dix-sept ans après sa mort, dans une humble chapelle d'un village anglais, car il demeure un réprouvé.

Épilogue

Dans une lettre du 7 mars 1871 à Pierre Ernest Pinard, son ancien ministre de l'Intérieur, qui avait été arrêté sous l'inculpation de menées bonapartistes, Louis Napoléon, vaincu, prisonnier, eut ce cri du cœur : « J'espère que la France pourra se relever des terribles événements dont elle est victime. Il faut s'attendre pour moi à bien des injustices mais la réaction viendra et j'attends avec patience. »

Cette longue attente qu'il avait lucidement prévue n'est pas parvenue à son terme... Le temps des injustices n'a pas encore pris fin.

Fallait-il le défendre ? A cette question, Hugo lui-même, le terrible Hugo, apporte involontairement une réponse qui mérite réflexion.

Devant la dépouille de George Sand, le 10 juin 1876, il martèle ces fortes paroles qui éclairent, comme à contre-jour, ses propres réquisitoires, et qui se passent de commentaire : « L'admiration a une doublure, la haine, et l'enthousiasme un revers, l'outrage. La haine est comptée pour la postérité comme un bruit de gloire ; qui est couronné est lapidé. C'est une loi, et la bassesse des insultes prend mesure sur la grandeur des acclamations. »

Le 5 septembre 1870, au lendemain de la proclamation du Gouvernement provisoire, quelques heures à peine après cette journée que les plaques de nos rues, de nos avenues et de nos places célèbrent à jamais, Louis Pasteur, le grand Louis Pasteur, celui dont nos manuels n'évoquent la gloire que dans le chapitre qui suit immédiatement celui du second Empire, a le courage et la lucidité d'écrire ces quelques lignes au maréchal Vaillant :

« Je me souviendrai éternellement des bontés de l'Empereur et de l'Impératrice et je resterai jusqu'à mon dernier jour fidèle à leur mémoire… Malgré les vaines et stupides clameurs de la rue et toutes les lâches défaillances de ces derniers temps, l'Empereur peut attendre avec confiance le jugement de la postérité : son règne restera l'un des plus glorieux de notre Histoire. »

Et après lui, laissons parler Émile Zola, celui de *J'accuse* :

« A vingt ans, en plein Empire, je tenais le neveu du grand Napoléon pour le bandit, le "voleur de nuit" qui, selon l'expression célèbre, avait allumé sa lanterne au soleil d'Austerlitz. Dame, j'avais grandi au roulement des foudres de Victor Hugo : *Napoléon le Petit* était pour moi un livre d'histoire d'une vérité absolue… Je le voyais l'œil terne, furtif, les traits pâlis, à travers cette rhétorique hennissante, écumante, géniale.

« Mais j'en suis revenu depuis.

« Car, au fait, le Napoléon III des *Châtiments*, c'est un croquemitaine sorti tout botté et tout éperonné de l'imagination de Victor Hugo. Rien n'est moins ressemblant que ce portrait… sorte de statue de bronze et de boue élevée par le poète pour servir de cible à ses traits acérés, disons le mot, à ses crachats. Non l'Empereur : un brave homme, hanté de rêves généreux, incapable d'une action méchante, très sincère dans l'inébranlable conviction qui le porte à travers les événements de sa vie qui est celle d'un homme prédestiné, à la mission absolument déterminée, inéluctable, l'héritier du nom de Napoléon et de ses destinées. Toute sa force vient de là, de ce sentiment des devoirs qui lui incombent… »

D'où vient alors le discrédit que l'on continue de réserver à Louis Napoléon ?

On hasardera qu'il est peut-être dû à une sorte de décalage anachronique entre ce qu'il voulait faire et ce qu'on attendait de lui. Anachronique : le vocable a été effectivement souvent utilisé pour caractériser son passage au pouvoir, lequel n'aurait constitué qu'une parenthèse quelque peu bizarre, une interruption difficile à expliquer dans la marche de la France vers la démocratie libérale.

Le qualificatif n'est certes pas à rejeter. Mais il s'applique sans doute moins bien au règne qu'à l'homme.

Le second Empire, en effet, n'est rien moins qu'un anachronisme. Si l'on oublie les aigles et les dorures, l'étiquette et les cérémonies, on le perçoit comme un temps fort, une étape imposée dans la construction de la France moderne. Son bilan est considérable. Probablement inégalé. Aucun régime n'aurait sans doute fait à sa place autant qu'il a fait. Certes, demeurent une impression d'inachevé et le sentiment de beaucoup d'occasions perdues. Mais comment s'en étonner, dans une époque d'intenses transformations où il était déjà méritoire d'entamer la besogne même si l'on ne pouvait en venir à bout. Lorsqu'on replace cette période dans la perspective historique, on peut affirmer sans crainte que les vingt-deux années du gouvernement de Louis Napoléon n'ont pas été des années perdues pour la France.

L'homme en revanche est assurément anachronique. Parce qu'il est en avance sur son temps.

Et c'est là tout le paradoxe de Louis Napoléon Bonaparte.

On l'a souvent considéré comme un homme du passé, un pastiche loupé de son oncle prestigieux, dont il reprend le rôle avec un bien moindre talent. Un peu comme dans un de ces *remake* que le défaut d'imagination des producteurs de films nous inflige régulièrement.

Rien de plus faux. Louis Napoléon n'est pas une pâle copie de son oncle. Ce n'est pas un imitateur. C'est un homme tendu vers l'avenir. Il ne se sert du passé que pour y puiser une légitimité favorisant des projets audacieux et inventifs. Palmerston a dit, de façon imagée, que « la tête de Napoléon [était] une garenne où les idées se renouvellent comme des lapins ». C'est vrai que son esprit bouillonne, mais ce qui impressionne aussi, c'est sa fidélité inébranlable aux grands objectifs qu'il s'est choisis...

Pour son neveu, Napoléon Ier aura été à la fois une chance et une hypothèque.

Une chance, car la référence à l'Aigle aura incontestablement servi les desseins de Louis Napoléon, même s'il n'est pas interdit de penser que son talent et son habileté auraient pu lui garantir, dans tous les cas, une grande carrière politique.

Une hypothèque aussi, car cette référence aura eu pour effet de dénaturer le sens profond et réel de son action, et de masquer la richesse et l'originalité de sa personnalité.

Son entourage, et tous ceux qui l'ont soutenu, ont été probablement les premières victimes de cette forme intellectuelle de l'illusion d'optique.

C'est un fait que Louis Napoléon ne fut pas bien servi par ses proches. Le reconnaître ne signifie nullement qu'on cherche à transférer sur d'autres les responsabilités qui sont les siennes. Mais on est bien obligé de convenir qu'il n'a vraiment pas été bien compris. Parce qu'il voyait trop loin, trop grand et, surtout, trop tôt.

L'homme public, on l'a dit, est tenu de s'accommoder de ce qu'il a, et doit, sinon conduire la politique que souhaitent ceux qui le soutiennent, du moins aller suffisamment loin dans leur sens pour qu'ils en aient un peu plus que l'illusion.

Louis Napoléon ne dérogea pas à la règle. Mais il fut beaucoup moins bien payé de retour que d'autres responsables qui, dans des situations analogues, ont pu compter sur des confidents, des amis, des alliés, comprenant leur cause et épousant leurs querelles.

Ce ne fut pas son cas.

Louis Napoléon fut un homme seul. Et sa fidélité à ses principes n'en est que plus méritoire.

Aujourd'hui, il ne s'agit pas de le porter aux nues; mais seulement de répondre à son appel à la vérité qu'il n'a pas dû manquer de lancer devant le tribunal de l'Histoire : il s'agit tout simplement de le comprendre.

Louis Napoléon et les siens reposent en terre étrangère.

En l'église Saint-Augustin de Paris, une crypte est aménagée, où deux emplacements sont destinés, depuis l'origine, à abriter les dépouilles de Louis Napoléon et de sa femme.

Ce qui est en jeu, désormais, les dépasse. La France se doit d'assumer tout son passé et de reconnaître, en organisant son dernier retour d'exil, qu'elle eut un souverain du nom de Louis Napoléon qui s'attacha, simplement, à la servir.

Remerciements

C'est au moment où j'achève ce livre que je prends la vraie mesure de toute l'aide qui m'a été apportée.

Je dois des remerciements tout particuliers à Anne Rouanet, qui m'a assisté dans mes recherches, et sans laquelle cet ouvrage n'aurait pu voir le jour, ainsi qu'à Jean-Claude Lachnitt et Alain Boumier, président et directeur de l'Académie du second Empire, qui m'ont apporté le concours le plus éclairé et le plus précieux ; à Alain Dupas et Jean Bernascon, qui ont bien voulu relire mon texte et m'entourer de leurs conseils et avis.

Merci également à Solange Troisier et Françoise Monet, à la Direction départementale des archives des Vosges, à Denis Antoine, à Henri George, à l'Association du Vieux-Plombières et à tant de correspondants connus et inconnus qui, informés de mon travail, m'ont fourni des informations ou des documents précieux.

L'expression de ma gratitude va encore à Jacqueline Mattioli, à Danièle Guillaume, à Andrée Robinet et Christiane Laplace qui, en plus de leur travail habituel, ont accepté de participer à la mise en forme du manuscrit.

L'iconographie doit tout à Henri George et à Jean-Claude Lachnitt. Cela valait, on en conviendra, une deuxième citation.

Je souhaite enfin remercier — tardivement — les maîtres que j'ai eu la chance d'avoir à l'Université et qui m'ont fait, pour certains d'entre eux, découvrir cette période que marque la personnalité de Louis Napoléon Bonaparte. Je ne sais s'ils seront forcément satisfaits, à la lecture de ce livre, du rappel que je fais de tout ce que je dois à leur enseignement. Que Pierre Guiral, Georges Duby, Maurice Agulhon, Michel Vovelle, Claude Mesliand soient néanmoins assurés, au-delà de tout ce qui a pu nous éloigner ou pourrait nous séparer, de ma fidélité.

BIBLIOGRAPHIE

AGULHON (Maurice) : « 1848 ou l'apprentissage de la République. » In : *Nouvelle histoire de la France contemporaine*, Paris, 1973.

AMBÈS (Baron d') : *Mémoires inédits sur Napoléon III*, recueillis et annotés par Charles Simond et M.C. Poinsot, Société des Publications Littéraires Illustrées, Paris, 1909.

AUBRY (Octave) : *Napoléon III*, Fayard, Paris, 1929.

AUDOIN-ROZEAU (Stéphane) : *1870, la France dans la guerre*, Armand Colin, Paris 1989.

AUTIN (Jean) : *L'Impératrice Eugénie ou l'Empire d'une femme*, Fayard, Paris, 1990.

BAC (Ferdinand) : *Le mariage de l'Impératrice Eugénie*, Hachette, Paris, 1928.
Napoléon III inconnu, Librairie Félix Alcan, Paris, 1932.
Le Prince Napoléon, Éditions des Portiques, Paris, 1932.

BARBIER *(J.B.) : Outrances sur le Second Empire*, La Librairie Française, Paris, 1956.
Mensonges sur le Second Empire, La Librairie Française, Paris, 1959.
Silences sur le Second Empire, La Librairie Française, Paris, 1962.

BAROCHE (Madame Jules) : *Le Second Empire, notes et souvenirs, 1855-1871*, Crès, Paris, 1921.

BLUCHE (F.) : *Le Bonapartisme, 1800-1850*, Paris, 1980.

BONAPARTE (LOUIS-NAPOLÉON) : *Discours et messages*. Depuis son retour en France jusqu'au 2 décembre 1852, Plon, Paris, 1853.
Des idées napoléoniennes, Paulin, Paris, 1839.
L'Extinction du paupérisme, Bonaventure et Ducenois, Paris, 1848.
Recueil historique des pensées, opinions, discours, proclamations et beaux traits de Napoléon III, empereur des Français, Appert et Vavasseur, Paris, 1858.

BORNECQUE-WINANDY (Édouard) *Napoléon III, empereur social*, Tequi, Saint-Cénère, 1980.

435

BOULOUMIÉ (Docteur Pierre) : *Histoire de Vittel*, Imprimerie de la Plaine des Vosges, Mirecourt, 1982.

BRADIER (A) : *Les Journées de Napoléon III, de l'Impératrice et du Prince impérial*, Librairie Napoléonnienne, Daizeux éditeur, 1882.

CARS (Jean des) : *Haussmann. La gloire du Second Empire*, Perrin, Paris, 1978.

CASTELOT (André) : *La Féerie impériale*, Librairie Académique Perrin, Paris, 1952.
   Napoléon III, Librairie Académique Perrin, Paris, 1985.

CHATEAUBRIAND (François-René de) : *Mémoires d'Outre-Tombe*, Bibliothèque de la Pléiade, Tome II, Paris, 1983.

CHOISEL (Francis) : *Bonapartisme et Gaullisme*, Éditions Albatros, Paris, 1986.

COLIN (J.) : *Les Transformations de la guerre*, Flammarion, Paris, 1920.

CONCHON (Georges) : *Nous, la gauche, devant Louis Napoléon*, Flammarion, Paris, 1969.

CONQUET (André) « Napoléon III et les Chambres de Commerce » Conférence. Académie du Second Empire, 28 janvier 1986. *A.P.C.C.I.*, 1987.

DANSETTE (Adrien) : *Deuxième République et Second Empire*, Fayard, Paris, 1943.
   Du 2 décembre au 4 septembre, Hachette, Paris, 1972.
   Louis Napoléon à la conquête du pouvoir, Hachette, Paris, 1961
   Naissance de la France moderne, Hachette, Paris, 1976.

DARIMON (Alfred) : *Histoire de douze ans, 1857-1869*, Dentu, Paris, 1883.
   La Maladie de l'Empereur, Dentu, Paris, 1886.

DECAUX (Alain) : *Victor Hugo*, Perrin, Paris, 1984.

DUBY (Georges) (sous la direction de) : *Histoire de la France,* tome II, *De 1348 à 1852* — chapitre X : « La Seconde République, 1848-1852 », par Maurice Agulhon. Tome III, *De 1852 à nos jours* : « Le Second Empire », par Jacques Rougerie, Larousse, Paris, 1986-1987.

DUFRESNE (Claude) : *Morny, l'homme du Second Empire*, Librairie Académique Perrin, Paris, 1983.

DUVEAU (Georges) : *La Vie ouvrière sous le Second Empire*, Gallimard, Paris, 1946.

EMERIT (Marcel) : *Madame Cornu et Napoléon III*, Les Presses Modernes, Paris, 1937.

EVANS (Dr Thomas W.) : *Mémoires*, Plon, Paris 1910.

FÉLICI (Noël) : *Éloge d'Émile Ollivier*, Ordre des Avocats, Paris 1935.

FILON (Augustin) : *Le Prince impérial, souvenirs et documents*, Hachette, 1912.
   Souvenirs sur l'impératrice Eugénie, Calmann-Lévy, Paris, 1920.

GIRARD (Louis) : *La Politique des travaux publics du Second Empire*, Paris, 1951.
   Napoléon III, Fayard, Paris, 1984.

GIRAUDEAU (Fernand) : *La Mort et les Funérailles de Napoléon III*, Amyot, Paris, 1873.

GONCOURT (Edmond et Jules de) : *Journal*, 22 volumes, Flammarion, Paris, 1956-1958.

GUÉRIOT (Paul) : *Napoléon III*, 2 volumes, Payot, Paris, 1934.

GUÉTARY (Jean) et FRICHET (Henry) : *Centenaire de Napoléon III,* Imprimeur-éditeur Auguste Rety, Meulan, 1973.

GUIRAL (Pierre) : *Prévost-Paradol*, Paris, 1955.
  Adolphe Thiers, Fayard, Paris, 1986.

GUIRAL (Pierre), TÉMINE, AGULHON et autres : *L'historiographie du Second Empire*. Numéro spécial de la *Revue d'histoire Moderne et Contemporaine* dirigée par J.B. Duroselle, Armand Colin, Janvier-mars 1974.

HAUMONTÉ (J.O.) : *Plombières ancien et moderne*, Champion, Paris, 1905.

HUGO (Victor) : *Napoléon le Petit et Histoire d'un crime*, collection « Bouquins », Robert Laffont, Paris, 1987
  Les Châtiments (collection « Bouquins », dans « Poésie 2 »).

JACOTEY (M.L.) : *L'Entrevue de Plombières et l'Unité italienne*, 1983.

JERROLD (Blanchard) : *The Life of Napoléon III*, Londres, 1874-1882.

KAHN (Jean-François) *L'Extraordinaire Métamorphose ou 5 ans de la vie de Victor Hugo, 1847-1851*, Seuil, Paris, 1984.

KASTENER (Jean) : *Les Bonaparte à Plombières*, Éditions du Pays lorrain, Nancy, 1936.
  Napoléon III à Plombières, Compagnie des Thermes de Plombières-les-Bains, 1967.

KUHN (Joachim) : *La Princesse Mathilde*, Traduit de l'allemand par Jean-Gabriel Guidau, Plon, Paris, 1935.

LACHNITT (Jean-Claude) : *Méconnue et calomniée, l'Impératrice Eugénie*, Les amis de Napoléon III, Paris, 1982.

LA CHAPELLE (comte de) : *Les Forces militaires de la France en 1870,* Amyot, Paris, 1872.

LA GORCE (Pierre de) : *Histoire du Second Empire*. 7 volumes, Paris, 1894-1905.

LAS CASES (Emmanuel, comte de) : *Mémorial de Sainte-Hélène*, préface de Jean Tulard, Le Seuil, Paris, 1968.

LAVISSE (Ernest) : *Histoire de France,* tomes V, VI, Paris, Hachette, 18 volumes, 1900 à 1910.

LEBEY (André) : *Les Trois Coups d'État de Louis Napoléon Bonaparte*, Perrin, Paris 1906.

LE CLÈRE (Bernard) et WRIGHT (Vincent) : *Les Préfets du Second Empire*, Colin, Paris, 1973.

LEGUÈBE (Eric) : *Napoléon III le Grand*, Authier, Paris, 1978.

LEFLAIVE (A) : *Sous le signe des abeilles: Valérie Mazuyer dame d'honneur de la Reine Hortense*, Editions du Pavois, Spie, Paris, 1943.

LONG (Jacques) : *Un témoin privilégié du XIXᵉ siècle: Joachim Ambert (1804-1890)*, Académie du Second Empire, 1989.

MALET (A.) et ISAAC (J.) : *Histoire contemporaine depuis le début du XIXᵉ siècle, Hachette, Paris, 1930.*

MARX (Karl) : *Le 18 Brumaire de Louis Bonaparte (La lutte des classes en France 1848-1850)*, Librairie C. Reinwald, Schleicher Frères éditeurs, Paris, 1900.

METTERNICH (Princesse Pauline de) : *Souvenirs 1859-1871*, Plon, Paris 1922.

MIQUEL (Pierre) : *Le Second Empire, trésors de la photographie* Duponchelle, Paris, 1979.

MONTS (général comte C. de) : *La Captivité de Napoléon III en Allemagne*, Pierre Laffitte, Paris, 1910.

MURAT (Inès) : *La Deuxième République*, Fayard, Paris, 1987.

OLLIVIER (Jocelyn-Emile) : *La Dépêche d'Ems*, Librairie Croville, Paris, 1937.

OLLIVIER (Émile) : *Lettres de l'exil, 1870-1874*, Paris, 1921.
    L'Empire libéral, 17 volumes, Garnier Frères, 1895-1915.

OLLIVIER (Marie-Thérèse Émile) : *J'ai vu l'agonie du Second Empire*, Fayard, Paris, 1970.

OLLIVIER-TROISIER (Geneviève) : *Autour d'Émile Ollivier. Souvenirs de sa fille* Diaz, Paris, 1965.

PERREUX (Gabriel) : *Les Conspirations de Louis Napoléon Bonaparte*, Hachette, Paris, 1926.

PERSIGNY (Fialin de) : *Mémoires*, Plon, Paris, 1896.

PLESSIS (A) : *De la fête impériale au mur des fédérés, Nouvelle Histoire de la France*, Tome IX, Paris, 1973.

POL (Stéfane) : *La Jeunesse de Napoléon III*, Paris, 1902.

PONTEIL (Félix) : *Les Classes bourgeoises et l'Avènement de la démocratie*, Albin-Michel, Paris, 1968.

POULET-MALASSIS : *Papiers secrets et Correspondance du Second Empire*, Bruxelles, 1871.

PRADALIÉ (Georges) : *Le Second Empire*, Presses Universitaires de France, Paris, 1957.

RÉMOND (René) : *La Droite en France, de 1815 à nos jours*, Aubier, Paris, 1954.

RIOUX (Jean-Pierre) : *Les Bonaparte*, Éditions Rencontre, Lausanne, 1968.

SECRETAN (Edouard) : *Quand la Suisse défend son prince*, Académie du Second Empire, Paris, 1984.

SÉGUIN (Philippe) : *La Presse marseillaise sous la Deuxième République (1848-1851)*, Faculté des Lettres et Sciences Humaines, Aix-en-Provence, 1967.
    La Presse marseillaise et l'Expédition française de Rome (1849), I.E.P., Aix-en-Provence, 1967

SMITH (William H.C.) : *Napoléon III*, Hachette, Paris, 1982.
    Eugénie, Impératrice et femme 1826-1920, Olivier Orban, Paris 1989.

SPILLMANN (Général Georges) : *Napoléon III prophète méconnu*, Presses de la Cité, Paris, 1972.
    Les Visées sociales de Napoléon III, Conférence, Académie du Second Empire, Paris, 15 juin 1978.

TUDESQ (André Jean) : *L'Élection présidentielle de Louis Napoléon Bonaparte, 10 décembre 1848*, Kiosque, Armand Colin, Paris, 1965.

Bibliographie

Viel-Castel (Horace de) : *Commérages en marge du Second Empire*, Les Œuvres Représentatives, Paris, 1930.

Mémoires sur le règne de Napoléon III, Guy Le Prat, Paris, 1942.

Wright (Vincent) : *Le Conseil d'État sous le Second Empire*, Paris, 1972

ARCHIVES NAPOLÉON

Archives nationales,
fonds 400 AP

(Archives de Napoléon III, de l'Impératrice Eugénie et du prince impérial; de Louis, roi de Hollande, d'Hortense et de leurs descendants ainsi que papiers de la princesse Mathilde; papiers du prince Napoléon.)

Études publiées par l'Académie du Second Empire dans le *Souvenir napoléonien*.

Collection des journaux de
l'époque à l'Assemblée nationale

Le Journal des Débats
Le Moniteur
Le Constitutionnel

Index des noms cités

TABLE

Achevé d'imprimer en septembre 1990
sur presse CAMERON
dans les ateliers de la S.E.P.C.
à Saint-Amand-Montrond (Cher)
pour le compte des éditions Grasset
61, rue des Saints-Pères, 75006 Paris

Nº d'Édition : 8315. Nº d'Impression : 2207.
Dépôt légal : octobre 1990.
Imprimé en France
ISBN 2-246-42951-X